傳記叢刊

李文雄編著

高雄議壇半世紀

——長青議長陳田錨

文史哲出版社印行

國家圖書館出版品預行編目資料

高雄議壇半世紀：長青議長陳田錨 / 李文雄編著. -- 初版. -- 臺北市：文史哲,民 97.04

頁： 公分. -- （傳記叢刊；8）

ISBN 978-957-549-781-1 (平裝)

1. 陳田錨 2. 臺灣傳記

783.3886 97006081

傳記叢刊 8

高雄議壇半世紀

— 長青議長陳田錨

編著者：李文雄
出版者：文史哲出版社
http://www.lapen.com.tw
登記證字號：行政院新聞局版臺業字五三三七號
發行人：彭正雄
發行所：文史哲出版社
印刷者：文史哲出版社
臺北市羅斯福路一段七十二巷四號
郵政劃撥帳號：一六一八○一七五
電話886-2-23511028・傳真886-2-23965656

實價新臺幣六〇〇元

中華民國九十七年（2008）四月初版

ISBN 978-957-549-781-1 78808

高雄議壇半世紀——長青議長陳田錨

目　次

有他支持　我才能突破困難

許水德

民國六十八年五月間，我在擔任國民黨社工會主任時，總統蔣經國先生在總統府召見說：「本來要你來中央協助推動社會工作，但高雄市改制後，請你回去擔任首任秘書長，因爲高雄很複雜，大家都說你最適合擔任秘書長工作，你還是回去幫忙王（玉雲）市長吧！」於是，我無條件地放棄可以坐等部長職位的社工會主任，調任高雄市政府秘書長，七月一日就任後，全力以赴協助王市長處理市政工作。

由於我是從中央社工會主任調爲高雄市政府秘書長，一般認爲是被降調，目的是要培養我接任市長，但七十年六月二十二日王市長調台肥董事長，高雄市長換成楊金欉，很多市民爲我抱屈，我雖然也有情緒，還是本著職責，盡心盡力協助對高雄市並不熟悉的楊市長儘快進入狀況。七十一年四月十九日，楊市長調台北市，我才接任高雄直轄市第三任市長。

高雄市在民國十三年建市，日治時期不算，從民國卅四年台灣光復到我擔任市長爲止，總共有過十一位市長，但從來沒有一個是高雄中學畢業的。以前的高雄中學校長王家驥因此一直感嘆說，屏東縣、高雄縣都有高雄中學的畢業生林石城、陳新安擔任過縣長，唯獨高雄中學所在地的高雄市，卻沒有一個市長是雄中畢業的，讓他覺得非常遺憾。我是雄中校友，奉派擔任高雄市長，不但王校長欣慰、雄中校友振奮，高雄市民也高興。

我在高雄出生成長，之前在高雄市政府服務過十二年，曾經擔任主任督學、教育局長、市府主任秘書及秘書長，對高雄市具有深厚的情感。我由貧窮家庭出身，在我國教育機會均等、公平考試的制度下，完成大學、研究所、公費留學，通過高考、職位分類十一職等考試，從委任、荐任、簡任逐級升遷到特任，有機會升任市長，當然覺得是無上的光榮，但我也體認到，伴隨這種無上光榮而來的是無限的責任。因此，我矢志為高雄市的建設盡心盡力，以不負地方父老對我的期望。

我早起晚睡，幾乎是全天候的為市民解決問題，推動市政建設工作。針對都市發展的願景及市民的需要擬訂施政計畫，任內展開或完成的建設，包括老人活動中心、勞工育樂中心、果貿國宅、解決新草衙違建；興建穿過火車站的地下道，讓中山路與博愛路連接起來，打通縱貫全市的這條交通大動脈，再爭取解除中山路的戰備道路管制，把通往小港國際機場的中山路拓寬並築高架橋為快速道路；我也在各區普遍設置圖書分館。所有的建設，都是為了一個目標：把高雄市建設成為一個有文化的工商國際都市。

我會訂下這個目標，是有原因的：記得我還沒有當市長之前，有一次在台北松山機場要搭飛機趕回高雄，遇到一位外交部官員要陪同外賓南下參觀，無意間聽到這位官員跟外賓說：「高雄市是一個暴發戶，文化沙漠。」這句話讓我聽了很不舒服，我的家鄉怎麼被人說成這個樣子？高雄市是快速發展中的新興港都，市民豪爽熱情，勞工眾多，但絕對不是文化沙漠，我要改變這種刻板印象。

因此，我擔任市長之後，就朝向這個目標努力，一方面有計劃的推動市政硬體建設，增設各區圖書分館、社區小型圖書室，同時積極推展軟體的文化建設，編列預算充實館藏圖書、推動建立書香社會計畫、與中山大學合辦文化講座等等。經過幾任市長持續的努力，高雄市已經發展成為有文化的工商都市，沒有人再講高雄市是暴發戶或文化沙漠。當年的努力，如今總算有成果了，我深深感到愉快。

我當市長時，雖然日夜都忙碌異常，但心情愉快，因為有很多人協助我推動市政，我想做的事情，都能順利推展。當時的議長陳田錨先生，是我高雄中學學長，領導議會大力支持市政建設；國民黨高雄市黨部主委吳挽瀾則是我以前在救國團服務時的老同事，需要與議會黨團協調時，他都盡力幫忙；還有南警部司令李屏先生，對高雄市治安的維護提供諸多協助。

我們四個人相處得很好，為市政建設及市民福祉通力合作，很多重要的事都共同決策，大家沒有私心，不謀私利，推動時可以說是無往不利，成果則由市民共享，有人因此戲稱我們是「四人幫」。

最值得推崇的是議長陳田錨先生，他穩健、踏實，無私爲公的處世態度，不但獲得全體議員不分黨派的支持合作，也得到市民的尊敬。民國五十九年我擔任教育局長時，市長是楊金虎先生，議長是陳田錨先生。當時府會之間對市政有些意見不同，時有爭議，但陳議長對與市民大眾利益相關的政策，都全力支持。

我當局長時有些創新措施，像是開辦國中附設自立夜間補校，讓家境貧困、年紀輕輕就要去做工而無法升學的青年，可以利用夜間進修；爲照顧特殊學童設置啓智班、啓能班，爲資賦優異學生設置各種才能實驗班、資優班，創設公立自給自足托兒所、幼稚園等等，都得到陳議長的全力支持，我才能突破困難。這些當年多是實驗性質的創新措施，如今都納入正式的教育體制。

陳議長很重視維護議會尊嚴，照顧議員也支持議員，但他一定會先考量其對市民大眾的利益有沒有影響。我當市長時，有議員因爲對校長不滿，要把校長叫到議會質詢，我認爲不妥，找陳議長商量。他問我意見，我說，如果把校長叫到議會來罵得尊嚴掃地，他回學校要如何面對學生繼續辦教育?校長有事情處置不當，議員可以質詢市長或教育局局長，透過市政府、教育局解決問題就好，不要把校長叫到議會質詢。陳議長從善如流，沒有同意議員的要求，在我當市長的三年任內，因此從來沒有校長被叫到議會質詢的情況發生。

前面提到的新草衙違建區是很棘手的問題，阻力很大，也因得到陳議長的全力支持，而能採取突破性的措施，爲他們建平民住宅，把這個長久存在的大問題解決了，現在新草衙的情況已經整個改觀，以前破舊的違建集中區，現在是都市生活機能完備的繁榮住宅區。

議長陳田錨先生爲人豪爽，以誠待人，議員沒有事都到他的辦公室喝茶聊天，議長室有如議會的聯誼中心。他對市政府的局處長及同事，也都以友相待，從來沒有讓人覺得他高高在上。大家喜歡親近他，但也都非常尊敬他。他是名副其實的高雄市的大家長。每次選舉，都有很多人自動爲他助選。他在議會中一言九鼎，連任數屆議長都沒有人和他競爭，可見他有多麼受到議員們的敬重。

我被調離高雄市長職務多年之後，郝柏村接任行政院長時，曾經要他接任市長，他懇拒；李登輝擔任總統時要請他出任市長，他也拒絕，說他適合當議長，不宜擔任市長。他這種不重名利只重工作的精神，我衷心敬佩。

陳議長常對我說：「市長，我這個人比較腦筋粗，不拘小節，如有議員對你不滿，或市政有什麼困難，請你不要客氣，告訴我，我就替你處理。」所以我遇到困難找他，他絲毫不猶豫爲我排除。他這種重道義、不講利害的長者風範，可以說是政界的典範。

我以後從政歷程的順利，從高雄市長到台北市長、內政部長、駐日代表、國民黨秘書長、考試院長，在職務上的工作任務都能順利完成，實得助於我高雄市長任內陳議長的支持、議會的合作，尤其是陳議長的風範對我的影響很大。他確是今日難得的政治典範。

陳議長功成身退多年，我也從政界退休，現在我們每週見面，成立「輕鬆會」每月聚餐聊天，享受退休後的人生樂趣，可以說其樂無窮。得知有關記述陳議長從政風格的著作要出版，身爲陳議長的老朋友，我非常高興，希望陳議長永遠保持微笑、健康、快樂。

憑闌極目青天外——側記陳田錨先生

黃光男

一

這寒冬，又風又雨的，不知是霜氣還是冰水，冷颼颼地使人不覺縮頭撫耳。但這是穿厚衣躲在屋內的感受，雖然有些不舒服或不方便，但一切還好，可以加餐食，也可以尋暖取熱，有時候還覺得冬天怎麼不早點兒降臨。

就在看過病榻上的母親後，每每有鮮明寒凍無語的記憶出現，不似「歸來無產業，生事如轉蓬」的困境，而是「萬里無煙火，何處可求生」的絕地。母親望著向她咆哮、且全身汙泥的父親，淚痕掛臉的喃喃自語：夭壽天，這麼冰冷，瓜果如何不死呢？

並不在意父親的脾氣，只能向天抱怨，接著催促身為長子的我，快快的把水田耕畢，要不然，錯過了農時，什麼也沒得期待了。這些話語說來簡單，實則道盡了農家生計的無奈，尤其是家無擔石之糧，亦無避身之屋的「遊農」，更是無語問蒼天。

「遊農」指的是佃農的佃農，換句話說，連佃農的資格都沒有，只是打零工的貧農罷了。好不容易租到可耕種的山梯田，雖然地畸土瘠，卻也是一家求活的希望，更明白地說，一窮二白、家無隔夜之糧是真實的寫照。

當然，鄰居亦然相憐望天色，何如協力求生機，有塊荒地耕種就要謝天謝地，一百個感謝地主了。但是豐年猶不飽，餓歲更是愴涼，來不及收成的農作物，早已被債主鎖定，只好以債養債，勉強輾轉求生。有一個夜晚，在半睡半醒時，聽到母親自言自語說：若是陳中和頭家，一定會爲這些貧農設想的，然後長嘆一聲，沒在無盡的黑夜裡。

不知道什麼是頭家，也不知道誰是陳中和，更沒有機會問問母親，卻在一颱風過後的夜晚，聽到手中正在斬地瓜葉的母親談到陳中和是外公的地主，他是頭家，外公是佃農。每年佃農必須向頭家承租田地，並依約繳交租金或相當的農作物，由於陳中和家大業大，並不在意有多少人做爲他的佃農，只要勤奮耕種，必然在雙方和諧之下受到頭家的照顧。我的外公鄭文施先生就是其中的一人，所以他在家訓囑語中，告訴母親必須記住頭家陳中和的恩情，原來是頭家常在天災的颱風肆虐，或蟲害之際、當作物無法收成時，必然減免租金甚而發放稻穀救急，外公說，陳中和先生溫厚慈祥，佃家都視之爲救世的頭家。

這道訊息經過母親的轉述，在我小小的心靈上，已刻劃著陳家的印象，尤其在台灣光復後，百業蕭條，民不聊生的鄉下，多麼盼望賢者再生。然而「故人不可見，幽夢誰與適」，望著因寒凍急風所毀的農作物，真是「落日空嘆息，長嘯出原野」，叫天呼地嗎？還是拖著疲倦的弱體，一拐一拐地走在泥淖上。

之後，從父執輩的談話中，才知道陳中和的後人陳啓川、陳啓清的事蹟，依然是個家有賢子，事業廣大，不論在實業、或社會服務都是出類拔萃的大人物，尤其是陳啓川擔任高雄市長多年，而陳啓清在企業界享名，都被鄉里所稱道。

對於灌耳英雄或都會的新奇，乃是鄉下人所敬仰的。當然，在我們心靈中，也都感念他們對佃農的寬待，況且在天災頻頻，又是戰後的蕭條，「沈沈憂恨摧，清秋何以慰」氛圍之下，除了希望有如陳家的地主之外，仍然謹記母親說：做人要知恩，做事要真誠。陳家是個善良刻印，也是救窮的明光。

經過十幾寒暑，我在教育界服務，才開始比較了解陳家的卓越事跡，除了陳啓川擔任高雄市長外，陳田錨也擔任高雄市議長，都有傲人的成績，以陳氏家族，或爲企業家、政治家、或爲公益活動、社會服務，頗受眾人尊敬的典範。

不知是何種機緣，對於在窮困掙扎的現實，我是「功業莫說就，歲月屢奔迫」的情狀，認識了陳田稻先生。也許是因爲祖先們的牽線，或是陳田稻喜愛攝影藝術，我們一見如故，聊起家鄉事，也談到先人的遇合，竟然能入理入情地談開來，於是緣起主從會，更明人間事。對於陳田錨議長的敬仰與日俱增，我曾親炙在他煦煦的長者風範裡。

二

從家人傳述與片言之中，對陳家的印象是如此地怡密，又有幾許清澈。本是作為和風息息後的脈溫，並未有尋覓家園過往步履的想法，怎知在一次聚會裡，邂逅了陳家人，尤其是陳田稻先生，並且一見如故地敘說人事過往種種，進一步便和陳田錨議長見面。

繼陳啓川市長之後，陳田錨也是高雄政壇的靈魂人物，不論當時陳、王兩大家族是如何地開展雄圖，我始終關心著陳家的政績，大概與前述的機遇有點關係，但並不是去作比較，或是有何種評判，一股和氣聚勢的嚮往，一直綿延至今，一則學習陳田錨議長在長達近四十年的政壇，有二十餘年的議長生涯，看他在議場上運籌帷幄，或議程、或協調，不論是政策的宣導，或地方自治的權責，都在他的議事鐘敲響下完成。有時因涉及論政時的矛盾，也都在他公允的折衝中，化暴戾為祥和，轉消極為主動。這樣的寬和處世的態度、凡事守義的作為，或許描述不及其明心見性的內涵，但就事實呈現之口碑，誰都知道，在陳田錨為民喉舌時際，高雄市政壇不是一片祥和之氣氛嗎？有安寧就有機會，當大眾利益為前題的考量下，陳議長，他守住陳家的庭訓，以及向正義的方向靠近。

陳家庭訓該是儒道相濟，心以王道為底吧。從陳中和先生研讀古文開始，便有己達達人，己立立人的心胸，猶記多年前座落在高雄市區的陳中和墓園遷外山時，便可從紀念他的文獻，看到當時名人高爵的賜詞，大都圍繞在「水流雲在，月到風來」，或是「放懷天地浮鷗似，四海爭將姓氏傳」（黃金川詩）的教養上，可說是詩書傳家、耕讀爲本，作爲爲人處事之準繩，所以于右老曾寫：「中和致德育，孝悌通神明」的書法相贈，這項學而優則仕，或學後方出的程序，雖有些保守，卻也是固本的根源，也就是人生永續發展的力量。

有幸前往陳中和紀念館參觀，依所存文件作系統瀏覽時，進一步了解陳家代代相承的中道。陳田錨的父親陳啓清先生，便是庭教的衍生者。他對社會貢獻，千誦鄉里，不擬贅言，但在題詞勉子，或心緒造境的氣質上，便能明白陳田錨先生爲人處世之道，總是那麼謙卑通達，奮進得宜的道理。陳啓清勉子：「以德爲人」、「中庸之道」的書法，高掛在廳堂上，陳田錨當是服膺於前，並且處處保持履薄的態度，在政壇上、企業上，均以慎謹從事、慈悲爲懷的態度處之。

除了社會人士均理解媒體的報導，具有其信度的特點外，我也有多次的機會向陳田錨議長請教報導的真象，他總是平和謙卑地述說一些常人做不到的事情，例如樂善好施、與人同心，因而有好口碑，他說都是大家的幫忙。然就我們的體驗，其庭訓與教育，均來自書香門第的精神，加上心性的感染，從克己復禮開始，以定靜安慮得爲過程，再溯上爲修齊治平爲標的，並致良知而後止於至善，這項闡述看來八股，卻是陳田錨生活的原動力，他的書法作品以「行善積德」、「清靜」的意涵勉勵家人，都是他心性的表徵，就此可以體會出陳田錨的處世之道。

雖然是「人行明鏡中，鳥度屏風裡」的態度，陳田錨卻是黑白分明，獎善棄惡的謙謙君子，曾與之談到當前的社會現象，憂心於好逸惡勞的風氣，是社會紊亂之源，也提及不能勤儉、守正、只一味熱鬧虛妄，那麼，社會又如何進步。大家如何安身立命呢？他曾語帶批判的口氣說：「做人要有天良啦！」或許意有所指，但仍秉持著寬厚的修養，仰望高遠松風息息。

面對這樣的長者，實在百感交集，原以爲生在富貴人家，該是有不同生活方式，包括待人接物的態勢，應當倡尊且貴的狀況，但接觸陳田錨本人後，方明白平民化的作風，且有悲天憫人胸懷的他，更具人性化的作爲，是他從政近四十年有成的力量，也是陳家優質品牌的展現。

三

沒有深究陳家的豐功偉蹟，也不及研知陳家世系族譜的繁榮，只以陳田錨議長爲軸，將所知之事聊寫二、三事耳，其中是陳家在藝術上的喜愛，包括陳中和的信札書法造詣，是否啓發了陳啓清、陳田錨、陳黃琲華的書法，均在氣勢上顯現剛勁，所具閩習風格，及士人之所重者。而攝影藝術則是陳啓川、陳田稻、陳張春江、陳喜子、陳田原、陳田銘、陳田圃、陳怡慈、陳建道等均有暢遊任天地的鏡頭，尤其幾乎是專業攝影家的陳田稻，更具有時代巡禮的軌跡，對捕捉的社會現象，有敏感度的精靈。繪畫者以陳洪滿、陳黃淑惠、陳文芳、陳鐘素娥等爲主，其中陳黃淑惠是陳田錨的夫人，在現代水墨畫的表現，脫俗清新，與陳田錨書法中的簡勁清遠相映成趣。至於其他兒孫輩在藝術研習上，亦有令人刮目相看的好作品。

古人倡導書、畫、琴、棋、詩、酒、花的休閒生活，事實上也是人生幸福美滿的標的。對於這項被推崇的文事，陳家是奉行不渝的，不論男主人的事業，或女主人的相夫教子，都有良好的家規，或政治、金融、公益所構成的家族網路，均是社會精英，且對藝術如此提倡與精到，實在使人驚奇。若不是陳家謙虛爲懷、心性涵養，以藝術作爲修身養性的方法，不以是爲耀現的資源，陳氏家族怎麼有如日月之恒，山岳之高的理想？據聞陳田錨之弟陳田慶所領導的科技團隊，在美國波音公司服務，飛機上的空氣馬桶就是他發明的，類似造福大眾的事務，何止是某個人的成就，實乃家族所衍生的力量。

陳田錨議長，這位傑出的企業人、政治人、社會菁英，承繼家族的優秀謙和與公益，是順天理、應人心的良知，是台灣當代現象的一盞明燈，指引著前導的方向。正如他在陳家藝文展的題詞：「微波略傾的陽臺走道，彷彿綿延著沈靜動能，持續先人的開創意志。迴廊角落的浮光掠影，即使幻起往日的喧嘩，仍將於剎那隨風而去」，他明白盡己之力奉獻社會的真諦。走在陳中和紀念館的長廊上，細思著時空的變化，也開啓智慧大門，如同陳家的家業延伸。「信義、樂善」是庭訓，也是行動的力量，看到這樣的家規，真是：「相見情已深，未語可知心」，陳田錨家族的未來風向，當如是觀。

他謙虛、不讓多寫溢美之詞，所以只寫所知陳家二、三事，此乃門外印象，有更多的事蹟必定遺落，祈諒並希望有機會寫出滿山青翠、溪水潺潺、更具耀目的彩虹事跡，以爲了解陳田錨的真實、貼切的生活。

德隆望重的政治家

吳敦義

敦義擔任高雄市長八年半期間，高雄市議會的大家長都是陳田錨先生；由於錨公的大力支持，敦義才能放手推動許多重大的市政建設。如今憶起，錨公無私無我的精神以及廓然大公的政治家風範，敦義依然感懷不已。

敦義是民國七十九年六月十二日經高雄市議會行使同意權，以高票獲得通過而於六月十八日就任高雄市長，這是台灣地方自治史上的新紀錄，也是空前絕後之紀錄。在此之前，從來沒有中央派任的地方政府首長，是經由議會行使同意權後出任的，而在敦義之後，也沒有第二個例子。

當年，中央發布由敦義接替蘇南成前市長主持高雄市政的人事命令後，地方一度傳出反對「空降部隊」的聲音，後經敦義誠懇溝通以及錨公的鼎力支持，終獲得大多數高雄市議員的同意，順利就任高雄市長，等於是接受了一次正式的民意洗禮。

民國八十三年十二月院轄市長與省長開放民選，敦義由國民黨提名參選高雄市長，獲廣大高雄市民支持，以四十萬餘票大勝對手十一萬票；同時，錨公也在中央徵召下以最高票在第五選區當選議員並續任議長。

敦義在高雄服務期間，自始至終都是接受由錨公領導的市議會之監督與指導，在長達八年半的相處，深深感受錨公的道德操守與以市民利益爲重的政治家胸懷，這也是錨公雖然退出政壇多年，仍然備受朝野敬重之故。

在高雄八年有餘，敦義無論是爲整治愛河興建污水下水道主幹管，或爲解決垃圾掩埋問題興建中區、南區焚化爐；爲闢建三民一二號公園而拆除大片違建神壇，或是爲節省地方支出爭取中央補助高捷經費百分之七十五等等，錨公都是二話不說支持到底。其他像自來水的大幅改善，和諸多重大市政建設，也莫不因錨公與議員的支持，里長與市民們的配合，才得以成功。

而最令敦義感念與銘記的是，錨公在市府終止「三山」採礦權所表現的大公精神。

猶記接任高雄市長不久，敦義就迭次接獲市民對數家水泥廠採礦嚴重污染空氣品質之負面反應，尤其高雄醫學院曾有研究報告指出，水泥廠附近居民時有因爲吸入過多石灰造成肺部纖維化，以致英年早逝之案例，爲了免除市民長年之苦，也爲了讓市民鄉親有個良好的居住環境，敦義下定決心非在任內徹底解決水泥廠的採礦問題不可。

其實，敦義就任市長前，就曾聽過這樣一個極爲諷刺的笑話，內容是說：鼓山內惟一帶的房子，是全高雄最堅固的，因為該地毗鄰台灣水泥礦區，平常沒下雨時空氣中充滿了水泥粉，這些水泥粉隨風飄落在民宅的屋頂上，在遇上下雨天時水泥粉與雨水摻合就變成了水泥，當雨停天晴，民宅的屋頂就多了一層水泥，日積月累下，當地的房子屋頂如同敷了好幾層水泥，也因而變得特別堅固。

另外，敦義也聽過另一個笑話說，水泥廠附近的居民，衣服洗好後都是曬在屋內而不拿出戶外晾曬，他們不是怕衣服被偷，也不是怕下雨，而是怕晾曬過程沾上水泥粉，這樣衣服乾了後就會有一層薄薄的水泥，穿起來很不舒服，所以即使曬不乾，也寧可晾在家中。

這兩個讓人笑不出來的笑話，主要都是凸顯水泥廠所造成的嚴重污染，不過，由於錨公當年是台泥副董事長，敦義擔心如果終止水泥廠繼續採礦，恐會影響台泥或錨公家族的利益，以致心有不安。

民國八十年中，有次府會聯袂赴日考察，敦義夫妻與錨公伉儷亦都參加，這是一次氣氛良好而難得的府會聯誼活動，也讓敦義有了打開終止水泥廠採礦權心結的機會。

在參訪日本過程中，有一日停留東京，團員相約前往三越百貨購買禮物，我與錨公都乏購物興致，因而兩人就在百貨公司內附設的咖啡座喝咖啡。

閒聊中，敦義對錨公說：「議長，我心中有件事放了很久，一直不知該不該向您開口？」

錨公一聽立即表示：「市長，有什麼事請儘管說出來無妨。」

由於錨公態度非常誠摯，敦義即將水泥廠對高雄市造成的污染狀況與後果，一五一十的向錨公說明，同時也告知錨公，市政府打算在這次採礦權到期後就建議中央終止採礦合約。

在敦義說明後，錨公立刻回說：「市長，我也是高雄人，水泥廠對高雄市造成污染，我也是受害者之一，況且水泥廠採礦採了這麼多年，也該是將壽山與半屏山還給高雄市民的時候了，所以市政府若要終止採礦，我一定會支持，你不必顧慮我的立場。」

聽了錨公這番話，敦義心中的石頭終告放下，對錨公深明大義能以市民利益為重，也由衷感佩。

由於已取得錨公的承諾，敦義自日返國後立即指示建設局積極進行終止壽山、半屏山與駱駝山三山採礦的工作，敦義甚至在行政院會上，義正詞嚴地向當時的行政院長郝柏村表明，如果行政院繼續核准水泥廠的採礦權，敦義將率十萬高雄市民包圍行政院抗議。

敦義在院會的慷慨陳詞，郝院長全程凝神聆聽，會場是一片寂然，就在敦義報告結束後，郝院長緩緩起身，然後以渾厚而宏亮的聲音宣布：「吳市長停止採礦的建議有理，就依高雄市政府的意見辦理，此案不必再討論。」

在郝院長的裁示下，高雄市長達七十五年的採礦歲月，終在八十一年十一月二十七日畫下了休止符，市民也從此擺脫終年灰頭土臉的日子。

如果不是錨公的無私無我，到今天或許高雄市的天空可能還是灰濛濛的一片，市民呼吸的仍是「烏煙瘴氣」般的空氣。因爲錨公的支持，敦義才有勇氣向行政院據理力爭，高雄市民今天能有清新乾淨的空氣，也應該感謝當年陳議長的大公無私。

政壇達人——錨公

盧治楚

李文雄先生是資深新聞記者。他在高雄待了三十多年，其中二十六年擔任聯合報的駐地採訪工作，漫長的歲月消磨在高雄市議會內外，他對高雄府會互動、朝野滄桑的瞭解和掌握，是長期、全面而深入的。

文雄結束記者生涯不久，現在要出書了，書中撰寫的主角就是在高雄自市議員、副議長、到議長，從政長達三十二年的陳田錨先生——錨公。

文雄的書稿初定，交給我校對一番，本以為這是件單調沈悶的業餘活動，沒想到從細讀文雄流暢卻嚴謹的敘述中，豈僅興味盎然，復令我對於高雄從濱海漁村發展成為現代城市的過程，增長了甚多見識，彌補了我這個「台北人」認知上的空白。

更重要的是：書中詳說錨公的出身背景、性格特質、議事處理、市政推動、排難解紛、調和鼎鼐等等的長遠表現，我從中理解到一位當代政治人物沈潛低調而又剛正不阿，開明包容卻能堅守原則的風範；而這樣始終一貫的從政風範，在台灣政壇從過去到現在都是罕見的。

李文雄先生早年受過政大新聞系的基本訓練，嗣後接受聯合報長年持續的磨練，他以專業的態度和筆調描寫錨公本人和與錨公有關的人和事，不論你現在或將來是否從政，都可以從書中相當清楚的認識高雄的來龍並預知高雄的去脈。

讓我們一起期待這本人物誌的面世。

自序

台灣實施地方自治半個多世紀以來，絕大多數走上政治之路的人，在政途發展的軌跡非常類似：先擔任地方級民意代表，然後更上層樓或變換跑道，不是競選中央級民意代表，以躋身國會殿堂，就是由民意代表轉向行政系統發展，競選地方行政首長，再向中央部會進展。近年更流行由中央級民意代表回頭競選地方縣市行政首長職務，爭取掌握行政資源，以厚植個人政治實力的模式。

在國內的政治人物中，高雄市議會前議長陳田錨先生的「政治路」，走得特立獨行，擔任民意代表超過卅二年，只和他家鄉的高雄市議會，永結不解之緣，沒有更上層樓往省及中央級民意機關發展，也沒有向民選行政首長進軍。他曾經是全國各民意機關最年輕的議長，退休時則是最年長的議長。他擔任議長的時間超過二十二年，高雄市議會半個多世紀的歷史上，他當議長的時間超過三分之一。

陳田錨先生只有地方民意機關的從政資歷，任內即被安排擔任當時執政的國民黨中常委，進入參與決策的權力核心；議長卸任後，即獲聘爲總統府資政。兩項都打破政壇紀錄，政治聲望崇隆，可見一斑。

最難得的是：陳田錨當了二十多年的議長，從未利用掌握的權力或藉職務之便，圖謀個人或家族利益，甚至連祖父的墓園被市政府都市計畫畫爲公園用地，也沒有利用權勢及影響力去變更都市計畫。襟懷如斯，是台灣政壇僅見，也留下足堪景仰的風範。

民國九十一年七月，我從工作了二十七年九個月又十天的報社退休，在高雄縣大社鄉觀音山下租了一分地的竹園，棄筆就鋤，重溫田園舊夢。轉瞬三年，竹園主人因故不能繼續出租，我在重溫了田園舊夢之後，感覺樂趣似乎也在遞減，趁租約期滿，順勢告別竹林，僅在屋頂平台用大小花盆胡栽亂種，有空就到樓頂拔草澆水抓蟲，我無田無園，如此也小有樂趣。

好友劍南兄對我退休後棄筆就鋤很有意見，小聚話舊之際，總是一再勸我，退出職場後，「就鋤」無妨，但不宜「棄筆」，應該趁著記憶猶新，寫些政壇軼聞、人物故事，尤其是老議長陳田錨先生，最值得一寫。

我採訪高雄市議會新聞十八年，工作上經常要與陳議長連繫。長期的接觸，我深知陳議長行事一向低調，不愛曝光，要說服他出傳記很難。而且，錨公如果有意出書，早在退出政壇時就會安排了，根本輪不到我來執筆。

陳議長在八十七年告別政壇之後，我還在職，除了工作需要，會打電話向老議長請教之外，只偶而在參加喜宴或送別故友的場合，才有機會和老議長碰面。退離職場後，不必再因工作而騷擾老議長，接觸機會更少。但是，只要碰了面，念舊惜情的陳議長，依然不見外，他聽我說退休後棄筆就鋤，似乎有點不以爲然，但也並未多說。

在一次與陳議長老友的聚會中，談到陳議長的從政經歷及成就，高雄市獨一無二，台灣地區也無人能及，在台灣地方自治史上，具有指標性的意義，應該記錄成書，既可做爲地方歷史文獻資料，也可供後人參考。

此議一出，大家都認爲有理，只有陳議長馬上搖手說：「莫寫我，寫別人啦！我有什麼好寫的，寫了也沒有人要看。」又過了一段時間，幾經周折，最後總算因緣俱足，陳老議長不再反對，條件是：「不能只寫我一人。」機緣巧合，我接下了這個工作。

寫這本書，是以記錄地方歷史的心情進行的，一些事件過程及相關數字的敘述，儘可能求其真實無誤，也希望寫得好看一點，但限於主觀認知及能力，或求證不夠週詳，疏漏及謬誤之處，在所難免。敬乞有緣爲此書耗損眼力的朋友，大度包容，不吝指正。

「事非經過不知難」，事情沒有預想的容易，眼高手低加上懶散慣了，一再「拖工」，拖得老朋友幾乎翻臉，自己也感到挫折。如今總算告一段落，了卻一樁心事。

完成這本書，「出之於己者少，得之於人者多」，前輩的教示、友朋的關懷、家人的包容及協助，我衷心感恩。最要感謝蔡景軾先生，在我初稿完成後為我把關，指出我因個人認知而無法自己發現的多處錯誤，讓我得以在定稿前即時改正過來，不致於留下偏離事實的記述。我在政大新聞系求學時的恩師盧治楚先生，不厭其煩的批閱二十多萬字的文稿，也像數十年前詳批學生作業一般，糾正錯漏文字，指點增減著墨的重點。名攝影記者董清男先生無條件提供珍貴的照片，市議會秘書處提供資料及影像檔案，都惠我良多，感念在心。

陳之藩先生曾經說過：「因為需要感謝的人太多了，那就謝天吧！」眾家好友，讓我偷個懶，不把各位大名逐一列出，請容許我以「謝天」來替代。

作者謹識

附記：本書第三部及第四部的篇章，以「長者為尊」的原則排序。

第一部　港都議壇與錨公傳奇

導言

雲間子

觀察台灣的民主政治，社會輿論率皆以負面看待居多，特別是在選舉市場打滾的政治人物。近年來選舉政治、議會政治更是台灣社會病態的「哈哈鏡」，其烏煙瘴氣、鬼魅橫行的不堪，幾已到了「生人止步」的田地。

在這種氛圍下，本書試圖以南台灣高雄港都的地方議會演進史的一個側面，以及其中頗具傳奇的地方議壇政治人物的點點滴滴，反映高雄港都基層的地方民主政治和社會政治面貌，的確具有一些風險。

眼下台灣政治、社會現況，「南台灣」已成爲一個非常特殊的「政治語彙」之際，回顧高雄市議會半世紀以來的故事及議壇傳奇政治人物的政治生活片斷，或可在人們登高壽山眺望台灣海峽、閑步愛河之濱的政治下午茶中，以之爲「談資點心」，觀照未來。

立足大歷史的宏觀格局，在全球化和區域經濟的脚步驟臨之前，高雄港都曾經準確抓着二戰後全球經濟產業分工的歷史機遇，開創「高雄崛起」或「南台灣崛起」的成果。無奈美麗之島的當家主政者未能與時俱進，適時相機處理好台灣的「政治之輪」的運轉，遂在「經濟之輪」高歌猛進之餘，相對使得「政治之輪」躊躇不前，最終導致台灣這輛「民主轎車」翻覆，肇生一九七九年十二月十日「高雄事件」的悲劇。

然而歷史的悲劇並未在悲劇流血的地方止步，二〇〇二年十二月二十五日在高雄市議會爆發的議長選舉賄選案，更是台灣地方自治史上最震撼人心的政治弊案，當事人朱安雄被判有期徒刑一年十月定讞後，却在服刑前兩週潛逃，至今行踪不明。

歷史的諷刺是，在選舉前離開國民黨的朱安雄，這次選舉舞弊案的政治合作對象，竟然是當年在高雄港都引爆「高雄事件」悲劇的那群人當中絕大部分人所組成的政黨及該黨黨名命名者。顯然是次民主悲劇，在廿二年後的高雄仍未落幕，民主悲歌依然傳唱不止。

當歷史的巨輪轟然滾動前進三十年後，這一回高雄港都却未能搭上全球化和區域經濟的國際城市競賽列車，徒然坐擁世界級的深水良港和優勢地理位置，眼巴巴看着新加坡、香港、深圳、上海、釜山更上一層樓，甚至還在坐等胡志明、厦門等港市的後來居上。

高雄市議會五十年來的發展演進，在很多方面反映了台灣島內社會、政治生態的移民性格，來自島內其他經濟相對弱勢城市的「羅漢脚」，如雲林、嘉義、台南沿海鄉鎮和澎湖群島等地的出外人來到高雄港都覓食，並與當地土生土長的同胞一起打拼，成爲這個城市除了壽山、愛河之外的另一個組成部分。

例如地方政治人物當中，謝掙強、楊金虎、陳武璋、王玉雲、許水德等輩都是。而陳啓川、陳啓清、陳田錨、林迦、林瓊瑤、林孟丹等則是地方望族仕紳，以其地方歷史淵源及資望，進入地方領袖階層。從台灣早期國民黨政府統治台灣的眼光看來，利用各種社會、政治派系力量治理基層，維持政權的穩定乃第一要義，也是最佳的選擇，因此中央與地方官僚的交流和移動，自無必要。早期國民黨政府就是這樣利用地方派系打選戰，打贏之後「戰將退場，官僚上場」、「有官中央做」，陳田錨等地方領袖、仕紳知之甚稔。

五十年來台灣總體發展經驗顯示，在缺少自然資源的奧援下，人定勝天的人力資源培養具有重要意義。一個大體維持公平、正義的學校教育體制，配合學而優則仕的文化傳統，從中甄別優秀的青年、菁英進入國家公務員階層，確實帶來穩定政權的作用。祖父自澎湖漁村移居到高雄的許水德，一路苦讀上來，進入政府的公務員體系，然後受到蔣經國拔擢登上高位，名聞台灣，就是典型的國民黨本土菁英之一。

至於逐步開放的地方自治選舉，則讓更多的庶民進入民意機關歷練，培養更多治理地方的政治人物。從這個意義上而言，各地方議會機關猶如當地的「民主學校」，除了容納當地各種力量相互折衝，同時也讓各種力量的代表，從中得到了包括政治技巧、政治識見和政治胸襟的鍛鍊。

半世紀以來的高雄市議會當然培養出不少地方政界的菁英，其中人稱「錨公」的陳田錨最具傳奇性，也最爲地方人士所津津樂道。陳田錨是高雄當地陳中和家族的第三代，也是家族中同輩唯一從政的子弟，先後九次參選，從未落敗。他從政的全程中，自始至終堅守在高雄市議會長達三十二年餘，歷經高雄市從省轄市升格爲直轄市，即使有機會出任地方行政首長也不爲所動，這在台灣地方自治史上可謂絕無僅有，以當前的台灣政治生態，既是空前也可能是絕後。

本書從陳氏的傳奇政治經驗出發，縱觀半世紀以來高雄市的議壇生態，發現這所「民主學校」學員的學習成績與台灣島內其他縣市普遍相似，還處在民主學步階段，包括地方府會之間的政治互動、議員問政的專業水準、議會領袖的成長、正副議長選舉「賄聲賄影」長期難予消弭……等等，都體現各縣市社會、政治生態的現象及長期一黨獨大的統治對民主政治、議會政治的戕害，既深且鉅。

以府會互動爲例，半世紀以來，若干高雄市地方首長未能恪守依法行政的施政原則，甚至出現個別地方首長「鴨霸」議會、議員的封建行爲，都爲議會政治、民主政治做了錯誤示範。而政府機關的官僚作風，導致民意代表無權、政府無能、老百姓無奈的「三無現象」更是充斥台灣各地，成爲陳田錨老議長從政三十多年後最深沉的感慨：台灣的民意代表，是全世界最忙、最凶、最沒有權的民意代表；而台灣的政府之不疼惜國民，也是世界第一。

因著這樣的社會、政治生態，台灣的民意機關很難培養出資深、專業、成熟的民意代表，當然也談不上成熟、專業水準的議會政治、民主政治。特別是經濟高速發展、社會大幅變遷的過往半世紀的台灣社會，政府總是跟不上進步的腳步，甚至反過來妨碍社會、經濟、文化的健康發展。

陳田錨先生在高雄議壇的從政經歷，本身就是一個異數，他個人散發的獨特從政風格，與其說他是個政治人物，不如將他視爲高雄市議會這所「民主學校」的「資深校長」，可能更來得貼切。

多數政治「練習生」都在這所「民主學校」學習成長，進而出類拔萃，陳田錨本身也在這所學校成長，再加上他的家學淵源和個人的人格秉賦，讓他悠游高雄議壇卅二年餘，寫下台灣地治史上傳奇的篇章。

半個世紀以來，從台灣社會力的巨大變遷主軸觀察，解嚴前後黨外勢力崛起，政治風雲激盪，高雄議壇自然成爲政治風雲際會的舞台之一。試舉錨公老議長眼中的「少年仔」議員郭玟成在高雄選壇鋒起的全過程，再對照陳田錨掌理議政的從容優雅之風，似能點出近年來台灣社會政治權力結構變遷的本質所在。此即基層民主力量升級，全社會的民主化加劇，植基於社會公平、正義的制度力量所提供的競爭機會，逐漸向全民滲透。如此一來，政權的正當性和合法性更能受到全民的檢証，權力來源必須領受民主的洗禮。

一九五五年在嘉義鄉下長大的郭玟成，在高中畢業當兵退伍後，隻身來到高雄港都謀生，適逢當時的「黨外運動」蓬勃發展，他一邊利用晚上追着黨外「民主廣場」演講會的場子擺攤販賣各種與民主廣場相呼應、被政府當局查禁的各式各樣的出版品，一邊利用白天自行到市議會旁聽高雄市政壇精英論政，接着在選戰中加入黨外人士的助選陣容，慢慢成長。八九年當選議員後，兩度創下高票紀錄，二〇〇一年當選立法委員，連任至今。

郭玟成在成爲市議員之前，已有歷經數年之久的議會旁聽經驗，並從此初識陳田錨主持議會的民主素養。在後來九年共事的歲月中，更對陳田錨領導下的議會未曾被批評爲「跛脚議會」而引以爲傲。原來兩人早就相互約定，監督市政，强勢而不失理性。

這種充分發揮議會監督施政的表現，一方面固然是政治情勢丕變，在野黨勢力崛起，另方面也反映出陳田錨個人的論政原則和民主風範，讓當時的在野黨議員也有充分表現的空間，奠定陳主政高雄市議壇後期，面對洶洶政潮，仍能順暢運作。

相對於郭玟成所代表的新興勢力典型在地方議會的逐漸成長，陳田錨在解嚴前國民黨長期一黨獨大的時代，他也不是一個「護航議長」，更多時候他堅持維護議會的尊嚴以及對政府施政的監督，乃換來大多數議員同仁的支持。

以一個在地土生土長的世家子弟，陳田錨初入議壇，他强調的「祖輩庇蔭」，的確讓自己擁有別人所沒有的優勢，這同時也是國民黨政府當局統治台灣，與各地世家巨室或派系勢力共享政權的封建「治術」原型。不過憑著陳田錨善與人相處、溝通的政治性格和個人素養，他也成功地扮演了地方派系政治爭鬥的「調人」，而成爲望重一方的政治人物。

値得一提的是，每逢地方派系惡鬥，直接影響地方和諧穩定的危機時刻，陳田錨的調和鼎鼐能力就成爲安定政局的關鍵力量。事實上，這些能力也是品評政治人物或選舉、拔擢領導人的政治能力的重要指標之一。一九七九年高雄市改制升格爲直轄市，王玉雲市長和吳鐘靈議長的不合，最終由楊金欉和陳田錨分別取代；而一度被批評爲「政治過動兒」的蘇南成，八五年調升高雄市長，國民黨層峰基於政治安定的考量，再度徵召陳田錨競選連任議長，打破高雄市議會歷來議長不連任的政治慣例。

在此後的數年當中，台灣一方面經濟景氣蒸蒸日上，另方面政治生態隨著解嚴和蔣經國去世而丕變，陳田錨都適時扮演着穩定南台灣政局的「守邊重臣」大任，直至李登輝玩弄兩面手法，加上陳田錨看淡政局，萌生退意，九八年選擇回到金融實業家的生活，結束長達卅二年多的從政歲月。

高雄市議會在「後陳田錨時代」，仍有王玉雲和朱安雄家族在高雄市已成民進黨囊中物的局面下，拚命爭取新一回合的權力位置，終至衍生不少風波帶來致命的衝擊。

時也？運也？命也？曾經在台灣新舊政治勢力交融的關鍵時刻，一度是南台灣「天王級」政治人物的王、朱兩人，如今殊途同歸，都步上亡命天涯的道路。就某種意義而言，這實在是時代的錯亂，國民黨政府時期從選舉起家的地方實權人物，在新的民主化時代，卻在選舉政治中，栽了跟斗，結束王、朱兩家的政治生機。

回顧過往的歲月，台灣政治經濟發展，循序漸進，一步一腳印，如今政黨輪替後的台灣政局，正走向越來越不可測的道路，而日趨民主化的台灣社會，是否仍有「家族政治」的空間，目前似乎已可見其端倪。

在「後陳田錨時代」的高雄港都議壇，高雄地方政權早已政黨輪替多年，且又遭逢朱安雄參選議長賄選大案，距離成熟議會政治似乎越來越遠的當下，高雄市議會未來是否仍將重振雄風，有待後來者給出答案。

獨樹風格的從政之路

在台灣的政治人物中，高雄市議會前議長陳田錨是很特別的人，擔任民意代表超過卅二年，沒有更上層樓往省及中央級民意機關發展，也沒有向民選行政首長進軍，只和他家鄉的高雄市議會，永結不解之緣。他曾經是全國各民意機關最年輕的議長，退休時則是年紀最大的議長。**他擔任議長二十二年，在高雄市議會半個多世紀的歷史上，超過三分之一的歲月由他主持。**

陳田錨當過省轄高雄市議會議員、副議長、議長，直轄市議會則自第一屆起連任四屆議長。當他最後決定退出政壇，不再競選連任的時候，還不得不把戶籍遷出高雄，讓自己喪失在高雄市參選的資格，才能如願。他的政治之路，走得別具一格。

陳田錨一九二八年四月出生，一九五八年一月還未滿卅歲，就當選省轄高雄市第四屆議會議員，連任第五屆、第六屆、第七屆，第六屆擔任副議長，一九六八年第七屆更上層樓當選議長。**這時陳田錨還未滿四十足歲，是當時地方議會中最年輕的議長。**

第七屆議會任期原本應在一九七二年二月二十一日屆滿，爲配合第七屆縣市長及第五屆省議員選舉，任期延長到一九七三年五月一日，使這屆任期長達五年二個月。第八屆陳田錨沒有競選連任，暫時結束第一階段共十五年二個月的從政生涯，退離政壇，回歸實業界。

一九七六年一月八日，高雄市第一百萬市民誕生，具備改制升格爲直轄市的條件，中央決定高雄市自一九七九年七月一日由省轄市改爲行政院直轄市，同時將高雄縣的小港鄉併入高雄市，當時的第九屆市議會議員就任才一年半，配合改制將名稱改爲「直轄市臨時市議會」，全體議員由內政部聘爲臨時市議會議員，從小港鄉選出的三位縣議員，也由內政部聘爲高雄臨時市議會議員，至直轄市第一屆市議員選舉產生宣誓就職之日止。

1958 年 1 月陳田錨（前排坐者左二）初次當議員，和家人拍照留念

一九八一年底，高雄直轄市第一屆市議員選舉，政治生涯中斷了八年的陳田錨，再被國民黨中央選定，要他出來領導高雄直轄市議會。

五十四歲「重出江湖」，陳田錨除了頭髮比當年減少，其他包括聲望、見識、能力、經驗、人脈、財力，都有長足的增進。市議員順利當選，選議長時也沒有對手競爭，直轄市首屆市議員四十二席，陳田錨得到四十票當選議長。接下來，陳田錨連任第二、三、四屆議長，一九七八年十二月廿五日第五屆市議會成立，選出新任議長黃啓川接棒，七**十一歲的陳田錨從此退出政壇，此時，他已經是全國民意機關中最老的議長了。這個政治生涯的第二階段，四任議長的時間長達十七年。**

從卅歲參選開始走上政治路，陳田錨多是順勢而爲，絕少逆勢操作，有時幾乎還是「應觀眾要求」才出馬。但只要決定了，就全力以赴，「歡喜做，甘願受」，有倒吃甘蔗的滋味。

回顧高雄市議會的過去及展望未來，曾任五屆議長的陳田錨及其主持時期的「高雄市議會盛世」，是高雄地方政治史上的傳奇。

第一階段　省轄市議會的參政歷練

陳田錨第一次參選是一九五八年初的第四屆市議員選舉，那時他是台灣水泥公司高雄廠職員，投身政壇的主要動力來自家族、親友的鼓吹及尊長的期許。他父親陳啓清先生曾任高雄市參議會參議員，認為擔任民意代表，對他是很好的歷練，決定參選之後，陳田錨就全心投入，積極奔走拜訪選民，每天清晨五點就出門向早起的鄰居拜票，一次選舉下來，挨家挨戶拜訪三趟以上，至少跑壞一雙運動鞋。

傳承父志　躋身議壇

第四屆議員選舉時，高雄市總人口數是卅八萬三千五百四十二人，其中十七萬三千二百十八人有投票權，要選卅八名市議員。全市只分三個選區，第一選區鹽埕、鼓山、旗津，選十三席；第二選區左營、楠梓選八席；其他三民、新興、前金、苓雅、前鎮五區都納入第三選區，應選十七席。陳田錨在第三選區參選，同選區候選人有卅六人之多。一九五八年一月十九日投票，陳田錨初出茅廬，就以三千五百零一票，在選區十七位當選人中排名第二，全市卅八位議員則居第三，二月二十一日就職，任期三年，一九六一年二月二十一日任滿改選。

第五屆議員任期也是三年，但選區重新劃分，由三個選區改成五個選區，議員名額則少了二席，只選卅六席。這屆選舉還有一個最大的改變是廢除「當選無效遞補制度」。

由於「當選無效遞補制度」規定，當選人被判決當選無效，即由次多票的人（落選頭）遞補。因此，每次選後都有選舉訴訟，只要能告倒一個當選人，該選區最高票落選的人，就可遞補上榜。廢除遞補制度，改爲判決當選無效視同缺額，落選最高票不能遞補了。這項改變，確實使過去由落選人發動的選舉訴訟案件減少。

第五屆議員應選名額減少二名，登記參選的候選人卻比第四屆的八十二人還多出八人，九十個人爭卅六席。陳田錨得到三千六百廿票，在第五選區搶到第一高票，全市排名第二。

陳田錨第四屆初進議會，同時當選的知名人士還有王玉雲，當時兩人都是「黨外人士」，他們第五屆連任時，吳鐘靈是新當選的同事。**這三位高雄市政壇的風雲人物，在第五屆市議會同事結緣，也開始有較勁的互動。而互動的結果，對他們三人以後在政壇發展的數十年恩怨情仇，都有相當關鍵性的影響。**

掩護王玉雲　挑戰執政黨

第五屆市議會於一九六一年二月二十一日成立，國民黨提名陳銀櫃和吳鐘靈搭檔競選議長、副議長。陳銀櫃是自參議會時代就遞補進入議會的資深議員，吳鐘靈則是才當選的新科議員，他被提名競選副議長，讓許多國民黨籍資深議員不服。而王玉雲爲人海派，陳田錨出身世家子弟卻爲人謙和，第四屆議員任內鋒頭雖然不健，卻在肉攤開放、酒吧開放及愛河浮木徵收租金等案中，拒絕業者的銀彈攻勢，頗獲議員同仁敬重。不滿國民黨提名的議員，因此支持陳田錨與王玉雲搭檔，聯手對抗國民黨。（詳見議長選舉風雲）

國民黨面臨陳田錨、王玉雲這組黨外實力派組合的挑戰，黨提名的陳銀櫃、吳鐘靈遭到很大的威脅，市黨部主委嚴澤元爲完成輔選任務，只能針對國民黨籍議員著手，將支持陳田錨的多位國民黨籍議員，設法「疏散」，在議長、副議長選舉前，把部分國民黨籍議員分別帶開，有人被帶到煉油廠、空軍基地招待所，有人被帶到美濃的旅舍，還都分別派專人陪同「監管」，阻斷他們對外的連絡。這些動作主要針對議長寶座而來，副議長部分就沒有這麼緊張。

這些議員忽然「神秘失蹤」，本來就不是很積極活動的陳田錨，只有聽其自然發展。一九六一年二月廿一日議會成立當天，被「疏散」的議員才由專人護送到市議會。議長選舉投票結果，陳銀櫃以卅三票順利當選議長。副議長選舉就沒有這麼順利了，經過兩輪投票不分勝負，依規定用抽籤決定，王玉雲抽中「當選」籤，因此當上副議長。

一九六四年第六屆市議員的選舉規定，又有新的改變，一是任期改爲四年，一是議員名額計算標準修正，超過卅萬人的部分，每二萬人才選一名議員，高雄市有五十二萬八千多人，要選四十一名議員。只有一個人或同額選舉時，得票數要「超過各該選舉區應選名額除該選區公民總數所得商數之五分之一」才算當選，得票數不足時視同缺額。

這一屆四十一席議員只有六十八人登記競選，在歷屆高雄市議員選舉中，當選機率最高，但第三次參選的陳田錨，成績卻不理想。第五選區十二人搶八席，一月廿六日投票結果，陳田錨順利當選連任，卻只得三千一百十五票，選區排名落居第五。會有這種結果，主要是陳田錨在第四、第五兩屆議員的表現評價甚高，選舉時情勢大好，對手要分他的票，都說陳田錨「票很多，穩當選」，助選團隊也沒有特別針對這一點「消毒」，許多原本支持陳田錨的人受到影響，選票因此流失。

這一次教訓，讓陳田錨記憶深刻。以後每

1964年2月21日第六屆正副議長王玉雲、陳田錨宣誓就職。（董清男攝）

次選舉，有人說他「穩當選」，他就怕再有危機，拿這次選舉的情況，提醒支持他的選民不要跑票。

再度聯手搭檔出擊

第六屆議會一九六四年二月二十一日成立，同屬黨外的王玉雲再與陳田錨合作，由已任副議長的王玉雲競選議長，陳田錨競選副議長。這個搭檔形成之後，勢不可擋，國民黨市黨部了解情勢，與王玉雲、陳田錨達成君子協定，要兩人當選後雙雙入黨，國民黨則宣布開放自由競選。四十一位議員投票結果，王玉雲得卅七票當選議長，陳田錨卅八票當選副議長。

依當年新聞報導，陳田錨被認爲夠資格也有意爭取第六屆議長，但因爲當時的市長陳啓川是他的伯父，伯姪同時擔任市長及議長，好

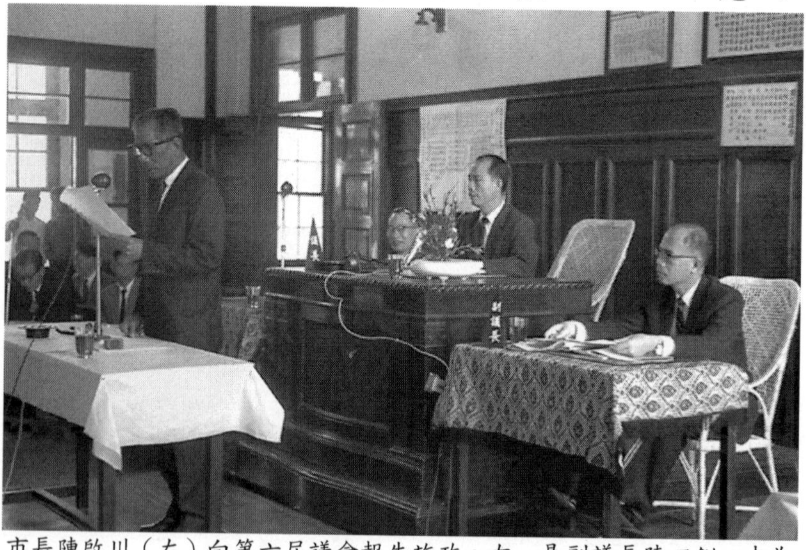

市長陳啟川（左）向第六屆議會報告施政，右一是副議長陳田錨，中為議長王玉雲
（董清男攝）

像不是太妥當的安排，國民黨中央考量的結果，順勢接受王玉雲、陳田錨的合作方案。兩人競選合作愉快，擔任議長、副議長的四年任內，相處得很好。

高雄市在一九六四年到六八年間發展很快，對台灣經濟發展關係重大的加工出口區於一九六六年成立，工商業發達，四年間人口由五十二萬八千多人成長爲六十五萬二千三百多人。第七屆議員選舉議員名額也增爲四十五席。選區未變，七十一人登記競選。一九六八年一月廿一日投票結果，陳田錨得到五千三百六十五票，是第五選區第二高票，全市排第四名。

更上層樓當選議長

第七屆議會成立，國民黨提名陳田錨競選議長，吳鐘靈選副議長。全體議員票選結果，陳田錨卅九票當選議長，吳鐘靈四十二票當選副議長。陳田錨當選議長時未滿四十足歲，吳鐘靈小他一歲。

第七屆議員選舉結束後，有多起選舉訴訟，但只有第四選區（鼓山、旗津）落選人謝萬福的訴訟未撤回。他對第四選區的七個投開票所提出選舉無效之訴，經台灣高等法院台南分院於一九六八年五月六日判決，其中三個投開票所選舉無效，選務單位六月卅日辦理這三個投票所重新投票，結果，原當選人莊士卿已經宣誓就職了，在重新投票後落選，提起訴訟的謝萬福當選，其他人得票雖有增減，但都未影響當選及落選。

法定任期四年的第七屆市議員，因台灣省政府爲配合第七屆縣市長、第五屆省議員選舉，而將該屆縣市議員任期延長了一年二個月，陳田錨這任議長，總共做了五年二個月之久。

高雄市議會從民國卅五年參議會成立以來至改制升格為直轄市，議長每一屆都換新，參議會議長彭清靠，第一屆議長林仁和，第二屆孫媽諒，第三屆陳武璋及陳武璋當選市長後補選的議長鐘宗廟，第四屆黃載德，第五屆陳銀櫃，第六屆王玉雲，第七屆陳田錨，第八屆孫土池，第九屆吳鐘靈，議長都只當一任就換人，形成「議長不連任」的慣例。

高雄市議會議長不連任慣例的形成，其實是「形勢」造成的。歷任議長有人歡喜捨得，有人

1968 年 2 月 21 日當選第七屆議長的陳田錨主持會議。（董清男攝）

試圖連任卻發現「形勢比人強」而不得不捨。事實上，每位議長不連任的情況都不相同。大體上都很難跳脫「有人擁戴，有人逼宮」的情勢。不過，「上台靠機會，下台看智慧」。捨得，就是智慧。

早年各屆議長卸任後的出路

- 參議會議長彭清靠：經歷二二八事件的衝擊，一九五一年卸任後絕意政治。
- 第一屆議長林仁和：一九五三年一月卸任，轉戰競選第二屆臨時省議員，最高票當選。
- 第二屆議長孫媽諒：一九五五年一月卸任，競選第三屆連任議員，未當議長。議員任滿退出政壇。
- 第三屆議長：有兩人，陳武璋議長任內競選第三屆市長當選，一九五七年六月二日就任市長。議會六月廿七日補選議長，由鐘宗廟當選，任期八個月，一九五八年二月卸任，順利蟬聯第四屆議員，未當議長，議員任滿即離開政壇。
- 第四屆議長黃載德：一九六一年二月卸任，競選第五屆議員連任失利。
- 第五屆議長陳銀櫃：一九六四年二月卸任，未競選連任。
- 第六屆議長王玉雲：一九六八年二月卸任，未競選連任，準備競選市長。接受國民黨安排擔任高雄市黨部副主委。

・第七屆議長陳田錨：一九七三年五月一日卸任，未競選連任。
・第八屆議長孫土池：一九七七年十二月卅日卸任，自政壇退休。
・第九屆及直轄市臨時市議會議長吳鐘靈：一九八一年十二月廿五日卸任，出任中影公司董事長。

暫別政壇　情義處世

陳田錨第七屆議長任期屆滿，儘管他早在一年多前就宣布不再競選議員連任，但還是有人不相信，也有人不肯放他自由自在。

國民黨高雄市黨部在一九七三年一月間辦理議員選舉黨內提名登記，陳田錨早在十二月底自費帶太太到東南亞考

1973 年 5 月 1 日陳田錨將議長印信交給第八屆議長孫土池，他暫別政壇，回實業界拚經濟　（董清男攝）

察，於黨內提名登記作業期間避走國外。原擬旅遊泰國、新加坡、馬來西亞後，再到日本、韓國參訪。但他在新加坡遇到曾任第三屆議長、第三屆市長及台灣省政府民政廳長的陳武璋，陳武璋告訴陳田錨說，高雄有人已經幫他辦理黨內提名登記，他打電話回來問，證實確有其事，趕在一月十七日回高雄處理。原來是當時的市議員朱金龍代他辦的登記。陳田錨了解狀況後，次日就向黨部提出書面要求撤銷登記，但被市黨部勸阻；無奈之餘，陳田錨只好在當晚改用掛號信向黨部要求撤銷。但市黨部認爲，「想做議長的人多，適合的人少」，希望陳田錨繼續領導議會。

一月下旬，市黨部主委季履科接受記者訪問時宣稱「陳田錨顧全大局將再競選連任」。但當天陳田錨的父親、時任第一銀行董事長的陳啓清先生返回高雄市參加公祭拈香，被問及時表示，家人都反對陳田錨再選，主委雖然這樣宣布，他們「還要再開家庭會議商量」。

第八屆市議員選舉候選人登記到二月十九日截止，陳田錨真的沒有登記。陳田錨是否參選的「猜謎遊戲」，至此塵埃落定，媒體報導也做了總結。

一九七三年二月廿日聯合報有這樣的報導：「第八屆市議員選舉登記十九日截止，陳田錨、吳鐘靈都未登記。陳家說一不二，早在一年多前就宣布不選，有人造謠，讓人誤會陳家父子『耍花樣』。吳鐘靈在爭取市長提名失敗後本已心灰意冷，有人鼓勵爭議長，但在黨內登記最後一天聽說有人替陳田錨登記，即決定棄選未登記。及至國民黨開放第一選區自由競選，吳鐘靈有意一試，但國民黨人員發表凡未辦理黨內提名登記的黨員，如在自由開放選區參選仍屬違紀，吳只好放棄，暫時告別政壇」。

第七屆議員一九七三年四月卅日任滿，四十五歲的陳田錨第一次自政壇退休，告別十五年二個月又八天的議員生涯，回歸實業界「拚經濟」。當時，他在台灣水泥公司的職務是高雄鼓山製品廠廠長。

相對於他在市議會的職務，四十七年當議員，六年後當上副議長，從政第十年當上議長的速度，陳田錨在台泥的職務，升得並不快。第一次選議員時是台泥高雄廠職員，第二次選還是職員，當選副議長時是人事課長，五十七年當選議長時是副廠長，議長任內才升爲廠長。

籌組航運公司照顧老同事

在高雄市議會歷屆議員中，省轄市第七屆最特別的一點是：連任成功的議員人數最少，只有十一人。四十五位議員，「畢業」時剩卅八人，其中張瑞妍任內競選立委，王清連、洪照男競選國大代表，朱有福、歐石秀競選省議員，成功轉換跑道。張瑞芙、王進財兩位議員因案除名。「畢業」的卅八人，廿人競選第八屆議員，只有十一人如願連任。

由於失去舞台的議員人數很多，一時沒有出路，眾人計議公推陳田錨出面組一家公司，當時台灣合板業興盛，自東南亞進口原木好像可行，大家議定籌組輪船公司，名稱也取了，叫「修伯（super）」輪船公司，預定將掛巴拿馬旗，走印尼航線。陳田錨認爲大家都有意願，他當然贊成，即積極著手進行。航運公司成立，定名爲「和光航運公司」，陳田錨任董事長，藍國徵爲副董事長，王清連任總經理，但原本計議加入公司共創事業的其他第七屆議員，後來卻因爲各種原因而沒有加入。雖然公司經營情況平平，幾年後就宣告結束，但陳田錨照顧老同事的心意到了。

第二階段　直轄市議會的主政作爲

高雄市一九七九年七月一日改制升格直轄市，一九八一年選舉第一屆市議員。七三年棄政從商的陳田錨，被國民黨中央徵召，回來領導直轄市第一屆議會。陳田錨「重現江湖」，有其原因。這要從他「從政之路的『插曲』——立委未遂」講起。

陳田錨在第七屆議長卸任後暫離政壇，在實業界打拚了五年多，一九七八年立法委員第四次增選，他被國民黨提名，在包括高雄市、高雄縣、屏東縣及澎湖縣的第五選區參選立委。政壇盛傳，中央要當過議長的陳田錨到立法院，有栽培他擔任立法院副院長的用意。競選總部主任委員由老市長陳啓川擔任，總幹事朱有福（時任省議員）。這次立委選舉定十二月廿三日投票，競選活動自八日起十五天。

退出聯合國　立委選舉中止

陳田錨人脈廣，高雄市不用說，前屏東縣長張豐緒是他妹婿，萬丹望族是他母親的娘家；高雄縣澎湖縣也都有人脈。選戰總部陣容強、氣勢旺，文宣打「四最、四好、三不」。四最是：最清廉，最公正，最負責，最勤快。四好是：操守好，人緣好，膽識好，服務好。三不是：不買票，不罵人，不騙人。

立委第五選區十三人爭五席的選戰活動進入高潮之際，美國總統卡特宣布將與中共建

1978 年陳田錨競選立法委員到左營掃街拉票，這次選舉因美國與台灣斷交而中止

（董清男攝）

交，自一九七九年一月一日起與我國斷絕外交關係。國家面臨非常狀況，一九七八年五月二十日才就職的第六任總統蔣經國，因此發布緊急處分令（中華民國六十七年十二月十六日台統（一）義字第四九二三號），正在進行的立法委員選舉延期舉行，一切競選活動立即停止。

消息傳到競選總部，所有的人眼見再過七天就可「歡呼收割」，政府宣布停選，他們為競選所做的努力和心血，都白費了。大家心情沮喪，情緒低落之際，沒想到應該最在意的候選人陳田錨先生，進到總部時居然是「歡頭喜面」，很高興的說：「停選了，停選了，大家可以回家了。」看到總部內眾人面色沈重，還問：「你們怎麼啦？還不回家休息！」

一九八〇年，國內外情勢漸趨平穩，政府決定恢復辦理立委選舉，這時高雄市已經改制為直轄市，立法委員選舉單獨成一選區，候選人重新辦理登記，兩年前曾經參選的陳田錨，這次決定不再參選，為了避開說客和壓力，還設法匿蹤，當時政界人士開玩笑說，陳田錨在避「政治三點半」。

黨中央一再催促陳田錨披掛上陣，陳田錨多方推辭，仍未獲中央諒解，他無奈向高層表示，對立委沒有興趣，寧可選直轄市議長。這個表態，讓中央留下印象。時間只隔一年，直轄市第一屆市議員八一年底選舉，中央就徵召陳田錨，他沒有理由拒絕。但他萬萬沒有想到，重現江湖再回市議會，一回鍋就再「浸」了十七年。

表面上看來，陳田錨似乎在中央很吃得開，有求必應，想選議長就給他選議長。其實中央只是順水推舟，實際上另有考量。

一九八一年八月，中國時報記者柯紀鋼分析：中央提名陳田錨當議長，「幕後主因在化解府會對立」。「高雄市六十八年改制院轄市，中央期望高雄市成爲南部地區的中心，不論都市規模，政治情勢，市府官員與議會議員形象，均能成爲其他縣市楷模。但因府會首長王玉雲與吳鐘靈相處不太融洽，致使地方上自然形成兩股對立的勢力，議會討論市府提案，議員自然對壘爭議，造成地方上的不和諧，也影響地方建設發展。中央有意消弭這種現象，使高雄市早日回歸正軌，就藉議員選舉，重新規劃，改善府會情勢及議會生態。爲免在選舉中過多的派系傾軋傷了和氣，才毅然決定調楊金欉爲高雄市長。於議長安排全力保荐陳田錨，致力消弭地方派系」。

「以目前高雄市政治環境，要能完全超出派系，品格與學識完全合乎提名作業標準，而不會遭致他人議論者，祇有陳田錨一人」。

王玉雲與吳鐘靈在第五屆副議長選舉時結下心結，一九七三年市長選舉，兩人都爭取國民黨提名，王玉雲獲提名也當選了，吳鐘靈沒爭到市長提名，當年年底第八屆議員選舉也陰錯陽差的沒有參選。一直到一九七七年十二月廿日，王玉雲連任第八屆市長，十天後吳鐘靈當選第九屆高雄市議會議長。兩人分庭抗禮，互別苗頭。而他們身邊都有許多人，「各擁其主」真心相挺的固然有，存心「坐山觀虎鬥」的人也不少。市議員也分市長派、議長派，雙方鬥得厲害。

高雄市府會失和，地方派系尖銳對立的狀況，中央很有意見，要設法消弭。王玉雲在高雄市改制後的市長「民選變官派」，一九八一年六月廿二日被調任台肥公司董事長，吳鐘靈則在半年後任滿，被安排出任中影公司董事長。

重現江湖　再掌議會

陳田錨在高雄市政壇動見觀瞻，第一屆直轄市議員十一月中選舉，但早在三月初，政壇就盛傳陳田錨將被安排爲直轄市首任議長，當年七月，國民黨高雄市黨部主委鄭心雄証實中央的態度之後，就沒有人出來和他競爭。

高雄直轄市第一屆市議員人數，由臨時市議會的

1981 年底，陳田錨重出江湖競選第一屆議員，在公辦政見會中向選民比出他的號碼　（董清男攝）

五十六席減爲四十二席。議員席次的算法是一百萬人選四十席，超過部分每十萬人選一位議員，一九八一年五月底高雄市有一百廿一萬三千三百卅八人，因此要選四十二位議員。選區則依第九屆市議員時分成六個選區的規劃，新劃入的小港則與前鎮合爲第六選區。總共有八十一人登記競選。

一九八一年十一月十四日投票結果，得票超過一萬票的人有十一人之多，比第九屆議員選舉得票破萬只有三人，多了八個。隔了八年再選議員的陳田錨，以一萬二千八百卅七票的空前高票當選，也是全市最高票。第二高票是楠梓區新人陳宣旭，只比陳田錨少一千零十九票；三民區黃啓川以一萬一千七

1981 年 12 月 25 日，陳田錨與朱有福宣誓就任第一屆正、副議長
（董清男攝）

百七十四票居第三。其他得票超過一萬票的還有第一選區張益郎、陳滿英、王進財，第二選區劉茂德、陳萬達，第三選區陳聰敏、曾長發，第六選區楊振添。十二月廿五日宣誓就職後的議長、副議長選舉，陳田錨獲四十票當選議長，朱有福卅八票當選副議長。

中央徵召陳田錨出掌直轄市第一屆市議會，和市長楊金欉互相配合，希望借重陳田錨消弭派系紛爭，以免派系對立較勁影響市政建設及都市發展，陳田錨當選議長後即積極設法，從求取派系平衡著手。

這時高雄市政壇勢力最興旺的是台南派，省轄市第七、八、九三屆，議長、副議長都有一人是台南派。直轄市第一屆台南派議員當選了十人，原先內定爲副議長的王清連，在議員選舉時大意失荆州，於應選六席的第一選區以六千六百廿二票排名第六，但第一選區有一席婦女保障名額，三名女性候選人，最高票的鄭黃素美得到五千九百五十一票，排名雖在王清連之後，卻以保障名額當選，擠掉王清連。當選副議長的朱有福屬於在地派。

陳田錨上任後就開始協調，以市議會國民黨團書記、副書記、八個委員會召集人及高雄市銀行二席董事、一名都委會委員等職務，安排運作。台南派十名議員，除了新當選的兩人之外，都安排了職務。而都市計畫委員會委員有興趣爭取的人多，不好擺平，陳田錨的「絕招」是自己兼任，誰都不要爭。

當時的安排是：陳聰敏黨團書記，洪茂俊副書記，王文玉財政，郭獎吉建設，郭順工務，王進財民政，張益郎市銀董事，許昆龍列第二召集人。另外一席銀行董事派王啓聰，法規委員會召集人黃啓川，紀律委員會會長發。各大派系勢力經過如此調和平衡，雖然無法人人滿意，但都能接受。市政府與議會及市議會內部派系對立的紛爭，確實因而有相當程度的改善。

中央期待的地方和諧，在市長楊金欉任內，及接續主政的市長許水德三年一個月期間，府會相處融洽得沒話說，楊市長及許市長對市議會都很尊重，非常重視府會間的溝通。但許水德在一九八五年五月卅日調離高雄市，接任的市長蘇南成上任後，府會關係驟變，在第一屆議員任期屆滿前，府會氣氛

卸任議長吳鐘靈將議長印信交給陳田錨，由內政部次長許新枝監交（董清男攝）

已經尖銳對立，鬧得幾乎水火不容。

尊重傳統　曾萌退意

第一屆議員任期到八五年底屆滿，陳田錨任期還有一年左右，就有人開始探問他的動向，包括會不會變成官派市長、要不要競選連任等等。陳田錨自認爲個性不適合做官，也不喜歡當官。對議會傳統也很尊重，一再表示無意競選連任。

一九八五年四月十七日，陳田錨與內政部長吳伯雄、市長許水德等人聚餐，就向兩位好友表示第二屆不選了。五月二日，陳田錨和幾位議員及媒體記者聊天被問到這個問題，也公開說他不選了。同一天，他陪朱有福到黨部領登記表。國民黨第二屆議員選舉黨內提名登記在五月一日至七日辦理，陳田錨自己不選而陪朱有福去領表，挺朱有福的意思很清楚。但有意爭取當議長的人很多，朱有福只是其中之一。和朱有福同爲前鎭朱家成員姪輩的監察委員朱安雄，也意願強烈，他雖未向高雄市黨部登記，卻在監委黨部登記爭取黨內提名。

五月四日，市議會正進行第一屆第七次定期大會的市政總質詢，與朱安雄交情很好的市議員王進財，在總質詢最後留了幾分鐘「質詢」主持大會的議長陳田錨，認爲陳議長動向未定，讓政壇人士困擾，也影響到想要當議長及副議長的人，要求陳田錨公開說清楚講明白。

王進財突然砲口轉向，讓議事廳內的議員、官員都嚇了一跳。看表情反應，陳田錨似乎也很意外，開始時僅表示總質詢談市政，不要談他個人的事。王進財再問，他說：「我和你談過很多次，你很清楚嘛！」王進財不肯罷休，希望陳議長當眾說給大家聽。

雖然王進財「逼問」的措辭婉轉，但了解地方政治生態的政壇人士，都認爲「事出有因」，絕非無的放矢或一時興起。市議會開會有錄音錄影存證，陳田錨的答話被錄下來，對特定人很有用。陳田錨本人應該更了然於胸，明知這是有心人設計，當然不會中計。散會時間到，王進財還是沒有如願讓私下表示無意再選的陳田錨，在議事廳做錄音錄影的公開表態。

這段期間，政壇人士、新聞媒體都在討論陳田錨的動向和下一屆議長的問題。五月七日黨內提名登記截止，高雄市總共有一百零七名黨員登記爭取提名。第一屆四十二位議員中，卅五位國民黨籍的有廿八人登記了，沒有登記的七人是陳田錨與陳宣旭、楊平漢、王文玉、謝進炎、馮國華、劉興杰等人。

自立晚報在黨員登記截止後，曾針對一百零七位登記黨員舉辦議長人選及條件的訪問調查，完成七十五人訪問，有效訪問七十二人，已經超過半數。

統計結果，受訪黨員認爲，理想的議長條件，以品德形象（四十五）最重要，其次是領導才能（四十）、學識（卅）、行政經驗（廿七）、威望（廿五）、公正無派系觀念（廿五）、幹勁理想（廿二）、有雄厚財力（七）。受黨員屬意的議長人選是：陳田錨廿六票，許仲川十票，朱有福七票，李存敬五票，朱安雄四票，吳鐘靈二票，陳清玉一票。四成三認爲議長年齡以五十至六十歲爲宜。四成四認爲議長學歷應爲大學以上。六成一認爲男性較好。至於議長的功能，受訪者認爲最重要的是「協調」，其次才是領導能力，另外則是維持議會正常運作、督促市政發揮制衡功能。

這項調查在五月廿二日刊出，陳田錨被認爲是下任議長最適當的人選。但陳田錨五月九日因攝護腺腫大到台北榮總住院開刀治療，向議會請了兩個禮拜假，廿二日參加國民黨中常會後回高雄，表示中常會沒有人提到要他參選的事，否認中央要徵召他的傳言。還說「高雄市議會議長不連任是很好的傳統」，他沒有必要打破。

肯定長才　多方慰留

就在這個時候，傳出市長許水德將調接台北市長，在台南市市長任內大興土木，搞得轟轟烈烈的「大頭仔市長」蘇南成，獲得最高當局拔擢，調升高雄直轄市市長。高雄市各界五月廿八日在華王飯店歡送許水德榮調到首善之都台北市，卅日上午新舊任市長交接，新任市長蘇南成當天下午二時卅分拜會市議會，議長陳田錨邀集市議會各委員會召集人在議長室接待，談了半個多小時，氣氛融洽。

蘇南成衝勁十足，陳田錨則一向溫和，中央認為還是由陳田錨繼續擔任議長最適當。陳田錨應該已經被告知，但仍不動聲色。

不過，敏感的新聞界在市長換人之際，即已研判中央不可能會就此放陳田錨走人，因爲市長才換新，議長任務重大，應該不會換才對。新聞界也觀察到，早先堅決不再競選連任、未參加黨內登記的陳田錨，在市長換人之說傳出後，公開場合露面的頻率增加，更勤於參加婚喪喜慶，研判陳田錨會再競選連任，而層峰將在適當的機會召見陳議長，屆時他推辭的可能性很小。果然，一九八五年六月十二日國民黨中常會後，黨主席蔣經國先生召見陳田錨，要他競選連任，讓陳田錨無法拒絕，只能應命，接受徵召再選。

消息傳回高雄，市議會正在召開第十次臨時會的最後一天，秘書長吳鴻顯向大會宣布中央已確定由陳議長競選連任，市議員黃昭順買了一串鞭炮，張益郎持往議會廣場點燃鳴放。十三日上午十時十五分陳田錨回到高雄，市議員陳宣旭、楊平漢、黃啓川、蔡慶源、王啓聰、黃昭順、馮國華、張益郎、曾長發、鄭黃素美、林壽山、鄭明進、劉茂德、賢繼禹、汪修慎、王進財、陳聰敏、孫榮吉、郭獎吉等人都到機場迎接。十一時回到議會，朱有福、陳清玉向陳田錨祝賀，陳田錨爲了無法拒絕層峰要求答應競選連任，特別向朱有福致意，朱有福進取議長之路受阻，但也只能對陳田錨身不由己表示諒解。

陳田錨宣布不競選連任且未辦黨內登記時，想選議長的朱有福、朱安雄叔侄、名建築師國大代表許仲川等人，都積極爭取黨內提名。其中朱有福、朱安雄叔侄相爭的「朱門恩怨」最受關注，地方人士希望陳議長續任以調和府會，也可化解朱家叔姪一觸即發的內訌，讓選舉能在和平氣氛下進行，這也是陳田錨再被拱出來競選連任的重要因素。

但陳田錨回心轉意的最主要關鍵，卻是他父親陳啓清老先生在黨中央要員勸說下，同意讓陳田錨再選。他確定競選連任之後，原本想接替他出任議長的人，有人撤銷登記，有人則發表談話或託人傳話，表示陳議長要競選連任，請黨部在提名時不必再將其列入考慮。議長之爭的各種風波，就此平息。

第二屆市議員選舉於一九八五年十一月十六日投票，議員選舉的選區劃分和第一屆相同。而高雄市這四年的人口只增加八萬多人，因此議員的名額也沒有增加。第一屆四十二位議員，只有十人另有人生規劃，沒有競選連任；議長陳田錨、副議長朱有福和卅位走向連任之路的議員中，廿七人如願連任，有五位議員未能達成心願。五十八歲的陳田錨以一萬三千一百四十二票最高票當選。

這次選舉是台灣選舉史上首次採用電腦計票，比以前人工計票提前完成開票。

第二屆議會成立，議長、副議長選舉還是陳田錨和朱有福搭檔，四十二位議員中，「黨外」新當選的陳光復、陳武勳、朱星羽、林黎琤等四位議員，認爲「議長選舉由市長主持」不合體制，在投票時退出議事廳表示抗議。四人在抗議聲明中指出，「市議會代表市民監督市長施政，市長及市政機關要接受議會監督，議長、副議長選舉，由要受議會監督的市長主持，不合民主政治權能區分的體制」。四人退席後，選舉照原定程序進行，陳田錨、朱有福獲得在場議員的全票支持，分別當選議長及副議長。

連任議長 史無前例

第二屆議長、副議長選舉，陳田錨與朱有福獲得在場卅八位議員全票支持而當選，是市議會有史以來第一次。到目前爲止，第三、四、五、六、七屆的議長、副議長選舉，都沒有再出現這種情況，未來也難有人能企及，這也是市議會的新紀錄。

1985 年 12 月 25 日陳田錨就任第二屆議長，打破高雄市議長不連任的慣例 （董清男攝）

本屆議員自一九八五至八九的四年任內，台灣的民主憲政及經濟都有重大進展。議會十二月廿五日成立當天，總統蔣經國在行憲紀念大會宣示貫徹民主憲政決心，國民黨中常會一九八六年十月十五日通過解除戒嚴的政策；一九八七年七月二日，行政院通過解除戒嚴；總統七月十四日發布解嚴令，自七月十五日零時起解除戒嚴。解嚴相關的配套法律，在立法院陸續完成立法。黨禁、報禁也在一九八八年一月一日相繼解除。

一九八八年一月十三日，總統蔣經國先生逝世，四小時內，自八四年起擔任副總統的李登輝即完成宣誓繼任總統，繼續推動解嚴後的憲政改革。他也在同年七月八日當選國民黨主席。

與國民黨抗爭多年的黨外人士，則趕在執政黨中常會通過解嚴政策的半個月之前，於一九八六年九月廿八日宣布成立民主進步黨，首任黨主席為江鵬堅。八九年一月廿七日，總統李登輝公布人民團體組織法，受理政黨登記。四月廿九日，民進黨正式申請備案，成為合法政黨。

台灣的「經濟奇蹟」比民主憲政進展還快，外匯存底到一九八三年一月五日累積達一百億美元，八六年就增加到四百四十億美元，八七年二月十七日破五百億美元，是全球外匯存底第二多的國家。新台幣也在厚植經濟實力的情況下升值，早年四十元兌一美元維持一段相當時間，七三年二月台幣升值百分之五，和美元是卅八比一，七八年卅六比一，八七年廿八比一，一九八九年四月廿八日，台幣對美元突破廿六比一的大關。新台幣對美元升値的幅度和速度，舉世少見。國內社會活力蓬勃，國際能見度日增，實質外交成果豐碩。

膺任中常委　入決策核心

陳田錨在任內也當上國民黨中央常務委員，以當年的時空環境，國民黨中常會是國內政治決策的實質權力核心，陳田錨成爲高雄市第一個國民黨中常委，在實質影響力及政治生涯地位提昇之際，他個人最在意的，不是「揚名」而是「顯親」。

陳田錨個人對政治興趣不大，企圖心也不夠旺盛，他比較注重的是事業，常說「人家王永慶也沒睬（參與）政治，事業還不是做得那麼大。」他會進入政治圈，最大的考量是他父親的意向，老爸說好他就去做，老爸說不要做官，他就不做官。而爲家族考量的比重，也遠大於家庭與個人。總歸一句話，陳田錨是「愛拚經濟，不愛拚政治」。但是，「人在江湖，身不由己」，第二屆任滿，陳田錨還是競選第三屆連任。

第三屆市議員選舉在八九年十二月二日投票，高雄市人口這四年再增加七萬五千多人爲一百卅六萬九千八百多人，議員比第二屆多一席，選四十三名。但因都市發展重心轉移，人口往新發展的北高雄三民區及左營、楠梓地區移動，核算結果，第四選區新興、前金人口減少，議員應選名額由四人減爲三人，第二選區的左營、楠梓及第三選區的三民區則各增一席。候選人登記總共有九十四人，比第一屆的八十一人、第二屆的七十四人都多。

在幾近參選爆炸的選局中，陳田錨參選的第五選區十二人爭七席，是唯一當選率超過五成的選區，但「高手如雲」，爭取連任的現任議員就有八人，除了原選區的七人之外，原在第四選區新興、前金的林黎琤，因第四選區少掉一席，這次改換到有婦女保障名額的苓雅區參選，和柯珠美搶婦女保障名額。開票結果，陳田錨以一萬九千六百廿二票當選連任，得票數創下市議員選舉新高紀錄。林黎琤則小贏柯珠美七百多票，搶到婦女保障名額，換區連任成功。

第三屆直轄市議員選舉，是台灣地區解除

1989 年 12 月 25 日陳田錨連任第三屆議長，副議長換成顏火山
（董清男攝）

戒嚴之後的第一次選舉，和立法委員、縣市長及台灣省議員同時舉行。這時黨禁已經解除，推出市議員候選人的政黨，除了國民黨之外，還有民進黨和工黨。原屬國民黨的資深議員張益郎代表工黨在第一選區順利蟬聯。張益郎也是工黨唯一的直轄市議員。

和諧為重　慎選副手

解嚴後首次舉辦的這次選舉，有關競選活動期間的規範放寬，正式組黨後首次以政黨名義參選的民主進步黨候選人，整體士氣大振，活動力較黨禁未開放前衝撞體制時還大，群眾熱情散發，集會、演講、發動群眾及車隊遊行造勢，比以前更積極。民進黨在這次選舉中，奪得廿一席立法委員、六個縣市長，在台灣政治發展史上，具有重大意義；高雄市議員選舉則得到八席，比第二屆的四席整整增加了一倍。

高雄市議會四十三席議員，民進黨佔了將近五分之一，**市議會的生態結構發生重大變化，當時朝野政黨對抗日趨激烈，陳田錨續任第三屆議長，面臨的就是這種狀況**。因此，副手的擇定，更是關係重大。

這屆議會副議長人選的安排，仍有戲劇性的變化，第一、二屆的副議長朱有福見陳田錨被中央留下來繼續主持市議會，他更上層樓無望，即調整個人生涯規劃往中央發展，競選擔任國大代表。接替朱有福擔任副議長的人選，國民黨原本選中屬於台南派的陳聰敏。陳聰敏當過省轄市議會第七屆、第九屆、臨時市議會及院轄市第一、二屆議員，各方面條件都不錯。也提名陳聰敏在三民區競選連任。三民區要選十席議員，國民黨就推荐了九位候選人，陳聰敏認爲超高額提名對他非常不利，評估整體選情後，選委會候選人登記下午五時截止，他在四時五十分到選委會撤銷登記，不選了。

高雄市議員選舉，在省轄市及直轄市時期，執政黨對議長及副議長人選都會事先規劃，也就是所謂的「內定」人選。第三屆議會也不例外。但因曾有被「內定」爲副議長的人在第一關的議員選舉就中箭落馬的事，陳聰敏不願重蹈覆轍，毅然撤銷登記退出選戰，打亂了國民黨的佈局。議員選出後，陳田錨與執政黨有關人員一再搓商盤算，認爲在野黨議員人數增加至五分之一，議事對抗絕對無法避免，但無論如何還是要「以和爲貴」，最後敲定個性超級溫和、老成持重，和陳聰敏同屬台南派的顏火山與陳田錨搭檔。

第三屆議長、副議長選舉，民進黨爲凸顯政黨立場，雖然實力懸殊，七位議員（陳光復要先服刑，未宣誓就職）自行推出陳武勳與朱星羽一組，與國民黨對陣。陳田錨獲卅三票順利當選議長，顏火山就沒有這麼順利了。曾任立法委員的資深議員張榮顯自行部署競選副議長。第一輪投票結果，顏火山僅得到十五票，比張榮顯的十七票還少了二票。得票數都未過半，依規定要進行第二輪投票。準備第二輪投票時，陳田錨與相關人員緊急會商，找出關鍵票所在，並透過適當人選向對方傳達訊息，要求兌現承諾。再進行第二輪投票的結果，顏火山得票數增加三票爲十八票，張榮顯則反而減少了二票爲十五票，顏火山驚險贏得副議長，他也因此開始接受副議長生涯的「磨煉」。

次級團體 應運而生

由於副議長選舉的激烈競爭，各自支持不同副議長人選的市議員，稍後分別成立「高風問政研討會」及「清流問政聯誼會」兩個次級團體。省轄市議會時期，市議會曾有對立較勁的次級團體，但直轄市議會成立以來，到第三屆議會才出現次級問政團體。

清流問政聯誼會與高風問政研討會相繼成立後，在議事過程難免有互相較勁的意味和動作，但彼此都很節制，沒有明朗化的對抗，只是在市政相關的公共議題上互別苗頭。

一九九〇年十二月，台灣省議會通過調漲自來水水價，每度由六元四角漲爲九元，高雄市自來水由台灣省自來水公司供應，但水質過硬，口感很差，煮開後還有水垢沈澱，市民一再要求改善都沒有結果，漲價的決定引起市民強烈不滿。清流問政聯誼會在十二月底舉辦座談會，抨擊水價調漲不合理，高風同樣爲市民權益發聲。

兩個次級問政團體還合作連署要求市議會爲自來水問題召開臨時會，爲市民權益而爭。清流後來還發起緩繳水費行動，在中央有關單位提出改善水質計畫，並透過各種管道疏通後，抗繳水費的行動才喊停。高風問政研討會則針對高雄市財政結構不良，市庫困窘的問題，邀集學者專家舉辦公聽會。兩個次級問政團體，在公共議題的關懷上下功夫別苗頭，即使在市議會開會的討論發言過程，難免會爭搶在關鍵時刻做決定性發言的機會，以突顯次級團體的議事影響力，但都還能把握分寸，少有意氣用事的情況。

清流問政聯誼會在九〇年底組成，高風問政研討會原本預定在議會成立一週年的十二月廿五日舉行聯合服務會成立酒會，因爲議會決定週年慶時，利用休會期間參觀訪問台北市議會，高風因此延到九一年元月十二日成立。議長陳田錨在高風成立酒會中說，次團體成立是時勢所趨，也是工業社會的正常現象，「子女長大總想自立門戶，但還是一家人」。已退休的老議長孫土池則以胡適的名言「要怎樣收穫，先怎樣栽」期勉高風成員，爲民主相容相忍，展現正面功能，消除外界對次級問政團體的疑慮。

孫土池所說的「疑慮」，就是指過去議會曾經出現的次級團體，幾乎都是不同派系、不同陣營的議員，爲了互相抗衡才成立的。改制前議會內的次級團體，有「市長派」，就有「議長派」，對立的兩派幾乎無所不爭、無所不抗。不只是府會不合，連議會內也欠和諧。所幸時代進步，市議員水準也比以前提高，清流、高風兩個次級團體成立後的作爲，果然和改制前的次級團體大不相同，沒有讓孫老議長失望。

配合市長民選　任期延長一年

第四屆議員選舉在一九九四年才舉辦，原因是推動地方自治法制化，以前官派的台灣省長及台北、高雄兩個直轄市長，決定開放民選。省、縣自治法及直轄市自治法先後完成立法，一九九四年七月廿九日經總統公布實施，確立了省、市長民選的法律依據。爲配合省、市長民選，八九年選出的省、市議員任期也延長一年，到九四年年底一併改選。

高雄市第四屆議員和直轄市第一屆市長同時在九四年十二月三日投票，市議員名額以投票前六個月人口一百四十一萬三千二百四十人計，要選四十三席，另外增加原住民議員一席。

這次地方自治法制化後的首次選舉，出現參選爆炸的情況，登記候選人多達一百廿三人，連市長也有五人競選。**市議員候選人數，有史以來第一次超過一百人大關**。各選區的情況是：第一選區（鼓山、旗津、鹽埕）十三人選六席，第二選區（左營、楠梓）廿八人爭七席，第三選區（三民）廿九人選十席，第四選區（新興、前金）七人選三席，第五選區（苓雅）要選七席，有十八人競爭，第六選區（前鎮、小港）廿八人搶十席。原住民則是六人爭一席。

投票結果，陳田錨得到一萬八千一百廿八票，高居第五選區第一名，全市議員排名則屈居第二，民進黨籍的郭玟成在第六選區得到二萬四千零七十六票的空前高票當選連任，改寫高雄市議員選舉得票數最高的紀錄。第三屆議員尋求連任的卅一人，有廿人如願蟬連，十一人連任失敗。

捍衛尊嚴　鬥志昂揚

這一次市議員選舉，六十六歲的陳田錨「戰鬥意志」空前旺盛，因爲朱安雄向他公開叫陣，說他「年紀大，議長不稱職」。六十六歲了，說他年紀大，他當然接受，但說他「當議長不稱職」，就很傷人。

事實上，陳田錨連續當了三任十三年議長，譽多謗少，沒有人認爲他不稱職的。他真的不想再選，在任期還有一年的時候，就交代市議會秘書處，議長公務信封用完後，新印的信封不能再印「陳緘」的字樣，因爲下任議長要換人；同時責成總務人員嚴格控制年度經費的支用，在年底第三屆議員任期屆滿前，絕對不能動用超過半數，最少要留一半以上給下任議長。他也陸續收拾辦公室的私人物品，著手做交棒的準備，同時也多次在公開場合表明不再續任的意願。

一九九四年三月一日，高雄王家經營的華榮電線電纜公司，獲得國際標準保證制度認可登錄，授證典禮在高雄國賓飯店舉行。陳田錨應邀致辭時，除了公開推荐要競選市長的吳敦義之外，同時推崇曾任監察委員的王玉珍，「是可以延續維持高雄市議會清白傳統的適當人選」。陳田錨致辭時說，他在議會服務已經廿多年，「待得快要發霉了」，應該在「發霉前」，將一直維持清白傳統的高雄市議會，交給可以維持清白傳統的人接棒，而擔任華榮董事長的前監察委員王玉珍「就是可以維持清白傳統的最適當人選。」陳田錨厚道、守禮，絕不可能在這種場合講假話，對邀請他參加慶典的主人開這種玩笑。

陳田錨要交棒，高雄市政壇有意接任議長的人很多，但沈穩的政治人物都不會大張旗鼓、輕舉妄動，以免事與願違，徒留話柄。已經卸任監察委員的朱安雄則非常積極，志在必得，也有「非我莫屬」的氣勢。

朱安雄想當議長已非一朝一夕，早在民國七十四年第一屆議會任期屆滿，陳田錨宣布不選時，朱安雄有意與族叔朱有福爭議長的「朱門恩怨」就差點爆發。時隔九年，離開監察院已一年多的朱安雄，重返政治舞台之心更切，而議長一職就是他的目標。

在夫妻倆同時分任監察委員及立法委員的十多年間，朱安雄和吳德美的黨、政、商關係良好，事業快速擴張為企業集團，尤其是與層峰親近的程度，政壇側目；總統李登輝到南部視察地方建設，就曾只約朱氏夫婦共進早餐。意氣風發且「聖眷正隆」，使朱安雄對情勢研判過度樂觀，行止也失了分寸。

曾有雜誌刊出專訪朱安雄的文章，在談到年齡長他十幾歲的前市長王玉雲及議長陳田錨時，朱安雄用的措辭是「過氣的人」，讓當事人氣得跳腳。他強悍的向陳田錨公開叫陣逼退，也在地方政壇激起軒然大波。已經開始打包辦公室私人物品準備交卸議長職務的陳田錨，即使沒有意願繼續當議長，在這種情況下離開議會，又情何以堪？如果就此離開，個人可能要忍辱含恨遺憾一生，家族也必蒙羞，他不得不重新思考進退的問題。

屹立議壇　穩定政情

一九九四年底，第一次開放民選的台北、高雄兩個直轄市市長選舉，和第四屆市議員選舉同一天投票，而中華民國建國以來第一次總統直接民選，也將在一年多之後的九六年三月投票。李登輝八八年接班後的連串權力鬥爭雖大局底定，但仍餘波盪漾。國內想要競選總統的人馬不止一組，李登輝本身也面臨挑戰，要全力穩定政局。在各種情勢都要顧及的通盤考量之下，高雄市的情勢，只有陳田錨繼續擔任議長，最能穩定地方，對總統大選也最有利。

因此，李登輝著手整合高雄市各股政治勢力，他在九四年三月廿六日召見國策顧問王玉雲，頒授二等景星勳章，表彰王玉雲對社經發展的貢獻，並向王玉雲透露有要他長子立委王志雄和吳敦義搭檔競選市長、副市長的構想，以安撫二年前接受雜誌訪問時透露有人鼓勵他競選總統的王玉雲。李登輝也託王玉雲轉請陳田錨「無論如何再幫最後一次忙」。朱安雄的事則沒有提起，地方上對議長爭奪戰還是傳得沸沸揚揚。陳田錨沒有辦黨內登記，由黨中央徵召參選，朱安雄繼續佈署，也向陳田錨公開叫陣。十一月下旬至十二月初的議員選舉期間，朱安雄還是一再批評不同選區的陳田錨，砲火甚至波及陳田錨的尊長及先人。十二月三日議員選舉結果，陳田錨、朱安雄都當選議員。

國民黨十二月十三日決定提名陳田錨選議長、朱安雄選副議長，中常會十四日通過提名，但部分國民黨籍議員對中央提名朱安雄選副議長並不認同，私下運作支持曾任第九屆議員的張瑞德。黨中央及地方黨部積極協調，但都沒有成效。

第四屆市議會一九九四年十二月廿五日成立，市議員大換血，四十四位議員只有廿人連任（十人競選連任失利），新科議員多達廿四人。而市議會的生態結構也發生很大的變化，民進黨議員增為十一席，新黨二席，無黨籍七席，國民黨籍議員只剩廿四席。

議員宣誓就職後，開始選舉正、副議長。民進黨十一人於選舉時全部退出議事廳，卅三位議員先選議長，投票結果，陳田錨廿九票，陳道實二票，張瑞德一票，另有無效票一張，陳田錨當選議長。

副議長選舉就沒有這麼順利了，第一次投票結果，張瑞德十五票，朱安雄十四票，梅再興二票，蔡松雄、羅志明各一票，得票均未過半數。接著進行第二輪投票，卅三位議員重新投票結果，朱安雄得票數還是十四票，張瑞德增加一票，得十六票，張瑞德當選副議長。朱安雄競選副議長的努力落空了。

陳田錨、張瑞德宣誓就任議長、副議長。隨後全體議員依慣例在市議會前廣場拍攝第四屆議會成立的團體紀念照片，但市議員並沒有全員到齊，朱安雄在落選後即先離開市議會，到市黨部和主委吳鴻顯召開記者會。

在議長、副議長提名之後，黨中央秘書長許水德曾數次南下高雄，試圖協調化解陳、朱兩人心結，但因朱安雄之前罵得過火，陳田錨曾私下表示：「罵我家三代，怎麼可能讓他坐我旁邊？」選後，各種傳言不斷，傳出有人放話要報復，有關單位爲防範發生事端，由市警局派員貼身保護議長陳田錨及副議長張瑞德的安全。從此，高雄市議會議長及副議長才有隨扈。在此之前，高雄

陳田錨連任第四屆議長，監交的內政部政次楊寶發把印信交還給陳田錨　（董清男攝）

市只有市長有貼身隨護的陣仗。

襟懷豁達　決意退休

第四屆議員任期到一九九八年十二月廿四日屆滿，七十一歲的陳田錨早懷退意，但是，各方依舊勸進，最先開口的是總統李登輝。當年二月十一日，市長吳敦義爭取到交通部觀光局的元宵節燈會移到高雄市舉行，總統李登輝南下主持開燈儀式，下午先在高雄圓山飯店約見陳田錨，要他競選連任。

陳田錨在比他年長五歲的李登輝之前不敢說自己年紀大了，只強調自己在市議會從議員開始已經歷任八屆超過卅年，議長也當了五屆共廿多年，太久了，應該可以換比較年輕的人來做。「不要到讓人家嫌才下台，就不好看了。」陳田錨說，總統選舉時說百姓是「總統的頭家」，他爲市民服務卅多年，只想退下來「做頭家」，李登輝當場沒有再說什麼。

第二天，苓雅區十五位里長一齊到市議會拜訪陳田錨，要求陳田錨繼續「領導市議會跨世紀」。陳田錨和里長本來就很熟，他對里長重述向李登輝報告的情形，感謝里長朋友過去對他及其子立委陳建平的支持。陳田錨笑著向里長們說：「讓我吃卡長命一點，大家留命做朋友。」曾任苓雅區里長聯誼會主席的資深里長蔡達雄表示，議長雖然一再以

「有歲，做太久」而有意交棒，但他們認爲議長身體還很好，表現也很好，沒有理由獨善其身。在場里長都表示，議長不幹，六月里長改選，他們也不領表登記，要和議長同進退。陳田錨還是要求里長莫要苦苦相逼：「大家留命做朋友」。

九八年五月，國民黨開始辦理第五屆市議員黨內提名登記，五月三日有人代陳田錨到市黨部辦妥登記，陳田錨知道後大發雷霆，警告代辦登記的人「不撤銷就絕交」。五月四日上午，大眾銀行股東大會在高雄市國軍英雄館舉行，陳田錨在會中宣布「陳家的人從此退出政壇」，他自己不選，家人也不會再參選。他已經擬妥聲明，下午派人送到高雄市黨部，要求撤銷別人代辦的登記。

他的聲明全文是：「本人從事民意代表工作已逾卅餘載，擔任議長亦有五屆之久，茲以世代交替之際，理應交棒。邇來中央暨地方人士迭次敦促，繼續參選為黨國效力，均經本人堅辭婉謝，至今心意未變，特此聲明，並祈將他人代辦之登記惠予註銷，無任感荷。」國民黨高雄市黨部主委黃麟翔沒有辦法，表示依程序陳報黨中央備查，由中央決定慰留或以徵召方式請陳議長連任。

執政黨中央委員會秘書長章孝嚴接到高雄市黨部報告，當晚就趕到高雄市，五日上午到陳田錨家中拜會，勸陳田錨留下來再選。陳田錨退意堅決，沒有答應，章孝嚴只好轉達主席李登輝當晚要約見陳田錨。陳田錨下午搭機北上面見李登輝，兩人談了幾十分鐘。

陳田錨向李登輝表明，他擔任民意代表卅多年，都是「做薪勞（當夥計）」，年紀大了想退休，「換做頭家」。他早想退休，也有退休資格，「沒有退休金沒關係」，也不用幫他做任何安排。當時才五月，年底才要選舉，李登輝要他晚一點再做決定。陳田錨說，他不曉得該說什麼，只能笑笑的聽著，連「考慮看看」這類的話都沒有說。主席召見慰留的好意，和個人意願不同，讓陳田錨傷腦筋「頭殼痛」。回到高雄市，只要有人問起主席約見的情形，陳田錨最後都會問說：「你們幫我想想看，有辦法沒？」

第二屆民選市長與議員同時選舉，已經擔任高雄市長八年多的吳敦義不想再選，民進黨推出高知名度且有智多星之稱的謝長廷，國民黨找不出更適當的人，硬留吳敦義。吳敦義百般設法就是脫不了身，演出當時喧騰海內外的「天人交戰七十二小時」的戲碼，最後還是不得不選。

當吳敦義還未點頭參選之前，國民黨及高雄市地方人士五月發動連署勸進的行動。本來連署勸進的對象也包括議長陳田錨，陳田錨打定主意要「換做頭家」，知道有連署勸進的行動，馬上打電話給主辦人，強烈要求不能把他列入。六月二日黎明，吳敦義經過七十二小時「天人交戰」，總算點頭同意參選，國民黨勸進成功。陳田錨趕到記者會場向吳敦義祝福，政界人士本來要接著勸進陳田錨，但他意志堅定，六月五日就率團赴美訪問姊妹市波特蘭，勸進動作在主角出國後叫停，打算等年底選舉登記前再努力。

陳田錨與吳敦義都不想參選時，兩個人有「不相害」的默契，兩人在公開場合都不評論對方參選的問題，但五月中勸進吳敦義的行動開展之際，陳田錨被問到接棒人選及吳敦義動向時說，接棒人選他沒有提出任何建議；至於吳敦義的動向，他說，「**吳敦義都說『技術話』，你們聽得懂嗎？**」吳敦義想要換跑道的問題，陳田錨以飛機做比喻。他說，「**單人駕駛的小飛機或戰鬥機，愛怎麼飛就怎麼飛，還可以翻筋斗，但『像波音七四七這種巨無霸型的大飛機，臨時要換跑道，談何容易。**」他認爲，吳敦義是「波音七四七」。

五月四日陳田錨公開宣布陳家退出政壇，次日聯合報有這樣的分析：

「高雄市議長陳田錨昨天宣布退出政壇，地方流言四起，接近陳田錨的人士透露，中央把議長職位當作恩賜，是陳田錨意興闌珊的關鍵。

「據了解，陳田錨昨天宣布退出政壇後，曾與市長吳敦義深談，彼此對爲何不再披上戰袍的心靈感受，互有深刻體會。

「改制後「包辦」高雄市議長的陳田錨，四年前再獲提名蟬聯議長，副手的擇定則未能得到中央的尊重；而中央排出的人選，暗中透露出強烈要他這屆任滿就交棒。三年多前，他「自力救濟」，擺脫了黨意，甩掉了自己不中意的副手搭檔，但中央四年前佈局埋下的陰影，並未隨時間過去。即將在年底重來的選舉，當年被甩掉的搭檔此番更有直挑議長寶座之勢。

「陳田錨擔任民意代表卅多年，黨提名雖是選舉一大助力，但選舉中的勞力勞心及資源消耗，都只能自己承擔。但是，接近陳田錨的人士透露，在陳的感受中，高層始終認為議長的職位，是對當事人及其家族的「恩賜」，更有甚者，要他參選的同時，卻放任另一組自稱和高層有良好關係者出來「攪局」。相對於陳田錨，吳敦義也好不到那裡去，八年來他在高雄市不惜得罪財團和派系，爭取市政建設到中央部會去求人，卻未被納入權力核心。吳敦義與陳田錨如此交心，恐怕不無另有感觸。」

陳田錨與吳敦義雖有相近的感觸，但兩人年齡相差廿歲，處境不同，知命之年的吳敦義，還有更長遠的人生規劃，陳田錨已達「從心所欲不逾矩」的境界，兩人一進一退的結果，是很正常的發展。

遷出戶籍　斷參選路

一九九八年十月下旬，市長及議員選舉開始受理候選人登記，國民黨中央五月間同意陳田錨要求，撤銷別人代辦的登記，就是已經接受陳田錨不再參選的事實。但高雄市苓雅區的里長，卻還不死心，五十多位里長將連署勸進書送到市黨部給主委，要黨部做最後努力，力勸陳田錨向選委會登記競選連任。十八日上午，里長又一起到市議會議長室登門拜訪陳田錨，懇求陳田錨繼續爲地方服務，不要退休。

陳田錨向里長宣稱，他已經把戶口遷到台北市，真的要退休了。但里長下午到戶政事務所去查，發現陳田錨的戶籍還在高雄市，有里長因此主張硬逼陳田錨參選，先偷偷代陳田錨去辦候選人登記，「生米煮成熟飯」，或許有用。向選委會辦妥登記，就不能撤銷，陳田錨列名候選人，不選就不好看了。**陳田錨知道里長去查他的戶籍資料，也怕被人代辦競選登記後不好處理，十九日一大早就打電話到台北，請他在台泥副董事長辦公室的秘書，帶相關資料到台北市松山區戶政事務所，幫他把戶籍遷入台北市，喪失在高雄市候選的資格，決絕的斬斷自己主動或被迫參選的路。**

陳田錨最後不得不採取將戶籍遷出高雄市的方式，確保自己達成退休的意願，主要原因是選罷法原先有關候選人登記後可以申請撤銷的規定，曾經有人以登記競選爲手段，來和同一選區同質性高或票源重疊的競爭對手談條件講價碼「搓圓仔湯」，談成了就撤銷登記或遷出戶籍喪失候選人資格的情況。後來修正選罷法，規定爲只要完成候選人登記，就不能撤銷，即使戶籍遷出，候選人資格還在，選舉公報照樣刊印出來。陳田錨不能冒這個險，只好在候選人登記前，把戶籍先遷出高雄市，喪失在高雄市候選的資格。而當時戶籍遷移手續已經簡化，全國戶政電腦連線，想遷戶口，只要至遷入地辦遷入就行，不必先在原戶籍地辦遷出。

陳田錨十月十九日只把個人戶籍遷到台北市，一直到候選人登記截止後，十月廿六日再遷回高雄市。那幾天，高雄市議會議長陳田錨是「台北市民」。陳田錨在高雄市的家，戶長換成太太陳黃淑惠。戶籍再遷回高雄，陳田錨說，「戶長有改回來，還是我做。」從此，陳田錨戶長照做，議長確定可以如願退休。

告別政壇　了無愧憾

一九九八年十一月四日上午，高雄市議會第四屆最後一次定期大會閉幕。陳田錨的致辭，空前感性，以「美好的仗已打過，美好的樂章也該譜下休止符」，「每個人都是一片浪花，起伏飛落很自然」，這個會期內把所有議案審完，「效率一級棒，可以清清爽爽打烊，本屆議員可以了無愧憾，揮揮衣袖說聲再見了。」閉幕辭，也是他向議會及政壇告別的心聲。

他說，他從全國最年輕的議長，做到全國最老的議長，「再不交棒的話，長江後浪要怎樣推前浪呢？浪花數不盡，每個人都是一片浪花，起伏飛落是很自然的事。」他祝福要競選連任的議員同仁「高票蟬聯，浪花再度飛揚，風起雲湧」，不再連任者「隨緣自在，浪花匯入長河，海闊天空」。他也讚揚要再競選連任的吳敦義，要議員全體鼓掌，給吳敦義一個愛的鼓勵。

第四屆市議員任期到十二月廿四日結束，大會閉幕後接著大家要忙選舉，競選連任的要忙跑票，不選連任的也要助選或處理自己的事，議會沒有再召開臨時會。第四屆第八次定期大會十一月四日閉幕，是陳田錨卅二年民意代表生涯結束前，最後一次主持議會的大會，宣布散會敲下的議事槌是最後一槌，議長任期則還有一個多月。

市長及議員選舉在十二月五日投票，吳敦義輸謝長廷不到五千票，國民黨喪失在南台灣的最後一片藍天，和屏東縣、高雄縣、台南市、台南縣、嘉義縣一樣，南部七縣市執政權都落入民進黨手中。市議員選舉部分，國民黨廿六席，民進黨九席，新黨一席，無黨籍八

1998 年 11 月 4 日，陳田錨敲槌宣布大會閉幕，落槌似乎比以前沈重，秘書長譚木盛注視著陳議長這最後一槌，也有臨別依依的神色。（董清男攝）

席。市議會進入「後陳田錨時代」，一至四屆未曾出現的議長爭奪戰又火熱登場。

高雄市議會的「後陳田錨時代」

第五屆議長爭奪戰，在陳田錨確定退休後展開。國民黨最先內定立法委員王志雄爲接棒人選，但後來發生王玉雲對陳田錨指桑罵槐的失言風波，及市長選舉王家被懷疑爲報四年前的一箭之仇而發生倒戈案等許多波折，演變成國民黨調整議長提名，「失聯黨員」資深議員黃啓川獲國民黨提名競選議長，王志雄改爲提名競選副議長。十二月廿五日第五屆市議會成立，議長、副議長選舉再生巨變，黃啓川順利當選議長，王志雄重蹈第四屆朱安雄覆轍，在副議長選舉中敗陣，無黨籍市議員蔡松雄擠下王志雄當選副議長。

王志雄被國民黨內定爲議長人選，是候選人登記前就開始安排的布局。五月間，吳敦義一直不肯表態參選時，立法委員王志雄、副議長張瑞德、前市長蘇南成先後出面表示要和吳敦義競爭國民黨提名。但國民黨鎖定吳敦義是不二人選，勸退王志雄等三人，當時陳田錨的動向，黨部還不敢確定，有意安排王志雄出任不分區立委。等到陳田錨遷戶籍確定，才有內定王志雄接棒議長的默契，也算對四年前安排王志雄出任吳敦義的政務副市長落空的補償。王志雄在陳田錨戶籍確定遷到台北市，候選人登記截止前二天才辦妥議員選舉登記。吳敦義熬到六月二日經過「七十二小時天人交戰」才宣布「我現在要出征」。

黃啓川已經連任五屆議員，一直以無黨籍身分從政，和陳田錨交情深厚，事業順利，人緣也不錯，對財政問題尤其內行，有「議會鐵算盤」之稱。陳田錨宣布不再競選連任，黃啓川表現得最有情有義，他勸阻不了陳田錨，即表示要與陳議長同進退。經陳田錨苦勸，後來才不再提，積極準備競選，市議員選舉即全力衝高得票數，順利當選連任。在陳田錨遷出戶籍前，政壇一度盛傳黃啓川要與陳田錨搭檔競選。

九月間，國民黨中央秘書長章孝嚴南下高雄王家拜訪王玉雲，勸王志雄退出市長選舉，王玉雲事後在記者會中表明王志雄不會選市長，但在被記者問到是否考慮讓志雄選議長時，王玉雲發牢騷說：「議長我也做過，做一屆就讓人，提拔後進。」接著批評：「有些既得利益者，捨不得放」。強調王家絕不會「死豬佔砧」。王玉雲雖然沒有指名講的是誰，但當時談的話題是議長。而且，王玉雲一九六三年省轄市議會第六屆議長卸任，接棒的第七屆議長就是陳田錨。新聞見報，讓已經決定退休的陳田錨，深感難過。王志雄事後曾爲此打電話向陳田錨致意。

十月廿三日，已辦妥登記的王志雄到市議會向陳田錨「請益」，對陳田錨「捨得」的智慧表示欽佩，認爲陳田錨比他有些事放不開的父親好命。陳田錨藉機要王志雄勸老父看開一點，「莫連四十年的老朋友都黑白罵」。王志雄趕緊陪禮，表示他曾專程打過電話致意。王志雄說，中央有意安排他當不分區立委及監委，他不要。議長遷戶籍後，黨又和他談選議員的事，他認爲議會比較接近民眾，才臨時決定登記參選。稱讚陳議長說不選就不選，還遷戶籍明志，捨得的智慧讓人欽佩。

這次市長及市議員選舉戰火空前熾烈，負面選舉文宣招式盡出。十二月五日晚上選票開出，主持高雄市政八年半的吳敦義，竟然輸給戶籍遷到高雄市才二年多的謝長廷，國民黨失去在南台灣的最後一片藍天。檢討敗選原因發現，吳敦義落敗的關鍵因素之一，竟然是「同志倒戈」。市井盛傳的倒戈案，矛頭指向國民黨內定議長王志雄的王家，指王家爲了報四年前吳敦義過河拆橋未用王志雄出任政務副市長的一箭之仇，暗助謝長廷。選前，王玉雲接見民進黨的謝長廷、新黨的吳建國，就是不肯讓國民黨的吳敦義登門拜訪。

吳敦義落選，國民黨南台灣最後的堡壘淪陷，王家被點名檢討，王志雄的內定議長也因而首當其衝。王志雄認爲指控不實，十二月八日上午就到市黨部，要求查明流言真相，查到確有其人其事，即依黨章重處開除。地方黨部及中央黨部多方了解後，沒有公布調查結果，但高雄市議會議長提名規劃案，則重新考量調整：提名「失聯黨員」黃啟川競選議長，王志雄競選副議長。

十二月廿五日第五屆市議會成立，宣誓就職的四十四位議員，國民黨廿六席，民進黨九席，新黨一席，無黨籍八席。議長選舉結果，黃啓川卅一票，民進黨郭玟成九票，新黨梅再興、國民黨新科議員藍健菖、無黨籍黃芳仁各得一票。黃啓川當選議長。副議長選舉，無黨籍的蔡松雄廿三票，國民黨提名的王志雄、民進黨提名的王青各九票，張省吾、梅再興各一票，另有空白票一張。蔡松雄當選副議長。王志雄的九票之中，最少有一票是無黨籍議員投的，換句話說，廿六位國民黨籍議員，頂多只有八人投票支持王志雄當副議長，其他十八票都支持無黨籍的蔡松雄。

由於國民黨提名王志雄競選副議長，黃啓川和蔡松雄在議長、副議長選舉不能搭檔，雙方各自努力，但大多數政壇人士都相信，最關鍵的因素是得到陳田錨的大力支持及居間運作。黃啓川以前五屆議員都是無黨籍的身分，他太太侯彩鳳則很早就進入國民黨的權力核心，擔任中常委。黃啓川和國民黨淵源深厚，也因此在吳敦義落選的倒戈風波案發後，國民黨中央找出他是「失聯黨員」的淵源，提名他選議長。

王志雄先被規劃爲內定議長人選，後來改爲提名副議長，以王家的實力，絕對有能力順利當選。何況王家對各種選舉的政治運作及實務都有深入了解，不是門外漢，副議長選舉失利，主要敗因是「瞻前顧後、猶豫不決」。

一位參與運作的政治人物透露，王志雄的「副議長選民」，事先都已經連絡就緒，也通知約齊到會面地點集合，但「主角」在約定的時間既未露面，也未派人做「實質的處理」，而且還三次換地點以策安全。折騰到深夜，大家等得不耐煩，部分「失望性出走」，投向另一方，再也不回頭。廿五日凌晨，局勢底定，廿五日上午在市議會呈現出來。

圓滿交棒　身影優雅

一九九八年十二月廿五日，第五屆議會成立，選出議長黃啓川、副議長蔡松雄，陳田錨全程觀禮。新議長就職後，陳田錨正式交卸議長職務，退出政壇。市議會員工夾道相送這位與他們相處最久的議長。苓雅區里長數十人組成車隊，陪同陳田錨回家；大眾銀行員工也出動車隊，接回他們的董事長。陳田錨自此結束他自卅歲踏上政壇，歷經卅二個年頭、別具一格的從政歲月。

1998 年 12 月 25 日，陳田錨交棒給第五屆議長黃啟川，就此告別他服務了卅二年兩個月零八天的市議會。

「我今天起辭掉薪勞，換做頭家，留命和大家做朋友。」陳田錨向在議會廣場相送的民眾拱手告別。（董清男攝）

一九九八年十二月二十五日第五屆議長選出，黃啟川向錨公敬禮致謝，副議長蔡松雄也喜上眉梢（董清男攝）

完全演出的市政捕手

高雄市從濱海漁村發展成現代化城市，陳田錨雖然沒有當過市長主持市政，不是棒球賽中最受矚目的投手，但他在卅多年的民意代表生涯中，長期擔任議長的職務，關注高雄市發展所投入的時間、心力，和任期最多只有兩任八年的歷任市長相較，絕無遜色，堪稱高雄市現代化發展的幕後推手，也是「完全演出的市政捕手」。

陳田錨對高雄市的發展，曾經提出許多建言及構想或觀念，像捕手和投手打暗號一樣，他提出建議和投手溝通，了解投手的意向之後，他指揮守備球員拉開或縮小防守圈，什麼球都要接，而且做最適當的處置。

他的建言、構想，經常「走在時代的尖端」，例如早在一九七一年第七屆議長任內即極力主張規劃汙水下水道，發起爭取在高雄市增設大學，八〇年代推動垃圾焚化處理。捷運系統的興建計畫，也是在他議長任內力促市府完成的。他曾力排眾議，要求調整建設規劃，保住高雄人最珍貴的資產和重要地標的壽山及愛河。他也爲市民爭取到親近港灣水域的機會。

催生污水下水道讓愛河重生

污水下水道是城市現代化指標之一，高雄市家庭用戶接管率最近幾年突飛猛進，不過這項看不見的重大建設，早在一九七九年王玉雲當市長時，就開始執行「高雄市污水下水道系統第一階段計畫」，到一九九一年已投入五十一億元。要不是早期紮下基礎，愛河和高雄港水質迄今可能難以改善，那裡還會有水岸花香？

高雄市是個水都市，有河、有港。最重要的河流──愛河在市區像長龍般蜿蜒十一公里，流域集水面積五千六百公頃。一九六〇年代初期，沿海魚蝦仍可隨潮汐游到愛河，最遠可達高雄市縣交界處的後港橋，民眾隨時可在河中捕魚。

在台灣創造「經濟奇蹟」的期間，愛河逐漸遭到工廠、家庭排放的汙水汙染，水質變黑變臭，也影響到高雄港。一九七〇年端午節，市政府循例在愛河舉行龍舟賽，蛙人在水中爆破表演，迸散的水花與汙泥，濺得岸上中外嘉賓滿身。愛河不再是浪漫的流水，成了人們避之唯恐不及的臭水溝。

市政府前工務局長陳繼志早年在台灣省政府服務時，即參與高雄市污水下水道系統規劃。他回憶說，一九七二年市府將龍舟賽移到蓮池潭舉行，**那時多數人還沒有污水下**

水道的概念。陳田錨已經擔任議長，極力主張高雄市要規劃下水道系統，來拯救愛河。

陳繼志說，建構一個城市完整的污水下水道系統，通常要花上幾十年，愛河不可能再等幾十年。所以「高雄區污水下水道系統計畫」第一階段計畫也將愛河整治計畫列入。

高雄市污水下水道系統第一階段計畫，包括第一期計畫及愛河污染整治計畫，計畫期程自一九七九年到九一年，總經費五十一億六千萬元。當時市政府總預算規模一年才幾十億元，不少人認爲市府要花大錢去做「看不見的建設」，預算要市議會通過，簡直是不可能的任務。

陳繼志表示，一九八一年陳田錨回任議長，對市府編列污水下水道建設經費，認爲應列爲第一優先，經過他的協調，議會得以無異

陳議長與議員勘察下水道工程（董清男攝）

議通過預算。以後逐年編列的污水下水道建設經費，只要送到議會，全都照案通過。其中愛河整治計畫從開始到完成，共動用十三億九千萬元，幕後都是錨公鼎力支持。

愛河整治計畫是採取截流方式，當污水下水道系統沒有建構完成，污水都是利用雨水下水道排放，市政府在愛河支流與大排水溝匯入處興建截流站，將污水攔下，經管線輸送到污水處理廠。市府設置了九處截流站，同時清理愛河河道及進行兩岸綠化工程。

一九八七年二月，當時的市長蘇南成配合截流整治工程完工，舉辦感性的「愛河之旅」，在愛河平底船上爲市府員工舉辦集團結婚，並與民意代表在平底船上欣賞音樂演奏會。市議員陳村雄爲了證實愛河洗盡汙穢，兩度跳入河中，上岸之後，他表示水是甜的，回家後並「發現」口袋中有一隻螃蟹。

陳議長（左前）陪同郝院長巡視愛河整治工程（董清男攝）

愛河「復活」後，龍舟賽重返愛河舉行。吳敦義接任市長有意重塑愛河風華，再投入三億多元加強河畔公園美化綠化，一九九八年在愛河畔舉辦四百年來第一次的「高雄燈會」，營造「十里燈河」的氣氛，並將高雄橋到建國橋間的愛河兩側各三百公尺納入都市設計。

隨著水質改善，愛河現在有二十九種以上魚類存活，其中以豆仔魚、土園仔、虱目魚及吳郭魚較多。過去還有海豚類闖進愛河河口，從海豚覓食追逐魚群的習性來看，愛河魚群是多樣化了。隨著愛河水質改善，高雄港水域也變乾淨了，生態比愛河更為豐富。

高雄市污水下水道第一期計畫，是建設污水處理廠及污水主幹管、幹管等下游設施。共完成幹管、主幹管二十四點四公里，海洋放流管三公里、汙水處理廠第一期工程及進水抽水站、放流抽水站，一九八七年一月二十四日正式通水運轉；污水處理廠第二期工程一九八九年十二月竣工，加入營運，工程費共三十七億七千萬元。

高雄市污水下水道系統第二期計畫由一九九二年到二〇〇一年，經費五十九億元，埋設污水次幹管及分支管近十三萬公里；鼓山加壓站一處、寶珠溝截流站一處；檢測及修護污水管五萬多公里；中區污水處理廠二級處理設施工程規劃。完成後接管普及率達二成，可家庭接管面積一千零五十公頃。

如今市府推動污水下水道第三期計畫，家庭用戶接管率已突破四成。愛河截流站完成階段性任務，站體建物紛紛「變臉」成各種造型，夜間綻放景觀燈光，爲愛河再添美景。

這些污水下水道系統計畫全部完成，高雄市再度擁有親水環境，謝長廷對水都市經營非常用心，在水中行駛「愛之船」，在水岸讓花朵恣意綻放，讓咖啡香味四溢，市民再回到河畔、港邊，以音樂、詩歌、繪畫等精采藝文活動與河港對話，重塑市民與水之間的獨特親密情感。

市政府下水道工程處長彭振聲指出，污水下水道系統建設是堆砌而成的，歷任市長、議長都有貢獻。不過，**在建構汙水下水道基礎建設過程，市長換了多人，議長都是陳田**錨。台灣除了台北市之外，其他縣市污水下水道建設一直掛零，要不是陳田錨鼎力支持預算，高雄市下水道建設可能還在牛步化，水岸花香仍遙不可及。

支持焚化處理解決垃圾問題

高雄市在升格直轄市之前，垃圾都是找塊地做垃圾場，倒滿了再覆土。一九七七年，市政府找到楠梓區與高雄縣接壤的台糖西青埔農場靠近後勁溪的窪地做爲垃圾場，傾倒垃圾在廣闊的蔗田裡，距離人煙尚遠，儘管垃圾場臭氣沖天，並沒有人抗議。

改制後第一任環保局長胡養才回憶，**當年國內以經濟成長掛帥，環保觀念淡薄。不**

過市府已警覺垃圾再以傳統方式處理會出問題，擬訂長期垃圾處理要以焚化方式辦理的計畫，他到議會向議長報告，陳田錨不僅欣然同意，還要求西青埔垃圾場，應儘快改用「衛生掩埋法」，以改善垃圾場臭氣沖天的狀況。

在陳議長支持下，市府都市計畫委員會於一九八二年底通過覆鼎金廢棄汽車堆置場場址、小港大坪頂及援中港等三處垃圾焚化爐預定地。次年向台糖租借位於高雄縣橋頭鄉的二十多公頃土地規劃全市第一座衛生掩埋場，一九八六年啓用。衛生掩埋是在地下舖設不透水層，地上處理垃圾時一層層覆土，減少垃圾暴露時間，降低汙染程度。

隨著國人環保意識上揚，橋頭鄉民對高雄市垃圾在自己家園處理越來越不滿；市府雖取得覆鼎金焚化爐預定地，三民區里長與市議員卻誓死反對。眼看著西青埔掩埋場租約到一九九〇年底就要到期，新市長吳敦義面對「兩難」，私下一再求助陳議長幫助化解爭議。

當年的環保局長林江山說，陳議長的確發揮了他的影響力，許多市議員、里長都是看陳議長的面子，才沒有出現激烈的抗爭動作，讓市政府有空間繼續推動興建焚化爐工作。反對在三民區興建焚化爐最力的前市議員張榮顯表示，要不是錨公出面，興建焚化爐的相關預算根本就過不了關。

但是橋頭鄉民揚言租約到期當晚，要全面圍堵西青埔垃圾場，不讓垃圾車進入。面對一觸即發的「垃圾大戰」，市長吳敦義與環保局官員密商對策，決定在現在監理處對面，都會公園大門處的市有地挖了一個大坑洞，做臨時垃圾處理場，以避免與圍場鄉民直接衝突，同時拜託陳議長屆時協助安撫臨時垃圾處理場附近的居民。陳議長認爲高雄市的垃圾問題非解決不可，馬上透過各種關係，與當地居民溝通，取得諒解，暫時不要採取抗爭行動，讓市府有時間和鄉民協調。

高雄市的第一場垃圾大戰，因此並未發生直接衝突，經過連續十三天的協商，市政府環保局與鄉民終於達成協議：高雄市代橋頭鄉處理垃圾，垃圾場關閉後全面綠化，租約再延長五年到一九九五年底。

爲了取信於鄉民，陳田錨與吳敦義極力促成內政部營建署，在一九九一年六月變更並徵收西青埔掩埋場，做爲高雄都會公園的部份用地。

戰場轉到市議會

第一場垃圾大戰的危機緩解，焚化爐用地也已取得，但興建焚化爐的預算要在市議會通過，卻碰到了難題。預定興建的三座焚化爐所在地的居民及議員，群起反對「焚化爐建在我家隔壁」。市民向議員施壓、議員在議會阻止預算通過，戰場轉到市議會來，議長陳田錨首當其衝。

高雄市計畫興建北、中、南三座焚化爐，最先興建的中區焚化爐在覆鼎金，規劃總經費達四十五億元，至一九九五年度已編列一億八千三百七十九萬元，九六年度編一億九千八百八十多萬元，都是中央補助款。中區焚化爐日處理量九百噸，最先興建；南區將建在小港大坪頂，日處理量一千八百噸，第二座興建。北區計畫建在援中港。

預算審議期間，市議員在議會吵翻天，定期大會沒有結果，接著召開臨時會，九五年六月上旬，反對興建焚化爐的三民區居民組成自救會，選區議員連續多日安排遊覽車，搭載一百多位居民到市議會「監督」議員審預算。包括洪茂俊、蔡松雄等多位議員就全市垃圾問題的大局著眼，主張焚化爐非建不可，議會要向全體市民負責，應該通過預算，但環保局應保証工程品質，不能有二次污染，也應做好回饋。沒想到散會後，他們遭到抗議民眾圍堵叫罵。

苦思巧計化解阻力

由於西青埔垃圾場租期將屆，焚化爐預算此時通過，已經嫌晚。陳田錨一再與議員溝通，多數議員也了解這種情勢，但選民壓力沈重，選區議員說什麼都不敢贊成通過預算。陳田錨深切了解議員的苦衷，想出一個兩全其美的對策，讓預算可以過關，選區議員也能向選民交代，大家取得默契之後，預算付諸表決，果然逐一通過，解決了問題。

陳田錨的兩全其美巧計，是和所有的議員說好，各區焚化爐預算分別表決時，該選區議員儘管舉手反對，但其他選區議員則要支持預算通過。中區焚化爐預算表決時，三民區議員全部投反對票，非三民區的議員則投贊成票。表決南區焚化爐預算時，前鎮、小港區議員儘管投反對票，其他選區的議員則投贊成票。結果，多年來爭議不休的焚化爐預算，就在大家有默契的情形下，除了民進黨籍議員堅持反對之外，多數議員都照議長的劇本套招演出，兩座焚化爐的興建經費預算，因此先後表決通過。

經過胡養才、林江山、劉明哲三任局長的籌劃、溝通，焚化爐預算六月通過，興建經費有了著落，第四任環保局長吳明洋在一九九五年九月二十五日始完成第一座焚化廠統包工程簽約。但工程還未動工，延了五年的西青埔垃圾場租約，年底再度到期。高雄縣長余政憲宣稱絕對不會讓高雄市垃圾再倒在縣境，第二次「垃圾大戰」戰雲密佈。

長期擔任環保局公關室主任的技士陳明雄說，第二次「垃圾大戰」環保局「苦戰」兩個月之久，**要不是錨公透過他的管道與余家班溝通，這場「硬戰」可能要打得更久，**最後縣府同意西青埔垃圾衛生掩埋場一定要在一九九九年六月關閉。市府再爭取到三年半的焚化爐籌建期間，此時國內政經情勢變得更複雜，興建焚化爐阻力愈來愈強。陳明雄說，當時除了錨公，可能沒有第二人能化解這股強勁的阻力。

陳明雄觀察，錨公調和鼎鼐的能力是長期累積的，面對不同階層、背景的四十多位議員，一向講求平和論政、非不得已不採強制表決，就算國民黨全面動員，陳田錨也會讓不同意見的人把話盡量說完；有人要鬧場，就用休息時間來溝通。而且，陳田錨平時就會和議員溝通，到了議事廳，很多事就比較好說了。

在陳田錨的協調下，三民區居民逐漸接受市府焚化爐回饋方案，廠房、回饋建設、聯外道路都能按計畫推動。西青埔垃圾場關閉之日，陸續完工的兩座焚化爐，接續處理高雄市民每天產生的一千二百噸垃圾，消弭了第三次「垃圾大戰」。由於兩座焚化爐已經夠用，北區焚化爐可以暫時不建了。

西青埔垃圾場掩埋面積廣達四十五公頃，封場之後隨即展開復育工作，並進行相關汙染防治及植草綠化作業。

當年負責執行衛生掩埋場復育等工作的環保局第一科長鄭青山指出，一九八九年四月行政院核定高雄都會公園開發計畫，總面積九十公頃，公園西半側即爲西青埔掩埋場場址，爲解決土地利用問題，市政府與內政部協商，雙方同意配合公園造景以垃圾進行人造山的塡築工程。

這項工程相當浩大，一九九九年六月底西青埔正式封場，期間爲高雄市及高雄縣橋頭鄉等垃圾處理服務約二十二年，歷年來累積處理的垃圾量高達九百萬噸。爲了避免堆積如山的垃圾繼續製造汙染，掩埋場四周施設深約十三至十九公尺、全長二千五百十三公尺的連續壁，將滲出水圈住，垃圾層整地後舖設不透水布，以阻絕沼氣臭味逸散及雨水滲入。環保局並設置相關沼氣及滲出水的污染防治設備，避免造成二次污染。掩埋場完成面的地形，配合高雄都會公園造形，最終覆土厚二公尺以上。

爲了有效處理掩埋場沼氣臭味污染並防止沼氣氣爆，市府和民間企業合作，藉由純化沼氣中的甲烷將其資源化後再用來發電。西青埔掩埋場沼氣蘊藏量豐富，目前設置一百卅四口沼氣抽取井，每月處理的沼氣量約一百五十萬立方公尺，發電量約二百四十萬度。

沼氣再利用發電有效解決了掩埋場的空氣污染及臭味問題，改善掩埋場周遭環境空氣品質，增加公園的安全性，避免發生火災或氣爆，並可減少溫室效應氣體甲烷之排放，爲綠色能源最佳寫照。

市政府在二〇〇〇年將復育之後的西青埔「垃圾山」交給內政部營建署，營建署在現場闢設四公頃的苗圃，培育種植了三十二萬株、一百五十多種的本土苗木，爲民眾打造一座森林公園做準備。

營建署早在都會公園土地徵收後，著手規劃設計這座南台灣第一座都會公園，將公園規劃成動態與森林植物區。一九九六年四月十七日位於公園南側面積三十五公頃動態活動區先行開放，入口處設置金雞報時的日晷，線條簡潔的雕塑昂然獨立，似乎在歡迎往來的遊人。如今循著步道前行，沿途綠蔭掩映，走來十分清涼舒適；廣大草原是孩童嬉戲追逐的場地，或坐在草地上觀賞空中飛翔的風箏，是許多民眾最喜歡的休憩地方。

營建署在森林植物區規劃有多功能緩坡草原、森林公園、落日草原、主題花園區、河濱散步區及自然生態教育中心等，全區預定二〇一〇年全部完成。民眾再前往休憩，徜徉在鳥語花香的園區，誰能不對化垃圾場為青山公園感到神奇。

調整建設規劃，保住壽山愛河景觀

高雄市的壽山、愛河自然景觀，舉世聞名，市府原計畫在壽山興建跨港大橋，在愛河畔建設快速道路，議長陳田錨力排眾議，估計需要耗資數十億元的兩大建設喊停，壽山、愛河兩處高雄市地標的自然風貌，得以保存。

壽山位於高雄西邊濱海，縱貫鼓山全區，南北長約五公里半，東西寬約二公里半，全區最高海拔三百五十六公尺，是高雄市的天然屏障。地質屬隆起珊瑚礁石灰岩，天然岩洞甚多，山上原生動植物豐富，台灣獼猴遍布山區。由於壽山距離市中心只有十五分鐘車程，成為許多市民爬山運動的好地方。

壽山又稱為柴山，早期民間稱打狗山，當時官方稱為打鼓山；日治時代為討好皇太子而改為壽山；一九六八年，市政府為替蔣中正祝壽，又改名為萬壽山。一九九二年陳田錨擔任議長期間，市議會表決通過復名爲壽山。

一九八五年，市政府辦理高雄跨港大橋興建工程可行性評估，主橋型式採用預力混凝土懸臂梁橋。一九九〇年市府編列五百萬元規劃費，進行規劃設計及監造服務，公開徵圖，完成規劃設計作業，經工務局審查完成。

依照規劃，跨港大橋主橋從壽山南端跨越第一港口，銜接旗后山高架橋，橋面寬廿一點八公尺，兩側有人行道，結構採單橋塔單面斜張橋，橋塔高一百卅二公尺，完工後可望成爲高雄市最醒目的人工地景標誌。當時估計主橋造價八億五千萬元，加上十公里聯外道路，總工程費約需卅億元。

市府鑑於跨港大橋能帶動旗津地區遊憩觀光資源綜合性開發，銜接全市未來快速道路或捷運系統路網，強調有助地方發展，列入年度計畫，積極推動。由於屬於重大工程建設，依程序呈報交通部轉行政院核定。跨港大橋環境影響評估一九九六年完成初稿，市府預定九七年編列預算，即可進行細部設計、發包、施工。如果一切順利，二〇〇〇年完成跨港大橋。

跨港大橋需要設置長達十公里的引道，由壽山劃過，引發綠色團體反對，不過主張興建的聲浪甚高，大多數市議員都認爲跨港大橋是重大建設，對都市發展一定有利。但在高雄市土生土長的陳田錨，卻有不同的思考。

曾任市議會國民黨黨團書記長的「將軍議員」汪修慎說，陳田錨在多數議員主張興建跨港大橋之際，憂慮大橋引道劃過壽山，對環境、生態、景觀將造成難以抹平的傷害，認為壽山是高雄人永遠的瑰寶，應該珍惜保護。壽山特殊的地質，工程安全上也有顧慮。因此，陳田錨私下向市議員表達不宜興建跨港大橋的想法。

在陳田錨傾向不興建跨港大橋之後，多數議員也隨之轉向，綠色團體反對興建的聲音越來越大，交通部支持興建大橋的態度轉趨保守，要求市政府先與市議會協調取得共識，然後再提補充計書位置圖、各路段車道配置圖。等到這些手續完成，如有必要再提報高雄港管理委員會協商處理。同時環境影響評估應先完成審查，再報交通部核可轉行政院核定，跨港大橋興建案因此未再推動。

綺麗浪漫的愛河

世界上不少著名的都市都有流水蜿蜒，高雄市也擁有一條綺麗多姿的愛河，伴隨著高雄市一起成長，衍生著許多的幻想和故事，情節比維也納的多瑙河、巴黎的塞納河更浪漫有趣。

台灣光復，市政府將愛河兩岸各留寬約廿公尺，闢建河畔公園，濃蔭處設置亭台石凳，供人休憩；沿岸立柱護衛，每隔十公尺豎立一支水泥矮柱，柱與柱間以黑色的鐵鍊爲欄，下垂呈弧形。每五根柱之間立一銀灰色的高柱，飾有一盞大燈球，遙望宛如巨型燭台。晚上燈光掩映河面，勝景倍增，常有對對情侶扶腰漫步、憑欄依偎，或在水上泛舟，極爲羅曼蒂克。

浪漫的愛河，早年也有不少癡情女子至此殉情，民國四十年代，有名來自基隆的女子專程南下跳河自殺，在岸上留下遺書，寫道：「我爲愛情而死，能夠殉身愛河之上，死得太美了。」經報紙報導，那段期間跳河殉情的女子比以前倍增。

高雄都會區快速道路也是在一九八〇年代進行可行性評估，委託鼎漢工程顧問公司辦理整體規劃，八二年完成規劃報告，建議路網共七條路線，依路線開發時程分爲三期辦理，全長一百廿公里。第一期路線北起十號國道與中山高環線，南迄中鋼路南側，全長廿二公里，以高架布設道路，工程費二百卅六億元，工期八年。一九九七年行政院核定路線，並同意補助半數經費。

第一期定案路線規劃，分成三個路段，其中北起大中路與自由路口，沿翠華路向南延伸的高架道路，有一大段規劃是緊臨著愛河西側的河西路，南行到高雄橋五福路口，跨越愛河轉入海邊路，再利用臨港線鐵路，穿越苓雅寮油槽區銜接成功路。

陳田錨認為，愛河是全世界最浪漫的流水，快速道路要走的河西路段，是愛河河道最寬、景觀最美的河段。宛如水泥長蛇的高架道路與愛河並行，將讓愛河美感盡失，再也浪漫不起來。

陳田錨馬上向市長吳敦義說出他的想法，要求重新規劃快速道路路線，保住愛河景觀。前工務局長陳繼志說，早期公共工程興建都只考慮功能性，幾乎缺乏景觀維護等人文思考。快速道路建設經行政院核定，要調整牽涉甚廣。但在錨公堅持下，工務局重新調整路線，愛河的美麗景觀，因此沒有遭到快速道路的破壞。

力挺捷運唯求規劃嚴謹

高雄都會區大眾捷運系統的研究規劃醞釀了十年，一九七九年改制後即開始研究規劃，八九年五月才完成「高雄都會區大眾捷運系統第一期發展計畫」，第二年四月成立捷運工程局籌備處，一九九一年一月中央核定紅、橘兩線路網四十二點七公里，並指示繼續辦理藍、棕線及岡山、大寮屏東延

高速鐵路規劃，陳議長主張高鐵、台鐵及捷運三鐵共構。（董清男攝）

伸線的評估規劃；九四年五月捷運工程局成立，繼續推動這項列為國家建設六年計畫的重大工程。

高雄捷運系統第一期發展計畫，工程經費需求高達一千九百五十二億元，議長與市長聯手，向中央爭取到百分之七十五的補助，地方只自籌四分之一，大幅減輕了高雄市的財政負擔。

由於捷運工程牽涉問題廣泛，工程費龐大，施工期長，系統複雜，對市民生活有深遠的影響。而高雄市是台灣第二個興建捷運的城市，只有「台北經驗」可以參考。因此，捷運的任何問題，市政府極端重視，議會也不敢輕忽。市議會調查「捷運總顧問遴選過程」的專案小組，甚至專程到國外查訪。這不只是高雄市議會的創舉，在國內的地方民意機關，也是破天荒的記錄。

一九九六年初，傳出在蘇南成任內核定的捷運總顧問，遴選過程可能有違法之嫌，市議員郭玟成要求組成專案小組調查，議長指派曾長發、湯金全、羅志明、蕭裕正、陳道實、藍星木、黃添財等七人小組負責查明，以釐清疑點。

高雄捷運總顧問是「帝力凱撒國際公司（ＤＣＩＬ）」，總公司設在美國華盛頓Ｄ．Ｃ，但與高雄市捷運局簽約的公司，則是設在英屬開曼群島「大開曼群島南教堂街烏格蘭屋三〇九號信箱」的子公司。議會專案小組在一九九六年六月二十日端午節當天出發，經紐約轉飛開曼群島。

坐了二十多小時飛機的專案小組趕到簽約公司所在地，發現那是一棟律師辦公大樓，登記的公司有四千九百八十四家之多，與捷運局簽約的DCIL公司只是其中一家，既未派駐人員，也沒有辦公室。專案小組認爲，捷運局簽約前沒有徵信，就與一家「虛設的幽靈公司」簽訂近二十億元的合約，萬一發生糾紛，捷運局將毫無保障。專案小組也查出其他問題，捷運局後來與總顧問解約。

專案小組的「跨海調查」，只是議會爲捷運把關的行動之一，陳田錨認爲，捷運系統是只許成功不許失敗的跨世紀大工程，必須向子孫及歷史負責，絕不能草率。他與市長吳敦義都主張事先規劃週詳，動工後才能一氣呵成，工程品質也更有保障。如果爲了其他因素，計畫尙未週詳即倉促推動，中途發現問題再變更設計或修正計畫，工程進度、品質都會受到影響，而且更不經濟。

高雄捷運系統的規劃及設計，在一九九八年底陳田錨退出政壇之前，大體上已算完備，唯一沒有通過的只有捷運工程預算及執行建設的問題。

陳田錨與吳敦義不急著通過捷運工程預算，曾被外界質疑不夠積極，其實從另一個角度觀察：陳田錨當時已決定任期屆滿即告別政壇，卻沒以「通過捷運預算」來做為自己的「業績」；而吳敦義明知捷運預算未過，將成競選對手攻擊的口實，也並未為了消除自己選舉的沉重壓力，而刻意操作通過預算。與最近幾年當權政治人物為了選舉刻意操弄卻不肯負責的胡作非為對照觀察，可見陳田錨與吳敦義兩人「有所不為」的政治人格之一斑。

陳田錨在當議員的時候，有些主張的新觀念，在當時不太容易被接受，如今卻早已是市民日常生活上習以爲常的事，例如「使用者付費」的觀念，陳田錨早在一九六八年就提過垃圾處理收費的主張；而使用公有道路埋設管線應該付費的事，台北市在二〇〇三年才說要做，陳田錨早在一九六四年就曾有類似的主張。

第七屆議長任內談到都市現代化的問題，他就認爲「阻礙高雄市走向現代化都市的問題是違建環境衛生和攤販」。主張大量興建國宅，分區分期處理。義務勞動整理環境，廢棄物消毒處理填海，公有市場改建大樓收容攤販；發

陳田錨向李登輝總統建議拆除港區圍牆，爭取到市民的親水空間
（董清男攝）

行土地債券收購公共設施用地，重劃開發新社區，鼓勵私人投資經營花園公園。

在政府派遣官員出國考察及開放民眾出國觀光的二十年前，陳田錨即曾向國民黨十全大會建言，主張鼓勵各界出國觀摩增加見識。同時提出的建議還有：厲行分層負責不必事事請示，以「發展經濟培養稅源、不可增稅維持財政」，金融政策應有通盤計畫等等。這些建議，如今多已落實執行。

高雄港區圍牆的拆除及港區開放遊艇觀光，也是陳田錨向李登輝總統極力建言後才辦到的。李登輝任內多次到高雄市訪視，陳田錨在十三號碼頭港邊向李登輝說，高雄市有海港，但被高牆圍住，市民被阻隔在外，沒有機會親近港灣水域，應該把圍牆拆掉，開放港區遊艇讓市民可以搭船遊港。

陳田錨在三十多年的地方民意代表任內，針對地方發展的公共議題，既有新觀念的提倡，也有解決實質問題的具體建議。出任議長領導議會期間，只要是對市民大眾有利的重大市政建設，無不全力支持；必要時也以前瞻性的見解力排眾議，調整建設規劃以維護難得的自然景觀，保住無可取代的珍貴資產。雖然他在高雄市現化發展的過程中，不是「投手」，卻是「完全演出的市政捕手」，也是高雄市現代化發展最有力的幕後推手。

陳議長（左）陪郝院長勘察苓雅寮油庫漏
油滲入民宅地下室的情況　　（董清男攝）

興建中正運動場時，陳議長要求注意交通動線的配合規劃
（董清男攝）

圓融通達的主持風格

在高雄市議會歷任議長之中，陳田錨任期長、聲望高，碰到的政治情勢變化最大，挑戰也最多，他以絕大的忍耐力與寬容心應對。堅持維護議會的尊嚴與發揮功能，但也體諒議員立場、落實執行「尊重少數、尊重專業」的原則。主持會議也有獨到的功夫，讓議會運作順暢。帶給市議會連續十七年的和諧、進步，並長期保持民意機關應有的監督能力，圓融通達的主持風格令人追懷。

陳田錨主持議會期間，遇到政治情勢的大變化，包括高雄市首見在野黨市長主政侵犯議會權責、解嚴後議會內的政黨對抗。這兩次高雄市民主深化發展過程的重大轉折，對議會的尊嚴與功能及議事秩序，都帶來挑戰與衝擊。

陳田錨能穩健掌舵，妥適應變，維護議會尊嚴與功能，化消衝擊，與他獨到的主持功力有很大的關係。他主持會議的「功夫招式」，常用的是堂堂皇皇的「正步」，偶一爲之的是小巧的「撇步」。他的「正步」，是徹底實踐「服從多數，尊重少數」的民主原則；

「撇步」則以幽默爲基調，有各式各樣的招術，因時制宜。如果議場氣氛火爆，堂堂院轄市議長，連「尿尿」這種難登大雅之堂的步數，也不避諱的搬上議事殿堂來「以水剋火」，消弭紛爭。

「服從多數，尊重少數」的民主原則，幾乎所有的民意機關在實際運作時，都只做到前半段，反正議會是「數人頭」的地方，舉手舉不過人家，不服氣也只能認輸，「否則汝欲安怎？」陳田錨則將「尊重少數」在高雄市議會落實執行，這是絕大多數與他共事的議員，都能認同的事實。

高雄市議會自改制直轄市以來的一至四屆，陳田錨連續擔任十七年議長，當時國民黨是執政黨，市議員也以國民黨籍佔絕大多數。非國民黨籍的議員，第一屆只有六人、第二屆七人、第三屆十一人、第四屆增爲二十人，但議員總數有四十多人，非國民黨籍的議員一直屈居少數，其中還有「反國民黨」及「不反國民黨」之分；無黨籍議員屬後者，與國民黨爲友；前者則以反國民黨爲基本立場，早期的黨外及第三屆起的民進黨議員屬之，是少數中的少數，屈居劣勢固不待言。

以當年國民黨一黨獨大的情勢，市議會的黨外或民進黨議員人數不多，應該很難有發揮的空間才對，但事實不然，聲望高且民主素養深厚的陳田錨，秉持「服從多數、尊重少數」的原則，給這些屈居少數的議員，很大的發揮空間。在開會時，即使討論的是國民黨的政策性議案，也讓反對黨的議員有暢所欲言的機會，國民黨籍議員人數多，發言的次數反而較少，國民黨籍議員多所怨言，因此抗議他「偏心」。

陳田錨的「偏心」，本質其實是「體諒」。他認爲每個議員都有選民的壓力，身爲議長，在力所能及的範圍內，應該設身處地爲每個議員的立場著想，最「經典」的例子是垃圾焚化爐興建案。

一九八〇年，高雄市的垃圾掩埋場租約期限將滿，要再找地掩埋垃圾非常困難，而且掩埋處理也太落伍，市府計畫在北、中、南三區各建一座垃圾焚化爐，以解決垃圾處理的問題。但興建焚化爐預定地附近的居民激烈抗爭，選區議員因此強烈反對。陳田錨認爲焚化爐不能不建，但選區議員在民意壓力下，有不得不反對的苦衷，也要體諒。因此，他和議員商量講好，三座焚化爐興建案逐一表決時，該區選出的議員儘管投反對票，其他區的議員則投贊成票。如此，焚化爐興建案可以通過，高雄市垃圾問題可以解決，議會對全體市民負責，議員回選區也可以向選民交代。

高雄市改制爲院轄市，議會的會期變長，一年開會超過二百天（定期大會半年一次，各七十天，臨時大會全年八次，每次十天），陳田錨除了重返議壇的第一屆第一年幾乎全程主持之外，其他期間的會議，近半交由副議長主持，朱有福、顏火山、張瑞德，都分擔了不少主持會議的工作。但在關鍵時刻，陳田錨一定要親自上陣才行。

一九九三年五月下旬，新建道路工程一百一十項，總共卅六億二千多萬元的預算，在議會吵了兩天沒有進展，陳田錨出面協調，一個下午就搞定了。九六年六月初，爭議不斷的年度預算，未能在五月底前完成三讀程序，六月四日國民黨團大動員，晚上還加班挑燈夜戰。這一次，陳田錨沒有上主席台，而是坐守在議事廳的出口處，主導後段的議程，審到晚上十點鐘才完成任務散會。

陳田錨被認爲是「好好先生」，也絕對秉持「尊重少數」的原則，但有時候也會「發飆」。

一九九七年一月中，議會爲了焚化爐及捷運特別預算召開臨時大會，當時兩案在稍早審查時就有利益糾葛的流言，還有議員揚言，將串連杯葛讓臨時會開不成。陳田錨事前聽到消息，開幕當天上午，果然狀況百出。

市議會當天開幕時間是上午十點鐘，但議員出席並不踴躍，等到十點二十分才有過半數議員簽到，湊足法定人數，可以開會了。陳田錨才走上主席台，民進黨議員林永堅、林滴娟就以「程序問題」發言，主張已超過預定開會時間，依議會內規就應該自動流會。

陳田錨說，這次臨時會是他擔任五屆議長以來，第一次以議長名義主動召開的臨時會，請大家給面子，不要計較晚了廿分鐘的問題；開會要討論的焚化爐貸款及捷運特別預算，都很重要，也有急迫性，不能再拖；而且，新的一年才開始，開春就吵也不好，希望大家同意開會。

但是，陳田錨「情商」無效，兩位議員堅持照議會內規自動流會。市議員郭玟成有意打圓場，建議由在場議員表決。陳田錨說：「還沒宣布大會開始，要怎麼表決？」曾長發質疑，既然大會尚未開始，就不該有程序問題才對，以程序問題要求發言的不對，同意他們用程序問題發言的裁示也不對。

台下議員議論紛紛，台上的議長陳田錨緊繃著臉，端起茶喝一口，準備走下主席台。郭玟成議員建議應先宣布「休息」，他回說：「尚未開始，那來休息？」就走出議事廳。

陳田錨「發飆」後，繃著臉離開議事廳回議長室，幾位議員隨後上樓勸他不要生氣，其他議員都沒有離開，三五成群在廳內交換意見。十幾分鐘後，陳議長回到議事廳，臉色已恢復正常，他走上主席台就宣布「大會開始」。

一個便當加一杯水，就是加班審查預算的晚餐（董清男攝）

臨時會開成了，但風波方興未艾，部分國民黨籍議員不想開會，民進黨則強力運作杯葛。一月十六日、十七日、十八日三天，陳田錨一早就到議會坐鎮，國民黨全力動員，市政府也透過區長、各警察分局向議員促駕，但是多數議員仍然姍姍來遲，上午十時之前出席簽到的議員，都沒有超過半數，連續三次流會。下午則因簽到議員已足法定人數，開會討論，但爭議不休。

陳田錨在十七日又說「重話」了，一個盛傳涉入利益糾葛的議員，在準備表決前藉故離開議場，陳田錨看著她的背影說：「叫大家開會你不來，以後不要喊救命，喊救命也莫來找我！」看到陳議長發火，幾個打算也要開溜的議員，才不敢輕舉妄動。

陳田錨的「撇步」，讓人印象最深刻的是藉口「尿急」。每當議員發生激烈爭議，對立意見僵持，議場氣氛昇高，陳田錨說好說歹還是無法降低議場溫度的時候，只見他舉起議事槌用台語說：「一泡尿急得要死，休息五分鐘！」接著用力落槌，馬上站起來離開座位，走下主席台時，還對著台下議員咧嘴一笑。

由於議場內正爲嚴肅的市政議題爭論，陳田錨原本全神貫注的主持，仔細聆聽議員發言，還不時與議員對話，沒有料到這位德高望重的議長，竟然突發驚人之語，不避諱用這種難登大雅之堂的藉口，動作誇張的敲槌還回眸一笑，全場議員一愣之後，都忍不住笑了起來，會場的火爆氣氛，也一掃而空。

陳田錨使出「尿急」這一招，是有歷史記錄可查的：一九六四（民國五十三）年九月十八日的報紙，就曾刊出一則花邊新聞說：「下午主持會議時，陳副議長田錨突然敲槌休息五分鐘，原因是內急。」

議會開會時的爭議或僵持場面，有時發生在議員和官員之間，主席通常要挺議員批官員，以維護議會尊嚴。但是，有時卻是議員「橫柴入灶」，官員有理不肯屈服；也有僅是當事雙方的意氣之爭。但不論是那一種，場面僵住，影響議程進行，主席也要設法化解。

一九八五年八月中旬，議員和相處不睦的市長蘇南成算賬，原因是蘇南成的私人顧問陳女士，六月中在一場招待外賓的飯局中，向議員嗆聲，要議員「乖一點」，否則年底提名時，「蘇市長很硬」，會把不乖的議員「一個一個抓下來」。

市議員黃昭順、張光雄等多位議員要蘇南成講清楚到底是什麼意思？蘇南成表示不知道有這件事，議員不肯罷休，繼續追問，但也拿蘇南成沒辦法。他們要求議長主持公道。陳田錨先向議員說，那天不是正式場合，顧問講話不得體，但不必追究。接著轉向蘇南成說：「你就說不好答覆，或者說那個顧問我管不了她就好了嘛！」

蘇南成上任後有許多措施遭到批評，美麗島事件在高雄市發生時，他是台南市長，由於他曾發表談話說，他絕不會容許那些人到台南市鬧事，即使去了，他也會調消防車用水柱把他們沖散。民進黨議員因此對蘇南成非常反感，加上蘇南成不太理會議員，絕大多數議員也對他不滿，逮到機會就要給他難看。

一九九〇年三月中旬，第三屆市議會召開第一次定期大會，蘇南成要向大會做施政報告，議員杯葛，指責蘇南成市政辦得不好，沒有資格上台報告。陳田錨在議員吵了幾十分鐘後，估量他們即使有氣，也發洩得差不多了，他向議員以經營事業做比喻，表示議會如果是董事會，市長就是總經理，「不管公司經營盈虧，董事會仍得由總經理列席報告，來報告是義務，不是權利。」總算化解僵局，讓蘇南成上台做年度施政報告。

前市長吳敦義口才好、反應快，謹言慎行，議員很不喜歡與他在言語上比高下，因爲贏的機率太小。但是，吳敦義在競選連任之前，

第二屆民進黨杯葛市長蘇南成報告，議長叫朱星羽上台溝通，秘書長吳鴻顯（左二）下來和陳武勳、林黎琤協調，蘇南成袖手冷眼看著林壽山和陳光復理論　　（董清男攝）

第三屆民進黨議員佔據報告台，杯葛吳敦義施政報告(董清男攝)

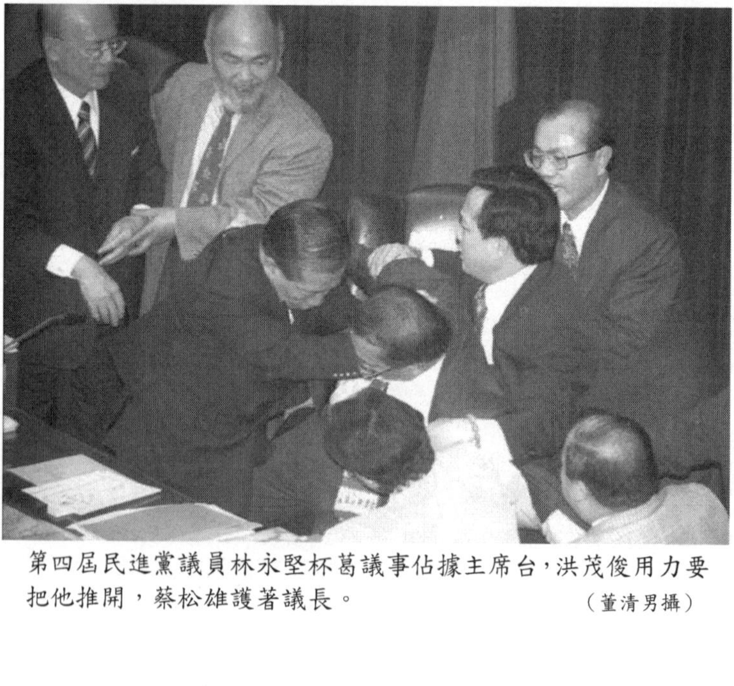

第四屆民進黨議員林永堅杯葛議事佔據主席台，洪茂俊用力要把他推開，蔡松雄護著議長。 (董清男攝)

有一次答詢忍不住氣，被議員抓到話柄，經陳田錨緩頰化解。

高雄院轄市長一九九四年開放民選，吳敦義擊敗民進黨的張俊雄，繼續主掌市政。一九九八年第二任市長民選之前，國民黨要已經當了八年半高雄市長的吳敦義競選連任，他沒有意願，不肯表態。許多議員都藉質詢之便，要他講清楚說明白，朝野議員都問，他顯然被問得很不耐煩。

九八年四月二十八日，林永堅在議會質詢吳敦義，要吳敦義明確答覆是否參選，他質疑吳敦義不肯表態，是有「落跑心態」。

吳敦義不太高興，反問林永堅為何要用「落跑」？接著說：「我選不選為什麼現在告訴你？開玩笑！」郭玟成、林滴娟抓住「開玩笑」三個字作文章，表示議會質詢是嚴肅的事，指責吳敦義說議員質詢是「開玩笑」，顯然藐視議會，應該道歉，否則要把他趕出去，要當主席的陳議長處理。

陳田錨向吳敦義說：「市長，答覆議員態度卡好咧，你本來就文質彬彬，『緣投囝仔』嘛」。陳田錨用告誡的口吻數落市長，口氣卻有勸慰的味道，吳敦義沒有話說，民進黨議員也沒話說。

「尊重專業」也是陳田錨解決爭議問題的方式之一。

第四屆議會一九九五年一月十三日召開成立大會，先審查議會內規，民進黨新科議員林永堅認爲議長落槌太快，讓他們有意見還來不及講，要求「以後敲槌要舉槌數一二三再敲」。議長陳田錨從善如流，再要敲槌時，笑著把議事槌高舉過頭，給大家看清楚後再敲下。這個動作把大家都惹得笑了起來，原有爭議氣氛很快沖淡。

稍後，民進黨新科議員林滴娟強烈主張，將市議會組織規程第七條議長選舉的無記名投票改爲唱名投票，討論爭議了很久沒有共識，暫時擱置；審查各種審查委員會設置辦法，爲召集委員連選連任等爭議，又擱置，改審議事規則。

這時，也是新科議員的湯金全指出，議會的內規都依組織規程訂定，組織規程是母法，應先完成審查再審其他內規才對，而且，議事規則是主要議事法規，也應先於其他委員會設置辦法審查。

陳議長主持議事，要敲下議事槌時都很慎重 （董清男攝）

湯金全是律師出身，他的發言有理也夠權威，陳田錨馬上照辦，徵得林滴娟同意，將四年後才用得著的議長選舉方式暫時不改，完成組織規程三讀，接著審議事規則。有關「利害關係人應迴避表決」及「會議紀錄本來就是公文書」等爭議，議長也請湯金全表達專業意見，很決消除爭議。這一屆四年任內，只要發生法規、制度方面的爭議，陳田錨都點名請湯金全發表意見，他尊重專業，湯金全也夠權威。

第四屆議會，民進黨籍十一位議員中，有七人是新科議員，第一次開會就感受到議長的尊重。見識了「陳田錨風格」，和他們對國民黨的刻板印象完全不同，很快就化解掉對「國民黨中常委陳田錨」的敵意。在認同陳議長確實公正無私之後，遇有爭議，只要陳議長出面溝通協調，他們多能接受，議事進行順暢。

爲了維護議會的尊嚴，陳田錨對官員及議員都同樣要求，政府官員不尊重議會，甚至侵犯到議會職權時，他會帶頭力爭，例如楊金虎主政期間侵犯到議會權責，市議會即曾向省議會請願要求專案調查，也陳情請來高雄市巡察的監察委員調查處理。曾有官員在市議會答詢態度輕浮，不尊重議員的質詢權，被要求離開議事廳，並要求其長官懲處。議員損及議會尊嚴，陳議長也會做適當處置。

一九八六年六月，市議會審查年度預算發生爭議，草莽性格強烈的市議員蘇玉柱火大，把議事槌摔得斷成兩截，就被大會移送紀律委員會議處，紀律委員會決議停止他出席議會相當時日以示薄懲。另一次他演出脫衣質詢，陳議長認爲在議事殿堂打赤膊有損議會尊嚴，也經紀律委員會決議，在大會上由議長對他「公開告誡」，當事人也向大會公開道歉。

在第二屆議長任內，台灣政局發生重大的變化，解除戒嚴、開放黨禁、報禁，蔣經國辭世，李登輝繼任總統。中央的變局，也影響到地方的政治生態，高雄市議會也有反對黨了，議事抗爭比以前在野勢力更有組織，也更強烈。陳田錨把持「進步中求安定」的原則，高雄市議會還是「有監督能力的民意機關」，並沒有因爲政黨抗爭加劇而減色。

陳田錨曾經說：「當議長實在很簡單，只要能好好安撫議員，誰都能坐在那個位置上。」如果平常沒有下功夫，能夠選上議員的人，豈

1986年6月2日審預算爭議，蘇玉柱一怒摔斷議事槌，紀律委員會17日決定停止他出席一個月處分。議長看著斷成兩截的議事槌，悶悶不樂，這把議事槌是司法院副院長洪壽南送給陳議長的。（董清男攝）

是那麼容易安撫的?陳田錨除了尊重，也「搏感情」，而且練的多是「基本功」，不是臨時才抱佛腳。

早在一九七一年他擔任第七屆議長時，市議會的成立週年活動，他就請議員邀請家中長輩及妻子兒女一起參加聯誼，國內的自強活動也一樣。他熱情接待之餘，還會向議員的家屬稱許這位議員的優點，議員本人有面子，眷屬也倍感溫馨。八一年回任議長之後，這類活動也經常舉辦。

陳田錨一直有「預習功課」的工作習慣，開會前先了解將討論的議題中那些會起爭議?爭議的性質與個人或政治立場有無關連?與立場無關的能否透過溝通化解?大致了解之後，他會在與議員閒聊、聚餐，或陪同議員旅遊考察的機會，私下先交換意見。許多可能發生的爭議，因此先期化消或減少，議事效率因而提高。

五屆議長任內，陳田錨以深厚的民主素養，把持住民主政治的大原則，以絕大的忍耐力與寬容心應對，圓融通達的因應變局，也成就他主持期間，議會不失尊嚴、長期維持和諧、進步及擁有監督能力。在他退出政壇之後，高雄市議會及所監督的市政府的風風雨雨，讓議會員工及政界人士感慨良多，也更加懷念他的主持風格。

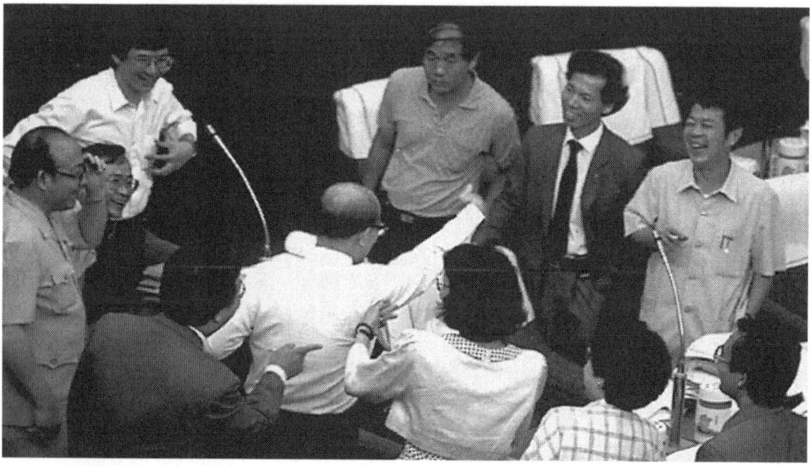

陳議長在休息時間精彩開講，議員聽得哈哈大笑（董清男攝）

第一屆議員自強活動，陳議長及議員攜眷同遊墾丁佳樂水。

嚴守分際的民主紳士

擔任議長領導高雄市議會二十多年，陳田錨堅持府會相互尊重、相輔相成，在議會受到應有尊重的情況下，全力支持市府推動建設，但當議會權責遭到侵犯，他也會領導議員維護議會尊嚴，發揮民意機關應有的監督能力。既不容許議會權責遭到侵犯，尊嚴受損，也謹守府會權能分際，不逾越分寸凌駕市府權限。

陳田錨因民意代表職務關係相處過的八位市長，依時間先後是：陳武璋、陳啓川、楊金虎、王玉雲、楊金欉、許水德、蘇南成、吳敦義。市長任期，以吳敦義八年半最長，其次是王玉雲八年五個月，以次爲陳啓川兩任八年，蘇南成五年一個月，楊金虎四年八個月，許水德三年一個月，陳武璋一任三年，楊金欉則只做了不到十個月的高雄市長。與陳田錨有交集的時間，除陳武璋二年四個月、楊金欉四個月、王玉雲二個月之外，其他均與任期相始終。

陳武璋市長——理念契合　互相欣賞

省轄市第三屆民選市長陳武璋是台南縣人，當選市長之前是第三屆議長，他在一九四六年卅二歲當選高雄市參議會參議員，連任第一、二、三屆市議員。第二屆議會時國民黨提名他競選議長，副議長提名在地派教育界出身的孫媽諒，結果在地派與澎湖派聯手翻盤，選出孫媽諒爲議長，陳武璋則屈居副議長。

陳武璋沒有選上議長，並沒有記恨，反而設法化敵爲友，與在地派議員和睦交往，廣結善緣，有事還會挺身維護議長孫媽諒，帶領台南派與在地派合作，對抗市長謝掙強爲首的澎湖派。當時議員任期兩年，二年後的第三屆議會，他就當選議長，並在議長任內競選第三屆市長，以八萬六千多票擊敗民社黨的楊金虎，

曾任第三屆議長、第三屆市長的陳武璋（左），和陳田錨互相欣賞。
（董清男攝）

當選市長。

一九五七年六月二日陳武璋入主市政府，陳田錨在八個月後就任第四屆市議員。至一九六〇年六月一日陳武璋市長卸任，「陳田錨議員」「監督」陳武璋市長二年四個月，彼此互相敬重。陳武璋對初登議壇的陳田錨理性問政很欣賞，而陳武璋市長任內開辦國內首創的市地重劃，以及向老蔣總統爭取解除壽山的部分軍事管制區設置公園，供市民爬山遊憩，也讓陳田錨相當欽佩，兩個人也建立起不錯的交情。

陳武璋第三屆市長任期屆滿之後未獲國民黨提名，無法競選連任，稍後離開高雄而遠走新加坡，八年後才再被國民黨找回來，和十一年前的手下敗將楊金虎競選第六屆市長，但時移勢異，陳武璋這次慘敗，但市長沒選上，卻由中央派任為省政府委員兼民政廳長，成爲高雄市長的頂頭上司。一九七二年五月三十日省主席換人，陳武璋辭掉民政廳長，再到新加坡去了一段時間。

一九七二年底，陳田錨爲了表明確實不再競選連任、要讓賢的堅決意願，特地選在國民黨黨內提名登記期間，帶太太出國旅遊考察「避選」。到了新加坡，還與在當地爲岳父主持合板工廠的陳武璋連絡，可見兩人交情真的不錯。

陳啓川市長——伯姪奉公　有為有守

陳田錨擔任了兩年四個月的議員時，市長改選，他的伯父陳啓川由老蔣總統「欽點」提名競選市長。陳武璋走的是蔣經國路線，「老蔣」欽點了陳啓川，屬於「小蔣」系統的陳武璋雖然想連任，也只好讓賢了。不只陳武璋讓賢，黨外人士見陳啓川由老蔣總統欽點參選，也全都望風卻步，無人登記競選。

在沒有對手的情況下，陳啓川囊括十四萬四千五百四十五票當選市長。任內大力增建國小校舍，解決多年來學童要在室外上課的問題，還在各區興建一所初級中學，方便學生就學；四年任滿順利連任。陳啓川當市長前全無行政經驗，但他找能幹的主任秘書來輔助市政，工作也充分授權，市政推展成果不錯，被稱為「高雄大家長」。

陳田錨在議員職務上有監督市政之責，但市長是親伯父，陳家又很重視長幼尊卑的傳統倫理，陳田錨不便質詢市長伯父，議員做起來似乎有點礙手礙腳，但有朋友跟他說：議員是監督「市政」，又不是只監督「市長」；而且監督市政是要「找問題」，又不是「找麻煩」。何況市政問題包羅萬象，而陳啓川貫徹分層負責、充分授權，監督市政可以關注的範圍很廣，還有很大的揮灑空間。陳田錨謹守庭訓，當議員、任副議長，都未曾質詢過「市長伯父」。但是，還是有兩次為了公眾事務，無意間惹得陳啓川不高興，陳田錨也被老爸陳啓清「電話訓示」。

一次是一九六二年間的第五屆市議會，連任議員的陳田錨在議會審核市府總決算案時，對議會無權審查市府的支出憑証表示不滿，提案將決算案退回市府不審查，獲全體議員支持通過。由於市府議案都由市長具名提送議會審議，議員主張退回市府，本屬平常，但因爲提送議案的市長是「伯父」，主張退回的議員剛好是「姪兒」，儘管陳田錨就事論事，別無他意，但被人從「伯父與姪兒」的角度解讀，認爲陳田錨「讓市長伯父難堪」，他父親陳啓清聽到消息，訓斥陳田錨「不得對長輩無禮」。

另一次一九六五年八月間，陳啓川連任第五屆市長，陳田錨擔任第六屆副議長時，台灣新聞報一篇特稿中引述陳田錨的話說，市府要辦府北地區土地重劃，他「存疑」。因爲「陳市長當選第四屆市長之初，即曾有意對苓雅區的舊部落實施土地重劃，並曾召集該地區人士開會研討，而且獲得一致的支持，可是結果卻如石沈大海」，「如今陳市長當選連任五屆市長的任期又已過了一半，苓雅舊部落的土地重劃，竟未見諸行動」。因此，他對市長伯父的這項新計畫「抱著存疑的看法」。陳啓川看到報紙後，很不高興，認爲他姪兒副議長的說法不對。

陳啓川說，他就任第四屆市長進入第三年之時，曾對苓雅寮舊部落的民眾明白宣示：「我的任期所剩不多，希望大家趕快把土地重劃同意書提出，但民眾只口頭同意，根本沒有提出同意書。口頭同意不能算數，市府愛莫能助。」連任第五屆後，民眾仍未提出同意書。陳啓川說，市府後（府北地區）的民眾也是一樣，有的口頭同意，但沒有人提出同意書，依土地重劃法規定，同意民眾必須超過一半，縱有少數同意仍然無效。他認爲業主應該負責，市府問心無愧。至於陳副議長的「存疑」，陳啓川市長表示，「不必存疑，只要有半數以上的地主提出同意書，市府立即動工」。

這一次新聞見報，陳田錨又挨了父親一頓訓斥，陳田錨向他父親解釋說，他無意批評伯父，但苓雅舊部落土地重劃確實只說不做。因爲居民同意要辦，但並不了解接下來有什麼行政程序、要辦什麼手續？市府業務主管單位的地政科在居民同意後，應該積極著手推動，告訴地主依法應該如何辦理，請地主提出同意書，或擬妥同意書請地主簽名連署，以完成法定程序。但地政科並沒有這樣做，是地政科不對，不該責怪不懂官方規定的市民，重劃拖延的責任，也不該怪到地主頭上。

陳田錨對伯父市長一直執禮甚恭，一九六四年二月二十一日當選副議長後，第一件以副議長身分辦的公事，就是「代表議長（王玉雲）接待來訪的市長陳啓川」，陳田錨向陳啓川「行九十度鞠躬禮」。他先當議員，陳啓川才當市長，在他要競選副議長時，也曾開過家庭會議，聽市長伯父的意見。陳啓川當然也樂觀其成，據轉述，陳啓川曾經表示，「有事好說，但不能在議會質詢我」。陳啓川的意思是陳田錨如果在議會質詢他，雖然議員質詢市長是常態，但兩人是伯姪的關係，勢必被別人從家族的角度解讀爲「晚輩挑戰長輩」，一定鬧出大新聞，好事者再加渲染，勢必造成困擾。陳啓川的顧慮不是沒有道理，事實證明，陳田錨的無心之失，真的造成新聞。但八年裡面，伯姪間看法不同而浮上檯面的事，就只有這兩件。

一九六八年二月二十一日，陳田錨當上第七屆議長，市長還是陳啓川，府會首長都是高雄陳家的人，真正的「府會一家」。陳啓川對議長姪兒也很關照，三月十八日，議長陳田錨率領議員考察市屬單位業務六天，第一天市長陳啓川率主任秘書黃麗川親自接待。市議員考察後提出諸多建議，包括區公所電話只有一具，應增加爲二至三具，人手及辦公室、待遇、宿舍要再充實。警察配備只有腳踏車，追不上多騎摩托車的小偷，市府應克服困難，更新警察配備。另外建議增設郊區學校及設備、貸款購買新公車、美化壽山公園發展觀光、西子灣海水浴場應繼續開放、前鎮漁港陸上設備要加強

市長陳啟川（右）在市府門口迎接新當選的議長陳田錨與副議長吳鐘靈　（董清男攝）

等等，市政府都儘可能照辦，密切配合興辦建設。

楊金虎市長──防杜貪瀆　嚴格監督

一九六八年六月二日，陳啓川兩任八年市長任期屆滿卸任，市長換成楊金虎。楊金虎曾經三度競選高雄市長落選，第四度競選時，楊金虎已經七十一歲，終於遂了數十年的心願，當上市長。他同時還有第一屆國民大會代表身分。

陳啓川在市長交接典禮上，曾語重心長的期許新市長楊金虎，「慎勿上台容易下台難」。沒料到陳啓川不幸而言中，楊金虎當了四年八個月市長，任滿後爆發轟動一時的「賣官案」，卸任市長一度身繫囹圄，被拘押在壽山下的看守所一個多月，才獲保外就醫。後來被判有期

1968 年 6 月 2 日，七十一歲的楊金虎著古裝就任市長，四十歲的陳田錨議長伉儷向楊金虎父女祝賀。（董清男攝）

徒刑五年，但最高法院一再發回更審，沒有定讞，直到楊金虎辭世才簽結。

楊金虎其實有在高雄市留下英名及政績的機會，他是高雄市第一位代表在野勢力當選的市長，民間聲望超高。高齡七十一歲的他，按照孔老夫子的說法，應已達到「從心所欲不逾矩」的境界，不會出事才對。他個人見多識廣，對如何建設高雄市，也該早有腹案；而且，楊金虎當市長後，總預算明顯成長，第一年就有一億七千多萬元，是上一年度的二倍。

當時高雄市需要建設的地方很多，楊金虎可以運用的市政經費也很充裕，有機會大展鴻圖。如果他能一秉至公，依法行事，向高雄市民交出一張亮麗的市政建設成績單，留芳於高雄市史，並非難事。可惜，或許是他要還的選舉人情債太多，楊金虎在處理市政府人事及建設工程上，一再惹出許多風波，和議會交惡，勢同水火。

一九六八年十二月十日，楊金虎上任才半年，議長陳田錨在議會開會時，提醒市議員「為民服務不必去揹黑鍋」。他說，議員平時代市民奔走於政府機關，洽談公務，並美其名為「為民服務」。但實際上，市民所要求的是合理合法，市府自應照准照辦，又何需議員為其奔走跑腿？反之，如果違反法令，不准就是不准，即使議員日日為其奔走又有何用？陳田錨說，如果市民申請不准，經議員代為奔走才能准的話，則顯然是市政尚未走上軌道，甚至還有些傳說：市民與政府官員洽談妥當，但卻要搬一位議員來充當護身符、擋箭牌。議員何必替人揹黑鍋？

陳田錨在第七屆初任議長之前，已經當過兩屆議員及一屆副議長，對市政運作有相當深入的了解，他會這樣提醒議員，顯然是對當時市政府的官場習氣，實在看不下去了，才有感而發。在議長的立場，他有責任提醒議員，同時也讓市長了解這個問題。只是陳田錨個性溫和，市長楊金虎是年長他卅歲的政壇前輩，陳田錨只好藉著提醒議員來點醒市長。不過，言者諄諄，陳田錨的善意規勸，並沒有達到預期的效果。

第七屆議會府會失和，最主要的原因是議會認爲市長不尊重議會，具體的問題則是市府工程常議價發包而不公開招標。市政建設的公共工程招商興建，原則上要公開招標發包，有意承攬的廠商都可參加競標，由出價最低的廠商得標。另一種方式是議價，直接找廠商談價錢。一般認爲，公開招標比較公平，合格廠商都可以參加競標，比較不容易作手腳；而且廠商爲了標得工程，會壓低承包價格競標，較能節省公帑。議價則由市府直接找一家廠商來談價錢，其他的廠商沒有機會，沒有競爭，價錢通常較高；而市府找來的廠商，當然要有關係或特權，甚至有涉及政風的其他因素，才能排除其他廠商。

市議會站在爲市民看緊荷包的立場要求市府應公開招標，但市府置若罔聞，楊金虎任內多項重大建設工程，如第五期市地重劃土木工程、市府前建噴水池（已經拆除）、出售五塊厝市場用地等案，都指示議價發包。府會交惡對立呈惡性循環，最後爲了中央果菜市場使用費率的事，鬧得水火不容。

中央果菜市場使用市有場地的租金費率，市議會議決通過以該場所收規費的百分之二十計算，已行之有年。一九七一及七二年度，市府都收到一百萬元租金。七一年間，與該場爭利的另外兩家民營果菜公司被取締停業，中央果菜市場營業額直線上升，一年規費收入達一千萬元，以百分之二十計算租金，要交給市府二百萬元才對。但因這項租金收入預算照往例只編一百萬元，果菜市場因此向市府爭取降低租金，要求費率減半爲百分之十，規費收入增加，市府可收到的租金還是一百萬元。

依府會權責劃分，租金費率一定要經市議會審議通過，如有變動調整，市政府依規定應再提案送請議會審議，經議會同意後，才能改以新費率計算。但市政府並未提案送議會審議，而是直接發公文向省政府農林廳請示，強調費率減半之後，市府仍可收到一百萬元租金，達成預算目標。農林廳認爲既不影響歲入預算，即逕行核定，同意市政府降低費率。

議長陳田錨認為，市府及省政府農林廳明顯侵犯議會職權，而且，擅自變更費率的論點，也明顯違反法令規定。照市政府及農林廳的見解，各種稅費如果可以徵收到年度預算編列的數額，行政機關就可私下改變稅率或費率的話，反過來說，難道收不到預算數額的時候，也可以逕行調高稅率或費率不成？政府機關如果真的可以這樣做，豈不是

天下大亂？

他說，依地方自治實施綱要規定，省為縣市政府自治監督機關，省政府是市政府的上級行政機關沒錯，縣市議會是民意機關，並非隸屬於省政府的下級行政單位。縣市議會依法完成審議通過的法案既未與相關法律牴觸，是合法決議，就應受到尊重，否則，也應依規定提請議會覆議。而且市府及農林廳做這個違法決定之前，都沒有知會財政局、財政廳及主計單位，程序上也不對。

為了維護議會的尊嚴與法定權限，市議會原本計畫請高雄市選出的省議員提案，要求省議會專案調查，後來認為市議會本身可以向省議會提出請願案，一九七二年七月上旬，市議會通過市議員李永南提案向省議會請願，要求省議會專案調查省府越權核准降低高雄市中央果菜市場使用費率案，並處分失職官員。

過去府會間為工程發包應公開招標或議價發包爭議，只是尊重與否的問題，如何發包畢竟是市府有權決定的事，萬一發生問題，責任在市府，市議會基於監督立場，不能不盡言責。但這次市府擅自降低租金費率，卻直接侵犯到市議會的法定職權，事關議會尊嚴，不能不爭。市議會除了向省議會請願，也向來高雄市巡察的監察委員要求糾正行政機關濫權缺失。

府會雙方嚴重失和的情況，由當時的新聞報導可略知一二：

一九七二年五月三日台灣時報：「議長陳田錨批評市長三年實現政見不理想，執行議會決議不徹底。政見中興建攤販大樓連計畫都沒有，也未整建市場；疏濬愛河花一千萬元沒有成效。議價發包、建噴水池、果菜市場使用費，體育場辦商展蓋違建等問題叢生，期盼市長珍惜所餘任期加油。」新聞中的措辭說陳田錨講的時候「指責歷歷而且顯得相當激動」，「對議會決議充耳不聞、我行我素一意孤行」。

一九七二年五月五日聯合報：「個性溫和的議長陳田錨就曾批評說：身兼國代的楊市長，是高雄市歷屆市長當中，最不尊重議會的一位。指楊金虎日據時代曾任議員，光復後任國代，但不尊重議會的次數爲歷屆之冠」。

一九七二年八月十日台灣新聞報：「市長楊金虎批准五塊厝市場預定地以議價讓售攤販協會興建民營市場，陳田錨議長說楊金虎是『議價市長』，如五期重劃土木工程、市府前噴水池，議會決議公開招標，市長都用議價。陳田錨說，議價比公開招標貴，造成包商賺錢，市庫損失，市民遭殃。市產議價讓售比招標便宜，市庫受損，承購人佔便宜。關鍵在爲九十萬市民或少數人著想。……噴水池有廠商願以四十七萬元承包，主辦人員簽註說地點不當，財主單位主張公開招標，市長都不採納，六十萬元議價發包。……五塊厝市場用地一坪六千元，市場地較值錢，標售可達每坪一萬元，一千三百坪差五百二十萬元」。

楊金虎與陳田錨府會雙方失和，但兩人曾經連袂出國，到越南拜訪高雄市第四個姊妹市峴港。越南峴港市長阮玉魁在一九七〇年十二月十五日訪問高雄市，與市長楊金虎、議長陳田錨簽訂姊妹市盟約，楊金虎與陳田錨在翌年十二月十二日連袂訪問越南拜訪峴港及到西貢旅遊。陳田錨在西貢一家百貨公司被扒走美金及港幣各一千多元，到香港後打電話回台灣向老爸陳啓清先生求救，啓清先生電請香港的朋友拿錢給陳田錨，才解決問題。

市長與議長一起出國，議長旅費被扒光，沒有向同行的市長求助，而個人經濟能力很好的市長也沒有就近支援，可見兩人疏離之一斑。

1971年12月陳田錨（右三）與楊金虎（左二）同行到越南訪問

王玉雲市長——兩月交集 禮尚往來

第七屆市長王玉雲在一九七三年二月一日上任，陳田錨第七屆議長則做到同年的四月卅日，第八屆市議會五月一日成立，孫土池當選議長。陳田錨議長與王玉雲市長任期重疊的時間只有短短的兩個月，但兩個人已是有十多年交情的老友。

一九五八年，陳田錨與王玉雲同時當選第四屆議員，第五屆兩人都連任，王玉雲要選副議長，但原來要和他搭檔的人變卦不選了，同爲「黨外人士」的陳田錨臨時被推出來競選議長。陳田錨才做過一任議員，競選議長的火候仍嫌不足，明知當王玉雲的搭檔，主要作用是幫王的副議長作掩護，反正幫王玉雲這個忙自己也沒有損失，就和王玉雲配合，虛實相應「欺

陳田錨和王玉雲同在 1958 年當選市議員開始結緣，第六屆分任正副議長，陳田錨接續擔任第七屆議長，任期末與王玉雲市長有交集（董清男攝）

敵」。果如所料，國民黨全力輔選議長，選前還把幾個黨籍資深議員帶到外地「特別招待」，投票當天才專車送回議會。選舉結果，陳銀櫃順利當選議長，王玉雲當上副議長。

第六屆議會，王玉雲再與陳田錨搭檔，這次兩人都玩真的，王玉雲更上層樓競選議長，陳田錨選副議長。國民黨見王、陳兩人聯手，黨再提名任何人都不可能有勝算，就順水推舟，乾脆不提名而拉兩人入黨。第六屆議會任內，王議長與陳副議長合作得相當愉快，交情也日益深厚。

第七屆陳田錨當選議長，原定四年的任期延長至五年二個月，在第七屆議員任滿前的兩個月，王玉雲當選市長。陳田錨當議長和王玉雲的市長任期重疊時間，就只有這兩個月。一九八一年十二月二十五日陳田錨重回市議會當議長，但是王玉雲早在半年前轉任台肥公司董事長。

楊金欉市長——互重互諒　戮力市政

接續王玉雲當市長的是楊金欉，一九八一年六月二十二日上任，當高雄市長還未滿十個月，就因台北市長邵恩新罹病卸任，八二年四月十九日調台北市長，高雄院轄市第三任官派市長，直接由市府秘書長許水德升任。

楊金欉個性豪爽，很對港都人的胃口；他廣結善緣，謹言慎行，市政業務有老高雄的秘書長許水德無私相助，很快進入狀況。在市議會答詢，則有議長陳田錨照應。

一九八二年初，楊金欉列席市議會大會備詢，前鎮選出的市議員蘇玉柱要求楊金欉以台語對答，楊金欉想了一想後說，他還是用大家都聽得懂的國語答詢，比較適當。蘇玉柱要議長陳田錨叫楊金欉和他用台語詢答。陳田錨表示，有人講客家話，有人講山地話，有人講閩南話，但只有講國語大家都懂，「應該尊重市長的意思，不要強迫人家。只要能解決問題，用什麼話都一樣。」陳議長幫楊金欉緩頰，蘇玉柱也只好算了。

楊金欉轉任台北市長後，曾多次告訴許水德，在高雄當市長的十個月，是他一生公職生涯中，最愉快的一段時光，很感

楊金欉個性豪爽，和陳田錨很對味，當高雄市長不到十個月，卻是他最快樂的公職生涯。（董清男攝）

念許水德的協助與陳議長的照應。

許水德市長──和衷共濟　民利為先

許水德在高雄市改制升格當年，奉派由國民黨中央社工會主任「降調」市政府當秘書長，政壇一般認為，他這樣調動，是有意培植他擔任高雄市長。但王玉雲的接任人選卻是楊金欉，不是許水德。在歡送王玉雲的惜別會上，許水德傷心落淚，他在自傳中透露，更讓他覺得受傷的是：一直到中常會要通過楊金欉任命案的前夕，他才被告知。儘管如此，楊金欉留他當秘書長，他依舊盡心盡力，沒有藏私。十個月後，許水德就直升高雄市長了。

苦學出身的許水德，守本分、政治身段柔軟，但手腕相當高明。他對市議會非常尊重，議員有事找他，他都能體諒議員有選民壓力，

陳田錨與許水德同訪南非姊妹市德班市，戴著當地消防隊員的頭盔合照。

設身處地爲對方著想，能辦的辦，辦不到的也設法讓議員有台階下。表面上看起來是比較軟弱，但他想推動的施政計畫，卻多可以完成。其中主要關鍵，是他重視溝通，也善用溝通。

許水德不端架子，需要和議會溝通，都主動找議長、議員商量；需要和中央或省溝通，他主動拜訪中央部會首長，把自己的想法講清楚讓對方了解：困難之處何在、可以妥協尺度到那裡。坦誠說明，溝通好了再作業；作業過程有問題再溝通。他在六十自述提出「水車哲學」，表示理想與現實要兼顧，不唱高調。尤其是他「超級耐煩」。因此，事情辦得通，還很少得罪人。許水德可說是標準的「人和政通」模式。高雄市最棘手的前鎮新草衙違建區問題，就在許水德手中，才有突破性進展。

新草衙當時是台灣地區最大的違章建築集中區，違建多達六、七千戶。高雄市還是省轄市時，省政府就想要拆，但因違建戶實在太多，已經不是單純的違建問題，如果沒有妥善的配套措施，強力拆除違建，可能引發的社會面與政治面的後遺症，絕對比違建問題嚴重好幾倍。林洋港、楊金欉任省建設廳長時，都想拆而無法執行。有「南霸天、高雄王」之稱的王玉雲，市長任內也想積極著手處理，但有人放話說他想炒地皮，王玉雲聽得寒心，爲了避嫌，也縮手了。以魄力著稱的市長做不到的事，被認爲「很軟」的許水德，竟然硬是辦到了。雖然時機不同，但如非許水德的「磨功」溝通奏效，新草衙問題要再懸宕多久，還很難講。

新草衙大違建區的形成，和高雄港、市的發展息息相關。台灣光復不久，整建高雄港成當務之急，大量的勞動力需求，吸引謀生不易的農、漁村過剩人口向高雄市遷移。新草衙當時還很荒涼，多是公有地，沒有人管理，而且，離有工可做的高雄港區也近。到高雄市謀生的勞工沒有地方住，就到這裡搭建簡陋的草木寮房棲身。由於住的需求很大，後來有人專門佔地搭蓋違建出售，違建越蓋越多。由於地是公有，屋是違建，沒有公共設施，生活條件很差，這裡的住戶以低收入者居多。成為全國最大的違建集中區後，問題日益嚴重。

總統蔣經國在許水德上任不到兩個月時南下訪視，在陸軍官校召見許水德，要他好好照顧新草衙民眾，設法解決問題，促使許水德將新草衙違建列為優先施政重點。

許水德很快著手，邀集新草衙地區的里長開會，一再討論，後來依當地居民希望買下佔用地的意願，想出「現狀標售」的方案。因為法令規定，公有地出售要公開招標，無法私下買賣。但公開標售，違建戶的財力絕對無法和財團競爭，只有突破法令限制「現狀標售」，土地才不會被財團標走。市府因此訂出「高雄市前鎮區新草衙違建戶佔用市有地處理原則」，先和議員溝通，議會通過再陳報中央核定。

但中央各部會認為這種做法史無前例，適法性也有問題，一直拖延，許水德請內政部長林洋港出面邀集相關部會協商，他親自帶著開會通知到各部會去發，同時向部會首長、副首長說明問題原委，爭取支持。最後開會時，只剩國有財產局堅持依法不能現狀標售。林洋港聲援許水德，要求國產局「如果沒有更好的辦法，就請不要堅持反對」，案子因此終於通過，經行政院核備，可以開始執行了。

市政府先選兩個里試辦，一面做，一面解決新發現的問題，方案也經多次修正，經過蘇南成、吳敦義兩任市長，在吳敦義任內才徹底完成新草衙的都市更新。新草衙現在已經面貌一新，許水德是最關鍵的人。但是，如果沒有陳田錨在市議會的全力配合、化解爭議，事情也難順利完成。

一九八二年十月四日，議長陳田錨在第

陳議長（中）與許市長到前鎮勘察新草衙違建區，研商解決方案。（董清男攝）

一屆第二次定期大會開幕致辭，公開呼籲議員自律的內容，和一九六八年十二月擔任省轄市議會第七屆議長時的一次大會開幕致辭對照觀察，很有意思。

一九六八年十二月，楊金虎就任市長半年時，議長陳田錨公開呼籲議員「爲民服務不要揹黑鍋」，明著勸議員謹愼，言外之意則是提醒市長楊金虎要注意政風。

一九八二年十月，許水德市長上任半年，陳田錨開幕致辭提出五點要求與議員共勉：嚴守法律分際不非法關說，絕不濫用職權、不非法承攬工程，絕不享有特權、不非法貸款，準時開會不遲到早退，潔身自愛建立議會新形象，讓市民以有市議會這個民意機構爲榮。希望大家在和諧的氣氛下，坦誠論政，就事論事，言而有禮，容忍互諒，少數服從多數，多數尊重少數。

第二天，幾乎所有報紙都評論陳田錨的開幕致辭，認爲陳議長提得太好了。

聯合報記者陳金樹特稿中指出：「議長陳田錨先生從政以來，大家對他的印象是好好先生，對市政上少有主張，屬溫和派。然而昨天在第二次大會開幕致辭時發揮了道德勇氣，提出五點主張，這是過去主持市議會的議長們雖然心底明白，但不便在公開場合發表的。陳議長不只公開提，還印了書面資料。」

「…五點中讓人感受最深的是非法承攬公共工程和非法貸款，…市井傳言多。議長個人來說，議會應是清白的，是論事的地方，議員應有超然的人格，才能讓議會這個名詞在市民的心目中是看緊政府的民意機構。……陳田錨是一個有政治良心的人，有感而發。……他是抱著一分執著，希望從政者要有政治良心，希望他領導的議會有最高的清譽，這種心情令人欽佩，也令百萬市民鼓舞。少數議員應檢討，……也要學學做人的道理，使議長苦心不白費，也讓陳議長『好做人』」。

對照陳田錨這兩次致辭，在楊金虎當市長時講的和許水德當市長時講的，表面上都是規勸議員，但實際上卻一個是對市長的「警告、提醒」，一個則有「暗助」市長的意味。他約束議員，不希望許水德這個老實人受到太大的委屈。

蘇南成市長——共識難成　大局為重

接替許水德的蘇南成，和許水德是兩個完全不同的典型，許水德如是「溫吞水」，蘇南成則是「霹靂火」。許水德和市議會水乳交融，蘇南成和議會則幾乎水火不容。上任不到二個月，府會關係就白熱化。

府會失和，當然雙方都有責任。不過，就讀成功大學時打橄欖球的蘇南成，在球場敢衝敢撞，從政也是一樣。脫離國民黨選上台南市長，大刀闊斧推動台南市建設，讓他主政下的古都成爲台灣最有活力的都市。連任成功，政聲響亮，才獲層峰不次拔擢，由省轄市長直升院轄市長。

蘇南成到高雄市當市長，是「揹著尙方寶劍」來的；前任市長在市政建設方面留給他很大的發揮空間，高雄市各界也有「深慶得人」的氣氛。而第一屆市議員再半年多就要改選，依往例，市長對議員提名也有相當的影響力，因此，議員多不敢開罪市長。各種條件都對蘇南成有利，蘇南成當然對這種情勢看得一清二楚，只要有心，府會關係必可融洽。但以蘇南成的行事風格，他自有主張。

一九八五年五月卅日上午新舊市長交接典禮在至德堂舉行，行政院副院長林洋港監交，議長陳田錨、國民黨高雄市黨部主委吳挽瀾等政壇人士及議員、里長數百人在場觀禮。蘇南成致辭開場白說：「行政院林副院長、許市長、吳主委、高雄市的父老，大家好」，要員全部點到，獨漏「陳議長」。這個疏漏很不可思議，精明幹練如蘇南成，不是粗心大意至此的人，爲什麼會百密一疏？其中意涵，値得玩味。六月卅日週六，議長夫人陳黃淑惠接任婦聯分會主委，一向在週五舉行的高雄市都市計畫委員會突然改在週六才召開，正好與婦聯會交接典禮撞期，蘇南成要主持都委會，自然也無法參加交接典禮。

這兩個「小動作」，政壇人士看在眼裡，都認爲「事非偶然」。

蘇南成就職演說中有許多重要宣示：包括撤除市長室制服警衛，敞開市長室大門，市民隨時可以會見市長；府內人事升遷考核全憑工作績效，絕無空降部隊；嚴禁關說，找人關說者不升反降……等等，描繪的革新氣象，市民、市府員工聽到無不精神振奮，幾

蘇南成與陳田錨勾著手臂同行的鏡頭難得一見
（董清男攝）

陳議長與蘇市長對話，兩人表情嚴肅（董清男攝）

乎要「額首稱慶」了。

不過，市府員工很快就發現，原有員工還沒有人升遷，從台南市政府調來的「新貴」就陸續空降到位，而且馬上占缺升官。市長室大門敞開了，但要見市長比以前更難。市議員有事要找市長，機要科的「舊人」，根本無法連絡市長，找「新貴」連絡，不是遭冷落就是被奚落，惹了一肚子氣，還是見不到市長。議員原先只是私下發牢騷，不敢聲張，怕沒面子，後來知道別的議員也一樣，「個案變通案」，才向議長投訴，要求議長促請市政府改善。

面臨連任壓力的議員發現，新市長來了之後，選民請託案件，沒有一件辦得通。議員不滿的情緒逐漸匯聚，市議會秘書長吳鴻顯首先在市黨部委員會，向蘇南成及主委吳挽瀾反映議員對「新貴氣焰」的不滿，希望市府能改善，不要惡化。但吳鴻顯講了等於白講，沒有效果。

六月十七日，地方報紙首先刊出「新貴言行過當，市議員不平將鳴」。

六月二十九日，台灣新聞報、台灣時報都報導：議長陳田錨擔心府會衝突。台灣新聞報內容是：「市議會議長陳田錨廿八日透露，他很擔心日後府會間將有衝突，他很願意與人友善相處，但若市府太過藐視議會，他也會硬起來。近日機要人員與多位議員發生過不愉快事件，彼此口頭上取得諒解，但心中不舒服仍在。向議長抱怨市府新貴氣焰囂張的議員越來越多。」台灣時報標題是「新貴鬥民代？府會湧暗潮！」內容有「林壽山、張益郎、曾長發、賢繼禹等人提起與市府人員不愉快，議長憂慮」。秘書長吳鴻顯曾在市黨部向吳主委及蘇市長提及新貴的問題。蘇南成說，他帶來的六人與舊人相處不睦，「是市長經常不在辦公室所致，有信心在短期內改善。」

但是，蘇南成是說「有信心改善」，而非「有心改善」，府會關係持續惡化，在蘇南成上任兩個月後就發展到白熱化的程度。

八月中旬，議會召開這屆任期的最後一次大會，市議員忍了二個多月的氣，全部爆發。八月十二日預備會議，議員發言幾乎都在訴說與市府新貴接觸的不愉快經驗及批評蘇南成。議長陳田錨做結論時說：「市議會成立以來，市長沒有一位如同蘇南成，遭到這麼多的批評。蘇市長上任二個多月，官員暗中反對，民意代表也反對，這是以往沒有的記錄。……上一屆議會，王前市長與吳前議長兩人鬧得不可開交，情況也沒有今天壞，爲什麼呢？」……他感慨的說：「我若是蘇南成，我會流目屎（眼淚），我不敢再做高雄市長，我要自己好好檢討。」這幾句話，陳議長重複了兩次。

十三日大會開幕，市長蘇南成施政報告後，出席的卅七位議員，有二十九位議員相繼發言，「圍剿」蘇南成將近六個小時之久。二天後，市議會及各家報社忽然湧進無數支持蘇市長的電話和投書，市議會遭到空前的壓力。不過，大家很快發現，都用明信片的投書，內容及用字遣詞都大同小異；電話除了開罵的髒話之外，講法也雷同。研判是有心人的「計畫性行動」，不是高雄市民忽然極度熱情起來。

由於電話多到令人不堪其擾的程度，一家報社高雄市負責人電話接到手軟，氣得打電話到市政府，指名找一位蘇南成帶來的親信。電話接通，這位報社負責人劈頭就說：「叫他們不要再打電話來啦，台南搞得不夠，還搞到高雄來！亂七八糟！嘜擱卡啦！」說也奇怪，電話果然就此消聲匿跡。

遭到投書及電話攻勢的市議會，八月二十日發表聲明，說明市議會「一切爲市民」的立場。當時，報紙評論府會失和的問題：「高雄市府會一向和諧，如有爭執也是原則性的。近三個月來的摩擦，顯得不調和，有時是意氣之爭，這種情況，在一向安定的高雄市政壇，被認爲是府會雙方步調缺乏調整的結果。

「蘇市長急著表現但忽略建立人和…，一般認爲，陳田錨是有原則，肯負責的議長，一向支持市府各項措施，領導議會也獲絕大多數議員尊重。蘇市長在推行重大市政，不妨先行溝通說明爭取支持，相信議長也樂意接受。蘇如此也非降低姿態，而是民主政治常軌。先未溝通，做了才要議會追認背書，任何議會皆難忍受。

市黨部數次建議市長設法溝通觀念，但被市長婉拒。

「…市長表示市長室大門常開，市府不可有制服警察守衛，事實上，市長並不容易見到，無制服警察，但較過去更加警衛森嚴。

「…八月十二、十三日圍剿事件後，經過一星期的醞釀，情勢轉對蘇南成有利，議會發表聲明，說明議會態度與立場。就理性、友善的角度觀察，是對市民重託的再保証。市府的反應如何，取決於市長態度。」

府會嚴重失和，中央關注，蘇南成請市黨部主委吳挽瀾安排，八月二十一日晚上邀議長陳田錨在台北王子日本料理店碰頭協商，坦誠溝通三小時。

陳議長當面指出蘇市長上任之後言行不一的各種問題，強調市政工作只要對市民有利，市民是議員的後台老闆，議員贊成都來不及，何致於反對？要求蘇市長「講的和做的要一致」。蘇市長坦承做法欠當，誠懇認錯，拜託議長「化解議員心中塊壘」。議長表示會盡力，但重要的還是看市長如何做及溝通。

蘇南成會主動請市黨部主委安排與議長溝通，除了中央關注之外，主要關鍵是他想超脫法令預撥經費或貸款建設的方案，沒有市議會背書，根本動彈不得。預撥及貸款建設，是蘇南成主持台南市政的經營手法，到高雄市後，他也提出五十四億元的預撥案，希望議會支持。

以當時高雄市各界期待加速建設的氛圍，如果蘇南成能先與議長及議員溝通，獲得議會支持的可能性很大，但他一到高雄就有並不友善的小動作，親信輕慢議員，惹得議員群情激憤。因此，爭議性很大的預撥案送市議會，即使黨部出面要求議會支持，但黨團會議稍早已討論過預撥案，只同意支持消防基金、文化體育基金及區運五項緊急工程經費等案，其他全不支持。議長及議員認爲，墊付及預撥金額太大，破壞預算制度，也剝奪下屆議員的職權。議會大會還決定，要先邀學者專家爲預撥案辦公聽會，深入討論並了解台南市的成效及後遺症。

由於蘇南成的「台南經驗」爭議性不小，台南市議會認爲蘇南成的貸款建設，是讓台南市財政陷入困境的主因。議會公聽會勢必會邀台南市議會派人來談經驗，結果對預撥案不利，是可以預見的。因此，府會黨三巨頭在台北市溝通，蘇南成即改變原先計畫，要求區運等五項緊急工程請議長及黨團協助溝通過關，其餘由市府撤回。

市議會後來照市長意見通過，公聽會因邀請函已經發出，還是照常舉行，但市府已經懸崖勒馬，公聽會沒有繼續追殺。從此，府會雙方各自稍有節制，摒除意氣之爭，但問題只是緩和，並未完全消除。

第二屆議會成立，四十二位議員有二十七人連任，由於府會關係依舊緊繃，議員爲免自討沒趣，非萬不得已，不會到市政府找市長；但是，非去不可時，還是常找不到市長。一月三日，市議員洪福緣到市府找市長沒見到，離開時在大門口碰上了，話才講沒幾句，蘇南成就大聲起來，兩人在市府大門口吵了一架，不歡而散。

一月六日，第二屆議會成立大會舉行四天，議員從洪福緣和市長吵架的事開始問起，針對蘇南成言行不一致的問題，逐一檢討。張榮顯議員提出市長公館整修案沒有依規定辦理、人事升遷不公平引起員工反彈等具體問題，市議會成立專案小組調查，果然查出許多毛病。

議會專案小組調查發現，蘇南成規定二十萬元以上工程全部要送發包中心，三民區區長及承辦人員沒有遵守規定已被市府記過處分，但整修市長官舍花費近百萬元，卻直接找廠商議價，未送發包中心，明顯違反市長規定。更離譜的找來包商議價後就直接動工，連不可或缺的建築執照都沒有依法申請。事情曝光之後，市政府才要各相關單位補簽公文、補辦設計、陳報經費估計等等手續。而工程十月底完工，補辦的「議價手續」，到第二年的一月二十二日才完成。各單位奉命補辦的公文，還各說各話、前言不對後語，自相矛盾。

專案小組認爲，這是標準的「只准州官放火，不准百姓點燈」。

專案小組調查發現，市長宣稱有缺全由內部升遷，事實上，「空降部隊」陣容龐大，半年間從市政府以外調來的人多達卅七人，其中來自台南市政府有十二人之多。非台南市政府調來的都是稅務員、書記、辦事員、里幹事等低階基層人員，台南市調來的十二人都是「官」，從七職等到十二職等，而且有人升二等，也有連升三等。

專案小組調查報告出爐，舉證歷歷，蘇南成的信用及聲望，大幅下挫。連帶使他的關說禁令「破功」。剛好市府有一個單位的首長出缺，最後爭取到的人，忍不住向朋友透露：「什麼禁止關說？找個『大的』跟他講，還不是一講就通！」

蘇南成在市政上頗有創意，也相當盡心，有心求好求快，卻操之過急。爲了求快，常忽略政府機關依法行政有一定的程序。對市府舊人要求節省公帑，令出法隨，違者議處。但官舍整修、印製美術名鑑、區運會場鋪設人工跑道等工程，自己都便宜行事，沒有送發包中心。議員找不到市長，和市長說不上話，不能了解蘇南成的想法，更不能接受他「嚴以律人，寬以待己」的做法，只好在市議會嚴加監督。

第二屆議會因此成立許多專案小組，除了官舍整修、人事問題之外，四年期間成立的專案調查小組，還有：印製「美術名鑑」違法比價專案調查小組、發包中心作業情形專案調查小組、各醫療院所藥品招標採購缺失專案調查小組、調查市府大樓趕工獎金及區運工程變更設計專案小組、調查各醫療院所購置醫療儀器不當專案小組、衛生局遴選儲用護士進用情形專案調查小組等等。

其中美術名鑑印製經費動用第二預備金支應，市議會認爲違法動支，不同意核銷，一直拖到吳敦義接任市長後，一再向議會申覆，報銷的問題才解決。議價購買中正體育場鋪設的蒙多跑道，蘇南成宣稱「買一送一」，但「買的」一條如期鋪設完成，區運順利舉辦，「送的」那一條，卻拖了好幾年才鋪在學校。而蘇南成已經卸任了，海關還向市政府要求補繳進口關稅。

一九八六年三月，第二屆議會召開第一次定期大會審查蘇南成上任後首次編製的年度預算之前，蘇南成曾一度刻意與議會修好，抽空參加議會及議員活動，議會有史以來第一次爲低收入戶舉辦愛心晚會，邀請全市二千多戶低收入戶參加，準備可口點心招待，每人發給一千元壓歲錢，經費由議會募集，議長陳田錨捐二十萬元，副議長朱有福捐十萬元，黨團書記陳聰敏捐五萬元，其他議員各捐一至三萬元不等，還有各界共襄盛舉贊助捐獻，總共募集了三百萬元。這個原本有意與市府打對台的晚會，二月二十二日在文化中心至德堂舉行，四十二位議員全員到齊，其中陳聰敏剛辦完母親喪事、周鍾湛同一天小登科，晚上都到場。蘇市長當晚主持觀光節活動後，也趕到晚會會場露面。

蘇南成主動修好，市議會也有善意回應。第一次定期大會三月四日開幕，蘇南成報告施政五十分鐘後，議長陳田錨裁示，議員每人發言限五分鐘，蘇市長最後再綜合答覆。卅七人出席有廿二人發言，市長蘇南成卅分鐘綜合答覆，全場平心靜氣論政，沒有火藥味。

但這樣表面和諧的情況，因爲仍不時有人暗中放話，並沒有維持多久。

三月中旬，議會審查年度總預算案，應該到會說明的蘇南成卻缺席，議會擱置總預算案。二十四日，蘇南成到議會列席，表示他不知道要親自到會說明才未到，強調他唯恐找不到機會說明，豈會藉故不來？對於議員問及最新的傳言，指市府傳出「議長沒當上市長才聯合議員修理他」及「議員需求太多使市府難應付」的緣由。蘇南成說，他「再沒常識也不會說這些話」。強調「即使議會不跟我作朋友，我也要跟議會套交情」。蘇南成認爲，種種傳言「離譜太遠」，是有人從中撥弄是非。他鄭重的表明心跡說，他來高雄當市長，是「孤鳥插群」、「作客三五年，不願樹敵」。承認自己性子急，步調要快，但不是獨裁專權的人。強調市政要分層分工，「否則一百個蘇南成，也不可能包攬所有的事」。

議長陳田錨向議員說，「市長講得很清楚，態度很誠懇，只差沒有賭咒而已」，勸阻議員繼續追究傳言之事，回歸審查總預算案的主題。

蘇南成府會關係不睦，但官派市長卻一做就是五年，八五年五月卅日上任，九〇年六月十七日卸任，是高雄市任期最久的官派市長（吳敦義當了八年半市長，官派的只有前四年半，後四年是民選的）。

蘇南成市長之後的職務是金屬工業發展中心董事長。後來以國民黨不分區國大代表擔任全國最高民意機關的國民代表大會議長，一九九九年九月，因爲推動要延長總統任期的修憲案，舉國譁然，國民黨只好犧牲蘇南成，將他開除黨籍以平息眾怒。蘇南成失去國民黨黨籍，就不能再當國民黨的不分區國大代表，國大代表資格喪失，當然也不能再擔任國民大會議長了。失去政治舞台的蘇南成，重回台南市，二〇〇二年當選台南市議員。

送別贈禮費思量

蘇南成卸任高雄市長，各界依例照禮數都要送他紀念品，議會也不例外。儘管府會相處不睦，紀念品還是要送。但要送什麼比較好，卻讓議長陳田錨大傷腦筋。陳田錨的意思是紀念品不必好過頭，但也不能太寒酸，落人話柄。尤其是不能表錯情，讓人會錯意。

陳田錨找一個以點子多著稱的「同事晚輩」商量，最後決定送個美麗的瓷製大花瓶。上面的題詞也要費心推敲，雙方彼此沒有好感，再題好話褒揚一番，未免違心；但對方要離開了，臨別贈言也沒有必要講難聽的話，自失風度。因此最好用客觀、寫實、中性的題詞。一再推敲，最後總算敲定「聲名遠播」四個字。瓷製的大花瓶，珍惜的話可保存長久，有紀念性；不小心的話，難保不會弄破，「弄破便罷了」。這個紀念品，送得費心、也還算稱心。

吳敦義市長——德智兼融　政通人和

吳敦義從國民黨台北市黨部主委調接高雄市長，這個官派市長和以前的官派市長不同。以前派令一發就走馬上任，這次則多了一關：要經市議會行使同意權才算數。議會的同意權雖然只是形式，吳敦義個人條件優越，擔任台北市議員、南投縣長的風評、政績都不錯，而高雄市議員絕大多數是國民黨籍，無黨籍議員也多是黨友，肯定會杯葛的只有民進黨籍議員，吳敦義過關絕不成問題。但爲了過得漂亮，吳敦義幾乎動用到所有的人脈，不論五湖四海、黑白兩道，只要和高雄市議員有交情的，都出面或打電話替吳敦義向議員打招呼。

一九九〇年六月十二日，市議會行使同意權，民進黨議員分守各個入口要阻止吳敦義進入議事廳，吳敦義從大門進會場時遭到圍堵拉扯，西裝都被扯破了。投票結果，吳敦義得到卅二張同意票，六月十八日接任高雄市長。

吳敦義到任之後，對市議會表現得相當尊重，對年長他二十歲的陳議長執禮甚恭，但個人的態度則不亢不卑，分寸拿捏精準。陳田錨對新市長也很欣賞，府會首長互相尊

議長陳田錨與市長吳敦義快樂同行（董清男攝）

重，關係和諧，市政運轉順暢。

一九九四年底，高雄市長改爲民選，吳敦義代表國民黨披掛上陣，和民進黨的張俊雄一決雌雄。選戰過程吳敦義一直領先，但雙方差距並不大。張俊雄在元配之外另結新歡的問題，在選戰中被炒得沸沸揚揚，當時流行的閩南語歌「雙人枕頭」，在這場選戰中空前流行，也成爲張俊雄競選的重擔。

十二月三日投票，張俊雄於十二月一日晚間的造勢晚會，特別安排「眷屬」朱阿英上台當眾「剪髮」，以示對婚外情的歉意，希望藉此拉抬選情。但是，這個安排卻產生意外的反效果，許多女性選民認爲，該懺悔的是「對婚姻不忠的男人」才對，張俊雄的婦女票源，反而流失掉一部分。

開票結果，吳敦義得到四十萬零七百六十六票，張俊雄二十九萬多票，吳敦義不只在高雄市十一個行政區都領先對手，淨贏超過十萬多票。而且，他一個人的得票數，比國民黨籍市議員當選二十五人的票數總和還多。

「民意基礎」雄厚的吳敦義宣誓就任高雄市長，進入執掌市政的第五年之後，還是溫文儒雅、謙恭有禮。但是，敏感的政壇人士發現，吳敦義雖然並未顯露凌人的「傲氣」，卻讓人感受到有較以前更強勢主導的作爲。曾有議員對此提出批評，但陳議長認爲，府會權能分明，議會權限並未被侵犯，彼此互相尊重，勸議員不要計較。吳敦義民選市長四年任內推動的重大建設計畫，包括引起抗爭的垃圾焚化爐、徵收都市計畫公共設施用地、下水道後續工程等等，都得到議長陳田錨的大力支持，在議會排除各種困難，全力相挺。

對照觀察陳田錨主持議會期間，只有在議會權責沒有受到應有尊重之時，府會關係才呈現緊張。但不論府會關係是否和諧，陳田錨均能嚴守分際，所領導的市議會，既非氣焰高張的「太上市政府」，也不是軟弱的「市政府議事局」或「跛腳議會」，而是長期「保有尊嚴，又有監督能力」的民意機關。

調和派系資源的龍頭

一九八一年十二月二十五日，高雄直轄市第一屆市議會成立，退離政壇多年再重回市議會擔任議長的陳田錨，既是高雄陳家掌門人，也被視爲高雄在地派的龍頭。但他就任議長後辦的第一件事，不是擴大自己的派系勢力，而是著手在市議會的職務安排上，調和派系資源，以消弭政壇紛爭。

直轄市第一屆市議會議員四十二人，其中屬於台南派的議員有十人之多。占議員總數近四分之一的台南派，沒有議長並無話可說，因爲陳田錨的人品、聲望、資歷都無可挑剔；但副議長沒有給台南派，就讓台南派覺得委屈。

陳田錨了解地方政治生態，派系勢力要平衡才能減少紛爭，他個人也一向講求「以和爲貴」，因此，雖然身爲在地派龍頭、陳家掌門，並沒有像一般派系頭頭，逮到機會就擴充自己派系及家族的勢力，反而致力追求派系勢力的均衡與和諧，讓派系失衡可能引發的政治惡鬥，消弭於無形。

陳田錨將市議會黨團書記、副書記、八個委員會及市銀行二席董事、一名都市計畫委員會委員等職務，妥善運用，協調各派系做適當的佈局，台南派十位議員除了新當選的兩人之外，都分別安排擔任黨團書記或委員會召集人、高雄市銀行董事。其他派系的資深議員，也做了安排。

這是陳田錨和地方派系互動基本原則——「以和爲貴」的經典模式。

高雄市地方政壇派系形成的時間，和台灣實施地方自治幾乎同時。派系可以說是「選舉的副產品」，主要架構是同鄉會，最早自台灣光復後首次的高雄市長選舉開始，隨著一次又一次的選舉，派系也日益壯大，如澎湖派、台南派、在地派。還有世家大族因財雄勢大形成的政治勢力，如陳家、王家、林家、朱家。直到政黨政治成型，派系才漸趨式微，如今則已明顯沒落。

地方派系以同鄉會為主要架構

高雄市地方派系的主要架構是同鄉會的原因，和都市發展過程有關。高雄市從早年的濱海漁村發展成台灣工業重鎮的港灣都市，外來人口有重大貢獻。尤其是高雄港拓建期間，在家鄉難以謀生的偏僻漁村或農村人口，被高雄市的工作機會所吸引，離鄉背井到都市做工以求溫飽。當時新移民主要來自澎湖及台南縣北門、將軍鄉等生活較清苦的沿海地帶，其他縣市也有，但人數較少。

到高雄市尋求發展的外來人口，不論攜家帶眷或單槍匹馬，爲求個人安身立命或爲家庭謀衣謀食，無不艱苦奮鬥。親戚朋友或鄉親在異鄉互相提攜、彼此照顧，「人不親土親」凝聚的鄉情本來就比較濃郁。民國四十年台灣實施地方自治，舉辦縣市長及議員選舉，參選的政治人物爲了爭取選民支持以求當選，訴諸鄉情是最經濟實惠的方法，鄉親相挺也順理成章。經過一次又一次的選舉，在政治人物刻意操作之下，派系也逐漸成形而發展茁壯。

澎湖派最早興起

高雄市最早興起的是澎湖派，關鍵人物爲第一任民選市長謝掙強。謝掙強少年時自澎湖渡海來台，青年時期隻身到大陸尋求發展，因緣際會投入陳誠麾下，成爲陳誠信任的幹部之一。光復後回台灣，第一屆國大代表選舉，謝掙強獲國民黨提名，在故鄉澎湖縣當選。隨後當過台南縣政府主任秘書、嘉義官派市長，再獲國民黨提名競選高雄市長。

在一九五一年高雄市舉辦市長民選之前，曾經辦過兩次市級民意代表選舉，一九四六年選舉高雄市參議會參議員時，還沒有派系產生；但五〇年底的第一屆市議員選舉，派系運作雛形就出現了。當時謝掙強已部署競選第一屆市長多時，他深知市長如果要做得順心，議會的支持最關鍵，因此，雖然五一年三月二十五日才要選市長，但他在第一屆市議員選舉就提前佈局，與澎湖派大將商量爭取議員席次的計畫，敲定人選，積極輔選。

第一屆市議員二十八人選出，澎湖派有陳玉波、陳生苞、林澄增、鄭綿、呂振福、盧繼寶、黃堯、許清榮等八人當選，其中陳玉波是內定議長人選。澎湖派的計畫至此一切順利，陳玉波也獲國民黨提名競選議長。但澎湖派積極佈局的動作，引起高雄在地人士的不滿。在地派原本要推陳啓川選首任民選市長，但陳啓川沒有意願，加上謝掙強親自拜訪陳啓川，取得陳啓川不選市長的承諾，在地派認爲市長讓給澎湖派了，議長沒有理由不給在地派。在地派因而決定全力支持被提名競選副議長的林仁和，與陳玉波競選議長，積極結合非澎湖派的議員，還透過關係爭取到四席外省籍議員的支持，在議長選舉時翻盤，林仁和當選議長，陳玉波屈居副議長。

第一次派系惡鬥

這是高雄市第一次大規模的派系選舉對抗，也是派系惡鬥的開始。選後澎湖派和在地派互相檢舉，澎湖派檢舉林仁和盜賣豆餅；在地派也檢舉當時擔任漁會理事長的陳生苞盜賣造船木材，但因缺乏積極證據，最後都不了了之。儘管議長選舉失利，陳玉波屈居副議長，澎湖派在市長謝掙強領軍下，仍然氣勢如虹，謝掙強又順利連任第二屆市長，這是澎湖派在高雄地方政壇最輝煌的時代。省轄市時期的高雄市省議員選舉，澎湖派也都有相當好的成績。

澎湖派在高雄政壇獨領風騷，從一九五一年起持續了二十年之後，才發生分裂而走下坡。

澎湖派鬧分裂

一九七二年底，高雄市第七屆市長選舉，王玉雲獲國民黨提名競選市長，曾經擔任第一、二屆市長的謝掙強，也登記參選。謝掙強兩屆市長任滿後出任台灣省政府委員，八七水災時在北投一家旅社打麻將被情治單位查獲，事情鬧大，被判賭博罪入獄丟官，連國大代表資格也被撤銷。第七屆市長選舉，謝掙強以無黨籍身分登記參選，向國民黨提名的王玉雲挑戰。不料，謝掙強此舉竟然引發澎湖派分裂。

謝掙強擔任市長時帶起澎湖派的氣勢，在高雄政壇獨領風騷，很讓澎湖人感念。他回鍋競選市長，澎湖鄉親理當給他全力支持，問題是他以無黨籍身分向國民黨提名人挑戰，卻讓國民黨籍的同鄉會理事長洪福緣爲難。而且，謝掙強一九五七年卸任市長後，與地方脫節了一段時日，洪福緣是謝的後輩，兩人不熟，更沒有交情。而洪福緣和王玉雲不但第五、六屆議會共事七年，兩人感情融洽、稱兄道弟。王玉雲獲國民黨提名競選市長，洪福緣自然支持好友王玉雲，沒有支持同鄉前輩謝掙強。

澎湖派內部因此鬧意見，有人認爲鄉情第一，鄉親出來選，同鄉會就該無條件支持；但也有人認爲洪福緣於公於私支持王玉雲都講得過去。澎湖鄉親有人揚言要罷免洪福緣的理事長，但洪福緣不爲所動，力挺王玉雲。選舉結果，王玉雲得二十一萬多票順利當選，謝掙強捲土重來，只得九萬四千多票，鎩羽而歸。

澎湖派自此一役分裂，不再團結，就開始走下坡，一九七七年底的省議員選舉，高雄市要選五席，澎湖派兩人參選，都未當選；八一年底第一屆直轄市議員選舉，澎湖派幾乎全軍盡墨，唯一屬於澎湖派的當選人是吳德美，她是澎湖女兒，但要算是前鎭朱家的人馬，接替朱安雄出任監察委員空出的議員缺，當選主要是靠朱家的實力，並非澎湖派。第二屆以後，雖有屬於澎湖派的議員，但席次已難與早年相比。

一九九五年底第三屆立法委員選舉，台澎金馬地區總數三百三十二位區域立委候選人中，民進黨提名在高雄市南區競選連任的陳光復，選情吃緊，打出「本島候選人唯一的澎湖子弟」的訴求，號召澎湖鄉親團結支持，才化險爲夷。

台南派的成形

台南派的興起比澎湖派稍晚，關鍵也是派系龍頭陳武璋當選第三屆市長。

台南派的主體是台南縣旅高同鄉會，核心人物以北門、將軍等舊北門郡的海線鄉鎮爲主。山線的台南同鄉很難融入，如楊金虎是台南縣歸仁鄉人，卻不被認爲是台南派。

陳武璋一九四六年就當選高雄市參議會參議員，連任第一、二、三屆市議員。第二屆市議會一九五三年成立，陳武璋獲國民黨提名競選議長，副議長則提名在地派的孫媽諒。這屆議長選舉，情節和第一屆如出一轍，只是主角換人。兩年前的第一屆議會，在地派結合台南派及外省籍議員，將國民黨提名議長的澎湖派陳玉波拉下馬，這一次則在市長謝掙強撮合下，澎湖派結合在地派對付台南派，結果翻盤成功，孫媽諒當選議長，陳武璋只能屈居副議長。

謝掙強會撮合澎湖派及在地派拉下陳武璋，主要原因是他想連任市長，擔心以陳武璋的歷練與能力，當選後將是強勢議長，對市長不利，教育界出身的孫媽諒個性溫和，比較好相處。而且，陳武璋還可能挾現任議長之勢，在第二屆市長選舉和他競爭，對他有威脅。因此，運作澎湖派與在地派合作，在議長選舉時把陳武璋拉下來。

但陳武璋不是等閒之輩，他當副議長並沒有故意和議長唱反調，反而放下選舉恩怨，非常尊重議長孫媽諒，有事還會挺身而出維護議長，和在地派議員和睦相處。他的做法讓議員刮目相看，兩年後競選第三屆議長，就沒有敵手了。他也因此有機會在議長任內從容部署競選第三屆市長。

第三屆市長一九五七年三月選舉時，陳武璋是國民黨提名的候選人，只有民社黨的楊金虎出來和他競爭。台南派全力支持陳武璋固不待言，外省票也因國民黨提名而支持陳武璋。尚未成派的嘉義人也因陳武璋是嘉義女婿而出錢出力。澎湖派因與台南派交惡，雖然楊金虎第一屆曾經和謝掙強對陣，澎湖派這次不計前嫌，力挺楊金虎對抗陳武璋。選舉結果，陳武璋得八萬六千多票擊敗楊金虎，兩人相差近四萬票。

陳武璋在市長任內，政聲不錯，除了在後驛地區首創全國第一次辦理的市地重劃，大幅提高土地利用價值，爲後火車站地區的繁榮打下基礎之外，還直接向老蔣總統爭取，將原本全部列爲要塞管制的壽山，靠近市區的部分解除管制，讓市民可以登山健身。而且，他走「蔣經國路線」，政治前景看好，個人有連任的打算，一般認爲他應可順利連任才對。沒想到部分在地派人士「地方意識」抬頭，不希望讓陳武璋連任，而發動杯葛，加上地方黨部在最後關頭支持在地派，陳武璋沒有機會連任。台南派氣勢有起色，雖然沒有像澎湖派一樣馬上竄高，但持續發展得不錯，到政黨政治形成前，台南派都維持相當好的局面。

在地派振興

在地派杯葛陳武璋連任的行動，引起派系內的爭論，老成持重的元老派不以爲然，但少壯派認爲，高雄市的民選市長，前三屆都沒有在地派的份，第四屆再沒有，在地派又情何以堪？因此，要設法拉下陳武璋，在地派才有機會。意見不合的在地派，因此分成元老派與少壯派，但雙方並未交惡，只是各自聚會。

少壯派政治人物經常在七賢三路醫師陳水印（余陳月瑛之兄）家中聚會，密商大計，以此作爲「振興在地派」的大本營。這棟有兩間店面的五層樓「醫生館」，因此被地方人士稱爲「政治大樓」。元老派勸阻無效，只能袖手不管，孫土池、李存敬、陳銀櫃等重量級元老，則依舊在兩派都奉爲龍頭老大的陳啓川家中聚會聯誼。

不久之後，市民巫義德（第一屆臨時省議員選舉曾登記再撤銷）出面舉行記者會，列舉十多項理由揚言發動罷免市長陳武璋。由於罷免市長史無前例，話題勁爆新鮮，媒體爭相報導了好幾天，陳武璋和有關單位大力滅火，情治機關也深入調查指控陳武璋的內容及罷免案的內情，發現指控多非事實，後續的罷免行動也未出現，罷免案不了了之。巫義德幾個月後因涉嫌其他案件被捕，是否與他提出罷免案有所關連，就不得而知了。陳武璋得還清白，卻已被鬧得焦頭爛額。

家族勢力崛起　陳家居首

第四屆市長選舉，國民黨的提名辦法變更，改由中央圈選，不再由地方黨員投票推舉，陳武璋並未因發生罷免風波而氣餒，仍積極準備競選連任。在地少壯派也沒有閒著，認爲陳武璋走「小蔣」路線，除非找一個「老蔣」看得上的人，才能壓住小蔣，換下陳武璋。高雄市有這個條件的只有陳啓川一人。陳啓川與中央元老級的何應欽、張群都有私交，也深受老蔣總統信任。鎖定人選後，元老派沒有理由反對，就再促請接近陳啓川的元老向陳啓川勸駕；而市黨部主委嚴澤元的態度也傾向少壯派。

勸進工作到最後一關碰壁了，陳啓川表示自己對政治沒有興趣，「愛護我就不要害我」，在地派此時只有這位要被推舉出來的龍頭老大沒有點頭，等到市長提名登記時，少壯派代爲領表，在黨部主委默許下也代爲登記。黨內登記截止，就只有陳啓川、陳武璋兩人登記。市黨部將兩人名單都上報中央，國民黨總裁蔣中正圈選了陳啓川，陳武璋則改提名爲省議員候選人。

提名名單發表後，陳啓川馬上寫報告給國民黨總裁蔣中正，說他高齡老母在堂，需要晨昏定省侍候以盡人子之道，請求改提他人。蔣總裁手諭「秉於移孝作忠之古訓，以所以爲桑梓福者轉以爲堂上壽」，要他參選。陳啓川由最高當局欽點競選高雄市長，其他原本有意參選的人，都知難而退。陳啓川在沒有對手的情況下，以九成四的得票率當選。第五屆市長在楊金虎、李源棧、簡秋桐圍攻下，也順利蟬連。

陳武璋被調整跑道改提名爲省議員，但是後來並未參選，原因是陳啓川向中央提條件，表示他一輩子沒有看過公文，對政治又沒有興趣，硬要他選的話，就要請陳武璋來市政府幫他的忙。方式是陳武璋不要選省議員，而在省政府掛個頭銜，派來高雄市政府當主任秘書，他本人只要當「掛名市長」就好。

當年蔣總裁決定的事，沒有人敢不照辦，陳啓川被「欽點」競選市長，他要求配合的事當然也非照辦不可。中央及黨部要員只好再徵詢陳武璋，陳武璋知道情勢至此沒有轉圜餘地，很乾脆的答應了，但他要求找同屬台南派的市議員洪地利頂他的缺選省議員。至於洪地利還未入黨的問題，他負全責讓洪當選後加入國民黨；但台南派陣前換將，洪地利起步太慢，黨部要配軍眷票協助洪地利當選才行。黨部主委嚴澤元同意撥海軍眷村一萬票給洪地利，幫助洪地利當選。沒想到黨部的承諾在最後關頭跳票了，洪地利落選，陳武璋也因而拒絕到市府當主任秘書，棄政從商，遠走他鄉，到新加坡幫他岳父主持合板工廠。

第二屆省議員選舉，高雄市要選三席，候選人有在地派蔡文玉、台南派洪地利、澎湖派林澄增、黨外李源棧四人。競選活動期間，唯一的黨外代表李源棧呼聲最高，在地派蔡文玉很穩，台南派洪地利聲勢也不錯，澎湖派林澄增則搖搖欲墜。黨部評估李源棧當選已無問題，黨外搶走一席既成定局，如果林澄增落選，國民黨提名的只當選蔡文玉一席，洪地利雖然承諾當選後入黨，競選時卻還是黨外人士，這種結果，黨部很難看。

既然李源棧篤定當選，國民黨寧可犧牲洪地利，也要救黨員林澄增。就這樣，黨部最後將左營軍眷票全部挪給林澄增，洪地利因此以一千六百四十八票飲恨。

洪地利落選，台南派群情激憤，龍頭陳武璋受此刺激遠走他鄉。台南派角逐市長、省議員均落空，元氣大傷。澎湖派在謝掙強市長任滿後，實力已較當年減色，謝掙強發生打麻將事件被判有罪入獄服刑，派系聲望也受拖累。在地派則揚眉吐氣起來，陳啓川當選市長，議會方面，補選接續陳武璋第三屆議長所餘八個月任期的鐘宗廟、第四屆議長黃載德、第五屆議長陳銀櫃、第六屆議長王玉雲、第七屆議長陳田錨、第八屆議長孫土池，都是在地派。一直到改制前的第九屆議會，吳鐘靈當選議長，台南派才重掌市議會。

台南派的發展過程，遭遇兩次較大的衝擊，陳武璋沒有機會競選連任市長及洪地利省議員落選是一次；第六屆市長選舉把離開高雄多年的陳武璋找回來對付黨外強將楊金虎，但形勢比人強，當年大贏楊金虎四萬票「打虎英雄」陳武璋，十一年後輸給楊金虎三萬兩千票落選，派系聲勢受挫。不過，陳武璋沒選上市長，卻當上台灣省民政廳長，台南派台面上有人，實力仍在；接著吳鐘靈當選第九屆議長，台南派穩定發展，在各級民意代表選舉都有相當好的成績。

陳田錨以和為貴調和派系

一九七九年高雄市升格爲行政院直轄市，八一年底辦理直轄市第一屆議員選舉，直轄市第一屆議長，則由層峰點名陳田錨重返議壇，領導市議會。

陳田錨會被最高當局相中出掌高雄直轄市第一屆議長，主要是中央期待高雄市升格後的都市建設發展、政治情勢、市府官員與議會議員形象，都可做爲南部地區縣市的楷模。原來府會對立的現象，已經透過調整相關人事的方式化解，但派系勢力也要設法平衡，以免失衡而引發意氣之爭或惡鬥，致使地方政情失和而拖累地方建設。中央認爲陳田錨出任議長可以達成任務，才要他出馬的。事實證明，陳田錨確實不辱使命，就任議長即展現出以和爲貴的誠意及調和鼎鼐的功力。

在高雄市改制升格之前，在地派龍頭和高雄陳家的代表人物，都是曾被尊爲「高雄大家長」的陳啓川。一直到直轄市議會成立，陳田錨出任議長，民前十三年出生的陳啓川已年登耄耋，固然依舊備受尊崇，但沒有理由再受到俗世事務的煩擾，陳田錨是議長，當然成爲陳家檯面上的代表人物及在地派的龍頭。

陳家是高雄最淵遠流長的世家大族。遷台第四代陳中和早在清領時期就已經商致富，有「欽加同知銜」的官位；日治時期事業有更大的發展，和當時台灣所有大家族一樣，都被日本殖民政府網羅參與公眾事務。下一代「啓」字輩在台灣光復後，最早從政的是陳田錨的尊翁陳啓清，一九四六年當選高雄市參議會參議員，一年多後受聘擔任台灣省政府委員，歷四任省主席；曾任制憲國大代表，是陳家第一位民選政治人物。其次是陳啓川，第一次當選台灣省參議會參議員候補第一名，一九六〇年當選第四屆市長，連任第五屆市長。「田」字輩從政的只有陳田錨一人，再下一代也只有陳田錨次子陳建平當過一屆立法委員。與高雄其他家族勢力對照觀察，以陳家的財勢及影響力，從政人數「比例偏低」。

家族勢力之二　高雄林家

林家最先踏上政治舞台的是前國大代表林瓊瑤的父親、前監察委員林孟貴及前國大代表林孟丹的祖父林迦。有「打狗拓荒者」之稱的林迦，在光復初期即獲高雄市首任官派市長連謀遴派為鹽埕區長，一九四六年十一月參加由區民代表投票的第一屆區長選舉，林迦擊敗對手當選，由官派區長成為民選區長；四八年底再當選連任，至五一年六月中旬任滿卸任。他擔任區長前後六年，歷經連謀、黃仲圖、黃強、劉翔、陳保泰等五位官派市長。

一九四六年高雄市參議會參議員選舉，林瓊瑤在鹽埕區以最高票當選，五一年再當選第一屆市議員，兩年任滿後未競選連任，專心經營林家創辦的第三信用合作社及三信商職，七二年膺選第二屆傑出企業家，並以最高票當選國大代表。七八年任滿改選，林瓊瑤再獲國民黨提名競選連任，但選舉進行到一半，美國宣布與中共建交，和台灣斷交，總統蔣經國發布緊急處分令，中止正在進行的國代、立委選舉。一九七九年一月初，林瓊瑤先生因胃癌病逝。

林瓊瑤辭世之後，林家並未在政壇缺席。他女兒林孟貴接著投入監察委員選戰，兒子林孟丹則競選直轄市第一屆市議員。林孟貴連任三屆監委，其中一九八〇年第三次增選及八六年第四次增選兩屆由市議員投票選出，九二年第二屆監委由總統提名，國民大會行使同意權。林孟丹連任第一、二兩屆市議員，九一年底當選第二屆國民大會代表。林家姊弟倆接續參政，且同時躋身政壇有十餘年之久。

高雄市改制後才有監察委員選區，由市議員投票選舉，八〇年的監委第三次增選高雄市有五個名額，國民黨提名李存敬（監委）、蔡茂盛（東方工專董事長）、陳清玉（市議會副議長）、祝畫澄（女，省議員）等四人，另一席禮讓給無黨籍省議員施鐘响，以換取施鐘响在省議會投的一票給國民黨提名的人。但除上述五人之外，另有國民黨籍的洪俊德（商）、朱安雄（市議員）、無黨籍的林孟貴等人登記。選舉結果，國民黨提名的只有李存敬在黨中央強力護盤下吊車尾當選，無黨籍的施鐘响、林孟貴各攻佔一席，另兩席由違紀競選的朱安雄、洪俊德當選。

最令人意外的狀況是國民黨提名的女性候選人祝畫澄，在提名公布後、候選人登記前，有人發現她戶籍遷回高雄市的時間，比規定的時間少了六天，根本沒有資格參選。祝畫澄曾任市議員、省議員，北平師範大學畢業，個人條件、形象都相當好，竟然發生戶籍遷回高雄市未滿六個月的疏忽，而國民黨在整個提名作業過程中，居然也沒有人發現這個失誤，令人費解。

祝畫澄原是高雄市選出的省議員，據說一度考慮在省議會競選監察委員，才將戶籍由高雄市左營區明德新村二十六號，遷往高雄縣大寮鄉山頂里十六鄰水源路十巷十七號。後來決定在高雄市競選，又將戶籍遷回高雄市。沒想到時間沒有算準，六天之差喪失候選資格。林孟貴因此獨享婦女保障名額之利，也連帶牽動高雄市監察委員的選情，國民黨慘敗。

這次監察委員選舉，選民只有臨時市議會的五十五位議員，每人只能投一票。由於選舉人總共就那五十五個，自行登記參選且志在必得的候選人，早就著手拉票，每個人都找到十來位議員支持，而且，彼此間也採取了雙方都同意的「不變卦的保證措施」。

林孟貴原本透過一位議員找妥另外九位議員，準備和其他男性候選人硬拚。在祝畫澄因戶籍問題無法登記參選後，林孟貴確保獨佔婦女保障名額之利，只要一票就能當選，不再需要那麼多票了，她因此向原先洽妥的議員要求「調整保證措施及對象」，但遭對方以「商場慣例」回絕，主張買方反悔取消交易，原先提供的保證金要被沒收。雙方沒有達成協議，也埋下後來的政治恩怨。

八七年初第四次監委增額選舉，以第二屆市議會議員四十二人爲選舉人，採無記名限制連記法，每人可投二票。民進黨籍議員陳武勳、陳光復、林黎琤三人放棄投票，其他卅九人共投出七十七票，朱安雄、施鐘响、洪俊德與林孟貴四人當選連任，新當選的是王玉珍。風評一直很好的李存敬只得六票，被擠下來。

第二屆監察委員產生方式變更，改由總統提名、國民大會同意，任期也由六年改爲四年，高雄市五位監委中，只有林孟貴獲總統提名，連任監察委員。

林孟丹一九八一年底當選第一屆市議員，八五年連任第二屆，八九年底議員任滿未競選連任。但九一年底舉辦的第二屆國代選舉，林孟丹由國民黨提名，在高雄市北區順利當選。林孟丹國大代表任期屆滿、林孟貴第二屆監委四年任期屆滿後，都未再參選，林家自此淡出政壇，但林家事業經營得不錯，不參與政治，對政壇還有相當大的影響力。

家族勢力之三　高雄王家

高雄王家的天下是王玉雲開創出來的。一九五八年初，棄警從商的王玉雲三十四歲當選省轄市第四屆市議員；三年後連任就出馬競選副議長，和國民黨提名的吳鐘靈競爭，兩度投票平手後，王玉雲抽籤當上副議長，從此在政壇一路順暢，第六屆更上層樓當選議長，第七屆未競選連任，出任國民黨高雄市黨部副主任委員，一九七三年獲國民黨提名競選第七屆市長當選，連任第八屆，至七九年七月一日高雄市改制升格，王玉雲成爲高雄直轄市首任官派市長，八一年六月二十二日奉調台灣肥料公司董事長，告別八年五個月的市長生涯。

王玉雲由風光的直轄市長，調任一向是總經理制的台肥董事長，有被罰坐冷板凳的味道。王玉雲心知肚明，但以其經營長才，於出國考察之際，發現台肥與國外原料供應商間的許多問題，是國內肥料價格居高不下的關鍵，回國後銳意整頓，把中間把持的重重關卡、層層剝削逐一斬除，大幅節省台肥的成本，提高效率，還重新評估公司人力結構，裁減冗員。結果將死氣沈沈的台肥，整頓得朝氣蓬勃，供應農民的肥料一再降價達九次之多，農民高興，王玉雲也把台肥董事長這個冷板凳，坐得熱騰騰。關心民瘼的總統蔣經國很欣慰，就調升王玉雲任國營會副主委，負責整頓所有的國營事業。王玉雲也不負眾望，大開大闔整頓出績效，由於當時有一部熱映中的俠義電影，片名是「大刀王五」，王玉雲因此贏得「大刀王五」的雅號，個人聲望達到高峰。

王玉雲個性豪爽，交遊廣闊，擔任副議長、議長及國民黨高雄市黨部副主委任內，知名度及個人政治聲望都有明顯成長，當選市長之後掌握的資源更多，建立的人脈更廣。他行事有霸氣，廣大的人脈也形成一股勢力，加上他姓王，使他有了「高雄王」、「南霸天」之稱，在地方政壇也自成一派。

高雄王家在王玉雲市長任內聲望最盛，他調任台肥之後及在國營會副主委任內，「王派」議員在高雄地方政壇仍很活躍，但王家本身沒有人在政治舞台上，一直到一九八七年監察委員選舉，王玉雲的弟弟王玉珍當選，算是接下王玉雲的棒子。兩年之後，王家第二代王志雄、王世雄兄弟同時參加八九年的增額立法委員選舉。王志雄在高雄市北區競選區域立委，王世雄則競選漁民團體立委，兩兄弟雙雙當選。王家叔侄三人同時擔任監察委員及立法委員，是國內政壇僅見。

第二屆立委一九九二年選舉，王志雄放棄競選連任，王世雄因為職業團體立委名額取消，改在高雄縣加入紅派競選區域立委當選。一九九五年第三屆立委選舉，王志雄改到高雄市南區參選當選，王世雄則退離政壇。第五屆議員九八年選舉前，由於陳田錨宣布退出政壇，王志雄由中央轉回地方政壇經營，當選第五屆市議員，獲國民黨提名競選副議長，但因時勢變異，加上錯失先機，沒有當選副議長，議員四年任滿，就離開政壇。而王家主導創設的中興銀行也出了事，政壇商界都不如意，王家父子繁華落盡，還為了銀行的事官司纏身，遠走海外。

家族勢力之四　前鎮朱家

前鎮朱家最早從政的是朱再發，一九四六年當選第一屆民選前鎮區長，五三年出任省轄市第二屆市議員；其次是朱金龍，六一年當選第五屆市議員，連任第六屆、第七屆；朱有福在六八年當選第七屆市議員，前鎮朱家同時有兩人當議員。朱金龍第七屆任滿未再競選，朱有福則更上層樓，七二年當選台灣省第五屆議員，連任二屆。朱安雄在第八屆當選市議員，第九屆連任，任內末期八〇年底當選監察委員。

高雄直轄市議會成立，朱有福回高雄市競選第一屆市議員，當上副議長。而朱安雄的太太吳德美，也與朱有福同時當選市議員，吳德美在第一屆議員任期才剛過半，八三年就被國民黨提名競選立法委員。同一時間，朱安雄夫婦分別擔任監察委員及立法委員，朱有福則任市議會副議長，前鎮朱家，一時風光無限。

朱安雄夫婦創下中華民國政治史上，唯一「監委、立委夫妻檔」的新紀錄，朱安雄連任兩屆十二年的監察委員，吳德美自八三年當選立委之後，連任了四屆。夫妻同時擔任監察委員及立法委員的期間長達十年，在國內政壇炙手可熱，商場上也大有斬獲。

朱安雄第二屆監委未獲提名，轉回地方政壇發展，以市議會議長為目標，一九九四年底當選第四屆議員，國民黨提名他競選副議長，但被違紀參選的張瑞德擠下來。第四、五兩屆只當陽春議員，第六屆當選議長，但沒多久即因賄選案吃上官司，被判有罪確定後棄職出走，至今行方不明，民進黨政府懸賞一千萬元追緝。

和諧共生

陳田錨秉持「和爲貴」的原則，與其他家族勢力及地方派系相處，大多能維持和諧的局面。在派系方面，陳田錨領導的在地派，和台南派、澎湖派都沒有發生過衝突，甚至沒有成派的嘉義、屏東籍政治領袖如張俊雄、周平德，和陳田錨都有不錯的交情。

陳田錨本人其實少有派系意識，他在任內一直不忘鼓舞優秀的後輩從政，朱有福決定離開議會之後，他曾經勸說林炳坤參選第三屆議員，可先接替朱有福當副議長，並準備接任第四屆議長。林炳坤在他三番五次的遊說下心動了，但無法取得父親的同意，只好放棄。父親辭世之後，才回澎湖競選立委。此外，陳田錨也曾向東南水泥前董事長陳江章進言，建議陳江章讓其子陳敏賢或陳敏斷一人競選立委，但被陳江章以「做事業不懂政治」一否決。他也曾直接勸陳敏斷參政，陳敏斷的說法和他父親相同。陳田錨不死心，還請市黨部主委出馬向陳江章進言，結果一樣。

陳江章是澎湖派領袖，林炳坤、陳敏賢兄弟都是澎湖派重量級人物，陳田錨只是認爲他們個人條件優秀，形象好，出來從政有益於地方，並未考慮到他們的派系屬性。

在地方家族方面，陳田錨和王玉雲是老交情，兩大家族雖不免也有暗中較勁的時候，但多數時間都和平相處，互相尊重；陳田錨在第三屆議長任內，曾極力勸進王玉雲的么弟王玉珍接任第四屆議長，九四年三月一日更在王家的華榮電纜的慶典中，公開推荐王玉珍是「可以維持市議會清白傳統的最適當人選」，但是，王玉雲堅決反對，也沒有成功。

陳田錨當時想找王玉珍出來競選第四屆議長，主要是被朱安雄罵得過火激怒了，他早想退出政壇，卻不甘心把議長交給一直逼他讓位的朱安雄。而先前要培養林炳坤接棒的計畫未能如願，放眼高雄市政壇，僅有王家的實力可以和朱安雄抗衡。王玉珍時值五十歲的盛年，當過一任六年的監察委員，政治歷練夠成熟，風評也不錯，有他協助運作，議長絕不會落到朱安雄手中，他就可以如願退出政壇了。沒想到王玉雲不支持，陳田錨只好自己再競選連任，不願便宜了朱安雄。

王玉雲沒有支持王玉珍競選第四屆議長，一般認爲是他「舐犢情深」，在么弟與長子之間，當然要多爲兒子設想。因爲王志雄只比王玉珍小八歲，王玉珍八七年當選監察委員，王志雄八九年當選立法委員，叔侄都在政壇發展，如果同意王玉珍競選議長，對王志雄回地方發展，必然會有影響。而且，王玉雲曾經說過：「國用重臣，家賴長子」，他期待王志雄在政治上比他更有成就。以一個父親的立場，他做這樣的決定，誰也不能說他不對。

陳田錨與王家的不愉快只有一次，那是第一次直轄市長選舉吳敦義當選後，沒有按照事先的默契接納王志雄擔任副市長，王家不滿陳田錨沒有力挺王志雄，王玉雲在記者會中說，王家的人不會「死豬佔砧」，被認爲影射陳家以發洩心中的不滿。除此之外，兩家未曾發生過衝突。王玉雲開過記者會後的次日，王志雄就到市議會拜會陳田錨致意。

林家和陳家有親戚關係，林瓊瑤的岳父是陳田錨的親舅舅，林孟貴、林孟丹姊弟則要叫陳田錨舅舅，陳、林兩家在政商發展上，會互相配合。

前鎮朱家的朱金龍、朱有福和陳田錨都有交情，朱金龍在省轄市議會第五、六、七屆與陳田錨同事，第七屆任滿後，兩人同時棄政從商。目前在大陸發展的朱金龍回高雄，兩人還會聚餐；朱有福更是陳田錨重返直轄市議會任議長時的第一、二兩屆的副議長。朱安雄夫婦與陳田錨也曾經是好朋友，後來才失和。

陳田錨回任直轄市議會的第一、二屆議長任內，雙方還有很好的交情。當時，只要陳議長的父親回高雄，陳田錨就會邀請好友陪老爸用餐。經常應邀參加的有藍國徵、王清連、朱有福、朱安雄、吳德美等，幾乎每個月聚餐一次。朱安雄競選監察委員要爭取國民黨提名，陳田錨夫婦曾分別帶朱安雄夫婦拜訪提名委員謝東閔。而陳田錨七八年競選增額立法委員時，前鎮區就由吳德美負責。

陳田錨和朱安雄失和，起因是朱安雄爲了要當議長，對陳田錨及陳家批判幾乎口不擇言。陳田錨本來就打算第四屆不再參選，議長辦公室內的私人物品都已打包帶回家，但朱安雄操之過急，提前發動逼退攻勢，除了公開指名批評陳田錨議長當太久、不稱職之外，吳德美也曾在談到二二八事件時說，高雄某大家族送米上山給斷糧的要塞軍人，軍隊才有力氣下山殺害更多台灣人，暗指陳家是二二八的幫兇，激怒了陳田錨。

事實上，二二八事件發生時，高雄要塞中兵員不多，糧食不成問題，但被抓上山的台灣人卻吃不飽。陳啓川先生聽到這個消息，向要塞司令彭孟緝建議，被關的人糧食由他供應，彭孟緝同意，陳啓川才派人送米上山給被關的台灣人吃。陳啓川除了送米上山，讓被關的台灣人不致於餓肚子之外，二二八事件及隨後清鄉期間，他也救出許多無辜被軍隊抓到壽山要塞的地方仕紳，楊金虎就是他和林迦聯名保出來的人之一。

朱安雄夫婦用攻擊的方式逼陳田錨讓出議長寶座，陳田錨雖然真的想退出議壇，但個人遭到攻訐事小，長輩及家族遭人指爲二二八幫兇的誣衊，卻不能就此吞忍，因此重披戰袍，競選第四屆議員並連任議長。決定反擊之後，陳田錨也不接受黨提名朱安雄任副議長的安排，加上不滿朱安雄的議員不少，他暗中運作集結，支持張瑞德競選副議長，讓朱安雄美夢成空。

以陳田錨念舊惜情的個性，如果朱安雄當年尊重陳田錨這位政治前輩，向陳田錨表達他想接棒的意願，雙方沒有撕破臉，結局一定大不相同。

政黨政治成形　派系家族式微

高雄市政壇派系影響地方政治生態長達數十年，隨著政黨政治發展成形及政黨輪替執政，依附政治權力的派系，也向執政黨靠攏，只是有人對「老東家」有感情，不願因舊人失勢而背離，但派系的領導人不論考量要維持派系勢力，或為個人政治利益著想，都已經向當權的政黨傾斜。這種情況也造成派系分裂，不再如過去團結，派系影響力因而式微。而高雄市都會化發展的結果，選民自主性增高，派系認同度弱化，地方政壇派系勢力雖未完全解體，但已無當年風光了。家族勢力的變化更大，除了「不求持盈，但求保泰」的陳家，及對政治一向興趣不高的林家，至今身家依舊之外，王家、朱家都是大起大落，耀眼光芒消蝕無蹤，也留下諸多遺憾。

影響最大的人

四十歲了，老爸還會替他買皮鞋的人，相當罕見。曾任高雄市議會議長二十多年的陳田錨，一九六八年當選高雄省轄市議會第七屆議長時，年屆不惑，所穿的皮鞋，還是他父親陳啓清老先生幫他買的。

陳田錨說，印象中，他自己只買過兩雙皮鞋，其他都是他父親陳啓清先生買給他的。小時候，鞋子是老爸買給他的，長大了，老爸還是替他買鞋子。「我的腳和我老爸的一樣大，他的鞋子我穿也很合腳」。他父親不論在國內、國外，只要買皮鞋或訂做皮鞋，最少都是雙份，自己一雙，也爲陳田錨準備一雙。

「這一生永遠使我吐膽傾心、追慕崇仰的人，就是我的父親。」陳田錨在追憶他父親啓清先生的文章「永恆的追念」中，吐露深沈的孺慕之情。

啓清先生生於一九〇二年農曆十一月二十八日，十三歲從高雄苓雅寮公學校畢業後，到日本慶應義塾普通部接受中學教育，因爲迷上橄欖球，大學選擇以橄欖球隊及法

陳議長與父親合照，兩人都笑得開懷（董清男攝）

學教學聞名的明治大學法科深造，入選橄欖球校隊選手。一九二六年獲得日本明治大學法學士學位，翌年返台，追隨父兄經商，成家立業。他先投入家族事業，也積極參與地方及公共事務，出任高雄實業協會會長，一九三五年至四四年膺任兩屆「高雄市會」官派議員，也曾擔任區長。

台灣光復後，奉命接收「高雄州」的謝東閔，特地借重陳啓清先生，請陳啓清負責接管高雄中學並擔任校長，至一九四五年十二月十二日，台灣省行政長官公署派任林景元接任校長爲止。一九四六年四月十五日，陳啓清先生當選高雄市第一屆市參議會參議員，同年十月卅一日當選第一屆制憲國大代表，代表台灣省商業團體，十一月七日與十八位台灣省區域及職業團體代表，橫越台灣海峽前往南京參與制憲大會。四七年台灣省政府成立，陳啓清先生與丘念台、嚴家淦、林獻堂、杜聰明、游彌堅等十四人，獲首任省政府主席魏道明聘爲省政府委員，即向高雄市參議會辭職，五月八日就任省政府委員。陳誠、吳國楨、俞鴻鈞接任省主席，都繼續借重陳啓清先生，到一九五四年八月，連續擔任省府委員七年八個月。

一九七〇年間，台灣在國際舞台的空間，因中共進入而遭到擠壓，七一年被迫退出聯合國，七二年與日本斷交，七八年與美國斷交，在台灣民間引起震動。陳啓清先生與工商界好友研商結合民間力量以維繫台灣與日本、美國、加拿大等國的關係。七二年十二月發起籌組亞東關係協會，維護旅日僑胞權益，便利雙方人民交往。並在東京、大阪、福岡等地設分支機構，處理兩國民間簽證、文化、經濟和貿易等事務。七九年三月，北美事務協調會成立，七十六歲的陳啓清先生受聘擔任創會委員。他積極參與兩會活動，爲台灣與沒有正式外交關係的日本、美國架起溝通的橋樑，成爲遭到斷交衝擊下的台灣的另一股穩定力量。

當時，日本各界要員來台訪問，沒有正式外交關係，政府接待不便，陳啓清先生早年留學日本，就由他以私人立場應酬，所有花費也由他負擔。北美事務協調會的許多交際應酬，他也都是自掏腰包，從不支用公帑。連外交工作人員買車，都交待經營汽車公司的兒子，以最優惠的成本價「俗俗賣」。爲了以民間交流彌補沒有邦交的缺憾，陳啓清先生長期支應這方面用度相當可觀。某日晚間和長女婿張豐緒聊天時忍不住說：「攏總開自己，負擔著重。」但接著又說：「爲了國家，不要緊。」

在擔任全國商業總會理事長前後十二年期間，規劃並成立國外商會聯絡中心，設辦事處，和許多國家的商會組織簽訂經貿合作協議，以加速拓展經貿外交及國際商務。如設在舊金山的商總駐美辦事處，在中美斷交後三個月內即完成登記的法定手續，七九年六月十二日在美國舊金山開幕，陳啓清親往主持。他厚待工作上接觸的外籍貴賓，對會內工作同仁更愛護有加。北美事務協調會秘書長烏元彥在紀念文中回憶，這位「慈祥的長者」有一次宴請全體工作同仁吃日本料理，菜餚精美可口，每道菜的份量都較一般日本料理多，有人問啓清先生「是不是老闆特別照顧?」他才笑著說，他訂了「每人雙份」，日本料理精緻是精緻，但份量都不多，他擔心同仁吃不飽，暗中訂了雙份的量。

讓陳啓清先生有能力「爲了國家，攏總開自己」的事業，範圍涵蓋面廣泛，包括金融、旅館、運輸、保險、水泥、飲料、報業、醫院、學校、製造等等。從留日學成歸國投入家族事業追隨父兄經商開始，事業性質與時俱進，而且都有豐碩的成就。其中經營台灣水泥公司用心最深，經營第一銀行時，創下當時三家省營銀行的最佳業績，最爲業界所稱道。

台灣水泥公司前身是日商淺野水泥會社，一九一五年就在高雄建廠，光復後由政府接收，四六年五月一日成立台灣水泥公司，由經濟部資源委員會與台灣省政府合營。五〇年代，政府推行三七五減租、耕者有其田等土地改革政策，爲了取得地主手中的土地，就以將台泥、台紙、工礦、農林四大公司移轉民營的方式，用四大公司的股票搭配土地債券向大地主徵收土地，公司股票給地主作爲土地徵收費用，土地則分配給耕種的農民。陳啓清先生將大部分私有土地提供政府分配給佃農，換回四大公司股票，成爲四大公司的重要股東之一。

由於當時台泥公司以高雄爲主要生產基地，陳啓清先生祖產的大部份土地交給政府，換來台泥等公司股票，台泥在他有幾乎等同祖傳產業的意義。而土地換股票的算法是每甲地折算二萬股，每股票面值十元，但是台泥當時經營還未上軌道，股票時價約只值票面的三成，祖產大幅縮水，陳啓清先生因此特別關注台泥，以台泥爲事業的重心，五四年底出任民營化後台泥公司第一屆常務董事，五五年至五八年並兼任總經理的職務，挑起經營台泥、讓公司轉虧爲盈的重大責任。

台泥的老員工回憶，啓清先生在台泥率先嚴守紀律，上下班或參加任何會議都非常守時，凡事秉公處理，賞罰分明，講究完美而高效率的工作品質，大力提倡提撥公司盈餘培訓員工的制度。後來他升任台泥副董事長，總經理由辜振甫接任，一直到八九年九月辭世，未曾離開台泥。陳田錨也說：「父親和台泥有一份特殊的感情，四十年前政府實施耕者有其田，以四大公司股票轉爲民營，父親就擔任台泥公司首屆常董兼總經理，歷任駐會常董、副董事長，直到晚年仍舊每天到台泥辦公。」

台泥公司民營化初期，資本額兩億七千萬元。歷經戰爭的摧殘，公營時期績效不彰，陳啓清先生接手時，百廢待舉，營運實務千頭萬緒，陳啓清先生全心投入致力整頓，改善生產設備，擘劃長遠的發展計畫。而草創初期，公司經費並不充裕，部分應酬費用，陳啓清還變賣自己的土地籌款支應，以節省公司支出，讓業績好看一點，寧可自己吃虧，不要讓股東吃虧。竭盡心力努力了三年，大刀闊斧更新設備，重用人才，數度擴充增資，籌建新廠，爲台泥建構良好的基礎，業務運作逐漸上了軌道。在他奠定的基礎上，民營化後的台泥，產量也由最初的年產五十三萬公噸，逐年成長至六三年的一百一十萬公噸，以後每十年即有近倍數的成長。在四大公司中，台泥移轉民營最順利，也是發展最快速的一家。

陳啓清先生一九四九年即擔任第一銀行常務董事，七二年七月接任董事長到七六年九月，他以深厚的經驗，通達的管理，營造和諧的工作環境。在實務上則絕對尊重專業，唯才是用，締造了三家省營銀行中最佳的業績後，便急流勇退，離開金融界。

除了台泥與一銀，他參與經營的相關企業與職銜有：南山人壽首任董事長、國賓飯店常董、代理董事長，光和耐火工業董事長、光和建設董事長、台灣通運倉儲副董事長、中華民國國貨館董事長、康和租賃名譽董事長、群益證券最高顧問，曾任高雄醫學院、中國信託、唐榮鐵工廠、大華企業、達和航運、自立報系的常董或董事，生產可口可樂的台灣汽水廠、台灣可口可樂公司董事長等等。陳啓清先生將家族原本經營的製糖、製鹽等業，隨著時代的進步及社會情況的轉變，成功轉型創新，從農業生產的新式製糖，轉爲重工業的水泥產製，再拓展擴大經營觸角至金融、運輸、旅館、飲料、保險、醫院、教育等業的經營投資，擴大祖傳基業的範圍與事業版圖。在本省世家大族中，轉型相當成功。經營事業，處世待人，「不欺心，內省無疚；厚待人，得道多助。」

陳田錨是陳啓清先生的長子，生母李開娥是屏東萬丹望族，在生下陳田錨一年多後因病逝世。啓清先生對這個襁褓失恃的長子特別疼惜，照顧得無微不至，但是雖寵愛卻不溺愛，管教得很嚴格。陳田錨在追念他父親的文章中，有這樣的描述：

「父親對待我們兄弟姊妹，有父愛的溫煦，也有君父的嚴切。他不會刻意的板起臉孔，但他的一言一行有絕對的權威性；他不隨意放縱，但卻能接受兒女的意見。往往不經意間，他會隨機點化我們：到戲院看電影，他會提醒我們，每一個人都是自己生命裡的主角，要好好演出，不但自娛，更要娛人；郊遊時，他會指著藍天說，我們的心胸要像天空那樣開闊；看到金黃的稻穗，他就告誡我們，永遠不能驕傲自滿，要像稻穗那樣越成熟越垂首。」

「父親更鼓勵我們多閱讀課外讀物，他向書局預約，凡新出版的雜誌、書籍，如少年俱樂部、講談社繪本等，書局都會按時寄給我們；如果有空，他就親往書店挑選世界性偉大人物的傳記，如拿破倫、林肯傳，以及一些世界文學名著和科學新知等，鼓勵我們廣泛閱讀，閒時就和我們討論書本內容和讀後的感想，無非希望我們能見賢思齊、拓展視野，提升心靈生活的境界。」

「父親雖受的是新式教育，卻很重視固有道德，他以具體行動來實踐『百善孝爲先』的美德。」

「每次出遠門，他必定先稟報祖母；進了家門，必定趨堂請安。過年過節，他一定陪在祖母身邊。」

「第二次世界大戰空襲時，父親已四十三歲了，但他都親自背著祖母跑防空壕；有一天苓雅寮受猛烈的空襲，油庫被炸，父親就騎車護送祖母坐人力車疏散到郊區五塊厝祖父墓園較安全的地帶。後來戰爭越來越激烈，盟軍轟炸更加密集，眼看高雄已成危城，父親就把祖母和全家人疏散到鹽水鄉下，直到戰爭結束才搬回來。我還記得，我們疏散到鹽水的第三天，因爲臨走匆匆忙忙，許多生活必需品都沒有帶去，父親就帶我和佣人回高雄收拾行李。爲了爭取時間，我們父子分頭進行，父親到祖母住處爲祖母整理行李，我則在苓中路家中收拾衣物。此時忽然警報大作，我趕緊躲入屋後的防空洞，只聽到轟隆轟隆的爆炸聲。空襲過後，我從防空洞出來，看到好多地方都在冒煙起火，我家也未能免於劫難；這時我看見父親快速的從祖母住處衝回家裡，一把拉住我說：房子炸毀沒關係，人平安就好！人平安就好！父子相擁在一起。」

「在躲空襲時，我已十八歲，看到父親從來不計較自己的安危，只知確保祖母的安全。子女孝親，我從父親身上學到最深刻的一課。」

「父親擔任省府委員、台泥總經理、第一銀行董事長時，在台北的時間多，但不管怎麼忙碌，每個禮拜一定抽空回高雄探望祖母，承歡膝下。」

「父親一生爲人處事，最重誠信，又具有包容含蓄的度量，所以能交到很多益友、知友。猶記得我第一次參加市議員選舉時，在地方上還是一張白紙，父親不但運籌帷幄，還親自挨戶拜訪，向選民拜託一票，我出去拜訪拉票，市民朋友都說：『選陳啓清的兒子，一定不會錯。』結果在我那一選區，我以最高票當選。我知道，那是選我父親，不是選我。就任市議員前夕，父親叫我謹記兩件事：『以誠待人』、『慈悲為懷幫助貧苦的人』，這便是我從政以來恪遵不忘的座右銘。」

「後來我又參加了幾次選舉，選民逐漸知道有陳田錨這個人。承蒙議員同仁們的厚愛，抬舉我當上副議長，後來又當選爲議長。父親看到我的責任日益加重，就手書了兩句箴言

「中庸之道」是陳田錨的父親要求他的做事的原則

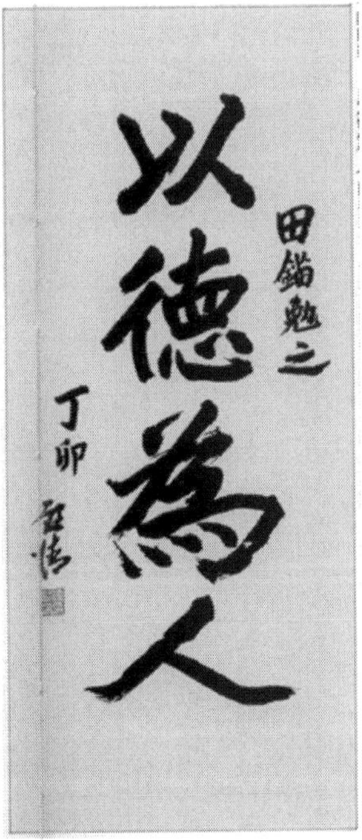

對父親手書訓勉做人的道理，陳田錨奉行不渝

訓勉我：『以德為人』——做人的道理；『中庸之道』——作事的原則。這兩張手跡，成了我家的傳家之寶。」

「曾經有人問我『你參選多次，均能最高票當選，且歷任四屆議長，又無人與你爭，是何原因讓你這麼順利？』我答謂：『這是父親與祖德餘蔭，上一代行善立德，下一代享受成果。祖先廣善佈施，對地方的貢獻留在大家心中。我們做一件善事，就好像在銀行存一筆錢，累積久了，就有一大筆款項，現在的我就是在使用這筆錢。』父親常說『積善之家，必有餘慶』，所以我不能只花不存，我也應效法父親，廣結善緣，繼續存款，希望能世世代代傳下去。」

陳啓清先生訓勉初入政壇的陳田錨「以慈悲爲懷全力幫助貧苦的人」，也是既言教訓勉，且身教示範。他早在日據時期，就由尊長帶領，參加宣講勸善教化、補救人心、行善積德的活動，當時使用「陳春河」的名字。服務社會以後，「陳春河」繼續行善不輟。很少人知道「陳春河」就是在政經界赫赫有名的陳啓清先生。陳田錨說，他父親「樂捐寺廟、濟助貧困，行若無事」，不知道自己何時才能達到這種境界。陳田錨說：「我的爲人處事，處處都學習他，慚愧的是，我始終都沒能學得好、學得像。」

事實上，陳田錨在政治上及事業上的發展，很明顯是跟著老爸的腳步在走。父子倆都曾經在高雄市議會服務，陳啓清先生在日據時期及光復後曾經擔任高雄市會議員、當選高雄市參議會參議員；陳田錨八次當選高雄市議員，當過一屆副議長，五屆議長；陳啓清先生和台泥有特殊感情，前後在台泥工作的時間長達卅五年，陳田錨踏進社會的第一個工作也在台泥。不過，老爸是常務董事兼總經理、駐會常務董事、副董事長，陳田錨則從基層的小職員幹起，當過課員、課長、高雄廠副廠長、廠長、副總經理、副董事長；啓清先生擔任過第一銀行常務董事、董事、董事長，七六年九月辭卸董事長後，陳田錨接著出任一銀常務董事。新銀行開放時，集資創辦大眾銀行及投資相關金融業，擔任大眾銀行董事長後，辭掉一銀常董。其他諸如國賓飯店、高雄醫學院等等，父子倆都曾先後參與經營。陳啓清先生曾經擔任自立報系董事，陳田錨則參與創辦成功晚報，擔任董事長。政府釋出電視頻道開放民間籌辦第四家無線電視台時，陳田錨著手籌組亞太電視公司，但在中央政治考量下，並沒有爭取到籌辦經營無線電視台的機會。

陳啓清先生是親友眼中的孝子，陳田錨這一點受到的影響最深。啓清先生回高雄的時候，陳田錨無論多忙，都會親自到車站或機場迎接，絕不讓別人代勞；陳田錨到台北開會洽公，一定會到他父親住處或辦公室請安。

與啓清先生交好的東南水泥公司前董事長陳江章，對陳田錨到車站迎接陳啓清先生的情景，印象深刻。他在一篇紀念啓清先生的文章中記述：「當年省內尚無航空客運，高雄至台北多乘用鐵路夜快車，黃昏上車翌晨到達。陪他（啟清先生）南返時，無論寒暑，均見其長子田錨在車站恭迎。雖值嚴冬之凌晨，寒風刺骨，亦不例外。常於客車進站後，在空闊無人的月台上，即赫然發現田錨仍在佇立恭候。父子見面後相偕出站回家，關愛備至，那種濃郁的父子之情，看在我眼，久難忘懷。」後來有航空客運，陳田錨就改到機場接機。即使在主持議會開會，會議主席的職務，可以請副議長或資深議員代理，到機場接父親的事，一定自己親自接機，絕對不會讓別人代勞。

對父親如此，陳田錨對母親也一樣孝順。

陳田錨的親生母親是萬丹望族李南先生的次女李開娥，一九二六年嫁給獲得日本明治大學法學士學位的陳啓清先生。陳田錨一歲半時生母病逝，二歲多時他父親續弦，迎娶「三台才女」黃金川爲妻。

黃金川出身台南鹽水世家，是曾任駐舊金山總領事、台北市長、台灣省議會議長黃朝琴的妹妹。少女時代隨兄奉母赴日，在東京精華女子高等學校畢業歸里後，十八歲拜師學詩，家學與才華使她成爲當時台灣詩壇的閨秀詩人。一九三〇年在上海出版台籍女詩人第一本詩集「金川詩草」，獲胡適等名家品題；一九九〇年十月以八十四高齡謝世後，中央研究院中國文哲研究所徵得家屬同意，收藏及出版她的著作，並編入該所的「中國文哲專刊」第四號。閨秀詩作，在相隔一甲子，先獲名家品題，再經國家最高學術機構收藏並出版專刊，黃金川是全台灣僅見者。

黃金川在台灣光復初期，一度體弱多病，看醫生也求神問藥。陳田錨在文章中記述：「台灣光復後，母親的身體越來越差，當時一般人生活的習性，生病時篤信求神問卜的心靈慰藉，父親也不例外，請來『扶鸞』在家中舉行求神問藥的祭拜儀式，往往一場儀式結束後都晚到夜間九、十點，祭師一把藥方寫好，父親便叫我快點騎腳踏車到中藥舖抓藥，回家後趕快煎煮給母親服下，那段時期，我幾乎天天在等藥方和去中藥舖來回的路上奔馳著。」黃金川晚年體弱多病，經常住院治療、檢查，陳田錨不論公事多忙，下班後就趕赴醫院探視、問候。

陳家的家庭教育特別重視長幼有序、兄友弟恭及敬重長輩的禮節，陳田錨是長子，被要求「長兄要有長兄的樣子」，要作弟妹表率，而弟妹也敬重長兄。陳田錨和他異腹弟妹彼此間濃郁的手足之情，最讓父母親欣慰。

陳田錨回想成長過程，「從小父母親對我的教育，便是要我懂得長幼有序、兄友弟恭與敬重長輩的禮節，因此造就我這種較能包容、愛護他人的性格，為我日後在議會擔任主持工作上，在與同僚間溝通、協調，與部屬間相處、合作時，贏得了許多珍貴、和諧的人際關係。」

陳田錨的雙親，都樂善好施，陳田錨也是多做少說，只有在被媒體探聽到，或者為了必須呼籲社會大眾共襄盛舉，自己率先響應捐款以拋磚引玉時，才會公開。一九五九年八七水災及六一年、六二年，高雄市都曾遭大水為患，苓雅寮舊部落積水四至六尺，陳田錨老家大宅的地勢較高，不會淹水，鄰近地區則多成澤國。每次大水成災，陳家都打開大門，讓鄉親避水災，還全家動員準備飲食給避災的鄉親充饑。

正如他在「永恆的追念」中所提出的「行善存款」論，陳田錨沒有刻意行善的計畫，但他隨時不忘「存款」，就像新近流行的「隨手做環保」做法一樣，不刻意，但似乎已經成為習慣。至於這項「存款」累積了多少，當事人「管存不管記」，確數不詳。但也有幾筆小額「存款」曾被媒體披露：一九六三年六月，高雄市苓洲國小及河濱國小各有一名成績優秀的應屆畢業生，獲保送升學市立女中（新興中學前身），但因家境清貧，無法升學，當時擔任副議長的陳田錨知道後，資助她們兩人就讀初中三年的學費，每學期五百元。一九六五年六月廿八日，有報紙披露這件事，標題是「推愛心培育人子，助膏火寒士歡顏」。七〇年二月二日，苓雅國中旁的違建集中區發生火災，大火燒毀二百零九戶違建房屋，八百五十二人無家可歸，暫時安置在苓雅國中教室。災民家當全部燒光，國民黨高雄市黨部發起賑災募捐，議長陳田錨個人先捐出一萬元，再負責捐集廿萬元濟助。八五年十二月，高雄市民眾服務社擴大捐募獎助學金專案，陳田錨獨力捐出一百萬元。

三十多年前，高雄市地方政商界大老因應政壇派系勢力興盛的局勢，共同捐款組成「仁愛基金會」，初期是有凝聚地方團結意識，和其他用同鄉會名義的派系勢力相抗衡的用意。但在派系勢力式微，基金會董事長由陳田錨出任之後，仁愛基金會的活動，即偏重社會公益及慈善濟助。近年景氣低迷，失業率一再攀高，許多學生交不起學費、午餐費。仁愛基金會也因此要求董監事了解各區學校清寒學生實況，提報董事會撥款接濟。陳田錨作風一向低調，基金會的善行義舉只是默默的進行，從未大張旗鼓，甚至連受到幫助的當事人，也不一定知道善款來自仁愛基金會。

在卅多年的從政生涯中，陳田錨是公認的「好好先生」，重誠信，以和為貴。幾十年來，不論在政壇或商場，他不曾主動樹敵。但樹大招風，難免被人當成主要競爭對手而遭到攻擊。即使在這種身不由己的時候，他也盡可能自我克制，可以設法化解就設法化解，萬不得已，才做出適度的回應，讓對方知難而退。

秉持著父親給他的座右銘：「以誠待人」、「慈悲為懷幫助貧苦的人」，以及他當議長後寫給他的「以德為人」及「中庸之道」兩句箴言，做為他待人處事及所有作為的準則，陳田錨無論在政壇、商場及社會上，風評及聲望都得到相當高的評價。

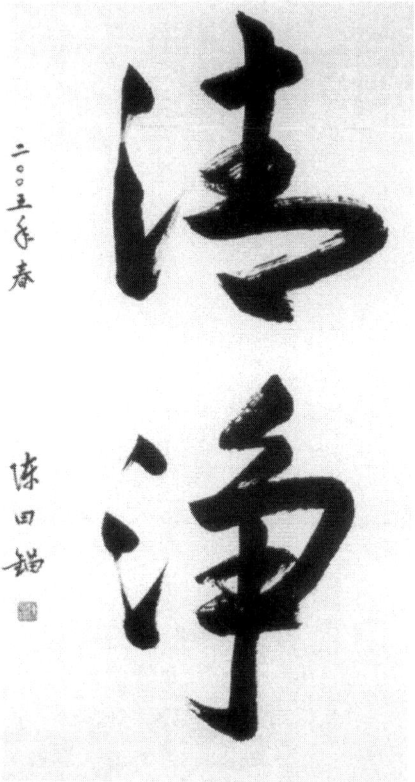

這是陳田錨的書法，也是他的自我要求

與高雄市同步發展的家族

高雄市從濱海漁村發展成現代化的國際港灣都市，是歷代各期移民辛勤耕耘才有的成果。在高雄市發展的每一個階段，不論是產業、經濟、社會、政治等各方面現代化發展的過程中，「高雄陳家」都扮演了相當重要的角色，是一個和高雄市幾乎同步發展的家族。

二百多年前，陳田錨的祖先從大陸福建東渡台灣。遷台的前三代和絕大多數的移民一樣，只是普通人家，到遷台第四代的陳中和，才開創出龐大的陳家基業，枝繁葉茂，至今一百多年。高雄則由早年的海濱漁村，發展成有一百五十多萬人口的國際港灣都市。

第四代陳中和習商有成奠立龐大基業

陳家祖籍福建泉州府同安縣，開台祖陳元在西元一七八〇年前後東渡台灣，定居打狗灣苓雅寮，第二代陳來，第三代陳金花。陳金花和妻子沈氏育有二子，長子中和，次子維謦。陳家遷台的前三代，經過七十多年胼手胝足的辛勤工作，家庭經濟較前改善，但只是一般的移民家庭。到第四代陳中和習商、經商有成，因緣際會，才開創出陳家的龐大基業。

陳中和於清咸豐三年（一八五三）三月十八日在苓雅寮出生，八歲喪父（尊翁陳金花，生於一八一三年，卒於一八六一年），家道寒微，爲順和行頭家陳福謙收爲家中小廝打雜。

陳中和長相清秀，聰明伶俐又勤快，頗受頭家喜愛。打雜之餘，也陪伴照顧頭家的公子。順和頭家陳福謙的長子陳日翔小陳中和七歲，開始接受家庭教師的啓蒙教育時，陳中和就每天「陪公子讀書」。雖然陳日翔「幼而穎異」，陳中和也是天資聰穎，大了七歲也更懂事，有時公子忘記的經句，陳中和都能記得很清楚，也因此不只與小主人處得很好，更得到頭家的賞識。打雜及書僮的工作，一直到頭家把兒子送回福建晉江讀書後結束。清朝同治七年（一八六八），十六歲的陳中和改換到頭家經營的「順和行」工作，開始做商場的學徒。

順和行是當時台灣最大的米糖貿易商，老闆陳福謙是名列「台灣通史」的七大富商之一。著作台灣通史的連雅堂（連橫，連戰的祖父）先生，在通史商務志中論台灣商務，將陳福謙與乾隆年間台南府城富商「南郊蘇萬利、北郊李勝興、糖郊金永順」並列。商務志中提到的另外兩個富商，是台北的林維源與李春生。貨殖列傳則寫陳福謙、李春生、黃南球三人，陳福謙列爲傳首。李春生是台北富商，黃南球是苗栗大戶。

依據台灣通史的記述，陳福謙是第一個將台灣蔗糖直接銷售東洋、西洋的極富開創性的商人，知人善任也樂善好施。陳中和自小投效的是這樣的頭家，即使是「寄人籬下」，跟著這樣的頭家，得以有機會培養出個人殖產興業的長才，也奠定他後來開創出龐大基業的基礎。

順和行當年號稱有七十二「行郊」（分行或加盟店），負責人稱「家長」，「本店」最初設在旗后，後來在苓雅寮設順和棧，做爲集貨及指揮調度中心。陳中和因爲能力強，商機觸感敏銳，經營手腕靈活，深獲頭家信任，從打雜的小廝、書僮，做到店員、業務代表，最後還當到七十二行郊總家長（總經理）。

由於頭家的信任，陳中和十七歲時就曾奉派押船裝運蔗糖，到華南沿岸出售，同時考察福州、廈門、廣州、香港等地商務，回程不忘採購台灣所缺的煤油、雜貨回台販售。同治十二年（一八七三），他在大陸得知日本明治維新後，改變以往的鎖國政策而開放通商，回台灣後，親自押運五千包蔗糖，從高雄經廈門（當時官方規定，台灣貨物輸出，要到廈門完稅通關）到日本橫濱，和日本大商社大德堂及安部幸商店交易。貨款透過正金銀行匯到香港，在香港採購各種貨物運回台灣銷售，獲利可觀。同治十三年（一八七四），順和行在横濱設分行，就由才二十二歲的陳中和主持在日本的貿易業務，以後陸續在長崎、神戶等地增設分支營業單位，都由陳中和統一指揮經營。後來陳中和又擔任七十二行郊總家長，成爲順和行的靈魂人物。

順和頭家陳福謙在一八八二年以四十九歲的盛年去世，繼承家業的五個兒子，在事業經營方面，已無上一代創業時的刻苦精神，也缺乏專業。長子中舉人後，專注功名，在仕途求發展，曾捐巨款辦海防，熱心參與編修台灣通志中的鳳山縣采訪冊，「擲私財爲朝廷辦外交」之外，「性慷慨，樂施與；歲晚，寒酸飛書告急，紛如雪片，公衡其輕重，如量與之」。老大不管家族事業經營，順和行的事業由老二文遠主事，陳中和繼續在順和集團擔任「專業經理人」。

在老頭家採納他的建議，由頭家出資一半，另一半由七十二行郊家長認股，籌組成立和興公司由陳中和主持後，陳中和是股東兼經理，不再只是純夥計。雖然老頭家遺命「中和必須重用」，但管事的少東有自己的主張，不像老頭家對陳中和信任，主賓之間相處不如以往。經過幾年，陳中和離開順和行，自行創業，還是經營他最在行的米糖貿易。

經營多元事業　逐次開展鴻圖

陳中和本身專業基礎厚實，商場觸感敏銳，經營得法，生意日漸興盛。在日本以近代化殖民國家據統台灣之前，即曾經多次到日本貿易，親眼看到明治維新之後日本產業文明開化的情況，陳中和對新統治者只能採取順應妥協的對策，配合新政府的糖業政策，事業轉型，投資發展新式製糖。加上本身精通日語，「競爭力」大幅成長。而在清代興盛一時的順和行，於台灣「改朝換代」之後，「功名」不再是優勢，經營型態也沒有改變，舊式糖業沒落，事業版圖相形減縮。

光緒二十（一八九四）年，中日甲午戰爭，清廷戰敗，簽訂馬關條約，割讓台灣、澎湖給日本，一八九五年日軍登台，台灣各地都有抗日行動，社會動亂經年，平復後，殖民政府政策性推展台灣糖業，一九〇〇年創辦「台灣製糖株式會社」，引進新式機器製糖，陳中和投資七百五十股，持有百分之三點七五的股分，擔任董事，是最大的台灣人股東。過了三年，陳中和把握住日本發布「糖業獎勵規程」的機會，邀集親友五人集資二十四萬圓，創設「新興製糖株式會社」，是台灣人創設的第一個新式製糖廠。事業經營型態，從蔗糖貿易跨入蔗糖產製。

一九〇四年日俄戰爭，糖價大跌，業務受到重大打擊。陳中和向台灣銀行貸款卅四萬元擴建製糖工廠，產能增加三倍。爲了集運原料甘蔗，鋪設的輕便鐵路，從初成立時的十二哩，後來延長近二十哩。渡過難關後，業務發展順利，四年後負債全部還清，資本額也逐步擴大，由二十四萬增至一百二十萬圓。甘蔗種植面積從三百甲擴充到數千甲。

製糖量也由八十六萬斤增至三千萬斤。而獲利大多投資於購置種植甘蔗的土地。陳家也由蔗糖產銷經營者，發展成爲高雄地區的大地主。經營期間，還曾大手筆斥資興建下淡水溪護岸、排水灌溉系統等大工程。

在投資日資的台灣製糖之後，陳中和於一九〇三年找人合資在三塊厝創辦採用新式電動碾米機碾米的南興公司。在此之前，台灣的碾米廠是「土礱間」，南興公司是台灣第一家新式碾米工廠。經營了二十年後，陳中和買下合夥人的股分，將南興公司改成「陳中和物產株式會社」，資本額一百二十萬圓，營業項目包括：農產物之栽培及買賣、土地建築物之出租、碾米及其副業、海外貿易、對其他事業之投資。公司後來改名爲「南和興產」。未滿二十歲就押船運貨乘風破浪，從事米、糖等國際貿易的陳中和，在經營製糖、碾米，累積資金也有大筆土地之後，獨資成立了儼然是綜合型態的大貿易公司，奠定陳家基業堅實的基礎。

一九一〇年，陳中和再邀友集資創辦烏樹林製鹽公司，在僻處岡山西部的濱海地帶開闢鹽田製鹽，初成立時僅有數十甲，盛況時鹽田有一百多甲，另有「百甲塭」的養魚池。爲了鹽的集運，也鋪設了輕便鐵路，行駛於路竹與烏樹林，岡山與燕巢，岡山與赤崁等線。一九二三年改組爲株式會社。

到一九三〇年以前，陳中和及其第二代投資的家族事業，除了新興製糖、烏樹林製鹽、南和興產等主力企業之外，還有台灣倉庫、華南銀行、台灣商工銀行、大成火災海上保險、高雄製冰、台灣新民報社、興南新聞社、東港製冰等等，已是企業集團的規模。

新興製糖、烏樹林製鹽在第二次世界大戰末期的一九四〇年代，日本政府以戰時體制施行經濟統制，新興製糖被日商台灣製糖併吞，烏樹林製鹽被日本本土的大日本製鹽株式會社併吞，而新式機械碾米廠南興公司，也因戰時日本政府實施米穀統制而無法營運。

陳家被迫出讓製糖、製鹽股分換來的錢，存在日本銀行的大額存款，在戰爭末期被日本政府凍結。二次世界大戰結束，日本戰敗，日圓大幅貶值，陳家損失不貲。所幸的是當年製糖、製鹽獲利轉投資購置的土地還留著。台灣光復後，一九五〇年代，陳家配合政府實施耕者有其田政策，除了位於都市計畫區內的土地之外，絕大部分農地都被政府徵收，分配給農民耕作，陳家則換得台泥、台紙、工礦、農林等四大公司股票，陳家的事業型態，至此再變。

陳中和辭世　子嗣傳承家業

爲高雄陳家開創龐大基業的陳中和先生，於一九三〇（民國十九）年八月八日以七十八歲高齡辭世，十二月二十日殯葬於五塊厝。「台灣通史」的作者連雅堂先生弔念陳中和的輓聯，可說是對這位陳家基業開創者最寫實的蓋棺論定。這幅輓聯是：

聲望振三臺，多福多壽多男，白中成家能得幾；
勳名垂百世，有猶有為有守，白水歸路總無期。

連雅堂先生的台灣通史寫到台灣割讓日本後即封筆，陳中和先生大展鴻圖是五十歲左右的事。如果不是日本據台致連雅堂先生封筆，被高雄地區鄉土人物傳記作家林身長（林曙光，照史）以「殖產先覺」立傳的陳中和，應該也可以在台灣通史上留名。

陳中和白手成家，特別重視下一代的教育，即使戰亂時期，也儘可能設法持續就學。晚清末期，先是聘請漢學老師到家中教育諸子修習漢文，例如長子陳啓貞由漢學碩儒張濟川啓蒙，國學造詣相當深厚。一八九五年日軍登台，社會動亂，一八九六年陳中和率家人避居廈門，十四歲的陳啓貞也在廈門進入同文書院學英文，四年後回台灣，再到學校學了半年日文，即到日本進入慶應義塾中學部就讀，二十一歲回台灣，先在苓雅寮公學校任教，二十六歲就任新興製糖董事，二年後兼任總經理。陳啓貞的同輩兄弟，都通曉漢文，日本據台後，則接受日本新式精英教育，學成返鄉，加入家族事業經營。

受過新式精英教育的新一代，由於具備較當時絕大多數人更優越的專業知識與訓練，既可以維持家族原有的社會與經濟地位，對時局趨勢變化的洞察力及因應能力，更較上一代強，蓄積了更大的發展潛力。在家族事業的經營上，也因而配合潮流趨勢轉型，事業版圖擴及投資銀行、報業、製冰、製酒、自動車、批發市場等新式企業，隨著社會快速發展，比父祖輩更多元化。

陳家在經商致富之後，也參與政治，而且由清朝、日據、至民國時代，都有影響力。不過，陳家發展重點在事業經營，參與政治爲了配合當道，既可確保身家的安全，也可取得較佳的發展環境。

陳家政治上的開基祖也是陳中和。與事業發展相同，陳家在政治上也是「父業子繼，兄終弟及」的一棒接一棒。陳中和在清朝末年透過清廷駐日公使捐官，獲有清朝的「欽加同知銜」。一八九五年甲午戰爭清朝戰敗，台灣成爲日本的殖民地，日本殖民地的台灣總督府爲統治便利，籠絡台灣仕紳、富豪，一八九八年實施保甲條例，他膺任苓雅寮等十四庄聯合保甲局長，兼任台南縣參事；一九〇三年擔任台灣舊慣調查委員。一九二〇年新置高雄州，設州協議會做爲州知事的諮詢機關，他擔任第一屆官派的高雄州協議會員（其他本省籍人士還有藍高川、蘇雲英、林靜觀、林清泉、李幾法），長子陳啓貞則同時出任第一屆高雄街協議會員。州協議會員任期二年屆滿，陳中和即未再續任，而由長子陳啓貞接棒。陳啓貞連任第三屆、第四屆，後來升任台灣總督府評議員，第五屆州協議會員改由中和翁四子陳啓峰接任。

一九二四年，「高雄街」改制爲「高雄市」，設市協議會，陳啓峰即被任命爲高雄市協議會員，連任兩屆，一九二八年，接任高雄州協議會員，一九三五年「高雄州協議會」改成「高雄州會」，陳啓峰繼續擔任高雄州會議員，連任至台灣光復爲止。一九三二年，中和翁六子陳啓川出任第五、六屆高雄市協議會員。一九三五年，高雄市協議會改爲「高雄市會」，中和翁八子陳啓清先生膺任第一屆市會議員，第二屆連任，任期原本到一九四三年十一月屆滿，因太平洋戰爭爆發，加上日本戰事失利，至台灣光復，一直未曾改選。陳啓清也曾擔任苓雅寮區長。

陳啓清是陳家第一位民選政治人物

一九四五年台灣光復，翌年四月成立「高雄市參議會」，陳啓清高票當選高雄市參議員。他是陳家第一個由民選產生的政治人物，在此之前，他的父兄及他本人的政治職務，都是官方選派的。高雄市參議會參議員有卅一人，較知名的有擔任議長的彭清靠（彭明敏之父）、林瓊瑤（三信理事主席、監委林孟貴、國代林孟丹之父）、郭國基（省議員）、陳武璋（第三屆議長、第三屆市長）、陳銀櫃（第五屆議長）、郭萬枝（鹽埕區長、酒國王子）等人。陳啓清的高雄市參議員只當了一年多，在一九四七年五月八日辭職，就任台灣省政府委員，歷經魏道明、陳誠、吳國楨、俞鴻鈞等四位省主席，一九五四年八月卸任。

陳啓川博得高雄大家長令譽

陳啓川在台灣光復後曾競選高雄市只有一席的台灣省參議會參議員，以第二高票候補。一九五〇年，高雄市第四屆市長選舉，陳啓川由國民黨總裁蔣介石「欽點」參選，他無法推辭，只能應命，當年本想參選的楊金虎、李源棧見陳啓川出馬，都退出不選，陳啓川以九成四的得票率當選。第五任市長在楊金虎、李源棧、簡秋桐環攻之下，仍得到總數六成的選票順利蟬聯。他不假公濟私，市長薪俸及實物配給都分給部屬，部分公帳還自掏腰包支應，八年任內建樹頗多。博得「高雄大家長」令譽。一九九三年五月十一日以九十六歲高齡辭世。

陳田錨打破慣例連任議長

陳家到「田」字輩的堂兄弟有三十二人，走上政治這條路的，就只有陳田錨一人。一九五八年他未滿三十歲時出馬競選第四屆市議員開始，連任五、六、七屆，第六屆當副議長，第七屆當上議長。一九七三年第七屆議長任滿，他遵循市議會「議長不連任」的傳統，棄政從商去了。七八年被找出來選立法委員，選到一半，美國與中共建交，和台灣斷絕外交關係，總統蔣經國發布緊急處分令，正在進行的選舉延期舉行，陳田錨「立法委員未遂」，繼續留在實業界拚經濟。八〇年恢復立委選舉，對政治本來就興趣不高的陳田錨，這次沒有參選。

一九八一年，陳田錨重出江湖，再回政壇，連任了四屆十七年的高雄直轄市議長，期間當選國民黨中央常務委員，是第一個進入國民黨決策核心中常會的高雄人。再下一代的陳家子弟，則只有陳田錨次子陳建平一九九二年當選立法委員，只當了一任，即未再競選連任。一九九八年五月，陳田錨公開宣布「陳家從此退出政壇」，他自己不選，家人也不再參選。九八年底，他交卸議長職務，請辭國民黨中常委未准，至中常委任期屆滿，退出權力核心，也退出政壇，專任大眾銀行董事長，不再過問政治。總統府聘他擔任資政，反正是無給的榮譽職，他也就接受了。

陳家和高雄同步發展

高雄港古稱打狗港、也稱丹鳳澳，清領時期及在荷蘭人佔據台灣期間、至鄭成功驅逐荷蘭人，施政均以台南為中心，出入也以安平港為主，打狗只是冬季撈捕烏魚期間的漁業據點。清廷敗給英法聯軍之後，被迫將台灣開放通商，一八六〇年（清咸豐十年）開旗后為商埠，一八六三年正式開闢打狗港灣，做為安平港的「外口」（輔助港）。

高雄港的天然形勢很好，但未實施人工整建前水並不深，「台灣府輿圖纂要」記述清代同治初年的港勢情況是：「旗後港，港口小潮深一丈二尺，大潮深一丈四、五尺，入口處有巨石當流，劈分水門爲兩，近打鼓者爲上門，近旗後者爲下門，上門淺而多石，爲夷商填塞，今凡舟出入皆由下門。近口久有暗礁，須避稍出旁。旗後山邊又有暗沙一條，大船出入必雇本港漁船引帶方不誤事，此港當年甚淺，不堪泊舟。」雖然曾有官員建議整修港灣，但清朝當時重視防務超過商務，對港灣整治並不熱心，都未採納。

開放通商後，也有外商提出建港方案，建議如果清朝官方不辦，洋商願意承辦，但也沒有下文，僅在洋商要求下，由淡水關派一名「總巡」專駐旗後，負查驗進出口的洋船艙單，不辦徵稅業務，到打狗的洋船，要先到福州繳保證金，再到淡水關或廈門關繳納進口稅；駛離打狗的則要到廈門關或福州關繳出口稅，至一八六四年才在洋商要求下設置打狗海關。安平港這時已經因爲漲沙淤塞，商船多改往打狗港停泊，打狗港逐漸取代安平港。

打狗港出口物資，一直以糖爲最大宗。清領時期及日治初期，糖是台灣南部最重要的出口貿易產品，從北港到台南安平是「台灣府產區」，茄萣以南至恆春是「打狗產區」；十九世紀中葉之前，糖的產地以台南平原爲主，後來打狗產區的產量超過台南，生產的糖多由打狗港出口，這也是打狗港航運發展的重大原因之一。

一八九五年日本據台後，爲開發殖民地資源而積極發展交通建設，對基隆、高雄兩港都進行勘察測量，先整治基隆港，一九〇五才進行高雄港灣改良工程，先浚港挖沙填築高雄港車站用地。基隆到高雄的鐵路一九〇八年全線通車，殖民政府也開始整治建設高雄港。

築港工程進行時，日商主導集資組成「打狗整地株式會社」，利用疏濬港內挖出的沙土，塡築鼓山南端海灘及鹽埕區的荒廢鹽田，以開發新生地，陳中和與板橋林本源家族也投資加入。整地完成後，日本股東都分到鼓山哈瑪星的黃金地帶，陳中和則分到鹽埕區垃圾地，台灣光復後，風水輪流轉，鹽埕區日趨繁榮，鼓山哈瑪星則反而沒落。

高雄港外有天然的屏障，港內水域寬闊，潮差不到一公尺，總督府有計畫的推動高雄港建設，將高雄港建設成可供大船停泊的港口，一九三〇年代，高雄港已經可以同時容納三、四十艘大船停泊，成爲台灣中南部貨物集散中心。

第二次世界大戰期間，日本以高雄港爲軍事南進的前哨補給基地，二次世界大戰末期盟軍反攻日本轟炸台灣時，高雄港因此成爲主要轟炸目標，港灣設施及港區附近許多具有指標性意義與價值的建築物，包括順和行、順和棧及陳家等大家族的大宅，全遭戰火摧毀。

國民政府遷台之後，初期僅就既有規模整修，至一九六〇年代才配合貨櫃運輸的潮流有計畫的擴建高雄港，台灣經濟起飛後，高雄港帶動國內經濟及高雄市發展，貨櫃運量曾經居世界第三大。政權輪替後，高雄港才走下坡，目前已退居第七。

縱觀高雄港發展成現代化國際港的過程，初期的主要發展動力，是台灣生產的蔗糖。當時輸往大陸及日本、歐洲的蔗糖，絕大多數從高雄港出口，使高雄港由漁業據點轉型爲商業港口，有了事實上的航運需要及發展的能量。

在十九世紀到二十世紀三〇年代，台灣南部蔗糖的生產、製造及銷售，創辦新興製糖的高雄陳家，是這項當年台灣南部主力產業的最大業主，製糖之外，對常民生活不可或缺的米、鹽產製及銷售，也執業界牛耳。

台灣光復之後，陳家第二代投資興辦的產業更加多元，第三代陳田錨則在金融政策鬆綁之際，集資創辦大衆銀行。高雄市發展至今，在產業、經濟、政治、社會等各方面的發展，高雄陳家都扮演了相當重要的角色。

錨公觀點

一、政府無能　民代無權　百姓無奈

世界上最忙、最兇、最無權的民代

「台灣的民意代表，是全世界最忙、最兇、最沒有權的民意代表。而台灣的政府之不疼惜國民，也是世界第一。」高雄市議會前議長陳田錨，回顧三十多年的民意代表生涯，有深沈的感慨。

他認爲台灣民主政治的品質，政府機關的行政效率，都還有大幅提昇的空間。

他說：「台灣的民意代表會很忙、要很兇，『無權』是原因之一，和政治不上軌道更有密切的關係。而民意代表無權，和台灣民主政治的體制、體質不良相關，彼此惡性循環，加上民間還有傳統的封建思想，公務員官僚，國家領導人還有獨裁思想，才造成這種狀況。」

陳田錨在而立之年當選市議員，四十歲當上議長，長期擔任民意代表，對民意代表的忙碌生活，他是「歡喜做，甘願受」，並沒有怨言。但在議長任內多次出國訪問其他國家的城市，以個人民代生涯的「台灣經驗」，和出國訪問的所見所聞對照觀察，認為台灣的民意代表，是「世界第一忙、世界第一兇、世界第一無權」。退休後回憶起來，有很多感慨。

在二十多年的議長任內，陳田錨多次率團訪問高雄市的姊妹市，或考察其他國家城市的市政，「很奇怪，不論是美國、日本、歐洲、甚至南非的德班市，到他們的市政廳，最常看到的是來自世界各地的觀光客，卻很少看到當地市民。」

陳田錨說，台灣的政府機關，經常擠滿在辦理各種申請案件的百姓，不時還有民意代表穿梭其間，協助選民辦申請或協調，就是很少看到外國的觀光客。他本來還以為國情不同、中外有別，後來才發現另有原因。

有一次訪問美國波特蘭市時，他忍不住問當地接待的官員：「為什麼沒有看到你們的市民來市政廳洽公？」官員不解的說：「洽辦什麼公事？」陳田錨說：「市民要蓋房子、做生意，難道都不必來申請許可執照？」

官員笑著說：「當然要啊，他們只要把申請書寫好寄來就行，符合規定就發許可證照，缺件的通知補件。郵寄很方便，他們不需要到市政廳來呀！」至於沒有民意代表替市民奔走協調或關說的問題，官員說：「規定很清楚，誰來申請都一樣，合規定一定准，不合規定的只有改善到合規定才行。」

陳田錨說，在台灣，百姓要向政府申請案件，通常都規定當事人要親自申請，有些自己申請辦不通的，就要找民意代表出面才辦得通。因此，到官廳替選民辦各種申請案件，是台灣民意代表主要的選民服務事項之一。陳田錨說：「台灣有夠奇怪，一般人辦不通，民意代表出面辦就通，規定還不是同樣的那一套規定？既然民意代表出面就通，一般人申請時爲什麼不准？可見是政府有問題，政治還沒有上軌道。」

他說，政治如果上軌道，全部按照制度規定來辦，「台灣的民意代表，就不會是世界第一忙了」。省下這種個案服務的時間和精力，民意代表可以針對與大多數人相關的公共議題，深入了解，研擬對策，對社會進步更有幫助。

陳田錨說，其他國家的民意代表質詢政府官員，很少像台灣民意代表這麼兇的。他認爲，民代的「兇」，和「無權」互爲惡性循環。因爲無權，官員不怕民代，受選民拜託出面與官員協調時，如果官員不給面子，事情辦不通，無法向選民交代，民意代表會被選民譏笑「沒有用」。風聲傳出去，這個民代要連任就有困難。因此，有些民代質詢要兇到官員怕他，以後才好辦事。

他說，台灣過去是威權統治，許多法令規章，都是爲了統治方便而定的，行政權獨大，民意機關只是陪襯的「花瓶」。爲了行政上的方便，許多法令規定只「便官」而不「便民」，部分規定也不夠明確，官員要准也可以，不准也可以。百姓無所適從，只好找民意代表出面關切一下，官員就准了。之所以如此，是官方的行政裁量權太大了。民意代表想要連任，不能不幫選民跑腿，怎能不忙？民意機關既然被當成「花瓶」，民意代表除了審查預算，別無其他權力。爲了不負選民之託，把事情辦好，質詢不兇到讓官員害怕怎麼行？民意代表的忙、兇、無權，呈惡性循環，關鍵就在政治不上軌道。

官僚作風不除、法令規章不明、行政效率不彰

隨著社會繁榮發展，政治逐漸開放，台灣施行民主政治，宣稱「人民是主人，官員是公僕」。陳田錨說，僕人領主人的薪水，要替主人做事，主人可以指揮僕人。而民意代表是「主人的代表」，更應有權指揮僕人才對。但實際上並非如此，傳統的封建思想、官僚思想依舊濃厚。以前封建時代說「牧民」，官員是管百姓的，小百姓無法和官府對抗，否則下場淒慘，因此也傳下「民不與官鬥」的說法。但目前大家還是奉「民不與官鬥」爲鐵律，老百姓和官府對抗，結局一定要吃大虧的。「行政裁量權」太大，讓別有所圖的

官員，有機會刁難百姓。

陳田錨說，在台灣，向政府申請執照的手續，是「世界第一痲煩」，本人要去拜託之外，也要請民意代表出面才行。他質疑：「到底是公務員的心態有問題？還是公務員人數太多呢？外國公務員人少，就盡量簡化手續，好讓自己可以不必太忙，百姓也方便。台灣是不是公務員人數太多，故意把手續訂得很複雜，他們才不會太閒、才能顯示權威？」

陳田錨說，當年政府開放新銀行設立，宣布金融鬆綁，結果，立法院通過的母法是鬆綁了，但是，主管官署定出來的「作業要點」、「審核標準」、「管理要點」等行政命令，卻比以前規定得更嚴，綁得更死。例如財政部規定，銀行所有授信放款的會議記錄，一定要送財政部。「如果財政部官員有看、有審核，銀行放款有問題，應該可以馬上發現才對，爲什麼還會發生銀行資產被掏空的事？可見財政部根本不看，既然不看，爲何硬性規定非送不可？政府這是在蹧蹋人。」「我敢說，台灣做生意的，沒有一家店不曾被政府蹧蹋過的。」小商店如此，大公司也難倖免。

有一家和陳田錨有關係的公司要申請設立時，申請案被中央部會積壓了三個月沒有下文，當時陳田錨還是國民黨的中常委，他認爲申請案全部照規定辦，資料齊全，竟然還被刁難，很不服氣，原本打算要在中常會上直接反映，但朋友勸他「民不與官鬥」，免得以後被找痲煩。經私下託人溝通，找人出面「關切」，問題才獲得解決。提起多年前這件事，陳田錨還有一肚子氣。

在擔任議長期間，陳田錨坐在主席台上主持會議，看到有些官員被議員兇狠的修理，也會心生不忍，很同情官員。但是否出手幫官員一把，還要看這個官員是不是老實、守法。風評好的官員，他才插嘴勸議員適可而止，為官員解圍。如果被修理的官員是「歹料的」，風評很差，平日就作威作福欺負百姓，陳田錨就「站高山看馬相踢」，讓官員也嚐嚐被修理的滋味，「希望他有機會體會一下，回去好好反省，莫再欺負老百姓了」。

陳田錨說，民意代表會兇狠的修理官員，有時是官員無能激出來的，前監察委員李存敬風骨嶙峋，個人很有修養，擔任市議員時，問政理性、深入，對官員也很客氣，再不高興，也會留點餘地，不會讓官員下不了台，但在省轄市第六屆議員時，有一次竟然也氣得破口大罵，還對官員動手。

他說，那一次李存敬質詢市政府當時最紅的建設局長，沒想到那位局長每件事都推給部屬，說他充分授權給屬下主管，沒有一個問題講得清楚的。李存敬被激怒了，大罵「你當什麼建設局長？你這是『見笑局長』，什麼都不知道，也敢坐在那裡當建設局長？」還拿起立式麥克風向局長戳去。陳田錨說：「那一次，在場的沒有人認為是李存敬不對」。

政治人物常說，「官員是人民的公僕」，陳田錨說，「台灣的政府機關編制龐大，照道理，僕人越多，主人應該越好命才對，就像厝內一樣，請的僕人越多，主人就越清閒、越好命。台灣有那麼多公僕，百姓生活應該愈舒適才對，為什麼百姓並不感覺到愈來愈好命，日子顛倒愈來愈歹過呢？」

「孫中山先生說『人民有權，政府有能』，好像講錯了，台灣實際上剛好倒反，是『政府有權，人民有能』。除了選舉權，人民還有什麼權？政府無能，百姓生活才會過得那麼艱苦。」陳田錨說，大官貪污一大堆，辦沒幾個；搶銀行幾百萬元的李師科槍斃了，掏空公司資產數十億、上百億元的大經濟犯，那個不是住豪宅、坐名車，生活奢華，甚至逍遙海外。陳田錨說：「台灣的司法『睏』去了。」

台灣政府是世界第一不疼惜國民的政府

陳田錨說，台灣已經實行民主，但帝制時代才有的封建思想、官僚思想、獨裁思想，還是存在。本來期待民進黨執政以後會改，社會可以向上提昇，結果和政黨輪替之前沒兩樣，這幾年反而比以前更壞，大官「歪哥」的一大堆，基層百姓都感覺日子更加歹過。選舉前說「有夢最美、希望相隨」、說要「向上提升」，口號很好聽，但是，幾年下來，社會反而向下沈淪。百姓的苦，政府視若無睹，束手無策，「世界上沒有像台灣政府如此不疼惜國民的。」

他說：「日本國民在伊拉克被綁架，日本政府出面交涉，還代付贖金，把他們的國民救回來。台灣的漁船被外國扣留，台灣的政府救了幾艘？那一艘不是船東自己籌錢去付贖金，透過民間管道才救回來的？他們都是中華民國的國民，平時打拚謀生、賺錢繳稅金給政府，有困難時，政府好像忽然間不存在了。」

民國九十四年中，四艘台灣漁船在中非索馬利亞被扣，船東求救無門，政府袖手，最後還是船東自己設法，付出二十萬美元的贖金，才把船救回來。陳田錨說，前國大代表蔡定邦、前市議員張益郎，都曾有漁船被扣，他們也曾向政府求助，但最後都是自己出國交涉，付出巨額的金錢。他質疑說：「世界上有那一國的政府，像台灣這樣不疼惜國民的？」

二、政府體制可學日本

台灣政府的體制，無論中央與地方，都不夠理想。陳田錨認爲，日本的內閣制不錯，台灣應該可以學習。

陳田錨說，日本的內閣制，國會議員可以兼任內閣大臣。由於內閣閣員是民間出身的，重視民意，也了解民意，制定的政策，也比較符合百姓的期待。而且，爲了自己的政治前途，也要極力追求達到符合民意。加上日本行政系統的文官制度良好，閣員都很尊重行政系統的常任文官、事務官，日本的文官也不會「黑白來」，和台灣的不一樣。

他說，台灣立法委員不能兼部長，內閣制定的政策，經常和民間的期待，出現很大的落差，也因此，新政策一推出，民間就反彈。「我們的文官還會找百姓麻煩，一個科員就可以把你的申請案壓三個月」。

陳田錨說，台灣幾次修憲，都沒有能把體制修得理想，應該可以參考日本的模式，採取內閣制。「要學美國的總統制也行」，但人家三權分立，權責相符，也非常清楚。他說：「如果總統有權無責、行政權獨大，立法權萎縮，很容易變成獨裁；司法權被抑制，甚至淪為統治者的工具，法律之前不能人人平等，大官貪瀆當然層出不窮。」

三、對兩大政黨的觀察

民進黨為台灣民主付出過，社會也已經給民進黨回報了。不過，民進黨卻讓很多有理想的支持者失望。

陳田錨說，民進黨已經執政多年，除了起用縣市長擔任部會首長或院長的做法，和國民黨不一樣之外，其他看起來和以前的執政黨沒有什麼差別。國民黨讓百姓詬病的缺點，民進黨並沒有改過來。這幾年，景氣滑落，社會反而比以前亂，難怪李前總統會批評民進黨「只會選舉，不會治國」。國民黨被批評最多的是「黑金」，民進黨執政之後，也沒有更好，腐化的速度反而更快。

他說，國民黨過去利用派系打選戰。選戰打贏了之後，「戰將退場，官僚上場」，「有官中央做」，當官的是另一批人。這樣做法，豈是「有功必賞」？淪為在野黨後，國民黨成立智庫，由原來的高官擔任各組的召集人，給予優渥的待遇，針對國內的重大問題，研究可行的因應對策。

陳田錨說：「成立智庫的立意很好，但是，國民黨有沒有想過：當年不就是因為舊的政策不符民意，才會敗選變成在野黨的嗎？是不是該換新的人，以新的思維來領導研究，才是正確的呢？」他認為，撥款給各大學的學者專家教授，針對各種問題專題研究，提出新的對策，應該會比現在的方式有成效。

四、民意機關是政治人才最好的訓練所

陳田錨認爲，民意機關是政治人才最好的訓練所，不論是中央的立法院或地方議會，都可以培養政治人才。有心從政的人，一定要先接受民意的考驗，通過考驗進入民意機關歷練，既可了解民主政治實際運作的方式，也能體會民主政治真正的精神，更有機會觀察官場百態。而且，做任何事業，如果有競選民意代表時的精神，事業一定會成功。

他說，競選時一定要全心投入，打拚到「無暝無日」，才有當選的可能。想要連任的人，任內還不能鬆懈，要長時間的持續努力才行。只要有這種精神，做任何事業，不可能不成功；即使是「吃頭路」，有這種精神，在所從事的行業中，也必有大進步、大發展。

為民服務是普渡衆生

經過苦戰當選的民意代表，主要的工作是爲民服務，制訂法規、監督政府，最後的目標都是爲民服務。很多人篤信佛法，佛法所說的「普渡眾生」，以民意代表來說，爲民服務也是「普渡眾生」。佛家說緣法、隨緣，古話說「藥醫不死病、佛渡有緣人」，爲民服務也是這樣，所有的人都是你服務的對象，有緣的才會碰上。而其中因果，就看個人的修行、造化和緣份了。

五、市長的四種類型

在三十二年多的民意代表生涯，陳田錨總共經歷過陳武璋、陳啓川、楊金虎、王玉雲、楊金欉、許水德、蘇南成、吳敦義等八位市長。他說，民間很早就把市長分成四種不同的類型，市民認爲最好的是「會做不會吃」，其次是「會做也會吃」，第三種是「不會做也不會吃」，最差的是「不會做會吃」。

他退離政壇之後，高雄市又經過謝長廷、陳其邁、葉菊蘭、陳菊等四位民選市長或官派代理市長，但市長的類型並沒有增加，還在民間分類的四種之內。

至於那位市長是屬於那一種類型？陳田錨說，他很欽佩「人民的智慧」，四種類型就把所有的市長涵蓋在內。市長的歸類，也要看人民的智慧，「公道自在人心，人民自有公斷」，他沒有辦法評論。

六、參選的體悟

「我一生參選沒有失敗過。政治這條路，走得算是相當順利。有人曾經問我：『是什麼原因讓你這麼順利？』我說：『這是祖先積德的餘蔭，上一代行善立德，下一代享受成果』。」

「一九五八年第一次參選，我才卅歲，認識我的人不多，但只要講『陳啓清的後生』，大家就都知道了。」踏入政壇的第一步，主要是靠長輩打下的基礎和族親的支持。

「我在苓雅寮參選，苓雅寮一帶，陳家的族親人數眾多，很多鄉親是和我阿公一起長大的，和陳家多有「牽親帶故」的淵源。第一次參選，我父親走得比我還認真。第二次以後的選舉，才放給我自己跑，他退居第二線，負責監督、支援。

「我自一九五八年當選第四屆議員，連任到第七屆當議長，至一九七三年第七屆任滿離開議會，做事業『拚經濟』，休息五年後，七八年被國民黨提名參加增額立法委員選舉，再一次深切體會到「祖德餘蔭」的庇佑。

「那次立委選舉選區包括高雄縣市及屏東縣、澎湖縣四個縣市。我到高雄縣鳳山、大寮、林園一帶參加公辦政見會，在繞街拉票時，很多人買鞭炮沿街燃放歡迎我，我覺得很納悶：這一帶我又沒有來過，應該沒有什麼淵源，怎麼有那麼多人在替我放鞭炮？

「政見發表會結束以後，聽眾都沒有散去，很多人圍過來說要看『老頭家的孫子』，用力的和我握手。聊起來才知道他們都是以前糖廠的佃農，說我阿公是他們的老頭家，聽人家說老頭家孫子也有參選，都跑來看看。

「我祖父在一九三〇年就往生了，早期的佃農，也在一九五〇年代政府實施耕者有其田政策之後，變成自己有田有地的自耕農。隔了幾十年，他們只因為我是「老頭家的孫子」、「頭家的兒子」，就熱情支持我，要和我打招呼握手，莊稼人這麼惜情、誠懇，讓我非常感動。

「那一次，國民黨提名的黃河清是林園鄉出身，大寮、林園是他的基本地盤，他看到農民為我放了那麼多的鞭炮，嚇了一大跳，怕票被我拉走，還特別跟我說：『拜託一下，你不要再到這兒來啦，為你放炮仔放到這款勢面，放得我都驚起來。』黃河清知道老農民都是以前陳家新興製糖的佃農之後，還問我：『你們陳家當年頭家是怎麼做的？已經過去數十冬了，還讓佃農這麼樣的感念？』」

「我想，當年我祖父、我父親當頭家時，一定和佃農相處得不錯，被他們肯定認同是『好頭家』，才會讓他們懷念在心，願意支持我。」老農民的熱情，讓陳田錨對祖德餘蔭感受深刻。

第二部　選舉故事

高雄市議會歷史沿革

台灣在一九四五年十月廿五日光復，政府將日治時代的行政區域五州（台北、新竹、台中、台南、高雄）三廳（澎湖、台東、花蓮），改爲八縣九省轄市，高雄市是九個省轄市之一。一九五〇年，台灣省行政轄區再調整爲十六縣五省轄市，高雄市還是省轄市；一九七九年七月高雄市改制爲行政院直轄市。

高雄市議會在台灣光復半年後的一九四六年四月十三日成立，至今六十一年，市議會的名稱、議員產生方式、席次及任期，均曾經多次調整、改變。

高雄市議會的名稱：一九四六年四月十三日成立時是「高雄市參議會」，至一九五一年一

1946 年 4 月 13 日成立的高雄市參議會群賢（高雄市議會檔案）

月，直接民選的廿八名市議員出爐，才「正名」爲「高雄市議會」。到一九七九年七月一日高雄市改制升格直轄市，因議員任期未滿沒有改選，名稱改爲「直轄市臨時市議會」；一九八一年十二月廿五日，直轄市第一屆議會成立，又回復爲「高雄市議會」。

議員產生的方式：參議會卅一名參議員有廿二名是由區域選舉產生，還有九名是職業團體選出來的，其中商會四席、工會兩席、農會、漁會及自由職業團體各一席。參議會結束後即取消職業團體的席次，民國卅九年底舉行第一屆市議員選舉，廿八名議員全部由區域選舉產生。但這次選舉的投票方式，並不是用「圈選」的，當時還沒有開始採圈選方式，選民要選誰，就要在選票上寫出候選人的姓名才行。當年文盲多，不會寫字的人可以把要選對象的名字告訴選務工作人員，由他們代寫。

議員任期的變動：市參議會參議員法定任期二

第一屆議會於 1951 年 1 月成立（高雄市議會檔案）

年，但因國共內戰激烈，時局大變，行憲時程推延，內政部於一九四八（民國三十七）年三月通令：「全國各縣及省轄市參議會參議員任期，延長至各該縣市議會成立之日爲止」。四九年國民政府遷台，五〇年四月公布「台灣省各縣市實施地方自治綱要」，一九五一年一月十日高雄市第一屆議會成立，市參議會改成市議會，市參議員實際任期長達四年九個月；當時有遞補制度，出缺就由同選區或同一職業團體的次高票遞補。因此，參議員卅一席，到改選前總共遞補了九個人。省轄市議會第一、二屆任期也還是二年，均如期改選。第三、四、五這三屆，任期則改爲三年。不過，第一屆多做了五天，第三屆多做了一個月又五天。

省轄市第六屆以後到直轄市議會各屆，議員法定任期都是四年，但實際任期卻不一定是四年。第七屆議員實際任期爲五年二個月又八天，第八屆爲四年八個月，第九屆議員雖然從省轄市議員「升級」爲直轄市議員，但實際任期卻不足四年，提前五天卸任。

直轄市時期比較正常，只有第三屆多做了一年議員。這一屆議員任期延長一年的原因，主要是配合修憲後的憲政體制調整，及地方自治法制化的立法時程，以便與開放民選的省長及直轄市長，同時在一九九四年底選舉。

巧合的是：議員任期延長超過一年的，只有省轄市時期第七屆及直轄市時期第三屆兩次，而這兩屆的議長都是陳田錨先生。

議員席次的增減：以人口數為計算基準，參議會以十萬人口定基數為十九名，超過十萬人每滿三萬人增加一名，高雄市有十九萬八千多人，應選出二十二名參議員，另有職業團體代表名額九名，參議員總數三十一名。

省轄市第一屆起取消職業團體代表，全由區域選出，每滿一萬人選議員一名，餘數滿五千人者增加一名，一至五屆議員席次各為二十八名、三十名、三十三名、三十八名、三十六名。第六屆規定以卅萬人口選卅名為基數，超過三十萬人部分，每二萬人才增加一名，超過八十萬人部分每四萬才增一名，第六屆議員選四十一名、第七屆四十五名，第八屆起增加原住民議員一名，選五十一名，第九屆一百零三萬人選五十三名。

直轄市時期重訂標準，一百萬人選四十名

1968年2月，第七屆議員在落成兩年的議事大樓前留影
（高雄市議會檔案）

議員，超過部分每十萬人增加一名，最多不得超過五十一名。但原住民議員名額卻被取消了三屆，至第四屆才恢復。由於高雄市近二十年來發展停滯，議員名額變動不大，一、二兩屆各四十二名，三屆增爲四十三名，四屆增原住民一名爲四十四名，五、六、七屆議員數均未增加。

公民資格的規定：市參議員選舉在光復半年後舉行，規定二十歲以上的國民要經宣誓登記，領到「公民證」才有選舉權。戶口登記制度完備，全面製發國民身分證後，即取消這項規定。

選區劃分的調整：配合都市發展及各區人口的增減，市議員選區有多次調整。參議會時全市十區各爲選區，鹽埕席次最多選五席，三民、左營各選三席，旗津、前鎭、苓雅、鼓山各二席，前金、新興、楠梓各一席。可見當時各區繁榮的情況，與目前差異甚大。改制後，選區也曾小幅調整，原有六個選區，目前只有五個選區。

高雄市 1979 年 7 月 1 日升格，直轄市臨時市議會與行政院長孫運璿拍紀念照　（高雄市議會檔案）

1994 年第四屆議會議員合照，議會大樓頂樓加蓋成「高」字形。（高雄市議會檔案）

議長選舉風雲

高雄市議會的議長、副議長選舉，除了參議會時期是一屆一次，省轄市議會及直轄市議會時期，議長選舉都比屆數多了一次。但是，省轄市議會多選一次議長，是議會的「喜事」，直轄市則是「禍事」。

自參議會至直轄市第七屆總共十九次的議長選舉，執政黨規劃的方案，並未能全部照案執行，有許多次發生「翻盤」，黨提名的人並沒有如願當選，即使是「照案執行」的選局，在結果揭曉之前，過程也是暗潮洶湧。而省轄市時期形成的「議長不連任」慣例，每一屆都有故事。

比屆數多一次的議長選舉

省轄市議會及直轄市議會議長選舉次數比屆數多一次，是因爲任期中議長出缺，辦理改選。省轄市九屆選了十次，直轄市前七屆則選了八次。

省轄市第三屆改選議長，是因第三屆議長陳武璋在任內當選第三任市長，高高興興的辭掉議長，當市長去了。市議員重新選出鐘宗廟爲議長，所餘任期只有八個月。

直轄市時期的議長改選在第六屆，議長朱安雄因爲競選議員時的賄選案被判有罪確定，議員職務被解除，失去議員資格，也不能再當議長。朱安雄本人除了議員賄選案定讞，另外還有議長賄選案及他被控涉嫌掏空公司資產及買賣發票等案，都在法院審理中，官司纏身，一旦入獄服刑，一案接一案的判下來，牢獄之災要持續多久還不知道，他只好亡命天涯去了。而市議員多數涉及議長選舉賄選案，至二〇〇四年四月二十二日止，被判有罪褫奪公權喪失議員資格的有十七人之多。十多人被判有罪定讞，議員職務被解除。議長出缺，其他議員改選議長，選出民進黨支持的蔡見興接任議長。

高雄市參議會議長彭清靠

參議會時期 二二八事件讓「市參議會」變「悽慘議會」

參議會時期雖然因爲發生二二八事件，參議員王石定、黃賜、許秋粽等三人在軍隊下山鎮壓時遭槍擊死亡，郭萬枝、王清佐、蔣金聰等三人被捕繫獄，一個會期未能出席而視同辭職。但議長彭清靠、副議長林建論並沒有變動，沒有發生改選議長的問題。

市參議會在一九四六年四月十三日成立，最初選出參議員有卅一人，上任還不到一年，就發生二二八事件，參議員三人死亡，三人遭到逮捕而去職，折損率高達五分之一，實在悽慘。參議員因此用台語諧音自謝：「市參議員」變成「悽慘議員」，「市參議會」變成「悽慘議會」。

市參議會在二二八事件之後形同半廢，不過卻「帶病延年」，法定任期本爲二年，因當時局勢發生重大變化，行憲時程延後，並未如期改選，至一九五一年一月十日高雄市第一屆議會成立，市參議員實際任期長達四年九個月。而卅一席的市參議員，除了三人死亡、三人被註銷資格，後來又有三個人辭職。九個缺額，均由最初當選候補的人，依序遞補就任，市參議員總人數有四十人。

發生「翻盤」變局的正副議長選舉

議長、副議長選舉執政黨規劃方案「翻盤」的事，總共有省轄市議會第一屆及第二屆的正、副議長，第五屆的副議長；直轄市議會第四屆、第五屆的副議長選舉等五次。第六屆則發生震驚全國的賄選弊案而改選議長。

省轄市第一屆議長林仁和

第一次翻盤　在地派對上澎湖派
林仁和換下陳玉波

省轄市第一屆市議員在一九五〇年十二月十七日選舉，當選的二十八位市議員五一年一月十一日宣誓就職後，選舉議長、副議長。而列為全省第三期的高雄市第一屆市長選舉，在議會成立二個半月後的三月二十五日投票。有意競選首屆市長的澎湖縣籍國大代表謝掙強，在市議員選舉就開始準備，安排自己擔任市長所需的「護航部隊」。在謝掙強奔走運作下，澎湖派有八人當選議員。其中原任台電屏東管理處長的陳玉波，經內定競選議長，副議長則由左營在地人的林仁和競選。

在正、副議長競選時，高雄市在地派認為，陳啓川沒有興趣競選第一屆市長，已經答應謝掙強不出來選市長了，市長讓給澎湖派，議長無論如何要給在地派的人當，在地派與澎湖派因此暗中較勁。在地派議員大團結，加上林仁和與當時的海軍總司令桂永清私交甚篤，在桂永清協助下爭取到四席外省籍議員的支持，議長選舉結果，林仁和險勝當選議長，陳玉波只好退而求其次當副議長。當時雙方勢均力敵，陳啓川為林仁和拉票，唐傳宗幫鄉親陳玉波，最後都在爭取孫土池的關鍵票，結果陳啓川說動孫土池，林仁和當選。

省轄市第二屆議長孫媽諒

第二次翻盤　在地派對上台南派孫媽諒取代陳武璋

第二屆議長選舉翻盤的模式，和第一屆如出一轍，只是對陣的換成在地派與台南派。會發生變盤，與市長謝掙強有關。

當時議員任期兩年，市長任期則爲三年。第二屆議員在五二年十二月二十八日投票，選出三十位議員，五三年一月十六日就職。國民黨提名台南派的陳武璋爲議長，教育界出身的在地人孫媽諒爲副議長。

市長謝掙強要競選連任，認爲陳武璋若當選議長，將是強勢議長，對市長壓力較大，而且有可能挾現任議長的優勢與他爭奪第二屆市長；孫媽諒則是好好先生，不會是強勢議長，市長做得比較自在。因此，謝掙強指揮澎湖派議員支持孫媽諒，也和孫媽諒溝通。孫媽諒怦然心動，在地派重量級人物也認爲，澎湖派願意支持在地派當議長，機會難得。雙方分頭運作，投票前夕在陳啓川家聚會至凌晨才散。一月十六日投票，孫媽諒當選議長，陳武璋當選副議長。

省轄市第三屆議長陳武璋

省轄市第三屆補選議長鐘宗廟

第三屆 陳武璋如願當議長 外省籍搭配副議長

陳武璋競選議長失利後，表現出絕佳風度與政治智慧，眼光放遠，不計較一時得失，和在地派議員建立了很好的人際關係。二年後，任期改爲三年的第三屆議會在一九五五年一月十六日成立，孫媽諒與陳武璋都當選連任。由於孫媽諒在第二屆獲提名副議長，卻翻了國民黨的局，當選議長後被停止黨權一年，第三屆議長選舉，也因此未被國民黨納入考慮。而且，當屆議員有三十三人中，外省籍議員多達八人，佔議員總數近四分之一。他們會商決定爭取副議長，推出張承愈爲代表，國民黨即提名陳武璋、張承愈搭檔競選，兩人雙雙過關。陳武璋在卅三位議員中得到卅二票當選議長，孫媽諒僅任陽春議員，三年任滿即退出政壇。

陳武璋第三屆議長任期原本要到一九五八年二月二十一日才屆滿，但他五七年投入第三屆市長選舉，以八萬六千多票擊敗民社黨的楊金虎，六月二日就任市長，辭掉任期還有八個月的議長，市議會在六月二十七日改選議長，選出在地派連任三屆的鐘宗廟接任議長。

鐘宗廟是當時市議會及市政府公認的審查預算專家，長期擔任財政小組召集人，聲望甚高。接任議長後，大家都認爲他可以續任第四屆議長，他自己也有打算，如果多數議員願意支持，他就再參選第四屆議員，否則淡出政壇。

第四屆　黃載德扳倒鐘宗廟

在一次在地派的聚會中，在地派大將黃載德慷慨陳詞說，如果鐘宗廟不再出馬，第四屆議長必然會落到澎湖派的林澄增手中，大家應再全力支持鐘宗廟領導市議會，在場的人都表示認同，鐘宗廟因此再度競選連任第四屆議員。澎湖派林澄增等多位大將見鐘宗廟要再出馬，也認爲第四屆議長非鐘宗廟莫屬，既然議長無望，澎湖派就撤退了，第四屆只剩三席澎湖派議員。

省轄市第四屆議長黃載德

第四屆議員選出後，市黨部主委嚴澤元並未支持現任議長鐘宗廟連任，而是力挺黃載德，提名黃載德和外省籍的汪震（後來因與強盜殺人案嫌犯同名，改名為汪雨辰）搭檔競選議長、副議長。政壇人士這才發現，忠厚的鐘宗廟被人設計，利用他來嚇退澎湖派大將林澄增，然後再扳倒他，自己登上議長寶座。鐘宗廟吃了悶虧，當了三年的陽春議員後，就退出政壇。

黃載德在第四屆議長任內，和多位同情鐘宗廟的議員處得並不好，三年議長也當得辛苦。擔任議長忙於政務，本職的醫務因而荒疏，經濟情況走下坡；還涉入為禁建區申請建築執照關說，傳出牽扯到建商「六十八萬元權利金」的疑雲，黃載德雖未因此涉訟，但報章騰載，形象大受影響，聲望下挫。第五屆議員選舉時，志在連任議長的黃載德，在議員這一關就中箭落馬，沒有當選。高雄市議會以現任議長競選議員連任而落選，黃載德是第一個。

第五屆　未演先轟動　內定議長落選

第五屆正、副議長選舉變化更大。黃載德在第四屆議長任內捲入六十八萬元權利金疑案，聲望重挫，形象大損，國民黨高雄市黨部不敢再提名他競選連任，但也不便明言要他退出，就游說第一屆提名為議長，卻只當選副議長的陳玉波出馬，要讓陳玉波當第五屆的議長。

黨部用這種暗示方式向黃載德勸退，但黃載德還是決定繼續參選爭取連任，打算先

省轄市第五屆議長陳銀櫃

選上議員，再以現任議長的優勢爭取提名，不見得沒有機會。陳玉波是澎湖派龍頭，第一屆議長變成副議長，實難甘心，如今黨部派人勸進，評估後決定披掛上陣。議長之爭，因此未演先轟動。

沒想到的是人算不如天算，黃載德、陳玉波這兩位重量級人物，在議員選舉時竟然雙雙慘遭滑鐵盧，都落選了。預定要選議長的人，卻未選上議員，市黨部只好從當選連任的議員中，找出「最資深議員」陳銀櫃來選議長，並提名初次當選的吳鐘靈選副議長。吳鐘靈是台南派新秀，也是當時議員中唯一的國立台灣大學畢業生，個人條件優異而獲黨部青睞提名。

國民黨在議員選舉前的規劃失敗，選後再提的替代方案，也不討好，許多資深的議員不服氣，商議要另推人選。連任三屆議員的蔡崇禮有意出馬競選議長，連任二屆的王玉雲想要選副議長，初步徵詢得到其他議員支持，就著手進行競選議長、副議長的準備工作。

由於議員過去經常到已連任二屆的陳田錨家聚會，為了向國民黨提名人挑戰的大事，也選定陳田錨家做為集會討論的地點。沒想到只集會幾次之後，風聲就傳了出去，黨部開始滅火。

國民黨高雄市黨部主委嚴澤元把蔡崇禮叫去談話，警告他不能和黨唱反調，否則後果嚴重。由於當時還是戒嚴時期，政治情勢是以黨領政，黨最大。黨部主委的影響力超過市長，在地方上被尊重的程度是：「吃飯坐首席、走路走前面、照相站中間」，沒有人敢得罪。蔡崇禮被叫去訓話警告後，告訴大家他被黨部叫去的事，表明他不要選議長了。

蔡崇禮曾經擔任高雄市新興區區長，第三屆當選議員連任到第五屆，當年五十七歲，是議會年紀最大的議員。他要打退堂鼓，最熱衷這件事的市議員蔣金聰激他說：「你這麼老了，驚什麼黨部咧？」但是，蔡崇禮說什麼都不要再選，反而建議王玉雲改爲競選議長，王玉雲也不肯，堅持只競選副議長就好。

蔣金聰早在一九四六年就當選高雄市參議會參議員，四七年二二八事件由台北延燒到高雄，蔣金聰被捕判刑而在九月底去職，他空出的參議員缺，即由當選候補的陳銀櫃遞補。蔣在第二屆、第五屆都當選，議員資歷比蔡崇禮深，但年紀小蔡崇禮八歲。他見蔡崇禮「抵死不從」，說：「老的沒路用，少年的卡好膽，換少年的來選。」

蔣金聰所指的「少年的」議員，目標人選只有兩個，一是卅七歲的王玉雲，一是卅四歲的陳田錨。王玉雲只要選副議長，議長人選就鎖定陳田錨。

陳田錨當時根本沒有要選議長的念頭，一因沒有想過，二因父親不同意的事他絕不做。事出突然，要向老爸請示也來不及。蔣金聰等人臨時起鬨，還以「有膽否」相激，陳答說：「你們若敢投，我就敢選。」眾人當場點算估計，已經有十幾個議員表態支持，大可放手一搏，當即決定推出陳田錨與王玉雲這對都還不是國民黨員的搭檔，和國民黨提名的陳銀櫃、吳鐘靈打對台。眾人當場公推國民黨籍的黃正忠出任競選總幹事，緊鑼密鼓分頭拉票。

有一天，陳家來了貴客，當時的台灣省黨部主委上官業佑與高雄市黨部主委嚴澤元連袂到訪，要找陳田錨的父親陳啓清先生。正在陳家聚會的議員聽說主委駕到，火速散去。

幾天之後，議員又在陳家聚會時，總幹事黃正忠竟然沒有出現，而且，經常和

陳田錨(左起)、蔣金聰、王玉雲在第五屆議員任內同遊日月潭，穿著原住民服裝合影。

陳田錨相約一起吃飯、看電影的張四正、柯順德等幾位國民黨籍議員，也不見蹤影。陳田錨打電話到黃正忠家問，家人表示黃正忠不在家，他們還以為黃正忠在陳田錨家裡呢！

陳田錨再打電話找張四正、柯順德等人，居然也都不在家。他們家人的說法一樣，都以為他們在陳家。陳田錨再追問，才知道幾個人要出門之前，都跟家人說要去黨部。家人以為他們去過黨部後，就轉到陳家聚會。接到陳田錨電話之後，各家人才到處連絡他們可能去的地方找人，但就是找不到。

由於先有蔡崇禮被黨部嚇退的事，後來省、市黨部主委又連袂到陳家拜訪，這幾位議員失去音訊前，又都被叫去市黨部，大家心裡約略知道和議長選舉有關，但是，也不敢去問市黨部要人，只能猜疑著乾著急。

第二天，黃正忠的么弟黃清水趕到陳田錨家，交給陳田錨一張寫了字的草紙（當時的衛生紙），議員失蹤的謎底，總算揭曉。原來黃正忠被找去黨部之後，就被黨部派人帶到高雄縣美濃鎮中正湖附近一家小旅館去「軟禁」起來，不讓他對外連絡。黃正忠怕家人擔心，藉著上廁所的時候，在一張草紙寫上名字、身分及家裡的電話號碼，趁陪同監視的人不注意時，偷偷塞給旅館的「女中」，請她幫忙向家人通報行蹤。

黃家接到電話後，派黃正忠的么弟黃清水（黃啓川之父）騎機車趕到美濃，拿到黃正忠寫字的草紙，再趕回高雄找陳田錨。黃清水把黃正忠寫的紙條交給陳田錨，並說：「我阿兄被帶去那裡，我看勿通再選了。再選落去，未知會安怎？」

在場眾人都心情沈重，猜想張四正、柯順德也是被黨部的人帶走，只是不知道被帶到那裡去了。既然他們不會有安全的問題，大家就比較放心了。

陳田錨本來並無意競選議長，自己不是黨員，沒什麼好怕的，但幾位支持他的好朋友都是黨員，再選下去，黨部「秋後算賬」，幾個好朋友會被黨部怎樣修理，沒有人知道。爲了不替朋友惹來麻煩，他只好停止競選活動。眾人轉勸王玉雲競選議長，王玉雲看國民黨使出這種手段，表示還是選副議長就好：「議長？不敢！」

第五屆市議會成立大會一九六一年二月二十一日於市政府大禮堂舉行，議員宣誓就職前，黃正忠、張四正、柯順德等人終於出現了。原來張四正被帶到岡山空軍某基地去。據說，連他要上廁所小解時，都有人在後面盯著看。柯順德則被帶到煉油廠招待所「招待」了幾天。

這屆議長選舉結果，陳銀櫃得三十三票順利當選議長。副議長選舉卻高潮迭起：第一次選票開出來，王玉雲和吳鐘靈各得半數十八票平手；第二次再投票，兩人還是平分秋色，市長陳啓川宣布依規定抽籤決定。

抽籤時的順序是依選區決定，第一選區的吳鐘靈先抽，第二選區的王玉雲後抽。在眾人屏息以待中，吳鐘靈打開抽出的籤，竟然是「不當選」，王玉雲要上去抽籤時，會場已經響起掌聲，籤抽出來打開，當然是「當選」。吳、王兩人從此種下心結。

第六屆　王玉雲　陳田錨搭檔無敵手

王玉雲與陳田錨第五屆的「合作」精神，第六屆繼續發生作用。陳銀櫃雖然當選第五屆議長，但他沒有班底，反而是實力派的王玉雲、陳田錨，各有各的議員夥伴及影響力。吳鐘靈選副議長失利後，也比較消極，沒有形成一股勢力。陳銀櫃在議長任內還發生個人的經濟危機，最窘迫時，有一段時間深居簡出，避免碰到有財務糾葛的對象而發生尷尬的場面。副議長王玉雲曾經派人到議長住處相助，化解一些不必要的困擾。所幸幾個月後陳銀櫃在苓雅區過田子段的土地地價高漲，他順勢脫手，以賣地所得化解經濟危機，但是元氣大傷，決定就此收山，重回商場奮鬥。他善於經商，元氣很快就恢復過來，活躍於商場社團，曾任高雄市商會理事長，只是不再參加政治活動。

省轄市第六屆議長王玉雲

陳銀櫃急流勇退了，吳鐘靈也沒有積極結合班底，第六屆議員選出後，一九六四年二月二十一日的議長、副議長選舉態勢，已經擺明是「黨外人士」王玉雲、陳田錨兩人的天下，只要兩人合作，不論國民黨提名誰出來競爭，都難有勝算。國民黨衡量整體情勢，決定與王玉雲、陳田錨協調，國民黨不提名「開放自由競選」，但暗中支持王玉雲、陳田錨競選議長、副議長，希望兩人在當選後要加入國民黨。雙方談妥，王玉雲、陳田錨在沒有競爭的情況下，順利當選。兩人不久後也履行承諾，加入國民黨。

市議員任期第六屆起改爲四年，王玉雲、陳田錨兩人正、副議長任內相處融洽。王玉雲志在市長，第六屆議員任期至六八年二月下旬屆滿，一月下旬就要改選，而市長任期到六月，四月下旬改選。王玉雲打算先連任第七屆議長，接著再競選市長。但是，市議會自第一屆起至第六屆，議長都是只任一屆就換人，「議長不連任」的慣例已經形成。而陳田錨已任三屆議員，第六屆任副議長，不願再屈居副座，決心要競選第七屆議長。兩人都先參加國民黨黨內提名登記，也都獲得國民黨提名競選議員連任。以兩人實力，議員連任絕無問題，但接下來的議長之爭，就不是開玩笑的了。

情勢對兩人是各有利弊，真的要對壘，勝負難料。王玉雲現任是提名的優勢，卻也是壓力，因爲萬一輸了，就要當陽春議員，面子上不好看。陳田錨由副議長爭議長，即使沒有當上議長，還可再當副議長，沒有什麼大問題。

和中央的關係，陳家則優於王家，由中央決定提名的話，王玉雲難佔上風。

經濟實力上，陳家財雄勢大，王玉雲當時的事業卻正好處於谷底。

萬一中央決定不提名而開放競選，要找人搭檔競選，陳田錨可以找吳鐘靈結盟，吳鐘靈必然樂意；而王玉雲、吳鐘靈兩人在第五屆副議長競爭時結下的心結未解，吳鐘靈不可能和王玉雲合作。整體情勢評估，陳田錨稍佔優勢。

王玉雲和親人好友斟酌再三，也找雙方都信得過的友人商量，最後還是王玉雲自己決定「讓賢」。但是，要怎麼做，才讓王玉雲不失面子、也可防杜流言蜚語？王玉雲認爲，只要陳家父子登門拜訪請他退讓，問題就可解決。

王玉雲主要擔心的是怕人家說他拿陳家的錢才退讓，而且，他認爲陳啓清先生是長輩，一生未求過別人，如果啓清先生親自登門求讓，他就面子十足。

透過雙方都信得過的人居間傳話，陳啓清先生第二天清晨就從台北搭第一班飛機趕回高雄，一九六七年十二月十四日上午八時卅分，和陳田錨一起到七賢三路王玉雲家拜訪，請王玉雲退讓，王玉雲很爽快答應。陳家父子陪他同到市黨部，王玉雲向主委鄭聖樑表明撤銷登記。由於王玉雲不要轉選省議員，黨即安排他出任市黨部副主委。

第七屆　陳田錨當選議長任期超過五年

第七屆議長國民黨提名陳田錨與吳鐘靈搭檔，六八年二月二十一日議員票選正副議

省轄市第七屆議長陳田錨

長，陳田錨三十九票當選議長，吳鐘靈四十二票當選副議長。

法定任期四年的第七屆市議員，因省政府爲配合第七屆縣市長、第五屆省議員選舉，而將這屆縣市議員任期延長至一九七三年五月一日。陳田錨這屆議長，總共做了五年二個月，比參議會時，彭清靠當了四年九個月的議長，還多了將近半年。

陳田錨在任滿前一年多就曾公開表示不再競選連任，但包括吳鐘靈在內的許多人都不相信，認爲陳田錨只是說說而已，一定會尋求連任。這個誤判，使吳鐘靈未能在第八屆就由副議長更上層樓當議長。

第七屆議會任內，議長陳田錨和副議長吳鐘靈相處並不融洽，新科議員十二人組成「十二兄弟」，經常集會，聯合對議案採取同一步調，形成一股不可輕忽的力量，對議長陳田錨若即若離，對副議長吳鐘靈比較熱絡，被視爲「吳派」。親議長的議員因此也組成「十八同盟」相抗。雙方涇渭分明，在議會經常舌戰，也曾爲刪預算意見衝突，有人脫西裝、捲袖子，擺出不惜動武的架式。陳田錨、吳鐘靈雖然沒有過爭執，但交往僅限公務，不涉私誼。

陳田錨在任滿前一年多就表明不再競選，吳鐘靈以第七屆副議長接任第八屆議長，是順理成章的事，但一方面是王玉雲、吳鐘靈的恩怨再度「發酵」，另方面是包括吳鐘靈在內，很多人不相信才四十五歲的陳田錨，會說退就退。這兩個因素，造成吳鐘靈沒有積極往第八屆議長的方向努力，而把目標放在和王玉雲競爭第七屆市長的國民黨提名上。

王玉雲第六屆議長任滿，本來就要選市長，但在市長候選人資格檢核發生學歷方面的問題，無法參選，即由黨部安排出任市黨部副主委。一九七三年市長選舉前，原來的資格問題已經解決，就積極爭取黨部提名。而吳鐘靈自第五屆為副議長競爭與王玉雲種下心結，加上誤判陳田錨會連任議長，就決定和王玉雲爭市長提名，但情勢對王玉雲有利，市長提名之爭，王玉雲勝出，吳鐘靈受挫。

市長選舉在七二年十二月廿三日投票，王玉雲得二十一萬零五十一票，擊敗對手謝掙強，七三年二月一日，王玉雲就任市長。

第八屆　孫土池孚衆望任議長　吳鐘靈暫別政壇

第八屆市議員在一九七三年三月十七日投票，國民黨一月初辦理黨內提名登記，吳鐘靈在爭取市長提名失敗後本已心灰意冷，有人鼓勵他不如競選議員連任再爭取當議長。他有點動心，但和許多人一樣不相信陳田錨會退出，雖然陳田錨十二月底就自費帶

省轄市第八屆議長孫土池

太太出國「避選」，黨內登記最後一天聽說有人替陳田錨辦了登記，更認定陳田錨會競選連任議長，他再當副議長沒什麼意思，就沒有到市黨部辦登記。

二月十九日，選委會市議員選舉登記截止，陳田錨並未登記，不再競選連任已成定局。而國民黨在第一選區開放，吳鐘靈有意一試，沒想到國民黨的開放競選是有條件的：「以參加黨內提名登記者爲限」，沒有參加黨內初選登記的黨員，如在自由開放選區參選，仍屬違紀。吳鐘靈看到國民黨這樣規定，等於是專爲限制他而量身打造的「吳鐘靈條款」，只好棄選，暫時告別政壇。

在高雄政壇，吳鐘靈和王玉雲不和，是人盡皆知的事。王玉雲剛當選市長，很擔心如果吳鐘靈當上議長，會在議會對他杯葛。當時，在地派也想爭取議長，因此有人設計，趁陳田錨出國，代陳田錨辦黨內登記，就是利用陳田錨阻退吳鐘靈。這個計謀，正如第四屆議會時，有人利用鐘宗廟阻退澎湖派的林澄增一樣。而市黨部第一選區開放競選，再限制未參加黨內登記的人參選，也有明顯的斧鑿痕跡。

這些運作，沒有市黨部的配合，不可能辦得成。難怪吳鐘靈後來曾爲此發牢騷說，他是台大畢業的，什麼科的學分都修過，就是沒有修「季履科」。季履科是當時的高雄市黨部主委。

陳田錨、吳鐘靈都沒有競選連任，第八屆正、副議長都換新人，在地派推出最資深的孫土池，副議長準備要給台南派。但台南派的郭萬枝、謝清標都登記要選議長，兩人的好友認爲孫土池的資歷、學歷、人望都好，議長爭不過孫土池，不如改選副議長，郭萬枝表示不願改登記，黨不提名就算了；謝清標跑了一趟台北找陳武璋商量，陳武璋建議他先當副議長。謝清標立即趕回高雄，在登記截止前到市黨部改登記爲副議長。國民黨即提名孫土池、謝清標搭檔競選。

在地派與台南派合作，別無強敵，一九七三年五月一日，第八屆市議會成立，五十一位市議員當選人有五十人宣誓就職，孫土池、謝清標各得到四十七票，順利當選正、副議長。卸任議長陳田錨在這次選舉也幫上忙，他在四月上旬黨提名確定後，與監察委員李存敬、國大代表林瓊瑤、省議員朱有福邀五十一位議員當選人在華王飯店聚餐。即將卸任的議長出面請新科議員吃飯，理由正當，但對第八屆議長、副議長的選舉，當然有實際上的作用。

第九屆　吳鐘靈當選議長　高雄市升格院轄市

第七屆市長與第八屆議員的任期，因省政府決定調整與第六屆省議員同時選舉，將

省轄市第九屆議長吳鐘靈

市長任期延長十一個月，議員則延長八個月，都在一九七七年十一月十九日投票改選。王玉雲要競選連任，吳鐘靈也出馬爭取提名，請動數十位本省籍耆宿聯名推荐，並宣布即使提名失敗也要選。但王玉雲也非省油的燈，中央最後訂出對王玉雲絕對有利的提名原則：現任縣市長只做一屆可以連任的，全部提名，其他縣市以勝選考量。

這個原則，讓吳鐘靈提名市長無望，但他已先揚言未提名也要選，黨部透過政商界人士勸吳鐘靈不要違紀，強調違紀即使勝選，一任市長四年後，國民黨一定會設法把他拉下來，政治生命就斷送了。反正王玉雲是第二任，不能再選市長，勸吳鐘靈不如先回議會當議長，四年後再接著選市長，有機會還可向上發展。這樣分析入情入理，吳鐘靈接受了，放棄市長而競選議員，以一萬二千多票的全市最高票當選。

第九屆議會一九七七年十二月卅日成立，國民黨提名吳鐘靈選議長，陳清玉爲副議長，五十三位議員投票，吳鐘靈五十二票當選議長，陳清玉四十八票當選副議長。

一九七九年七月一日，高雄市改制爲行政院直轄市，市議會也同樣升格，和台北市議會及台灣省議會同級，只是名稱改爲「臨時市議會」，議長吳鐘靈與全體議員由內政部聘爲「臨時市議會」議長及議員。小港由高雄縣劃入高雄市，原小港鄉選出的三位縣議員也進入高雄市議會。但改制升格後，市長由民選改成官派，王玉雲官派市長做到八一年六月二十二日，中央指派楊金欉接任高雄市長。高雄直轄市第一屆議會在八一年十二月二十五日成立，吳鐘靈卸下議長職務，卻已經沒有市長可以選了。由國民黨安排出任中影公司董事長，後來並擔任不分區國大代表。

直轄市第一屆 陳田錨復出重掌議事槌 朱有福任副議長

直轄市第一屆至第四屆議長陳田錨

直轄市議會第一屆議員在八一年十一月十四日投票選舉，八年前第七屆議長卸任後淡出政壇的陳田錨，再被國民黨中央找出來參選，並安排出任首屆直轄市議會議長，主要原因是借重他化解高雄市嚴重的派系對立。中央期望高雄市改制升格後，能成爲南台灣的中心都市，做爲南部其他縣市的楷模，但當時市長王玉雲與議長吳鐘靈相處不睦，形成兩股對立的勢力，造成地方上的不和諧，也影響地方建設發展。

爲解決這個問題，中央先將王玉雲調爲台灣肥料公司董事長，派台灣省建設廳長楊金欉接任市長，議長則藉選舉的機會做調整，要個性溫和的陳田錨重出江湖。中央先和他尊翁陳啓清先生溝通，啓清先生並不反對，陳田錨也樂於為故鄉建設效命，重回闊別八年的市議會，再掌議事槌。

一九八一年十二月廿五日第一屆議會成立，四十二位議員票選議長，陳田錨得到四十票當選，副議長朱有福得到卅八票。

直轄市第一屆議會副議長人選，國民黨原本內定規劃曾任市議員、國代、立委的王清連和陳田錨搭檔，沒料到在第一選區競選議員的王清連大意失荊州，應選六席他排名第六，卻被排名第七的鄭黃素美以婦女保障名額擠出榜外。最後由曾任市議員及省議員的朱有福，在爭取副議長的五個人當中脫穎而出，和陳田錨搭檔當選正、副議長，任內兩人互動良好。

直轄市第二屆　陳田錨打破議長不連任慣例　朱有福連任副議長

第二屆市議會議長、副議長，繼續由陳田錨與朱有福搭檔。陳田錨在第一屆議長任滿後，本已打算不再連任，但黨中央不放人，他上書黨主席蔣經國懇辭連任，但當時市長才剛換人，衝勁十足的蘇南成接任高雄市長半年多，中央認為陳議長留任為宜，展開勸進，黨主席蔣經國在一次中常會後召見陳田錨，陳田錨無法推辭，只好再競選連任，打破高雄市議會議長不連任的慣例。

議長在中央徵召陳田錨確定後，原本有意爭取的人都打了退堂鼓，沒有人和陳田錨競爭；但副議長卻有多人爭取，朱有福的阻力卻未完全排除。當時爭取副議長最積極的還有張益郎、楊振添兩人，就在議員票選正、副議長的前一天，市黨部主委吳挽瀾和市議會秘書長吳鴻顯等人在高雄圓山飯店勸退張益郎；當晚吳挽瀾再把楊振添請到家裡聊天喝酒。楊振添的好酒量有名，吳挽瀾雖然很會勸酒，但怕自己一個人應付不來，特別打電話請酒量、酒膽都大的立法委員吳德美助陣，幾個人一直喝到凌晨二點鐘，才放楊振添回家。問題當然是解決了。

一九八五年十二月二十五日第二屆議會成立，四十二位市議員票選結果，在「黨外」四位議員抗議不該由市長主持議長選舉而退出議事廳後，陳田錨與朱有福獲得在場卅八位議員的全票支持，順利當選連任。這也是市議會議長、副議長第一次雙雙連任，在此之前，高雄市議會的議長、副議長，都還沒有人連任過。而得到在場議員全票支持，也是市議會首例。

第三屆　陳田錨續任議長　顏火山驚險當選副議長

直轄市第三屆議員在八九年十二月二日投票，陳田錨早在任滿前就先收拾議長室內的私人物品準備交棒。但國內政治情勢在這段期間內發生劇變：從一九四九年五月十九日起實施的戒嚴，在八七年七月十五日零時起解除，黨禁、報禁八八年一月一日起解禁；總統兼國民黨主席蔣經國在一月十三日逝世，李登輝先生繼任中華民國總統，半年後也兼任國民黨主席。與國民黨抗爭多年的黨外人士，則在八六年九月二十八日宣布成立民主進步黨。一波波的變局，加上八九年的「三合一」選舉，是解嚴後的首次選舉，同時要選立法委員、縣市長和省、市議員。高雄市是南台灣重鎮，陳田錨想退，中央卻不可能無視於陳田錨穩定地方政情的份量，因此徵召他競選連任。

第三屆議長在陳田錨要連任的情況下，很快就單純化，但副議長部分卻出現許多轉折，副議長朱有福無望更上層樓，就轉換跑道向中央級民代發展。國民黨內定台南派的陳聰敏出任副議長，提名他在第三選區競選連任；第三選區應選十席，國民黨提名九人，陳聰敏認為如此提名對他非常不利，不願重蹈王清連的覆轍，在議員選舉登記截止前向選委會撤銷登記，不選了。議員選出後，國民黨一再衡量，決定提名也是台南派的顏火山當陳田錨的副手。

第三屆議員民進黨當選八席，議事抗爭必較以前激烈，顏火山為人謙虛，個性超級溫和，對維持議會和諧可以有貢獻。他因此中選，卻也因為不夠精明，難孚眾望而引起競爭，曾任立法委員的資深議員張榮顯就自行部署競選副議長，挑戰顏火山。

一九八九年十二月二十五日第三屆議會成立，四十三位議員只有四十二人宣誓就職，（民進黨陳光復因案要先服刑，未宣誓就職）票選正、副議長，民進黨七人自行推出正副議長人選，以凸顯政黨立場。議長選舉，陳田錨以卅三票順利當選連任議長，副議長選舉過程則驚心動魄，經過二輪投票才成定局。

第一輪投票結果，張榮顯得十七票佔了上風，顏火山僅得十五票。休息後進行第二輪投票，結果顏火山多出三票為十八票，張榮顯則少了二票，得十五票。顏火山驚險過關，當選副議長。顏火山扳回劣勢的關鍵，在第一輪與第二輪投票中間休息的半個小時，陳田錨和議會及黨務幹部磋商研判找出關鍵選票所在，透過適當人選傳話，點醒當事人不能跑票，為顏火山扳回二票，第一輪「控存」未曝光的一票，第二輪再投給顏火山，也因此有張榮顯減少了二票，顏火山卻增加了三票的險勝結局。

第三屆議員任內，中央推動地方自治法制化，官派的台灣省長及台北、高雄兩個直轄市長，決定開放民選。省、縣自治法及直轄市自治法先後完成立法，一九九四年七月廿九日經總統公布實施。為配合省、市長民選，八九年選舉的省、市議員任期也延長一年，到九四年底才改選第四屆議員。

陳田錨早已有意交棒，不想再「老歹命」繼續從政。沒想到志在高雄市議長的朱安雄，一再公開指名叫陣逼退。陳田錨認為對方講的既非事實，還辱及已故尊長，是可忍孰不可忍，如果此時退隱，既讓對方得逞，還辱及先人，也讓家族同蒙羞辱與不白之冤。

而中華民國建國以來第一次總統直接民選，也將在一年多之後的一九九六年三月投票。總統李登輝八八年接班後的連串權力鬥爭，雖大局底定，還餘波盪漾。本身要競選的李登輝也面臨挑戰，要全力穩定政局。李登輝先透過王玉雲傳話，要陳田錨「無論如何，再幫最後一次忙」。陳田錨於公於私都不能退，只有再競選連任一途。離開監察院一年多要重新登上政治舞台的朱安雄，也登記在第六選區競選議員，競選期間，砲火不斷，跨選區轟向陳田錨。

第四屆　議長陳田錨第四度連任　副議長張瑞德擠掉朱安雄

市議員與市長選舉在一九九四年十二月三日投票，吳敦義淨贏對手張俊雄十萬票，當選首任民選市長。陳田錨、朱安雄也分別在第五、第六選區當選議員。國民黨按照李登輝的意志提名陳田錨競選議長、朱安雄競選副議長，完全未考慮當事人能否相容的問題，埋下翻盤的因素。

先前對議長寶座展現出旺盛企圖心的朱安雄，很高興的接受副議長提名；陳田錨連任議長順理成章，但對黨提名的副手人選，則難以接受。黨部方面曾經複式動員勸陳田錨接受朱安雄爲副手，不但陳田錨不點頭，許多曾經被朱安雄夫婦「修理」過的議員，

1994 年 12 月 25 日第四屆議長選舉當天上午，議長室內喜氣洋洋，只有市黨部主委吳鴻顯笑不出來，因為他已經知道朱安雄無望當選副議長，黨部輔選失敗。

張瑞德擊敗朱安雄當選副議長，喜上眉梢，和錨公互賀時四手緊握，一切都在不言中。

也對國民黨提名朱安雄表示無法接受，雖然多不願意站上台面直接和朱安雄或國民黨對抗，但只要有人要競選副議長，他們就支持。張瑞德就在這種情況下暗中部署競選議長。

一九九四年十二月二十五日第四屆議會成立，四十四位議員宣誓就職後票選正、副議長。民進黨十一人全部退出議事廳，卅三位議員先選議長，投票結果，陳田錨廿九票當選議長。副議長選舉就沒有這麼順利了，第一次投票結果，張瑞德十五票，朱安雄十四票，梅再興二票，蔡松雄、羅志明各一票，得票均未過半數。接著進行第二輪投票，卅三位議員重新投票結果，朱安雄得票數沒變，還是十四票，張瑞德增加一票，得十六票，梅再興二票，羅志明一票，張瑞德當選副議長。

陳田錨、張瑞德宣誓就任議長、副議長，朱安雄的努力落空了。隨後全體議員依慣例在市議會前廣場拍攝第四屆議會成立的團體紀念照片，但市議員四十四人並未全部到齊，朱安雄在落選後已先離開市議會，到市黨部和主委吳鴻顯召開記者會。這四年，曾任十二年監察委員的朱安雄，重返高雄市議會當陽春議員。

第五屆　黃啓川當選議長　蔡松雄選贏王志雄

第四屆議員任期到九八年十二月二十四日屆滿，陳田錨早就打定主意要退出政壇。五月初大眾銀行股東大會在高雄市國軍英雄館召開，陳田錨即席發表陳家退出政壇的聲

直轄市第五屆議長黃啟川

明，政壇震動，各界勸進、總統李登輝約見，都未能讓陳田錨改變主意。

十月中旬開始候選人登記，陳田錨怕有人偷偷替他辦理候選人登記，更將戶籍遷到台北市松山區，斬斷他在高雄市參選的任何可能性。他當了七天的台北市民，等候選人登記截止，才再遷回高雄。

陳田錨確定不再連任第五屆議長，朱安雄、王志雄都有意接棒，國民黨主席李登輝勸當時事業發生財務週轉問題的朱安雄以「事業爲重」，考慮由四年前沒有當成吳敦義的政務副市長的王志雄接棒。

王志雄順利當選議員，但是，吳敦義競選連任失敗，輸給才將戶籍遷到高雄市二年多的謝長廷四千多票。國民黨檢討吳敦義敗選原因，認爲高雄有人「倒戈」暗助謝長廷，矛頭指向高雄王家，國民黨調整議長布局，連任六屆的資深議員黃啓川以「失聯黨員」的身分，獲國民黨提名競選議長，王志雄則被提名競選副議長。

被認爲涉及市長選舉倒戈助敵，王志雄百口莫辯，對被改提名副議長並不服氣，他沒有馬上積極著手部署競選副議長的實務，反而與朱安雄接頭談搭檔競選事宜，但兩人誰也不願屈居副手，沒有談成。就在王、朱兩家接觸，傳出兩人都對副議長沒有興趣的情況下，無黨籍市議員蔡松雄抓住機會積極部署爭取出任副議長，成效不錯。當王志雄與朱安雄協調不成，回頭再部署競選副議長時，才發現先機已失，連副議長都大勢已去了。

第五屆市議會成立，宣誓就職的四十四位議員，國民黨廿六席，民進黨九席，新黨一席，無黨籍八席。票選結果，黃啓川卅一票，民進黨郭玟成九票，新黨梅再興、國民黨新科議員藍健菖、無黨籍黃芳仁各得一票；黃啓川當選議長。副議長選舉，無黨籍的蔡松雄廿三票，國民黨提名的王志雄、民進黨提名的王青各九票，張省吾、梅再興各一票，另有空白票一張。蔡松雄當選副議長。王志雄重蹈四年前朱安雄覆轍，沒有選上副議長。

王志雄在這四年陽春議員任滿之後離開政壇，未再參選。朱安雄繼續擔任第二屆的陽春議員，養精蓄銳，目標第六屆議會議長。

第六屆　朱安雄如願當選議長　爆發賄選案　「百日維新」後失蹤

高雄市議會第六屆議長選舉，爆發國內有史以來最具震撼性的賄選案，四十四位議員只有十個人沒有被捲入；議長朱安雄被判有罪後逃亡。卅四人列爲賄選案被告，最後有十七人喪失議員資格，出缺超過市議員總數三分之一，二〇〇四年七月十七日全面補

直轄市第六屆議長朱安雄

選。這次震驚全國的事件，就是從議長選舉引爆的。

第五屆議員任期至二〇〇二年十二月二十五日屆滿，議長黃啓川自一九七七年當選省轄市第九屆議員開始，連任六屆，當了廿五年議員，最後四年當上議長，爲了家族世代交替，由年輕一輩接棒選議員，他以要轉換跑道改選市長的姿態離開市議會。王志雄本來對政治現實就不很滿意，競選副議長失利讓他心灰意冷。二〇〇〇年中央政權輪替，國民黨總統敗選，李登輝將黨主席交給連戰，國民黨辦理黨員重新登記，王志雄就未重辦登記，順勢離開國民黨，議員任滿即退離政壇。第六屆議長，朱安雄已無強力競爭對手。

第六屆議會，市議員結構有大變化，民進黨當選十四人，國民黨由原來的二十六人減爲十二人，新成立的親民黨當選了七席，台聯取得二席，其他九人爲無黨籍。執政的民進黨人數最多，只是沒有夠份量的議員可以和朱安雄競爭。副議長蔡松雄對議長寶座有點心動，第六次當選連任的國民黨籍議員蔡慶源，也部署競選議長。但兩蔡「資源條件」都遠不如朱安雄。

朱安雄還是國民黨籍議員時，就與市長謝長廷處得不錯，他未重辦黨員登記，擺脫國民黨的束縛，和民進黨合作的空間擴大，民進黨也想搭朱安雄的便車爭副議長。朱安雄夫婦透過市府民政局長王文正和議員連絡，取得多數民進黨籍議員的支持。民進黨市議會黨團二〇〇二年十二月二十一日開會決議支持朱安雄選議長，條件是朱安雄要入黨，與民進黨一人搭檔競選正副議長；朱安雄入黨由市長謝長廷推荐，入黨手續已著手辦理，申請書也送到有關人員手中。在此同時，朱安雄也爭取到民進黨以外的許多議員支持。「條件」講好，也陸續執行落實。

民進黨團支持朱安雄的決議，在總統府接獲高雄市民進黨籍立委報告後，很快遭到黨中央否決。黨中央認爲朱安雄形象差、爭議性高，民進黨過去批國民黨黑金，朱安雄就是批點的對象之一，黨團的決議，很可能「有了議長，毀了全黨」，也對民進黨二〇〇四年總統大選繼續打「反黑金」的號召不利。

黨中央派秘書長張俊雄南下高雄，二十四日晚上和十四位黨籍議員在麗景酒店會商，決定自行推出高宗英、張清泉競選正副議長。民進黨自推人選，使朱安雄失去民進黨奥援，但他透過王文正爭取其他議員的支持頗有斬獲，另兩蔡因而退出議長選局，蔡松雄繼續以副議長爲努力目標，穩住局勢。

第六屆議會成立，議長選舉投票結果，朱安雄二十五票，民進黨高宗英十四票，台聯葉津鈴二票，國民黨李復興、親民黨吳益政、無黨籍蔡松雄各一票。朱安雄追求十多年的議長夢，終於成真。副議長選舉，蔡松雄二十五票，張清泉十七票，台聯趙天麟二票，蔡松雄續任副議長。在政黨政治發展已趨成熟的情況下，高雄市的議長、副議長，都是無黨籍，執政黨與在野黨同樣「漏氣」。

在新科議長、副議長當選的兩天之後，十二月二十七日，偵伺多時的檢調單位大舉發動攻勢，高雄地檢署由十五位檢察官指揮法務部調查局高雄市調查處、高雄縣調查站、航業海員調查處高雄站、南部機動工作組，總共動員二百零九名調查人員，對議長賄選案進行全面大規模搜索，在朱安雄、吳德美前鎮區新生路住處，及民進黨籍市議員詹永龍位於苓雅區中正一路住處，都查扣到大筆現金。朱安雄家查扣到現金三百五十萬元，（包括新台幣二仟元鈔一千張，一仟元鈔一千五百張）；詹永龍住處查扣到二百萬元（包括二仟元鈔四百五十張，一仟元鈔一千一百張）。還查獲登記著卅一位議員姓名的幾張字條。

掌握到現金及字條的檢調人員「順藤摸瓜」，抽絲剝繭理清議長選舉賄選的來龍去脈，掀出震驚全國的大案。二〇〇三年四月七日，高雄地檢署檢察官蕭宇誠、洪信旭、李靜文將涉案四十人提起公訴，其中市議員三十四人，現任立委及前立委各一人，市府民政局長一人，其他是朱安雄的部屬及親友。

朱安雄十二月廿五日就任議長，十二月二十七日檢察官率調查員在他家搜出賄選案相關物證，次日傳訊朱安雄，偵訊後聲請拘押獲准。才當了三天議長，本來已有官司纏身的朱安雄，即身繫囹圄。

議長賄選案東窗事發之後，絕大多數議員先後被檢調單位約談。收取賄款的議員多陸續將賄款五百萬元繳出，有的議員在檢調單位偵訊時和盤托出，有的只談自己的部分，不說別人的事。更有議員以剃光頭髮、穿上袈裟的方式表示悔悟；也有議員否認知情，拒絕認罪。議員有的被拘押，有的交保候傳，市議會風聲鶴唳。

二〇〇三年三月二十六日，議會召開第六屆第一次大會預備會議，由於議長、副議長先後被拘押在看守所，都向市議會「請假」，會議由最資深的議員曾長發主持，並依規定推派一位議員代理議長，市議員蔡慶源建議由曾長發代理，全場無異議通過。曾長發是唯一自改制前的第九屆連任至改制後第六屆的議員，經全體議員推舉定案，三月二十六日起代理議長，至議長朱安雄獲得交保回來爲止，代理了兩個多月。

賄選案在四月七日經檢察官提起公訴，朱安雄一直到六月十二日才獲准交保。恢復自由後，朱安雄每天準時到市議會上班，積極推動「改造議會」的工作，市議會員工在這段期間感受到極大的工作壓力。在朱安雄展現銳意革新的同時，議長賄選案及他更早被提起公訴的競選議員賄選案，都在積極審理。

二〇〇三年九月二十五日，朱安雄選議員的賄選案定讞，朱安雄被判有期徒刑一年十月，要入獄服刑。

司法單位快動作，行政院也快動作，九月二十八日就通知市議會，溯自判決定讞的九月廿五日起解除朱安雄的議員職務。檢方通知朱安雄十月十六日報到服刑，朱安雄照常到議會上班。九月卅日星期一，市議會員工就再也沒有看到朱安雄了。從六月十二日交保回議會上班，到九月底朱安雄不再露面，他的議長生涯，前後僅有一百多天。朱安雄改造議會的「百日維新」，至此告終。

朱安雄被撤銷議員資格，行方不明之後，議長職務由副議長蔡松雄代理。蔡松雄本身競選議員及副議長都沒有問題，但被控「教唆」吳德美向幾位議員賄選而遭起訴，不想代理議長，希望能趕快補選議長來主持議會。但當時多數議員涉及議長賄選案的官司均未定案，多一事不如少一事，並不想補選議長。社會各界則對多數議員都是「待罪之身」，雖然依法要由他們補選議長，但情理上不無爭議疑慮，後來是行政院要求限期補選議長，市議會才在二〇〇四年一月五日進行議長補選。

接替朱安雄的議長人選，副議長蔡松雄本身沒有意願，議員除了黨派不同，還有涉案與未涉案之分。未涉案議員好像和涉案議員「不同一國」，處境尷尬。涉案議員有人也想當議長，但擔心「出頭損角」反而衍生事端，對官司不利。無黨籍議員蔡見興一審獲判無罪，他已和國民黨劃清界線，又是連任五屆的資深議員，得到市政當局認同及民進黨的支持。國民黨有人支持戴德銘，有人支持李復興，無黨籍的張省吾也有意思，但以

直轄市第六屆補選
議長蔡見興

蔡見興最佔優勢。

一月五日補選議長投票當天，四十位議員簽到，第一次投票有卅六位議員參加。第一輪投票結果，蔡見興九票，戴德銘四票，張省吾二票，其他有林壽山、陳漢昇、李喬如、楊色玉、蔡長根、陳雲龍、黃石龍、張清泉、李榮宗、童燕珍、楊定國、黃添財、許崑源、林崑山、吳益政、王齡嬌、李復興、簡金城、江振陸、高宗英、曹明輝等二十一位議員，各投自己一票，沒有人得票過半數。第二輪投票結果，蔡見興十七票，戴德銘八票，林壽山、陳漢昇、楊色玉、蔡長根、陳雲龍、張清泉、黃添財、許崑源、吳益政、李復興、江振陸、曹明輝等十二人各得一票。蔡見興成爲第六屆議會的第二位議長。

蔡見興自一九八五年底當選第二屆議員以來，一直由國民黨提名參選，二〇〇〇年中央政權政黨輪替後，他和王志雄、朱安雄等三人都未辦黨員重新登記而離開國民黨。第六屆和朱安雄一樣，以無黨籍身分當選連任，王志雄則退出政壇未參選。巧合的是：朱安雄、蔡見興在同一屆先後當選議長。

朱安雄的議長賄選案，總共牽連到其他卅三位議員被起訴，其中一審判決無罪，檢察官上訴，二審駁回無罪確定的有：陳漢昇、黃石龍、藍星木、黃添財、童燕珍、蔡見興、許崑源、王齡嬌等八人;一審判緩刑未上訴或上訴撤回的議員有:林壽山、楊色玉、蔡長根、楊定國、鄭新助、林崑山等六人;二審無罪定讞的有李喬如一人;這十五人的議員職務都未受影響。二審判六個月定讞得易科罰金,但解除議員職務的有:陳雲龍、劉少春、曾長發、吳林淑敏、黃芳仁、詹永龍、陳乃靜、高宗英、曹明輝等九人;二審判有罪確定,解除議員職務,應入監服刑的有:章玟秀、張清泉、江振陸、朱文慶、楊敏郎、簡金城等六人。二審判有罪,得上訴三審的有蔡慶源、李榮宗二人,其中蔡慶源受賄部分定讞,解除議員職務,李榮宗至任滿前四個月才定讞解職。副議長蔡松雄二審判無罪,檢察官上訴三審,二〇〇六年八月二十五日,蔡松雄獲判無罪確定。

這件官司,連朱安雄在內,被解除議員職務的共有十七人,由於因案出缺議員有十七人,超過總數四十四席的三分之一,依法要補選,另外,李昆澤爲競選立委,在五月一日請辭議員。因此〇四年七月十七日補選時,總共補選十八席。補選當選人在七月二十六日就職。

這次市議會有史以來最大規模的補選,最特殊的現象是:被判有罪而解除職務的議員,多推出配偶或子女參選,二〇〇二年底競選失利的人,也捲土重來。

選舉結果,被解職議員的眷屬,有朱安雄之女朱挺珊、楊敏郎之妻陳麗娜、蔡慶源之子蔡武男三人當選;連任失利捲土重來的議員,有周鍾湛、藍健菖、莊啓旺、陳玲俐四人當選；其他當選人則多為同屆第二次參選，晚了一年半才如願當上議員。

第七屆　原正副議長第一關雙雙失利　莊啓旺當上議長

第七屆議員選舉在二〇〇六年十二月八日投票，卅六位爭取連任的議員有二十八人如願。已連任五屆議員的議長蔡見興，和連任四屆議員的副議長蔡松雄，竟然在議員選舉這一關就分別中箭落馬，都未當選議員。而選前就部署要爭取第七屆議長的民進黨籍人士，也沒有通過第一關的考驗。這次的情況，有如省轄市第五屆時的翻版，只是沒有當年未演先轟動的精彩。

正副議長同時出缺，國民黨、民進黨摩拳擦掌，無黨籍人士也躍躍欲試，但前一屆議長賄選案才辦倒一堆議員，沒有人敢再用「老步數」來競選。而四十四個議員每個人都是辛苦打贏選戰才當選的，雖然多數議員度德量力，自己不敢想當議長或副議長，但又有誰甘願無條件的把議會龍頭寶座拱手讓人？在議員個人「不敢有條件，不甘無條件」的情勢下，有組織的政黨，影響力加大。

直轄第七屆議長莊啟旺

由於各黨席次均未過半，都要爭取無黨籍聯盟的合作，民進黨雖然擁有執政的優勢，但黨籍議員協調不出一個「眾望所歸」的代表，只有兩位議員各自聲明競選議長及副議長。國民黨這方面條件較好，由莊啓旺出線，再與無黨籍合作，由莊啓旺競選議長，黃石龍競選副議長。十二月二十五日議員投票，莊啓旺與黃石龍都順利當選。

蔡見興連任議員失利離開政壇，但獲民進黨執政當局安排出任經濟部金屬工業發展中心董事長。蔡松雄以最高票落選，但同選區當選連任的陳漢昇的競選總幹事被控賄選，如果被判有罪確定致影響陳漢昇的當選資格，蔡松雄還有機會遞補當選第七屆議員。

來無影去無蹤的同情票

高雄市各種公職人員選舉，「同情票」曾經有許多次發揮作用，將候選人推上他們所追求的位置。但是，選民對候選人的同情，都以一次爲限。因同情票而當選的人，當選時常搞不清楚：「這麼多選票從那裡來的？」落選時，更納悶：「上次那麼多選票，這一次都跑到那裡去了？」

同情票在高雄市的市長、議員、國代、立委等各種公職人員選舉中，都曾經發生作用。最早出現的同情票，是在一九五四年底的第三屆市議員選舉；而最有代表性的同情票故事，市議員有李順德、顏明聖，市長是楊金虎，國大代表許仲川，立法委員王義雄、黃天生，他們的當選，都是在吸聚到同情票的情況下，以最高票當選的。

首見同情票　送「穿白背心抗議的創始者」李順德進議會

高雄市最早出現的同情票，是在一九五四年底省轄市第三屆市議員選舉，起因是兩年前第二屆議員選舉後的一件「速審速決」的選舉訴訟，當選人在宣誓就職前一天被判決當選無效。而晚近異議分子或抗議人士，流行穿著自製白布背心寫上訴求的抗議方式，也首見於當時。

第二屆市議員選舉在一九五二年十二月二十八日投票，當時高雄市人口為二十九萬六千八百多人，選舉人數只有十三萬九千零八十一人，要選三十名議員。第一選區鼓山、旗津、鹽埕，廿五人爭十一席。第二選區左營、楠梓，是十搶六的局面。第三選區新興、前金、三民，要選八席，有十七人競爭，第四選區苓雅、前鎮，十人爭五席。

選舉結果，高雄市選舉事務所公告三十位市議員當選人名單，第二屆議會成立大會定五三年元月十六日在市政府大禮堂舉行。成立大會前七天的元月九日，有市民陳春成、呂允良等二人控訴第一選區以一千六百九十二票名列第十吊車尾當選的李順德涉嫌違法競選，經高雄地方法院受理，一月十五日就宣判李順德當選無效，通知高雄市選舉事務所。高雄市選舉事務所依規定公告李順德當選無效，由該選區最高票落選的「落選頭」林澄增遞補當選。

李順德被判當選無效失去議員資格後，自己用白布做成背心，寫上「罪人」兩字，穿著站在宣傳車上沿街向選民謝罪。台灣地區用這種方式遊行抗議的，李順德是第一個，在此之前沒有人用過這一招。

由於案件自受理至判決，前後只有七天，扣除受理當天及其間有一個禮拜天，實際上是五天審結。李順德因此普遍得到市民的同情。當時議員任期二年，五四年底選舉第三屆市議員，李順德捲土重來，以全市最高票的四千四百七十五票當選第三屆市議員，得票數遙遙領先群雄，是他自己二年前得票數的二點六倍。不過，李順德第四屆再競選連任時，得票數卻驟減近四千票，只有四百多票。

同情票　讓缺席競選的顏明聖當選

顏明聖曾任楊金虎私人秘書，第一次參選是一九七二年的國大代表選舉，競選對手有國民黨籍的林瓊瑤、陳采孟及無黨籍的洪照男，四人爭二席。投票結果，林瓊瑤、洪照男當選，顏明聖以三萬九千九百六十票殿後。但第一次參選就有三萬多人把票投給他，顏明聖信心大增。國代選舉投票日是十二月二十三日，第八屆市議員選舉則在三個月後的七三年三月十七日舉行，顏明聖接著準備投入市議員選戰，也完成候選人登記，但因他被控涉及詐欺案，遭司法單位逮捕收押，人被關在牢裡。他本人無法從事競選活動，就由他太太顏陳秀鑾帶著子女，沿街或到菜市場附近向選民哭訴拜託拉票，引起選民的同情心。

三月十七日，市議員選票開出來，顏明聖得到七千二百五十一票，在第一選區（三民、新興）以最高票當選第八屆市議員。同選區女性保障名額何玉淑僅以一百四十六票當選，吊車尾的男性候選人呂天良以三千一百四十八票當選，缺席競選的顏明聖，得票數是他的兩倍多。

第八屆市議會定五月一日成立，但顏明聖被控詐欺案，很快就判處有期徒刑五個月確定，台灣省政府民政廳在四月廿九日通知高雄市註銷顏明聖當選資格，「缺席競選」而高票當選的顏明聖，連一天議員都沒有當成。一九七五年底，顏明聖再投入立委選戰，選區包括高雄及屏東、澎湖等四縣市，他在高雄市得到六萬二千一百五十三票，是全市第二高票，但其他縣市得票並不理想，沒有當選。

他在競選立委期間頭綁白布條，打扮成烈士的樣子，表示要到立法院去算「蔣介石總統逝世有無課徵遺產稅？」的帳，落選後不久，就被以「企圖破壞軍事設施」罪嫌逮捕，判刑後送綠島監禁，至終止勘亂才獲釋。顏明聖在九一年當選第二屆國大代表。到目前爲止，顏明聖還是高雄市唯一缺席競選而當選的政治人物。

同情票　讓年逾古稀的楊金虎登上市長寶座

楊金虎出身台南縣歸仁鄉望族，日據時代畢業於「醫學專門學校」，被派到台北博愛醫院，服務一年後返鄉出任關廟衛生所公醫，婚後再到日本東京醫專補讀一年，回台灣後就到高雄開業，賺了不少錢，行醫之餘也熱中參與政治。日據時期即曾兩次當選「高雄市會」議員，自一九三五年十一月至台灣光復，擔任二屆。日據末期參加皇民化運動，改爲日本姓名，並擔任高雄州皇民奉公會生活部長。他曾響應日本政府通令獻出金屬類物品的活動，將原本購藏的國父孫中山先生銅像獻出。台灣光復後，一九四七年當選高雄市唯一的一席國大代表，在高雄市是有相當知名度的政治人物。

楊金虎選上市長，是一九六八年的事。在此之前，他曾競選過第二、三、五屆市長，都沒有當選。第二屆市長在五四年五月二日投票，楊金虎得到五萬零一百一十八票，國民黨提名的謝掙強以七萬零三百二十五票當選。五七年四月二十一日第三屆市長選舉投票，國民黨提名的陳武璋得到八萬六千四百零九票，當選市長，六十歲的楊金虎得到四萬七千一百卅八票，第二次市長落選。第四屆市長選舉，國民黨提名陳啓川，沒有競選對手。一九六四年選第五屆市長，楊金虎第三度向市長寶座進軍，得到四萬四千多票，還是落選。陳啓川一個人拿到六成一的選票，以九萬六千四百五十一票連任。

楊金虎自日據時代就積極參政，一九三五年卅八歲當選「高雄市會」議員，到一九六八年第六屆市長選舉，楊金虎已經是七十一歲的高齡。而這幾次市長選舉，他都是年紀最大的候選人，小他一歲的陳啓川已當了兩任八年市長卸任，楊金虎還在競選，真的很讓選民同情。

第六屆市長選舉，國民黨提名的，是十一年前在第三屆市長選戰擊敗楊金虎的陳武璋。但是，兩人第二次對壘，情況已經完全改觀。高雄市到處是同情楊金虎的聲音，市區各角落的選民都在傳：「可憐喔！落選那麼多次，七十一歲第四度參選，是最後一次了，應該給他做一次。」

在這種氛圍下，楊金虎得到十二萬九千一百六十二票，陳武璋九萬七千三百六十三票，許仲川一千六百十九票。普及各角落的同情票，讓楊金虎在年逾古稀之後，總算如願登上高雄市長寶座，當了四年八個月的高雄市長，一九七三年二月一日卸任。後來爆發賣官案風波，楊金虎被收押一個多月後保外就醫，被判有期徒刑五年，但最高法院一再發回更審，沒有定讞，直到楊金虎辭世才簽結。

同情票　讓許仲川創下驚人的紀錄

許仲川是建築師，成功大學建築系畢業，一九六八年第六屆市長選舉，楊金虎與陳武璋分別代表反國民黨與國民黨勢力交手，當年才卅六歲的許仲川，單槍匹馬參與角逐。他沒有印海報也沒有廣發宣傳單，一個人騎著腳踏車，帶著擴音器播放錄音，穿行高雄市的大街小巷沿街拉票。結果雖然只得到一千六百十九票，但從此打響知名度，在和楊金虎七十一歲第四度參選對照之下，年輕的許仲川匹馬單槍，有勇氣、有理念，留給市民不錯的印象。

時隔九年，第六屆省議員與第八屆高雄市長、第九屆市議員同時在一九七七年十月十九日投票。許仲川與朱有福、蘇順國、祝畫澄獲國民黨提名競選省議員，黨外人士有省議員歐石秀、趙綉娃、高雄市議員施鐘响、及莊文樺、周平德五人參選。結果國民黨提名四人當選三人，許仲川「斯人獨憔悴」，以五千票之差成爲落選頭。這是他第二次參選失敗。

隔年國大代表第三次增選，許仲川再獲國民黨提名，由於許仲川條件、形象都不錯，卻在一年前的省議員選舉落選，選民對他相當同情，許仲川聲勢看漲，當選希望濃厚。沒想到離投票還有七天的十二月十六日，美國宣布與台灣斷絕外交關係，社會震撼，總統發布緊急處分令，停止這進行了一半的選舉。從政之路諸多波折的許仲川，讓選民更加同情。

一九八〇年，國內外情勢已趨穩定，政府決定恢復選舉，許仲川繼續投入國大代表選戰，十二月六日投票結果，高雄市三名當選人湯阿根得七萬七千八百四十五票，許嘉生三萬八千三百七十二票，許仲川的得票數讓人嚇一大跳，有十五萬四千二百六十六票之多。這次國代選舉有六個人競爭，開出的有效票總數爲卅七萬四千六百八十四票，許仲川一個人得到百分之四十一的選票，創下高雄市選舉史上，多席次選舉單一候選人得票數、得票率最高的記錄。

國大代表任期六年，八六年改選，候選人雖有十三人之多，但席次增為四席。以許仲川上次得到十五萬四千多票的記錄，即使得票「打對折」，當選也沒問題才對，沒想到投票日當晚選票開出，許仲川得到四萬六千一百七十六票，比六年前的十五萬四千多票，足足少了十萬八千票，還不到上一次得票數的三分之一。和當選最後一名高登得僅差二千三百二十票，未能當選連任。上次的十五萬票怎麼來的？這次有十萬多票跑那裡去？當真民意如流水！許仲川從此未再參選，專心經營建築師事務所業務。

同情票　讓黃天生不必削髮為僧

黃天生比許仲川更悲情。他是楠梓後勁的農家子弟，高雄師範學院夜間部數學系畢業，在私立國際商工任教。他對政治有興趣，常參加黨外活動。一九七八年首次登記競選國大代表。這次選舉中途叫停，兩年後恢復選舉，黃天生繼續走他未完成的政治路。這次國代選舉六人爭三席的結果，他得到三萬七千三百八十八票，在六人中排名第四，是落選最高票，比第三高票當選的許嘉生，只少了九百八十四票。差不到一千票而落選，讓黃天生很不服氣，八六年再參加增額國代選舉。這次是十三人爭四席，黃天生排名第六，還是沒有當選，但得票數四萬四百零八票，比上次增加了近三千票。

黃天生是白面書生型的老實人，教書的收入並不高，家裡也沒有什麼錢，兩次選舉都是只差一點點就能當選，選民也替他扼腕。八九年增額立法委員選舉，黃天生由剛成立不久的民主進步黨提名在高雄市北區參選，他在政見發表會上泣訴為了參政搞得妻離子散家庭破碎，如果再選不上，他只有「出家當和尚」這條路可走。這個訴求，加上他過去的苦戰與差一點就當選的苦情，在在引起選民的同情。

一九八九年十二月二日投票結果，黃天生得到七萬三千零八十二票當選立委，是選區第一高票。「白毛律師」李慶雄同時當選，得票數是四萬六千三百六十五票。

三年後，黃天生尋求連任，他是現任立委，卻沒有得到民進黨提名而自行參選。他和支持者都以為，三年前的七萬三千多票，這次再怎麼差，即使打對折也還有三萬六千票，當選機會很大。但開票結果讓人嚇一大跳，黃天生總共只得到四千三百九十六票，僅為三年前的百分之六多一點點。三年前投票支持他的人，一百個跑掉九十四個。

同情票　讓法學博士得償宿願

王義雄是法國巴黎大學法學博士，太太是牙醫師。一九七八年首次登記競選立法委員，這次立委選舉選區包括高雄縣市及屏東縣、澎湖縣等四縣市，要選五席，總共有十二位候選人競爭。在選舉活動進行過半，距投票日只有七天的時候，美國總統卡特宣布與中共建交，和台灣斷交，選舉因而中止。八〇年恢復選舉，高雄市已經改制升格爲院轄市，單獨成爲一個選區，要選四席立委，候選人有十六人之多。

在黨外陣營的王義雄，聲勢不錯，學問紮實，但沒有舌粲蓮花的本事，只拿到一萬九千五百四十四票，名列第七落選。三年後捲土重來，十七位候選人中唯一的博士王義雄得票數比三年前大幅成長將近一倍，拿到三萬七千五百七十五票，但排名沒有向前推進，還是第七，又落選了。和他同屬黨外陣營的張俊雄則以五萬二千多票名列第三上榜。

立法委員第六次增選在一九八六年舉行，王義雄再批掛上陣，選區範圍還是全高雄市，選五席，十一個人競爭。黨外陣營仍由張俊雄、王義雄代表出戰。兩人的自辦政見會都吸引大批群眾，王義雄氣勢和前兩次大不相同，選民發現他口才比以前進步了，也記得他已經落選過兩次，這一次不該再讓他落選。十二月六日晚上票開出來，王義雄得到九萬一千九百八十四票，是全市五位當選人中的最高票。八八年底再選立委，退出民進黨自組工黨並擔任主席的王義雄，競選連任卻只得到二萬一千一百卅五票，比三年前少了七萬多票。連任失利，他也就此退出政壇。目前在海南島經商。

第三部　人物誌

達觀謙虛的孫土池先生

「白首不墜青雲志，管他幾度夕陽紅」，允稱高雄市政壇第一大老的高雄市議會前議長孫土池先生，年登耄耋，熱情不減，知命、達觀的修持，更加爐火純青。

一九二四年出生的孫土池，廿六歲時就當選省轄高雄市的第一屆市議員。第二屆連任，第三屆主動抽身，沒有參選。第四屆重回議會，再連續當選五、六、七、八屆議員。以議會最資深，德望、人緣俱佳，眾望所歸當選第八屆議長。一九七七年十二月廿九日，第八屆議員任期屆滿卸任，孫土池也淡出政壇。

自一九五〇年十二月十七日當選，五一年一月十一日宣誓就職高雄市議會議員，至一九七七年十二月廿九日第八屆議長卸任，扣除他沒有參選的第三屆任期（一九五五年一月十六日至五八年二月二十日）三年，孫土池的代議士生涯長達廿三年十個多月，創下高雄市議會議員參選七次、當選七次，連續當選五屆，未曾落選的罕見紀錄。卸任議長後同時淡出政壇，孫土池爲自己的政治生涯畫下完美句點。

他這項紀錄保持了多年，在他已經離開政壇三十年後的今天，依舊亮麗。其中任期長達廿四年及擔任七屆的屆數，被前議長陳田錨（省轄市及院轄市各連任四屆，任期總共長達卅二年二個月八天，其中有五屆議長、一屆副議長）及楠梓出身的前市議員陳萬達（改制前第八屆到院轄市第五屆連選連任七屆，共廿九年七個月廿四天）超越。但孫土池在都沒有落選過的三人當中，出道最早，輩份最高。「高雄市政壇第一大老」，實至名歸。

第八屆議長（1973～1977）孫土池

廿六歲就能當選市議員，孫土池認爲基本動力是熱情，成功是機緣及他父親的庇蔭。至於能持續而創下紀錄的原因，則是生性豁達，待人處世謙沖爲懷所促成的。

孫土池是高雄在地人，一九二四年十一月一日出生。父親孫肚先生是精研岐黃、濟世救人的中醫師，在高雄港邊的苓雅寮舊部落開設瑞安藥房，他個性仁慈，與世無爭。平日行醫，出診從來不收紅包，即使是三更半夜有人急病請他到家中看病，也從未拒絕，因此很受地方父老敬重，大家都稱他「肚伯」。生長在小康之家的孫土池，自幼聰穎，求學過程非常順利。受的是日本教育，青葉國校（成功國小前身）畢業即考上高雄州立高雄中學第十六期，當時學制是中學五年。孫土池一九四二年高雄中學畢業即赴日本留學，只是正值第二次世界大戰的戰亂期間，他的留學生涯，過得並不順利。

弱冠之齡的孫土池，一心想做個文學青年，嚮往從事文學創作的寫作生涯，因此選擇到東京讀文化學院。當時文化學院是男女合校，非常注重歐美思潮，沒想到因爲太過西化而在第二次世界大戰中不見容於當局，被下令關閉。孫土池轉學到東洋大學，專攻日本文學，走向成爲文學青年之路。

一九四四年，日本戰況吃緊，物資匱乏，兵源過度耗損急待補充，發佈徵調文科學生入伍服役的命令，孫土池不喜歡戰爭，加上當時生活環境條件惡化，肺病流行，孫土池罹患肺浸潤，便以疾病申請休學，免去當兵，束裝返台覓職。

文學青年夢碎的孫土池，返鄉後先到小學的母校青葉國小當代用教員，再經人介紹到高雄州廳（州政府）動員課當職員，處理軍需後勤的人力調配。州廳的工作刻板無趣，孫土池一面工作，一面留意尋找適合個人旨趣的工作，台灣光復後，總算出現轉機。

衷心期盼從事文字寫作的孫土池，經當時著名詩人王白淵先生介紹，到台北的「人民導報」擔任日文版記者，他興沖沖的束裝北上，趕赴這個符合興趣與所學的工作，沒想到初期的體驗卻充滿痛苦與挫折。由於他沒有受過新聞專業教育訓練，從未跑過新聞，儘管下筆遣詞用字都斟酌再三，稿子交到主編手上，換來的都是一陣排頭。他在台北人生地不熟，跑新聞又沒有門路，採訪經常碰壁。一整天跑到腳底起水泡，回到報社還是交不出可以不換來排頭的新聞稿。

原以爲已經找到寓興趣於工作的理想職業的孫土池，那時天天下班後都想：「這口飯真不好吃，辭職回家吧！」但隔日清早，抬頭看到燦爛的陽光，就又燃起滿懷希望和熱情，認爲自己一定可以做好這份工作。在資深前輩的帶領指導下，路頭與人頭也逐漸熟悉，孫土池終於抓到竅門，樂在工作。但這個寓興趣於工作的理想職業，卻在二二八事件後中止。一九四七年二二八事件發生後，台北街頭混亂，孫土池不想再留在台北工作，三月二日搭夜車返回高雄，另謀他途。不久再經人引荐，到台南的中華日報總社任職。當時中華日報還有日文版，孫土池擔任日文編譯，負責將外電翻譯成日文。後來日文版廢止，孫土池改調外勤採訪，派駐高雄市跑新聞，也奠下後來從政的基礎。

由於採訪工作的關係，孫土池與當時高雄市最大的三家民營企業（唐榮、大榮、南華企業）都有接觸，發現這些重要基礎工業都經營得很辛苦，就在報上撰文鼓吹政府應該成立銀行團扶植民間企業，以帶動高雄市產業的整體發展，促進地方繁榮。他大膽的呼籲建言，在風氣閉塞的當時引起各界注意，唐榮鐵工廠老闆唐傳宗因此對他印象深刻，兩人後來也成爲好朋友。唐傳宗在孫土池第一次參選時，全力抬轎，幫了孫土池大忙。

一九五〇年，台灣省各縣市實施地方自治，高雄市於當年年底辦理第一屆市議員選舉，孫土池在親友支持下登記參選。他認爲，如能當選議員，個人對地方鄉土的熱情與理念，更有能力落實。

第一屆市議員選舉，以高雄市總人口數廿八萬一千二百五十人計算，要選廿八席，任期兩年。由於是地方自治施行的第一次選舉，登記參選的有九十五人之多。其中有兩人在資格審核期間放棄，實際上有九十三人爭取廿八個席次。孫土池在前金、新興、苓雅、前鎭的第四選區參選，卅位候選人爭七席的結果，初試啼聲的孫土池名列第四，當選第一屆市議員。

這次選舉最特殊的是：選民投票不是用圈選的，而是要在選票上寫出所支持候選人的姓名。當時教育不普及，很多人不會寫字，依規定可由選務工作人員代筆。孫土池說，許多投票支持他的人，都告訴選務工作人員要投給「肚伯的兒子」，選務人員就知道要代寫「孫土池」。但也有選務人員一定要選民明確說出候選人姓名才肯代筆。一位孫土池父親醫治過的阿婆去投票，告訴選務人員她要投給「肚伯的兒子」，選務人員一直問她「肚伯的兒子叫什麼名字？」講不出來就不肯代筆。孫土池常會講起這一件可以印證他父親行醫爲人的故事，感念低迴。

選舉中還有一個「內孫與外孫」的趣事。同選區另一位候選人孫媽諒，和孫土池都住在苓雅寮舊部落，外界因此把從大港埔下竹圍遷來的孫土池叫「外孫」，孫媽諒先生是「內孫」。競選時，一邊說「內孫才是孫」，一邊說「服務不分內孫外孫」。結果，內孫、外孫都當選。（孫媽諒先生第二屆擔任議長，第三屆再任議員，以後未再選）。

樂在記者工作的孫土池，當選議員仍捨不得放棄記者老本行的工作，一直做到一九五五年。爲了不滿派系傾軋，孫土池放棄參選第三屆議員，暫時退出政壇。他在重新審視環境變異的軌跡、思考個人前途之際，決定離開外勤的記者工作，接下中華日報高雄業務處主任的職務，不跑新聞，改辦廣告及發行的業務。稍後加入第三信用合作社獲選擔任理事。這是他轉換跑道進入商場的開端。

第三屆議員在一九五四年底選舉，高雄政壇地方派系勢力興起，澎湖、台南、在地三大派系勢力激烈較勁。澎湖派因爲民選市長謝掙強是澎湖人的關係，勢力最大。孫土池是在地派的青年才俊，才卅歲出頭就當過二屆四年的議員（第一、二屆議員任期均爲兩年），學歷、經歷、能力都很不錯，發展潛力可觀，但也因此被澎湖派鎖定爲拉攏對象。孫土池體察主客觀情勢，不願被捲入派系紛爭，認爲自己還年輕，就決定「落來台下，客觀觀察政治環境」，再定行止。他利用不當議員、記者的這三年，藉由處理報紙發行與業務的機會，接觸他還不熟悉的商場生態，爲日後棄政從商打下基礎，調整重返政壇的腳步。

一九五八年第四屆議員選舉，孫土池重回議會。他第一屆議會同事陳武璋已當選第三任市長，王玉雲、陳田錨則初次當選議員。王玉雲在連任至第六屆當議長後離開議會另謀發展，陳田錨連任至第七屆擔任議長。一九七三年五月一日，孫土池連任第八屆當上議長，至七七年十二月廿九日任期屆滿，孫土池卸任議長，離開市議會，留下近廿四年的黃金歲月和擔任七屆議員的記錄。

爲了不辜負社會、選民的期待，孫土池從政以來就期許自己，要做一個「任何所在、任何場面，都可以講大聲話的民意代表」。他認爲講大聲話不是只要「敢」就可以，自己一定要言行如一，絕對不能亂來，所言所行要對得起良心，「有『正』才敢大聲」，「人在做，天在看」，隨時都禁得起選民的檢驗才行。擔任議長，時以「代表百萬市民」爲念，提醒自己注意所扮演的角色、應有的立場和應盡的責任。秉持這樣的原則和信念，孫土池一路走來，始終如一。

孫土池剛當選議員那一年，高雄市總人口才廿八萬一千五百人，一九七四年底成長到九十七萬二千八百多人，逼近設置直轄市要滿一百萬人的要件。早在一九七一年，孫土池就與兩位第七屆議員，爲爭取高雄市改制升格爲院轄市在議會提案。七四年第八屆第四次定期大會時，議長孫土池帶頭提案，主張市府應訂出優待辦法，以迎接第一百萬市民的誕生。一九七六年一月八日，第一百萬市民柳仁輝在楠梓出生。一九七九年七月一日高雄市終於改制升格院轄市。孫土池是最早為這件事發聲的議員之一，而且一直持續追蹤。幾十年來，孫土池看著高雄市由地方城市發展成國際都會，自己親身參與，做出貢獻，讓他深感欣慰，也引以為傲。

在市議員任內，孫土池還創下「發動並促成市議會第一次休會抗議」的紀錄。一九六四年五月廿九日，高雄省轄市第六屆議會在市政府二樓禮堂（鹽埕區舊市府大樓，今歷史博物館）開會，審查拆除違章建築預算時，議員不滿市府對民間違建嚴格取締並強力拆除，卻對市府對面的陸軍服務社（今鹽埕立體停車場）的違建，近在眼前卻視若無睹，抨擊市府欺善怕惡、軍方不能為民表率。孫土池提議休會抗議，市議員洪福緣附議。由於議會過去從來沒有休會抗議的先例，而且，抗議的對象是軍方及市府，議長王玉雲了解休會抗議的嚴重性，一時不敢決定。

孫土池、洪福緣一再主張應該休會抗議，在場議員也沒有人反對，議長王玉雲就是不裁定，兩人在台下「嗆聲」，問王玉雲：「議長，你是驚啥啦(怕什麼)？」王玉雲經此一激，舉起議事槌說：「休會就休會，驚啥！」用力敲下議事槌，宣布立即開始休會抗議。

以當年嚴峻的政治環境及社會情勢，任何可能造成社會不安的事，都在嚴格禁止之列，市議會代表市民監督政府，針對民間違建要拆、軍方違建不拆的不公平現象提出抗議，即使抗議有理，休會卻犯了大忌，馬上引起執政當局緊張。黨部當即要求有關單位及人員協調，議會幹部次日上午即先行召開座談會，下午再到市長室協調，停止休會抗議的行動，馬上復會接續完成年度預算三讀審查。

但事情還未結束，提議休會抗議的孫土池，認爲議會復會的做法有問題，五月卅一日以雙掛號信向市議會抗議，要求議長王玉雲應宣布復會後所做決議無效。他在信中指出：市議會卅日下午在市長室開座談會討論復會事宜，座談會中應該只能決定是否復會，不能馬上就接著復會召開正式大會，復會程序依規定應在座談會散會後，由議會秘書處以書面通知全體議員開會時間及地點，而依議事規則規定，開會通知要在三天前通知全體議員。他並未接獲議會秘書處的書面通知，因此無法出席卅日下午的大會，他擔任議員出席會議參與審議議案的權利，因此被剝奪。要求議長王玉雲「請鈞座宣布卅日下午召開之會議無效，並另定期召開大會，共謀地方興革事宜」。

針對孫土池的抗議信，議長王玉雲與副議長陳田錨發表聲明說，座談會決定復會是多數人的意見，並不是正副議長擅自決定，座談會後接著復會，是因爲會期只剩一天，如不迅速復會，來不及完成預算三讀審查程序，將影響新年度的市政運作。由於時間急迫，也無法再以書面通知，當天下午開座談會時曾派人專程到孫土池住宅通知他開會，也曾多次打電話，但一直連絡不到孫土池議員。對孫土池無法出席卅日下午的大會會議，表示遺憾。

當時國民黨高雄市黨部主委是方哲然，他事後派人把孫土池找去談話，方哲然鄭重的向孫土池說，議會休會抗議「好比工廠罷工或軍隊抗命」，是很嚴重的事。孫土池雖然不以爲然，但也只能不了了之。高雄市議會第一次的休會抗議，雖然時間不到一天，卻是歷史性的紀錄。

孫土池生性豁達，在慈父身教、嚴母管教及日據時期的學校教育薰陶下，他律己甚嚴，待人寬厚，淡泊明志，不重權勢、財富。處理事情會堅持原則，但理直氣和，奉日本俚諺「越飽實的稻穗，頭垂得越低」爲座右銘。謹守本份、處世謙和、樂天知命又達觀，也因此，成爲高雄市政治人物中，參選七次而保持全勝的第一人，也創下擔任七屆近廿四年議員的久任紀錄，保持到高雄市改制院轄市後多

孫土池 1974 年九月訪問美國姊妹市檀香山，與該市議長古賀讓治在議事廳合影

年，才被超越。

經歷過大風大浪的孫土池，見多識廣，人情練達，折衝樽俎功夫過人。退離政壇轉換跑道之後，並沒有閒下來，官方及民間機構都有人借重他。一九八五年，高雄果菜公司問題叢生，市長許水德特地聘請六十一歲的孫土池出任董事長，負責整頓。在龍蛇雜處的果菜公司，孫土池不躁不急穩紮穩打，慢慢將公司帶上軌道，任務完成後就不再戀棧，飄然引退。

孫土池在當記者時，因爲無法割捨對文學的熱愛，曾經和人合辦一份名叫「曉鐘」的雜誌。接辦報紙業務後接觸商場，重返議會時參與經營過三家戲院，擔任高雄市電影商業公會理事長。加入第三信用合作社擔任七年理事，以贊助會員加入市農會當了兩任常務監事，此外，還當高雄市立銀行董事，富鼎證券股份有限公司董事長。一九八九年起擔任中央選舉委員會巡迴監察委員七年。九二年起擔任高雄市文獻委員會委員十二年，九七年獲聘行政院顧問三年，九九年則擔任總統府國策顧問，九五年起獲聘擔任高雄市政府顧問，還長期擔任陳啓川文教基金會董事。又創設高雄東南扶輪社，擔任創社社長，至今廿多年來，與全體社友透過社務服務、社會服務、職業服務及國際服務等四大服務，參加各種社會公益活動，感受到「只問耕耘、不問收穫」的樂趣，和建立真摯友誼的珍貴。

這些政壇退休後的職務，孫土池不論是榮譽職或有給職，都積極參與，貢獻心力。一九九四年，高雄市文獻委員會編印出版「高雄市二二八相關人訪問紀錄」，孫土池極力促成，不但個人接受研究員訪談，而且幫忙尋找連絡相關人士或家屬接受訪談，留下為歷史見證的第一手資料紀錄。

滿頭白髮、笑口常開的孫土池，矍鑠勇健。十多年前，受到當時在美國留學攻讀碩士的長子思源受洗入信的影響，接觸基督教，一九九五年十二月十日在台灣基督長老教會前金教會受洗，成為基督教的虔誠信徒。雖然入信受洗才十多年，他對基督教的信仰虔誠而堅定：「耶和華啊，認識你名的人要倚靠你，因你沒有離棄尋求你的人。」（詩篇 9:10）「你必將生命的道路指示我。在你面前有滿足的喜樂；在你右手中有永遠的福樂。」（詩篇 16:11）是他最喜愛的聖經詩句，也是他晚年心境的最佳寫照。

他現在除了天天讀聖經，天天運動，也天天讀報紙，早晚報各看兩份。「國家大事，社會動態多少要了解」才跟得上時代。他覺得，不論年老年少「活得有尊嚴，人生才有價值。」歲數大了，要有自己的生活，且要有能力處理自己週圍的瑣事。處在人生下半場，更體會到在平凡中心安理得的生活意義，和不平凡的人生價值。

不愛「夕陽無限好，只是近黃昏」的孫土池，欣賞的是「白首不墜青雲志，管他幾度夕陽紅」的境界。秉性樂天熱情、達觀知命的他，時時以「越飽實的稻穗，頭垂得越低」自我期許、自我惕勵。他以謙沖爲懷、熱心服務來回饋他所摯愛的鄉里及社會。一生的作爲，但求無愧於心，不負所託。年過七十之後，更謙卑的把自己交託上帝。讀聖經、聽福音、作禱告，讓他的生命更有價値，更有尊嚴，更充滿平安喜樂。

一個大時代的小見証人

譚木盛

我是一個樸實的農家子弟，一生戰戰兢兢，力求上進。將近五十年的公務員生涯中，有冷暖、有苦勞，有打擊、有危機，不過，我從來未曾頹廢喪志，也不曾有絲毫怠惰。幸運的是在每一個關鍵時刻，總是有長官從旁協助，全力拔擢，使我能夠化危機爲轉機，在工作崗位上克盡職責。雖然沒有平步青雲、飛黃騰達，但已深感滿足。

半世紀的公職生涯，因緣際會讓我有幸追隨在沈之岳先生、許水德先生、陳田錨先生三位大格局長官身邊學習，有幸參與法務部調查局及高雄、台北兩直轄市的行政、議會運作，在大時代關鍵時刻的一些創見作爲，並見証了三位儒雅開闊的俊傑之士，以過人的識見和領導，光大了各自領域的歷史地位。這是我人生最有價值的閱歷。

我的職業生涯，大致分成三個階段：前二十年在調查局，中間十年在地方政府從事行政工作，最後十年在地方議會擔任幕僚長。很幸運，這三個階段，都獲得英明的長官提拔，工作相當順利，且小有成就。按時間先後，我所追隨的依序是沈之岳先生、許水德先生和陳田錨先生。這三位長官各有不同的出身、不同的背景，但談起他們對國家社會的貢獻，都會令人豎起大拇指說「讚」！如今，我已退休數年，思念及三位長官，感恩的心依然歷久不變。撫今追昔，願就個人體會，以隻字片紙與大家分享。

一、讓調查局脫胎換骨的沈之岳先生

長一輩的人，大都知道抗日戰爭期間情報界有一位神奇人物戴笠先生，他的工作可說到了出神入化之境，可惜在他正值英年，國家正需要他的時候，卻因飛機失事殉職。所幸戴笠先生培植了不少人才，其中沈之岳先生更是赫赫有名。沈先生個性沈穩，處事明快，我僅就他擔任調查局長時整頓人事，獲致肯定一事，提出供識者參考。

一九六三年初，調查局調訓一批特考及格的青年。三月初開訓，六月底結訓。正巧六月二日中央發表沈之岳先生爲調查局局長。他上午接任，下午便迫不及待到訓練所探視學生。沈先生對這批學生極爲重視，經過瞭解深思後，得出訓練所的工作方向。首先將這期的訓練延長一個月，特別是實務工作訓練的加強，並將這一期定名爲調查局幹部訓練班調查班第一期，以後按工作需要，繼續招考優秀青年，經過嚴格訓練後分發工作。

沈先生曾在共產黨老巢延安潛伏多年，所以許多媒體都爭相報導他過去的事情，特別是如何潛入延安，爲了工作需要，與江青結爲好友，又如何博得毛澤東的信任，被賦予要職。沈先生過去的這一段，確實引起廣大的興趣，但他不喜歡自己的名字見諸媒體，總是含蓄的說：「忘記過去，展望未來」！他關心的是一般人對調查局有許多誤解，認爲調查局是特務機關，做地下工作的；調查員無不青面獠牙，戴著墨鏡，做些見不得人的事。調查局要脫胎換骨，改變大眾的刻板印象，恐怕要十年以上的工夫。

沈先生認爲只有大刀闊斧，放手去做，才可望立竿見影。他首先揭櫫「機關公開、工作秘密」的大方向。調查局不屬於那一個黨、那一個人，調查局是國家的，調查員應不分黨派，全部是國家的調查員。

調查局要改頭換面，第一要務是提高幹部素質、幹部年輕化，所以先有計畫的招考年輕優秀大學畢業生加入工作行列。其次就是輔導年長資深同仁退休或轉業。五十四年一舉將基隆市、桃園縣、台中市、高雄市四個縣市調查站加以改組，除了領導幹部由資深優秀者擔任外，實際參與工作的，全都是幹訓所畢業的年輕調查員。

此時適巧桃園縣偵破「台美專案」，查獲僞造台幣、美鈔的大案，僞造集團有精密的印鈔機，其僞幣幾可亂真，僞造技術已超乎製幣廠，美鈔部分連ＦＢＩ的幹員都被矇混過關。破獲本案不僅轟動一時，也奠定社會對調查局的肯定。後來又陸陸續續偵破「輸日香蕉」舞弊案，金果盤、金飯碗、金酒杯相繼出籠。因爲辦案公正無私，不問被告職位、關係，絕對毋枉毋縱，因此，調查局在民眾心目中，有如包青天一般，上述局部改組已獲致成效。

為了加速調查局改革，我乃大膽建議沈先生擴大改組幅度，也就是說調查班畢業的學生，派任為縣市調查站主任，實際負責基層領導工作。記得沈先生聽了這個建議，非常高興，加上兩位副局長李先生、趙先生相當贊成，認為調查班第一期學生也有十年工作經驗，此時不予重任更待何時。當時沈先生唯一的顧慮是，我是局長身邊的人（按當時為機要秘書），「派你恐被說任用私人」。當時我也很婉轉的報告，只派我一個當然不好，多改組幾個站，大家就不會講話了！

二、努力從公、偵辦不法、洗冤白謗、無枉無縱

沈先生自此做了重大決定：站主任出缺，年輕優秀的優先考慮。我很榮幸，首先出線；曾經擔任過局長的王光宇先生（也是調查班第一期）等五、六名，都在同一張命令派任，年紀都在四十歲以下，精力充沛，幹勁十足。

沈先生對這批年輕站主任有很大的期許，要求這批站主任務必努力從公，偵辦不法，要毋枉毋縱，同時要注意洗冤白謗，好好帶領後期的學員，「千萬不能因為你們這一批幹部沒有做好而阻擋了後期同學的晉階之路」。所幸，後來調查局陸續偵破大案，證明「素質提昇、年齡降低、以國家調查員自許」的幹部政策極為成功。沈先生領導調查局十五、

六年期間，辦過大案無數；幹部由內部提昇，如今局長也都由調查員昇任，沈先生的幹部政策，可說開花結果了。

沈先生離開調查局後，奉派中央社工會，我也隨沈先生到了社工會。社工會的業務非常繁雜，凡青年、宗教、農、漁、工商各行各業都涉及，沈先生乃胸有大識、包羅萬機之大才，處理各項業務無不平穩無礙。中美斷交時，由於全國人民情緒激憤，美國派安克志等多位代表來台向當局說明，這些代表一下飛機即遇到青年朋友的激烈抗爭。美方爲了此事提出抗議，要求當局有所處置回應。層峰認爲國民黨中央組工會與社工會必須有人爲抗爭事件負責，社工會主任沈先生乃引咎辭職，社工會主任即由台灣省政府社會處長許水德先生接任。許先生與沈先生原屬舊識，加上水公對老前輩一向非常尊重，社工會業務龐雜，水公上任之初，沈先生也一直無私的從旁予以協助。

三、用心深耕的許水德先生

許水德先生自幼清苦，學生時做家教、賣杏仁茶幫助家計，不但沒有被環境打垮，反而克服了惡劣的環境，完成高等教育；加入政府機關服務後，也是步步高昇，由縣市教育局長、主任秘書、做到社會處長。中美斷交時，民心浮動，中央徵召他出任國民黨社工會主任。

許先生是個用心深耕的人，無論那一階段工作，他都留下深刻的腳印。

記得在中央社工會時，有一些宗教團體與政府間有一些誤會，許先生以其忠厚謙和、誠懇務實的態度和他們溝通，化解了不少歧見。有一次，基督教長老會台南神學院幾位牧師和他約定見面，正巧南部颱颱風，風狂雨暴，以目前的規定來看，早已到了停止上班上課的標準。雖然馬路已經淹水，許先生爲了信守約定，堅持南下，帶著我一起趕到台南神學院。結果，台南神學院的蕭清芬院長、鄭兒玉牧師、王南憲牧師…等將近十位牧師在神學院等候，見水公依約到訪，他們十分感動，對國民黨的看法，因此大大的改變。

在社工會工作不久，高雄市由省轄市改制爲院轄市，上級希望水公以老高雄人出任秘書長，期能穩定人事，儘速推動工作。一般人認爲，社工會主任調秘書長有降級的感覺，但水公也毫不遲疑的欣然接受。我在水公誠摯的邀請下，調到高雄市政府任機要秘書。許多認識我與水公的朋友很奇怪的問我：你擔任過幾個縣市的調查站主任（指雲林縣、台南縣、桃園縣），還屈就爲許水德的機要秘書，真不可思議？另外還有一種聲音就是：「水德兄，你是什麼魅力，能將譚某人請來？」水公輕聲告訴他們：「譚兄不會計較職位與待遇」。

可惜我只做了半年左右，調查局長阮成章先生秉承上級指示，希望成立一個小而美、小而精、小而壯，由局長親自督導指揮的精銳部隊，阮局長考慮結果，認爲我最適合，乃直接打電話，請求王玉雲市長及許秘書長的首肯。兩位長官認爲既是工作需要，而且是調升，二話不說就答應了。我於是又回到台北，先是調兵遣將組成三十幾人的小部隊，命名爲閃電組（即北機組、中機組、南機組、東機組前身），實施各種特殊的訓練，之後陸續辦了許多弊案，它的功能深受全國肯定，發揮了阮局長在工作中一再提示：「這個精銳部隊的功能，應該像一把鋒利的匕首，平日深藏不露，不出手便罷，一旦出手就要有深中要害的成果」。「閃電組」這個名字，也因此時常在媒體出現。

四、追隨許水公任職高、北兩直轄市

一九八二年四月，水公被任命爲高雄市長，於是舊話重提，希望我能在市長室協助他處理機要事務，並兼任市府與議會總連絡人，不久後改派副秘書長，仍然兼任議會總連絡人。

記得那段期間，議會爲歡迎市府幾位新到任的局處首長，議長錨公與全體議員邀新任首長在圓山飯店餐敘，當時市民最關心的是治安問題，上級也考量警察局長廖兆祥的長才，調他來高雄掌管警務。由於各界急於要知道廖局長的作風與做法，議員於是請廖局長在餐會中上台報告。

廖局長辯才無礙，對法令十分熟悉，不過講話時，常用倒裝句，不聽完整句話，無法瞭解他的全義。就因爲如此，竟發生了言語上的誤會，全部議員譁然，要求議長處理：第一要警察局預算立即凍結不得動支，第二向全體議員道歉。議長爲了緩和會場氣氛，立即做了處置。市政府人員也立即向正在韓國訪問的許市長報告，市長回應照議長的指示辦理。

餐會結束，盧秘書長光普指揮我與環保局胡養才局長（與廖局長官校同學，私交甚篤）處理此事，由我與胡局長兩人連袂跑遍全市，向每位議員道歉說明，深夜十二點多完成任務後，到議長公館報告「任務完成，請議長釋懷」，議長欣慰的說了一聲「辛苦了」！

水公爲人忠厚，待人誠懇謙卑，尤其是深切體認民主政治是議會政治，他非常尊重議會，與陳議長相交甚篤。他要求市府首長，議會開會期間，非有特別重要大事不要請假，以便議會有相關問題要了解時，可以「即傳即到」，議會對許市長也相當禮遇。議會審議市府預算或重要法案時，他都會到議會，與錨公敘敘，一同到委員會或議事廳（大會）探望議員，感謝議員的支持。

這裡要表述的是我因擔任議會總連絡人的機緣，得以結識議長錨公，另從各方面的資訊獲悉錨公名滿天下，高雄陳家於家業、於政壇、於各行各業均能獨領風騷，主要關鍵在於陳家人才輩出，而錨公是代表人物之一。

五、領導議會圓融無礙的陳田錨先生

一九八五年五月許市長奉調台北市市長，陳議長贈予「懋績長留」銀盾，表示對許市長的肯定，我也追隨許市長去台北市政府，因工作需要先派參事後任建設局長、交通局長（吳市長伯雄派任）。直到九一年五月高雄市議會秘書長吳鴻顯兄另有高就，錨公對其繼任人選非常審愼，經過多次長考，頭腦掃瞄，竟出現譚木盛這個名字。

當天剛好許水公獲派駐日代表，各界在台北國賓飯店舉辦歡送會，場面很大，錨公向水德先生打聽，了解我的意願。我隨水公到圓山飯店談些事情，水公將錨公希望我去高雄市議會服務的事告知，並鼓勵再三。就在離開圓山飯店返回辦公室途中接獲錨公電話，事情非常急迫，車上就決定了人事，當晚立即將人事資料送到錨公手上。

過不了幾天，九一年五月二十日，我就南下高雄赴議會報到正式就職，我心裡很高興，自此以後能在錨公左右，學習爲人處事。古人所謂「近水樓台先得月，向陽花木早逢春。」後來得了應驗。

當天晚餐時，有位民進黨議員認爲我過去在調查局屬「鷹派」，「閃電組的」，這些資歷令人聽了就怕，當幕僚長並不適合；另外有人主張幕僚長任命應先經大會通過等等。錨公怕我擔心或心裡不舒坦，悄悄的告訴我：「不要介意，我會處理好，不過大會開議在即，對議事運作、議事規則等有關法令要多看幾遍，熟習法令，開會時就不會有扞格。」到市議會的第一天，我就感受到錨公的定見和溫暖。

錨公高瞻遠矚，深切體認到議事管理資訊化的重要，一九九〇年初，督導完成自動化作業計畫，並成立資訊化推動小組，採購硬體設備。我到職後鑑於許多機關推動資訊化並不成功，原因是雖有專人負責，但不是缺乏專業知識，就是未能整合，以致於開始時只是造名冊發薪水，無法處理主要的業務，功能無法發揮。錨公認為「懂業務的人不懂電腦，懂電腦的人不懂業務」，以致各行其是，要求推動小組必須整合兩方面的人才，以期儘速達成資訊化的目標。

陳議長退休，譚秘書長代表議會員工贈送紀念匾額（董清男攝）

九二年六月，小組首先完成第一期軟體工程，包括議案、質詢兩個系統，及建檔工作。爲求名正言順，正式成立資訊室，將總務組下設的文書股改隸資訊室，積極推展工作。接著又完成第二期軟體工程，含法規、圖書、公文、人事、薪資、預決算審查支援及施政統計等七個系統，使議事資訊化又邁進了一大步。

六、增加「公報資料全文檢索及議事即時影音播放」功能

網際網路及網站設置、建置全球資訊網，乃先進國家議會所必備，市議會在九五年底完成全球資訊網的建置，包括高雄市議會簡介、認識高雄市議員、公聽會意見交流、電子郵遞請願建議案、議會訊息佈告欄等系統，使議會有關資訊能迅速公諸社會，甚至全世界。翌年增加「公報資料全文檢索及議事影音即時播放」功能。與日本東京都議會、京都議會相較，毫不遜色。

高雄市議會推動資訊化之初，爲求盡善盡美，曾經赴立法院、台北市議會學習取經。曾幾何時，國內民意機關的資訊化，反而紛紛來高雄市參觀，並多所稱讚。

錨公主持議會極其耐煩，對於問題的討論，會讓議員同仁暢所欲言，那怕重複再三，他也不厭其煩。但是如果存心杯葛，他會提醒「已超越主題」或「已講得太久了」！這個時候主席台的錨公會斷然處置，徵詢其他議員「有意見沒有」?「沒有」，議事槌敲下，

照大家的意見通過。

記得有一次召開定期大會前的預備會議，討論大會議程安排的問題，一位議員提出意見，但不被其他議員認同。主席錨公一再說明，也設法折衷，其他議員都同意了，這位議員仍然堅持己見，爲了一個小問題耗了很多時間，其他議員都已經不耐煩了，錨公也忍不住發火，突然臉孔一拉，脫口用台語說：「你不願？我嘛不願！」拿起議事槌一敲，宣布「通過」。接著宣布休息，走下主席台離開議事廳。幾分鐘後，錨公返回議事廳，若無其事的說：「實在是尿急了，爲這種小事爭執有什麼意義？」

不過，議長挺議員而遭當局關心的事也曾有過。第三屆議員任期未滿，適逢立委改選，議會竟有四位議員轉換戰場競選立委，其中一位非國民黨籍的朱姓議員動作很大，他競選總部成立時，錨公應邀站台並發表演講，請「支持他的，就要把票投下去」。這句話引起一位中央要員的「關切」，要錨公說明。錨公回應表示，這位議員平時很好溝通，議長應邀爲這樣的議員站台應該無傷大雅，而且講明了「支持他的，就把票投下去」，反正支持他的選民也不可能把票給別的候選人，投給他是必然的，這樣講，也不過是場面話而已，那會有問題？中央對這件事只好不了了之。

七、錨公領導議會廿二年，高風亮節，大家景仰

錨公領導議會廿二年，高風亮節，大家景仰，經過錨公執持議事槌敲定的案件不計其數，市政建設經費更不知有幾千百億。這些件件代表民意，沒有爭議，在議事錄中有詳細記載，市民同胞可藉議事錄而窺其全貌。但有些重大案件，其曲折過程則不容易在議事錄的文字出現。

就市民最關心也與生活最密切的焚化爐與捷運工程來說，議長很巧妙的藉參觀訪問、自強活動旅遊時，將可能在議事廳提及的問題先行提出，讓議員天南地北儘量發表，大家輕鬆的交換意見。此時此地無異是議事廳的延伸，錨公總在大家意見較為接近時，迅速作出結論，俟議會正式開會時，就很容易通過。這正是錨公能以圓融的智慧、和煦的態度，使議事節奏流暢無礙，減少在議事廳唇槍舌劍的高明作為。

焚化爐案預估要動用表決才能通過，卻碰到蔡副議長的尊翁病危國外，蔡副議長特別為了焚化爐表決延後一天出國接回，結果是未能見到最後一面。另有數名執政黨議員在臨表決時退出議事廳，讓黨團氣憤難消，由於錨公德望崇隆，表決時還是通過了。議會同意興建三座焚化爐，目前僅兩座就已足夠使用，高雄市因此沒有發生垃圾露宿街頭的情形。

捷運工程關係民生甚大，而且早做晚做都要做，議長希望規劃設計預算全部都準備好了，特別是採取那一種系統確定後再提，不要拼湊，預算一次通過，工程即可一氣呵成。

爲尋求最好的規劃，議會破天荒的舉辦一次國際性的公聽會，邀請日本、美國的專家、國內的學者，以及實際參與台北捷運工程的首長，集聚一堂發表高見，開放市民旁聽。不但開了地方議會舉辦國際性公聽會的先例，議會也將公聽會所有資料送交市政府參考。

另外，議會對於總顧問的選擇也極爲重視，爲了解總顧問的聘請有無不法或不當，議長也指派了七人小組，到美國華盛頓、英屬開曼群島等地調查。調查結論也送市政府參酌改進。這在地方議會也是創舉。由此也可看出，陳議長對捷運工程求好心切的程度。

八、鍇公處理人事問題非常公開尊重制度

鍇公處理人事問題，非常公開，尊重制度。議會編制極小，出缺也少，爲了爭取優秀同仁，乃公開徵才。職員水準一年一年提昇，工警則遵行政院之精簡規定，出了缺就不補，爲國家節省了不少公帑。這個原則，鍇公非常堅持，也樹立了良好的典範。

二〇〇〇年間，一名工友年紀雖輕，但已達工友退職標準，他希望辦理工友退職，轉任警衛，他可以一舉兩得，特別請議員幫忙，還叮嚀「千萬不要經過人事作業程序，否則幕僚單位一定封殺」。鍇公大公無私，將有關資料交辦，按一般程序辦理，結果如何，大家清楚。

行政院爲落實殘障福利法，要求每一個公私機構按一定比例進用殘障同胞，當時市議會依比例少用了兩名，未足額進用的部份，每少用一人，每個月必須由公帑支付二萬多元給市政府社會局。錨公認爲，用公帑去繳罰款，極爲不妥，剛巧有數名有工作能力的殘障朋友來議會應徵工作，經過審查，有兩名符合晉用標準，乃予以任用，如此，不僅不必交罰款，市政府還依規定發了兩次各五萬元的獎勵金。當然，這兩筆獎勵金轉送給殘障福利機構，是不在話下。

議會每年都有一次較大型的國外參觀訪問，錨公非常重視，舉凡目的地的選擇、參訪項目行程、轉機、餐飲、住宿，他都十分注意，比如轉機超過三小時以上就該檢討，因爲轉機在機場乾坐空等是非常痛苦的。至於餐飲，則顧慮到有些同仁只習慣中式飲食，所以儘可能安排中式餐飲，但是既然到了國外，當地的風味也該品嚐一番，才算不虛此行。他總是考慮週詳，設法讓所有成員皆大歡喜。

譚木盛與陳議長多次一起出國旅遊

美國波特蘭與高雄市是姊妹市，每年交往甚密，尤其是議會接辦交往事宜後，雙方訪問團更加壯盛。不過波特蘭方面幾次提到陳議長不曾率團往訪是件憾事，盼望陳議長能率團訪問參觀。錨公爲了不負波特蘭的好意，乃在九八年六月組成包括議會、市府、工商領袖，以及樹德家商學生代表的訪問團，浩浩蕩蕩到了波特蘭。活動項目有玫瑰花車遊行、龍舟競賽，學生們到社區的各項表演，博得一致好評。

一九九八年十月，錨公預料到以議長名義帶團的機會不多了，特別選定北海道作比較深入的參觀，因爲北海道北邊頗負盛名而一般人較少前往，如網走知床岬、阿寒摩周湖、層雲峽、小樽。這次旅遊帶有慰勞性質，所以錨公安排身邊的幕僚全都同行，以慰平日辛苦。這次旅遊在知床岬碰上大風雨，錨公頭上戴著的呢帽，被大風颳走，飛到對岸的草叢上。這頂呢帽，據說是議長尊翁買給他的，品質屬頂級，對錨公更有非比尋常的意義，卻被大風颳走，留在當地做永久的紀念品。

九、議長廿二年，高風衆仰賢，此槌最神聖，民意大如天

錨公爲人處事值得學習的實在太多，他常說長輩或長官講話時，一定要做筆記，以免事後遺忘或錯誤，這是一件極小的事，但証明了錨公的精微縝密。就我個人的感受，錨公待人親和，出於自然，不矯揉做作，即使對某一件事極度不滿，也不會疾言厲色，

是一位可敬、可愛又可親近的長者，風骨天成，正如近代在佛教界備受欽仰的印順導師所說的「圓融無礙」，能夠當他幕僚長，是福報。

一九九七年欣逢錨公七秩華誕，他沒有做壽慶，一如往常作息，我特別懇請國畫大師吳堪白先生畫了一幅老松，爲錨公祝福，堪白先生在畫中題了「不老松，氣葱籠，盤根太華之石，摩頂紫霄之奇峰。不老松，氣葱籠，大谷偃蓋崖蔭百丈，乩幹勁挺老子猶龍有是翁」。

一九九八年十二月底第四屆議員任期屆滿，錨公卸任議長時，秘書處同仁以他用了二十多年的議事槌送給他做紀念，同時刻上：「議長廿二年，高風眾仰賢，此槌最神聖，民意大如天。」

二〇〇一年五月，我任議會幕僚長滿十年，雖未屆齡，但選擇提前退休。現在能海闊天空任意翺翔，正符合錨公平時所說：「人要把握機會努力工作，最好留幾年過輕鬆的生活。」

十、三位大時代的典範

撫今追昔，想起這大半輩子所追隨的三位長官：

沈之岳先生代表了一個抗戰敵後無數地下英雄，以埋名隱姓、夜以繼日、置個人死生於度外的大我胸襟，爲調查局「以國家爲最高定位」脫胎換骨的大忠理念。

許水德先生代表的是台灣光復後，一個貧家子弟刻苦力學，一步一腳印，終能位居要津、對國家社會有所貢獻的典型。

陳田錨先生則是一位氣度軒昂、高風亮節的世家子弟，以大是大非爲己任，用圓融無礙的領導風格，在地方議會無我無私的奉獻。

這三位都是大時代中的典範。我何其有幸，以一個出身農家的子弟，竟能親炙這三位不世出的人物的卓越風骨而受益一生。因此，我謹以一個小見證人的身分，記述我跟隨三位先生的親身經歷與體驗，與大家分享。

陳萬達的「牽牛車傳奇」

連任七屆連續當了二十九年半議員的陳萬達，從不諱言自己靠駛牛車起家。

高雄市議會有史以來，創下任期不間斷最久記錄的議員是楠梓區選出的陳萬達，他從一九七三年當選省轄市第八屆議員開始，連任省轄市第九屆、臨時市議會及直轄市第一至五屆議員，沒有間斷的連任七屆。任期自一九七三年五月一日就任第八屆議員，到二〇〇二年十二月二十四日第五屆議員任滿卸任，連續擔任市議員的時間長達二十九年七個月又二十四天。

陳萬達這個記錄，寫的是「牽牛車傳奇」。

陳萬達世居楠仔坑後勁，父親陳登春是佃農，耕種了四分六的水田和三分地的旱地。台灣光復後，政府實施耕者有其田的土地改革政策，陳登春的運氣不太好，耕作的剛好是地主保留分的田地，只好繼續當佃農。陳萬達在一九三三年出生，是家中獨子，自小跟著父親務農，農閒時打零工。日據時代讀了三年小學，但他學得紮實的卻是農家耕作事務。四分六的水田要插秧，陳萬達一個人只要兩天就可插好，插秧技術可算一流。由於農事操勞，陳萬達也練得筋骨粗健，個子雖小，粗工可都難不倒他，因此，農閒時也跟著左鄰右舍到處做工賺取微薄的工資。

戰後，被美軍炸轟過的高雄港工作機會最多，陳萬達跟著鄰居到高雄港做工。在工作多、人手少的時候，工頭只要有人肯來做工就好，不會挑肥撿瘦，但如果工作比較少，就要挑選工人了。陳萬達跟著鄰居才做了三天，第四天就被工頭刷下來，工頭認爲他年紀小，個子也小，不讓他做。由於做工的地點遠在高雄港邊，住家則在楠梓後勁，當時做的工作是搬運裝箱的軍用物資，上工時搭

陳萬達當「牛車頭」時，拉車的這頭黃牛還曾在比賽中得獎，華麗的裝飾，可見主人對牠的珍愛。

軍車由後勁走鼓山路到港區，傍晚再搭原車回家。工頭不給陳萬達工作，當時交通不便，陳萬達年紀小，路不熟，也無法一個人回家，只好在附近無聊的逛來逛去，等到傍晚收工，才一起回後勁，沒想到收工要回家時，工頭說他不是受雇的工人，不讓他搭車，陳萬達受了一整天的委屈，忍不住放聲大哭。帶他一起外出做工的鄰居認爲，大家都是從後勁一起來的，也要一起回家，工頭才讓陳萬達上車。

一九四五年對日抗戰勝利，台灣光復，戰後的台灣再受到大陸國共內戰的影響，物價飛漲，以黃金價格來說，一九四六年（民國三十五年）每兩一萬二千零六十九元，四七年每兩八萬四千七百一十五元，四八年每兩三十八萬九千六百元，四九年四十一萬六千元。國民政府來到台灣，一九四六年所發行的舊台幣也持續貶值，一九四九年六月一日頒佈新台幣發行辦法，四萬元舊台幣換新台幣一元。當時工資，需要技術與體力的砍甘蔗一天八塊錢算是高的，但這個工作只有年底甘蔗收成時才有，其他時間只能打零工。陳萬達也到煉油廠當臨時工，一天工資二塊二毛錢，而白米一斗要二、三十元，陳萬達當臨時工，一個月工資買不到三斗米。

十九歲時，陳萬達經人做媒娶親成家，生了兩個女兒之後，被調去當兵，他是獨子，服補充兵役，在台南受訓四個月退伍。回來後要養家活口，做工難以維生，就興起經營牛車生意的念頭。一九五〇年代，機動車很少，利用獸力的牛車是民間貨運的主力。有牛車的話，受雇一天就可以賺到三十幾塊錢。但購置牛車要一筆數目不小的錢，陳萬達家中資金不夠，只好設法向親戚週轉，想辦法創業。他向親戚借錢，以新台幣二千九百元買了一頭黃牛，再花四百五十元向人買了一台已經淘汰，當堆放柴火架子的舊牛車，克難式的經營起他的牛車事業。

陳萬達因為資金短少，買的車是舊的，第一頭牛也是次級品，平路還好，爛泥地就拖不動了，牛車主要和牛一起用力拖拉，還好陳萬達年輕力壯，加上才初入行，以較行情稍低的價錢幫人家運甘蔗，所以他還是有生意做。

開始駛牛車的第三天，陳萬達就接到一筆大生意，承包楠梓衛生所及左營衛生所新建工程的黃姓包商找上陳萬達，問他敢不敢負責工程用砂石的供應？初生之犢的陳萬達見獵心喜，大膽攬下這筆生意，但自己一輛牛車應付不來，就雇請其他牛車同業支援，當起「牛車頭」。

建築用的磚要到磚窰購買，打地基的硓咕石就近到半屏山搬運，拌合混凝土用的砂到芎蕉腳河床去挖，礫石（級配料）則是包商從屏東買來，託火車運到楠梓車站卸下來，再由牛車搬運到工地。當時的行情，牛車連人帶工一天工資三十五元。由於陳萬達是業界菜鳥，入行才三天就要當「牛車頭」，開始時根本沒有人肯接他的工作，擔心拿不到工錢。陳萬達怕第一攤生意就漏氣，開出一天五十元的高價，總算雇到牛車幫忙載運建材。

陳萬達出高價又不積欠工資的風聲傳出，其他牛車業者爭相受雇。

到火車站運礫石是有時間限制的，一次都是兩個「烏台（貨車廂）」，限定時間清運完畢，如果沒有在規定時間內搬運完成，就會影響下一班的火車貨運，要罰錢。由於很多牛車業者自動趕著車來受雇搬運，陳萬達的第一筆大生意，也因此順利完成，沒有誤事。而且，雇請牛車一天五十元，但砂石載到工地，一車就是五十元，每輛牛車一天只要運三趟，陳萬達就有一百五十元進賬，購買磚、石、砂還有價差的利頭。這筆生意，讓陳萬達還清債務，換了新的牛車，還積存一筆本錢。

陳萬達的第一輛牛車買的是人家要當堆放柴火架子的報廢牛車，後車輪是橡膠輪胎，前面兩輪則是外包鐵皮的木製車輪。報廢車架的輪胎已經不能用，陳萬達買了兩個舊輪胎裝上，前輪的鐵皮嚴重鏽蝕，經常會脫落，但還勉強可以湊和著使用，就沒有換了。為了讓前輪的鐵皮不致於脫落，就要不時澆水，保持木輪溼潤才行。因此，一般的牛車夫是「坐在車上吹口哨唱山歌」，陳萬達則要跟著車走，隨時到路邊的水溝舀水澆車輪。賺到錢之後，陳萬達第一件事就是換新車，改善自己的生財工具。他也開始留意拉車用的牛，看到好的小牛，就先買下來自己養，自己訓練。他養的牛，曾在一九六三年高雄市比賽得到冠軍，代表高雄市到台南新營農校參加全省比賽，得到第三名。

除了載運建築用的磚塊砂石，陳萬達載運最多的還是甘蔗。當時甘蔗還是台灣最大宗的經濟農作物，所有甘蔗都要賣給糖廠。一般蔗農的甘蔗採收載運數量都還有限，賺工錢而已，承包到機關團體經營的大面積蔗田採收，才有賺頭。

當年，楠梓榮民醫院還沒有興建，附近都是蔗田，「業主」是軍方經營的大同農場，面積有二十甲之多，甘蔗採收時公開招標。由於這片甘蔗田管理得並不好，甘蔗長得細瘦瘦的，許多人怕賠錢，不敢出高價搶標，陳萬達找了幾個人合夥，標下整園甘蔗後，股東認爲標價過高，評估認爲可能要賠錢，紛紛要求退股；帶頭的陳萬達沒有辦法，只好一個人獨撐，準備認賠。沒想到這一年糖廠改變往年做法，糖廠所有蔗田的蔗葉，不論是乾的葉子或甘蔗尾葉，都不讓民眾採取，要就地混耕入土當肥料。當時煮飯都用燒柴火的灶，木柴要花錢買，許多家庭都採集乾的蔗葉當主要燃料；而蔗尾則是飼養牛羊的主要草料，因爲甘蔗採收期都在冬天，無處割青草，牛羊草料缺乏，主要靠甘蔗尾過冬。

糖廠禁採，陳萬達標到的蔗田，連甘蔗葉子都可以賣錢。他將乾的蔗葉供人採拾當柴火，條件是代工採收甘蔗；蔗尾則捆成一捆一捆的，賣給人家當牛羊飼料，三捆十塊錢。三捆蔗尾夠讓牛吃一天。當時到蔗田來採蔗葉當柴火的，除了在地人，連隔壁高雄縣梓官鄉蚵仔寮、赤崁的人都跑到後勁來。到場的人自己動手砍甘蔗，將甘蔗、蔗尾及乾葉分堆集中，等到採集的乾蔗葉，足夠紮成自己挑得動的兩大捆後，就挑回家。陳萬達雇請的工人，只要負責綑甘蔗送上台糖貨車，紮蔗尾賣人當草料。有人駛牛車經過，就順便買幾綑蔗尾帶回去。蔗田整天人來人往，熱鬧非凡。

這個機緣，讓陳萬達「廢物變黃金」，雇工採收的問題一下子就解決了。而且，看起來細細瘦瘦的甘蔗，產量也比原先估算的多。這一次，陳萬達就賺了十幾萬元。在「百萬富翁」就是巨富人家的當年，陳萬達確實是大賺了一筆。而台灣當時也因安定而開始建設，牛車的運輸業務應接不暇，陳萬達擴大自有牛車隊的陣容，「牛車頭」也越來越有生意，賺錢之後，投資買了一輛日製五十鈴的「自動車」，加入汽車貨運行列。

陳萬達入夥的汽車貨運行有五、六輛車，他買的那一輛新車，在一次車隊行進間，因爲前面的卡車緊急煞車，司機來不及反應，就撞了上去，前面被撞的車損失輕微，陳萬達的新車車頭撞壞了。由於這次車禍發生不久之前，陳萬達的母親往生，已經安葬了，他還在服喪期間，車行老闆認爲可能就是因此「犯沖」，陳萬達只好退出，把撞壞的車修好，自己經營，主要是載運建築用的砂石，利潤不錯。不久即有財力投資建築業，蓋房子出售，後來又投入土石採取業，在高屏溪畔經營砂石場。賺的錢比以前更多。

陳萬達投資土石採取業，是在佛光山前的下淡水溪用機器船採砂石，篩洗攪拌混凝土用的級配料，供應建築工程使用。機器船每天作業二十四小時，挖洗篩選砂石的效率是每二分鐘一立方公尺，每立售價二百元。當年台灣各項基礎建設逐步開展，砂石料供不應求，陳萬達「每分鐘都在賺錢」。陳萬達雖然書讀得不多，卻敢衝敢拚，很有生意眼，而且投資正確，事業越做越大。

從退伍以後，陳萬達會「一切向錢看」，主要原因是被徵召入伍，和同一梯次二十多人在後勁聖雲宮廟前廣場集合，祭拜神明準備出發時，聽到有人對他指指點點，說他「那個窮鬼」，讓他感到屈辱。別人家在耕者有其田政策下，分配到田地，佃農變成自耕農，有自己的田產；他家運氣不好，耕作的正好是「地主保留分」的地，只能繼續作佃農。家無恆產，才被人恥笑。他因此立志一定要賺到錢，不要再讓人取笑。在經營牛車生意期間，晚上他很少在家休息，多騎著新買的腳踏車，到處接洽生意。

四個月補充兵期間，他最大的收穫是學會聽國語和說國語，當時軍中班長等幹部多是外省籍，講的話雖然南腔北調，但都是「國語」，他也因此學會講一點蹩腳的國語。就這一點點國語，加上他膽子大，日後在爭取承包工程時，也派上用場。讓他賺到第一筆大錢的大同農場甘蔗承包案，和以後多處眷村興建工程建材供應，就是用他蹩腳的國語溝通爭取到的。

一九七三年初，高雄省轄市第八屆市議員選舉，陳萬達被朋友相激登記參選，當時後勁地區有兩人想選，地方大老認爲兩個人參選的話，選票分散，可能全部落選，地方上就沒有議員了，因此主張應協調一人參選，地方集中力量支持。最後抽籤決定，由陳萬達代表後勁出馬競選議員。

第八屆市議員左楠地區要選九席，二十一人競爭。當時的競選活動，除了拜訪選民拉票，搭宣傳車遊行廣播，最主要的是公辦政見發表會，幾乎所有的候選人都不敢缺席。四十一歲的陳萬達，從來沒有上台對著許多人發表演講的經驗，公辦政見會不能不參加，只好硬著頭皮上場。

第一場公辦政見會在左營遠東戲院，陳萬達一上台，兩腳發抖之外，還覺得整個人要往上漂浮。向選民自我介紹後，也結結巴巴的唸完事先準備的演講稿，他得到的笑聲比掌聲多。當晚第二場政見會在左營高中操場，陳萬達抽中最後一個發言。助選員看他怯場，告訴他「灌燒酒助膽」有效，他也實在沒有別的辦法，馬上驅車趕回後勁家中，斟一大杯平常喝的自備藥酒，一口吞下，再趕回左營高中。

回到政見會場，政見會主持人已經在唱名叫他上台，依規定，唱名三次不到即視同棄權，陳萬達趕緊應聲，匆匆爬上發表政見的司令台。就定位後，從口袋掏出演講稿放在講台上鋪平，伸手去扶麥克風準備開講。可能是早上已有一次經驗，也可能是酒精發揮作用，陳萬達覺得自己比早上鎮定多了，情況還不錯。沒想到就在他伸手去抓麥克風之際，一陣大風吹來，放在講台上的稿子，被吹得飛舞四散，他緊急伸手去撈沒抓到，稿子飛遠了，也沒有辦法幫他找回來，他頓時僵在台上，台下爆出笑聲，工作人員也忍不住掩住嘴巴暗笑。

由於政見會已到尾聲，人潮逐漸往外移動，還有人邊走邊說：「這個口才有夠差，未曉講話。」講稿被風吹走的陳萬達，只好趕緊開口說：「各位父老兄弟姊妹，我是登記第某號陳萬達，請大家支持。」看著越來越多聽眾背向講台，他不知道要講什麼、還有什麼可以講的？就一鞠躬下台了。

這場政見會，因爲有這一幕而「歡樂」收場。陳萬達和他的助選人員很鬱卒的打道回府，懊惱萬分。助選員告訴陳萬達「講政見，就是要會曉白賊啦！」要他學其他的候選人，「支票先開落去」，當選以後再說。

第三場政見會在右昌大廟廟埕，大白天，莊頭的人有農事要忙，沒有幾個人來聽，草草結束。第四場晚上在後勁廟前廣場，沒有搭台子，以廟口玄關階梯高處做講台。後勁是陳萬達的「地頭」，台下的聽眾都是左鄰右舍的後勁人，陳萬達面對鄉親還是緊張。輪到他上台，一名助選員躲在廟門陰影下壓低嗓子提醒陳萬達「白賊、白賊」，意思是叫他「政見支票黑白開」。

陳萬達知道後勁人當時最在意的事，一是後勁子弟讀書，都要穿越交通繁忙的加昌路到和平國小，很危險；一是當地只有一條排水溝，只要下雨，馬路就變成水溝，水排掉了也泥濘難行。他就開始「開支票」，表示當選後，第一件要爭取市政府在和平國小前興建跨越加昌路的天橋或地下道，解決學童通學安全的問題；第二件是要做排水溝，解決後勁地區下雨就淹水的問題。

這一次政見發表，陳萬達向鄉親「端出牛肉」，鄉親也捧場，總算掌聲多過笑聲。他看效果不錯，以後政見會就「比著葫蘆畫瓢」。候選人該盡的禮數，也都努力做到。開票結果，他以五千零四十六票當選第八屆市議員。

競選議員的事，一回生，二回熟，陳萬達接著連任省轄市第九屆、院轄市一至五屆等七屆議員，從一九七三年五月一日就任第八屆議員，到院轄市議會第五屆任期二〇〇二年十二月二十四日屆滿，連續擔任市議員達二十九年七個月又二十四天，沒有間斷。

高雄市議會自一九四六年參議會成立，省轄市九屆，至院轄市第七屆爲止，市議員總人數有三百六十五人，擔任議員屆數最多、任期最長的是前議長陳田錨先生。陳田錨擔任過八屆議員，任期長達三十二年二個月又八天，陳萬達的屆數、任期居次。但陳田錨的八屆議員是改制前及改制後各四屆，期間中斷兩屆八年。如果以任期連續沒有間斷的條件來論，陳萬達的七屆二十九年就排第一名。這個高雄市連任議員期間最長的記錄，陳萬達很可能成爲永久記錄保持人。

陳萬達競選時開的政見支票，多能設法兌現。以和平國小前的地下道來說，當時的市長王玉雲配合規劃，但要求陳萬達「半價承包」贊助，並負責興建工程。一九七四年落成剪綵，王玉雲命名爲「萬達地下道」。當時，一甲良田要四、五十萬元，陳萬達捐建這座地下道，單是工料就花了六十五萬元。

地下道在陳萬達當選議員約半年就開工興建，當時採用明挖法，開挖不久就發生冒出地下水的問題，土方坍塌。陳萬達帶著太太到工地旁邊的廟跪拜許願，承諾工程完工後，會同時整平廟前廣場鋪上水泥，從此以後，工程就一切順利，陳萬達也爲廟埕鋪上水泥還願。

改善後勁地區的排水工程則由市政府辦理。後勁地區的水流，原本向北流入後勁溪，市政府的工程則規劃集水到南側的煉油廠，結合油廠既有的排水系統排放出去。沒想到地方上有人認爲，傳統的水流方向被改變了，後勁地區的「地理」將會受到影響破壞，恐怕對地方不利。爭取到改善工程的陳萬達聽到風聲，感受到壓力，但是，卻無從辯解。高雄市改制後的第一屆市議員選舉，後勁出身的議員，由一人增爲二人，相信「地理」的地方人士才沒話說，陳萬達這個壓力，才算消解。楠梓與左營同一選區，省轄市時期的議員選舉，都是左營區當選的多，改制後變成楠梓區議員比左營區多，其實是社會發展、人口變遷的結果。

陳萬達從牽牛車起家，努力工作還加上機運致富的。但一直到幾年前，坊間還有傳聞說，陳萬達是「撿到美金」才變成有錢人的。傳聞的版本有兩種：一個是說陳萬達駛著牛車在路上走，天上有飛機飛過，掉下一個袋子，正好砸在他的牛車上，而袋子裡裝著美金；一個是說陳萬達到田裡工作，在田邊草叢撿到一個裝滿美金的袋子。有人曾經直接問陳萬達：「人家說你撿到美金，到底是撿到多少？」陳萬達的標準答案是：「幹，撿到整布袋咧！」

這個問題，已經和陳萬達「糾纏」了半個世紀之久。

事情發生在一九五〇年代初期，陳萬達雖然當「牛車頭」後就賺到錢，家境改善了，但他太太還是和以前一樣勤快節儉，陳萬達駛牛車做生意，她依舊和一般農家婦女一樣，每天和親友鄰舍結伴到處打工、砍甘蔗、撿乾蔗葉。

有一天午後，陳太太和幾個工作女伴搭乘陳萬達表兄的牛車，從後勁要到半屏山東側的蔗田採收甘蔗，沿縱貫公路走到東南水泥廠前面時，一輛載有美國大兵的軍車在對向車道飛馳北上，軍車和牛車相錯呼嘯而過之際，因爲路面不平，可能是壓到坑洞跳動了幾下，有東西從車上掉下來，散落在地。牛車上的四、五個人馬上搶著去撿。每個人都撿到一些，有人撿到小皮夾和裡面的東西，陳太太撿到二張一元面額的新台幣紙鈔，各自把撿到的東西收好，還是到蔗田照樣做工。

不久之後，軍車回頭來找東西，也到田裡詢問。蔗田裡一大堆人，沒有人承認，可能因爲失主損失不大、另有要事就離開了。事情雖然不了了之，但風聲在後勁傳開，有人看到陳萬達就消遣他：「牛車免駛啦，撿到美金喔！」陳萬達口拙，開始還會講兩句，一再被消遣之後，懶得再說，「幹」一聲就算回答過了。有一次氣不過，才說「撿到歸布袋啦」。當時所說的「布袋」，是指裝稻穀的麻布袋，一麻袋剛採收的稻穀重約一百台斤（六十公斤）。從此，「陳萬達撿到一布袋美金」的故事，開始在外流傳。比較奇怪的是：後勁莊頭的人，反而多不當一回事，他們知道真實情況，有「外人」提起來，才當做故事，講得活靈活現。

陳萬達投資事業多是獨資，主要是早期幾次和人合夥做生意的經驗都不算愉快。問他有那些事業沒有成功，他說，「賺多賺少啦，沒倒了的」。不過，也算是「投資」的股市，卻是他的「罩門」，只有買股票的投資，讓他只賠不賺，虧過幾百萬元之後，就不玩了。「簽阿樂仔也不行」，從來沒有中過獎。他檢討的結果是：「地下道建好以後，我做事業都很順利」，「沒有流汗的錢，我不能賺」。

陳萬達議員做了近卅年，沒有當過議長，也沒有當過副議長，朋友看他有「最資深」的條件，也幫他封了一個「黑官」，叫他「議員長」或「士官長」。

二〇〇二年底第六屆市議員選舉，七十歲的陳萬達沒有再參選，但他只自政壇退休，還留在商場打拚，繼續寫他的「牽牛車傳奇」。

開過飛機的洪茂俊

年近半百才踏上政壇的洪茂俊「實大聲宏」

當了五屆二十一年市議員的洪茂俊，一生多采多姿、讀書不必花錢。他曾經教過國小，飛過噴射教練機，團康活動辦得嘎嘎叫。在市議會以敢言、直言、講話大聲著稱。他開飛機、當議員，幾乎都是搏命演出。曾經讓「大頭市長」蘇南成部長夢碎，自己則監委「未遂」。

一九三五年十二月六日，洪茂俊生於台南縣新市鄉港墘村，新市國小畢業後，考上台灣省立台南二中初中部。他父親是鐵路局員工，家裡還有一些田地，算是小康之家。但為了不願加重家裡的經濟負擔，他初中畢業後，就報考台南師範學校，畢業後被分發到高雄縣岡山鎮嘉興國小，開始當起國小教師，就住在學校單身宿舍。

岡山是空軍官校所在地，嘉興國小上空不時有空軍飛機呼嘯掠過長空，街上常有放假逛街的空軍官校學生或青年軍官。他們穿著筆挺制服的帥氣身影，讓洪茂俊看得怦然心動，覺得自己應該也可以和他們一樣才對。但是，師範學校三年全部公費，畢業以後最少也要任教三年，中途離開的話，就拿不到畢業證書，還要賠償三年的公費。

強烈嚮往駕機遨遊長空的洪茂俊，既捨不得畢業證書，也還沒有錢可以賠公費，想了又想，最後鼓起勇氣寫了一封信寄往國防部長辦公室，說明自己的處境與願望。沒想到，國防部長辦公室居然很快給他回信，表示國家需要熱血青年投身反共復國的大業，歡迎他報考軍校，他如果報考軍校，師範畢業證書沒有問題，公費也不必賠償。洪茂俊喜出望外，等到空軍

洪茂俊（左一）就讀空軍官校飛行班時與同袍合影

官校第四十一期開始招生，即前往報名。

當時空軍官校只有飛行班，招考的都是飛行員，因此，第一關是嚴格的體格檢查，兩眼視力都要一點二以上，平衡感也要很好。通過體檢、筆試和智力測驗後，他和一百多位錄取的入伍生，到雲林虎尾接受空軍初級飛行訓練。通過初級飛行訓練後，再到屏東東港的空軍預校接受嚴格的入伍訓練。結訓後的空官第四十一期學生，才進入空軍官校，繼續接受中級及高級飛行訓練。

在虎尾的初級飛行訓練，飛的是俗稱「紅蜻蜓」的雙翼螺旋槳PT17型教練機，空官的中級飛行時改飛單翼螺旋槳的AT6教練機。洪茂俊的飛行課程，都順利通過。但是，同時錄取的一百多個同學，經過一關一關的考驗淘汰，只剩下六十多人。

高級飛行訓練改飛T33噴射教練機，起飛離場後就要攀昇到一萬呎高空，要戴氧氣面罩。單飛時，洪茂俊發現他飛上高空即感到頭暈，而且越來越嚴重。到飛完第二十課，他不得不據實向教官報告，進一步體檢發現他有高血壓的遺傳體質，不適合擔任噴射戰機飛行員，他只好收拾行囊，帶著破碎的飛官夢，黯然離開緣淺的空軍，回任國小教師，被安排到高雄縣茄萣國小任教。

洪茂俊在茄萣國小教了兩年，申請保送台灣師範大學教育系，重新當起學生來。畢業後，先被分發到台南市金城國中，一年半後被省立新豐高農校長許益民挖角，請他擔任訓育組長，負責籌劃全校的學生活動。洪茂俊點子多、活力旺，常把活動辦得有聲有色，沒多久就經人推荐到救國團高雄縣團委會社會工作組當組員。洪茂俊很勤快，跑遍高雄縣每一個鄉鎮。

一九七〇年，洪茂俊被調爲高雄市團委會社工組長，除了規劃主辦各項自強活動之外，也奉命在高雄市團委會籌辦成立專門處理青少年心理輔導諮商的「張老師」電話專線。但團委會經費拮据，他四處張羅，專線需要的兩支電話，由當時高雄師範學院院長薛光祖、市政府地政科長李標連認捐；輔導義工則由高雄師院教育系主任張壽山協助培訓，爲許多青少年解決困擾。

當時救國團主任是蔣經國，暑期青年

洪茂俊（前右）任職於高市救國團時與謝東閔、蔣經國、李煥及總幹事李書錚（女）合照

自強活動非常熱門，地方政府及軍方都奉命支援，高雄市長王玉雲曾到柴山訪視自強活動的營隊，對主辦活動的洪茂俊相當欣賞。高雄市改制升格為院轄市後，王玉雲即約見洪茂俊，希望他到市政府擔任總務科長，洪茂俊完全沒有心理準備，婉拒了王玉雲的好意，讓王玉雲大感意外。但是，王玉雲事先曾經探聽過洪茂俊的為人，認為洪茂俊確實值得信賴，因此並未罷手，知道他弟弟王玉發經常和洪茂俊聚會，就要王玉發當說客。

王玉發說服洪茂俊接受新的挑戰，洪茂俊同意接任市政府總務科長，但要求市長讓他帶兩個幫手，一個是救國團的優秀幹部，一個則是水電技工。他接任總務科長之後，先將市府所有採購都公開招標，絕不私相授受；市政府大樓所有的水電問題，就由他帶去的水電工負責，一出問題馬上維修。自己每天一大早上班，就察看市府週遭的環境清潔。這些作為，讓市府員工對洪茂俊讚譽有加。王玉雲看到洪茂俊受到肯定，也很高興自己找對人了。

總務科長做了不到一年，王玉雲市長就被調任台灣肥料公司當董事長，奉命在一九八一年六月二十二日交接。王玉雲原本希望洪茂俊能和他一起到台肥台北總公司任職，但洪茂俊表示他和王玉雲講好的是「幫市長的忙」，他已實踐諾言。王玉雲市長卸任，他與市長同時離開市政府，但不願意到台北，要留在高雄。

王玉雲知道洪茂俊別無事業，雖然洪茂俊說工作可以自己找，王玉雲總覺得不把洪茂俊的出路安排好，有失「老大」的風範，也對不起洪茂俊。王玉雲左思右想之後，忽然問洪茂俊說：「不然你來選舉好嗎？」當時，高雄院轄市議會第一屆議員，已決定在半年後的八一年底選舉，王玉雲要洪茂俊競選議員。四十六歲的洪茂俊，就這樣走上政治之路。

一九八一年底，高雄院轄市第一屆市議員選舉，洪茂俊由國民黨提名在苓雅區參選，由於區黨部重點輔選，王玉雲也透過自己的人脈運作，這一戰，初出茅廬的洪茂俊在十二位候選人中，以六千八百四十票排名第六當選。同選區最高票是陳田錨，以一萬二千八百卅七票，高佔全市鰲頭。四年後競選第二屆議員，洪茂俊以九千七百九十九票順利蟬聯，接著連任第三屆、第四屆、第五屆。

洪茂俊能連任五屆議員，主要是靠問政專業與服務熱忱建立的口碑，尤其是市長蘇南成任內發生新建市政大樓偷工減料等許多弊端，洪茂俊深入問題核心，質詢揭發弊端、抨擊特權不遺餘力，負責專案調查的案件，也都能找出問題的癥結，建立起他專業議員的形象。

蘇南成在一九八五年五月卅日由台南市長直升高雄市長，他在台南市長任內，把市政辦得有聲有色。蔣經國惜才，不計較他退黨的過往，把他找回國民黨，並派到高雄市發展建設。或許因爲得到最高當局的信任與破格拔擢，蘇南成到高雄後，意興風發銳氣十足，對民意代表的態度，和在台南市時一樣的不假辭色，才二個月，府會關係就劍拔弩張。

蘇南成到高雄市之初，很受歡迎，初上任就公開宣示：所有市屬機關學校職務出缺，全部由市府內部晉升，絕對沒有所謂的「空降部隊」、嚴禁人事關說；二十萬元以上的工程或採購案一律送新成立的發包中心發包，違反規定者議處。但是，市府員工及議員很快就發現，蘇南成的所作所爲，和他的宣示有很大的落差：「空降部隊」沒有絕跡，反而由台南調來大批親信舊屬，整修市長官舍也沒有公開招標；他要求員工嚴守規定，自己卻經常便宜行事。

市長及其親信違反市長規定的各種問題陸續引爆，而蘇南成要求積極趕工、一再發給獎金的四維路市政大樓，更被檢調單位查出有官商勾結、偷工減料的問題，涉案官商都被移送法辦。洪茂俊和許多市議員因此向市長蘇南成及相關官員提出質詢抨擊。

當時議員質詢炮火猛烈，在野黨議員抨擊執政當局有其立場，洪茂俊是執政黨籍議員，不護航還對弊案窮追不捨，就特別引人注目。他認爲，監督市政對事不對人，「只問是非，不分黨派」，豈有同黨就要放水的道理？

四維大樓偷工減料屬實，爲了大樓的安全，追加三千六百萬元補強地基，原設計十二層的大樓，也減建了二層只剩十層。新聞炒得火熱，洪茂俊的名字，也因此讓市民耳熟能詳，建立了「大炮議員」的形象和名聲。他聲音宏亮，「大聲公」的別號，也不脛而走。

蘇南成「新官上任三把火」引起很多爭議，還演出「只准州官放火」的戲碼，市議會因此先後組成三個專案調查小組。由於洪茂俊對問題了解最深入，這三個專案小組的召集人，議長陳田錨都指派他擔任。洪茂俊也不辱使命，每一個專案，都把來龍去脈查得清清楚楚，做成結論並提出建議，經市議會大會通過後，依決議執行。

專案調查演出連續劇

這三個專案調查的問題，一個是整修市長官舍違反發包中心規定，另兩件都與「空降部隊」有關，一九八六年的「市府人事升遷問題」及九〇年的「調查市長蘇南成任內徇私用人紊亂人事制度」。時間相隔四年，專案調查的都是蘇南成偏愛親信的事，有如演出「連續劇」，也是市議會空前絕後的記錄。

「整修市長官舍」不是大工程，但整修時並未依照蘇南成「二十萬元以上工程一律送發包中心發包」的新規定辦理。專案小組調查發現，連市府相關公文所記載的辦理時間，有許多前後顛倒，相關官員的說辭出入更大。而當年度官舍維護費預算只有五萬元，整修卻花了近百萬元。大會決議要求市府懲處失職人員，並將全案函請行政院查究。

演出「連續劇」的人事問題專案調查更精彩，八六年初的「市府人事升遷案」，調查重點放在蘇南成上任後，到底從外地引進多少人到市政府任職？以驗證蘇南成「沒有府外空降部隊」公開宣示，到底是真是假。「徇私用人案」，則在九〇年蘇南成卸任前展開，查明如何徇私及呈現的結果。

專案小組調查統計：蘇南成上任才半年，從台南市政府調來的「空降部隊」就有十二人之多，佔了重要職缺，每人都馬上升官二至三職等。洪茂俊在專案小組報告中指出：「在蘇市長『沒有府外空降部隊』的有力聲明中，半年之內自台南調來其舊屬同僚十二人任市府要職，非僅易形成政治上之利益團體，同時亦遭致『新貴』之封號，不獨自限蘇南成市長與高雄市之接觸，也難開創新猶、在施政上有所創新。」「這種因政治而集結的地域性團體，對市府內部官員而言，已形成心理上之障礙，也因要職的空降而對士氣造成打擊。如此空降的人事調遷，實已破壞市府人事制度」，要求市府應行改正，也下不為例。

不過，市議會專案調查報告的決議，對市政府並沒有拘束力，蘇南成市長任內對人事升遷案的處理，並未照他宣示的方式執行，繼續「照顧自己人」，才引發第二次的專案調查。

第三屆議會一九八九年底成立，當時李登輝已穩住接班情勢，進行內閣改組，蘇南成盛傳即將入閣，且著手將親信部屬調升到更好的職位，或特別安排讓他們取得正式任用資格，市議員吳林淑敏因此提案，要求專案調查蘇南成徇私用人的問題。九〇年四月七日議會成立專案小組，洪茂俊又被指派為小組召集人。

洪茂俊這次調查「著重於蘇市長到任後，對於中上級公務人員之升遷有否違法、徇私或其他不當之行為」，調查發現：一般公務員荐任六職等升七職等要三至五年，七職等升九職等要四至六年。而九職等荐任官要升十職等簡任官更難，市政府原有一百七十一名九職等人員，於蘇南成市長五年任內，只有五個人升簡任。另外，十一職等副首長六人四年半未晉升，二人三年未晉升，三級機關十一職等首長四年未晉升者有七人，十職等副首長七年未晉升者一人、三年未晉升者二人，具有簡任資格而未晉升者十四人。

反觀蘇南成從台南市調來的人，原為十及九職等的五人，未滿五年就全部升任十二職等首長，原七職等三人，分別升至十一、十及九職等；原五職等升至八職等權理九職等三人，二名隨護警衛原本相當於委任三至四職等，也均晉升至七職等股長以上職務。

創下市議會「將市長移送監察院調查」的紀錄

專案小組因此在調查報告指出，蘇南成確有「公器私用、過度拔擢心腹，破壞人事制度」等不當行為。議會決議，將調查報告「函請監察院就蘇市長南成先生五年來，對其親信之升遷違失部分，查明處理並副知行政院。」創下市議會將市長移送監察院調查的紀錄。

除了這些專案調查及抨擊市政大樓偷工減料弊案，洪茂俊對蘇南成出版「美術名鑑」半夜把商人找到市長室議價，及區運會場的人工跑道「買一送一」的問題，也持續追究，在審查決算時，堅持不同意市府報銷違法動支的經費，一直到吳敦義接任市長數年後，透過議長陳田錨一再情商，洪茂俊才同意報銷結案。

讓蘇南成「部長夢碎」

就因爲對蘇南成的行事作爲有相當深入的了解，洪茂俊才會在蘇南成有機會入閣之際，表達強烈反對的意見，讓蘇南成部長夢碎。

話說一九九〇年春，李登輝繼任總統滿兩年，安全渡過接班初期的政治風暴。大權在握之後，著手主導內閣改組的人事佈局，將蘇南成列入內閣閣員名單，先是內定爲內政部長，後來改爲安排交通部長，黨中央已開始有關人事作業，準備向中常會提案。

洪茂俊聽到消息，馬上以「高雄市議員洪茂俊」的名義寫了一封信，寄給黨中央及所有的中常委，除了詳細說明反對的理由之外，還宣稱如果中常會通過蘇南成入閣的人事案，他將北上到中央黨部門口「絕食抗議，到死爲止」。

這封信在中常委間造成震撼，許多中常委對蘇南成曾經數度「進出」國民黨很有意見，對其人行徑也有耳聞，但對寫信的「高雄市議員洪茂俊」，則多不知是何許人。前監察院長陳履安開中常會時，還問和他坐在一起的高雄市議長陳田錨：「洪茂俊是那一黨的？」陳議長告訴他：「國民黨的」，陳履安沒有再多說，只向陳議長比了一個手勢：豎起大拇指。

那次中常會通過內閣改組的名單中，沒有蘇南成。一九九〇年六月十八日，蘇南成交卸高雄市長職務後，新職是經濟部所屬的金屬工業發展中心董事長。

洪茂俊「監委未遂」

一九九二年，監察委員改由總統提名、國民大會行使同意權的方式產生，洪茂俊獲總統李登輝提名，但國民大會九三年一月中旬對監察委員行使同意權時，二十九位監察委員提名人，只有二十五人過關，洪茂俊和陳永興、秦茂松、許國良等四人被刷了下來。洪茂俊「監委未遂」，繼續留在高雄市議會當議員。

洪茂俊未能通過國民大會這一關，原因不止一端，一是他被提名之後，政敵立即展開「政治恩怨大清算」，得罪過的人很「用力」的報一箭之仇；其次是他兩年多前曾經發起罷免「求田問舍」的國大代表，讓國代「印象深刻」，加上國民大會行使監委同意權有

「不照單全收」的默契，洪茂俊因此中箭落馬。

洪茂俊的母親是虔誠的基督徒，他小時上過主日學，母親教他的聖經經句：「謙卑的人有福氣」、「忍耐的人有福氣」，他一直謹記在心，也照著做。「監委未遂」的打擊，並沒有影響他當議員的熱情，在市議會依舊認真爲市民代言，提出除弊興利的建言，也爲市民看緊荷包。

第四屆議員任內，洪茂俊結合志同道合的議員，支持議長陳田錨以「向歷史負責」的態度，破天荒的用議長名義召開臨時大會，並配合陳議長協調運作，突破重重阻力，最後才以表決方式通過垃圾焚化爐的興建計畫及預算，化解高雄市迫在眉睫的垃圾處理危機。其中預算案表決時，在場贊成與反對的議員人數相同，擔任主席的陳田錨投下贊成票，興建焚化爐的預算才以一票險勝。

洪茂俊在焚化爐興建及更早期的前鎮區新草衙違建專案處理，因爲認同而支持市政府提案，還曾在議事廳門口，遭到反對興建焚化爐及反對處理違建的新草衙居民圍堵「嗆聲」。當時還有違建戶衝著洪茂俊揚言，次日再唱反調的，要有「見血」的準備。

第二天，洪茂俊依舊堅持立場，爲了自保，他也找一些朋友到議會來「展現實力」。對手次日到議會看到情況，知道洪茂俊有備而來，不敢造次，開會前主動先找洪茂俊溝通，請求支持。但洪茂俊認爲市府的方案，對違建戶及高雄市「公私兩利」，如依違建戶主張保持現狀，生活環境及都市景觀都不可能改善，不肯退讓。

時至今日，焚化爐興建完成兩座，最少三十年內，高雄市的垃圾處理不會發生問題，而新草衙地區如今面貌一新。回顧當年的不懼威迫，在議會奮戰據理力爭，洪茂俊深感安慰。

在市議會問政，洪茂俊除了曾經遭到「外力」的威脅而涉及險境，爲了看緊市民荷包，更曾險些因爲忽略個人「內在因素」而差一點「殉職」。

事情發生在第五屆議員任內，市議會加班審查捷運預算到凌晨二時，市政府堅持預算要一次編列，否則不好推動，洪茂俊、蔡松雄等人堅持反對。尤其是討論市府準備給高雄捷運的經營者「運量保證及差額補貼」的方案時，洪茂俊舌戰群雄，激動得滿臉通紅。副議長蔡松雄看到他臉色通紅，知道他高血壓發作，馬上請辦公室秘書叫來救護車，要把洪茂俊就近送到市立大同醫院急診。但是洪茂俊不肯，只在救護車上讓醫師診治，服藥後休息了一個多小時，又再回到議事廳繼續奮戰。

高雄捷運採用ＢＯＴ方式興建，市長謝長廷任內發包。市府提請議會同意的營運計畫中，要給「運量保證及補貼」，保證運量是每天五十萬人次，如果載客不足五十萬人次時，「每少一人次，補貼廠商卅元。」洪茂俊認爲這種運量保證及補貼簡直荒唐，市政府只怕廠商不賺錢，完全沒有爲高雄市民著想。等於挖一個無底洞，要用市民的血汗錢去塡，高雄市的財政將徹底垮掉。此案在洪茂俊等議員嚴格把關之下，總算沒有成為市民的惡夢。

第五屆議員與民選第二任市長在九八年底選舉，國民黨在高雄市淪為在野黨，民進黨謝長廷入主市政府，國民黨黃啓川當選議長，朝野兩黨議員角色互換。民進黨籍議員調適得快，為該黨的「明星英雄」謝長廷護航都很賣力，反觀國民黨陣營，幾位重量級議員「西瓜偎大邊」，向「政治資源」傾斜，洪茂俊是少數沒有變換立場的議員之一，仍舊以「對事不對人」的問政風格監督市政，積極扮演在野黨議員的角色。但是，無論如何，他從未「為杯葛而杯葛」。即使如此，他也成為市長謝長廷最「敬畏」的市議員之一。

二〇〇二年五月十八日，台灣地區電子及平面媒體刊出一則重要新聞：法務部長陳定南公布法務部的「黑金專案」資料時表示，「偵辦對象有一名直轄市長在內」。「陳青天」這個宣告，震驚全國，目標指向南台灣，高雄人都了解陳定南說的是誰，洪茂俊尤其清楚，因為那是他當召集人的專案調查報告已經送到法務部的結果。只是，陳定南宣告後，案件卻沒有動靜，三年後出現的「下文」，更讓洪茂俊引為最大的憾事：二〇〇五年一月下旬內閣改組，高雄市長謝長廷接任行政院長定案，陳定南是唯一自動離職的部長。洪茂俊看到新聞，知道該案確定石沈大海了。而陳定南辭官返回宜蘭縣競選縣長失利，二〇〇六年十一月五日就因病去逝。

市議會專案調查「市府辦理四十四期重劃區抵費地標售違法退回定金案」，是標到多筆市有地的蔡姓建商，以個人名義投標買到抵費地。由於銀行對單一個人的授信有額度限制，蔡姓建商貸不到足夠的地價款，要求部分解約並退還定金。依商場慣例及政府規定，不能履約完成交易時，先前繳的定金要沒收或依法充公，但市長謝長廷批示退還。

由於這筆定金高達新台幣四億二千萬元，案件一發生，馬上傳得繪聲繪影，幾個民意代表被指爲蔡姓建商關說，代價則高達八位數，至於有無「政治獻金」的問題，更是最高機密。

專案小組調查發現違法疑雲重重，地政處官員簽辦過程有許多玄機，大違常情。而利益輸送的傳言，幾乎指名道姓。七位專案小組成員都認同「退回定金確實有問題」的調查結果，但對要如何做結論，卻分成兩派。洪茂俊等四人主張將包括市長在內的涉案官員送請監察院調查及檢調單位偵辦，其他三人反對把市長列入移送名單。市議會在二〇〇二年一月下旬討論專案調查報告時，洪茂俊等人的主張獲得大會通過。這是繼蘇南成之後，議會第二次把市長送請監察院調查，只是市長換成謝長廷。

洪茂俊讓市長「敬畏」，相對的，洪茂俊則認爲，謝長廷是他五屆議員任內，最讓他「傷腦筋」的市長。他說，如果蘇南成的作風是「烈火」，律師出身的謝長廷作風完全不同，與蘇南成對照觀察，給他很多啓發，更多感慨。

二〇〇二年底第六屆市議員選舉，當了二十一年議員的洪茂俊，在這場連任之戰「開高走低」，只得到九千二百六十一票，最高票落選。第六屆議會發生震驚政壇的議長賄選弊案，涉案議員有十六人被解除職務，超過議員數三分之一的補選門檻。〇四年補選時，洪茂俊把機會讓給別人。二〇〇五年五月，他獲國民黨提名，出任「任務型」國大代表，任滿即以國大代表的身分告別政壇，含飴弄孫、運動養生，更難得的是，他把數十年的菸癮也戒掉了。

回顧二十餘年的民意代表生涯，洪茂俊對自己始終把持住「只問是非、不分黨派」的原則問政，最感驕傲。「違法退回定金案」的石沈大海，則最讓他引以爲憾，至今難以釋懷。

帶出高雄市體育黃金時代的陳聰敏

曾任高雄市四屆十七年市議員的陳聰敏，卅歲當選議員之後，即熱心推展體育運動，擔任高雄市體育會總幹事及理事長的十五年間，默默耕耘，帶出高雄市體育運動競賽的黃金時代及興盛的運動風氣，使高雄市數度奪得台灣區運動會最高榮譽的「競賽總錦標」。

陳聰敏的「運動細胞」相當發達，就讀高雄中學時，曾經是網球、足球、棒球、田徑及游泳等運動項目的學校代表隊員，可以不用參加升降旗之外，在學生「髮禁森嚴」的當年，還享有「頭髮自主」的特權；大學時代則是淡江大學的足球、柔道校隊選手，有柔

當八年黨團書記，個性剛烈的陳聰敏磨煉得能容能忍。

道初段的功力，是教練講解動作要領時的示範隊員，他還曾在淡大校運會拿到標槍擲遠的冠軍。陳聰敏所喜愛並練到相當水準的運動項目，包括球類、田徑、游泳及技擊，是少見的運動通才，但他一直把運動當作個人興趣，用來鍛鍊身體，完全沒有向體育專長發展的念頭。

淡江大學英文系畢業，他先到台北亞洲合板公司辦外銷業務，後來被父兄要求回高雄自家經營的宏榮油脂公司幫忙，要處理公司內部事務，也要接洽業務兼開車送貨，把宏榮生產的壽星牌、綠島牌傳統肥皂，運去交給客戶。當時，肥皂是一般家庭最主要的清潔用品，高雄市就有十多家工廠生產。後來肥皂絲、肥皂粉等新產品陸續問世，像小磚塊一樣的傳統肥皂銷量大減，十多家工廠關得只剩宏榮等三家，撐到最後也沒有轉型，關廠後父兄即轉行投入新興的建築業。

一九六八年，卅歲的陳聰敏獲國民黨提名，當選高雄省轄市第七屆議員躋身政壇，四十五位議員中他最「幼齒」。與他同時當選的新科議員有二十一人，刑警出身的王進財遊說招攬了十一個新科議員結盟，對議事問題採取同一步調，在議會發揮了相當大的威力，被稱爲「十二兄弟」，政府官員都不敢開罪他們任何一人，因爲得罪了一個等於得罪十二個。這是高雄市議會最早出現的第一個次級問政團體，隨後另有十八個議員因而組成「十八同盟」，與十二兄弟相抗衡，雙方在議會對陣，有一段時間鬧得很不愉快。

與新科議員組成的「十二兄弟」合作期間，陳聰敏對議會的運作模式有較深入的了解。經過幾個會期之後，他查覺這個團體在運作上，與結盟之初所宣示的理念有點落差，發現部分成員另有私人目的，就提高警覺，只與理念相近的成員往來，不再介入利益糾葛。後來十二兄弟中有人當選國大代表、省議員，更上層樓而離開議會，另外有人退出，還有人出了事情後不見蹤影，成員星散，而市黨部也出面斡旋，勸阻對立，市議會第一次出現的次級團體對抗，終於消弭於無形。

陳聰敏當選議員之後，高雄市體育會理事長許金煜（曾任第三、四、六屆議員）知道他熱愛運動，馬上網羅他出任體育會總幹事，推展體育運動。當時政府勵精圖治，以「強國必先強種，強種必先強身」而積極發展體育。當時高雄市的體育會所屬的單項運動委員會還不到二十個，陳聰敏積極推動籌組新的單項運動委員會。

他本身愛運動，對各種新興的運動項目並不陌生，而早年在運動場上交到的朋友或認識的同好，散處各行各業，他找機會連絡拜訪尚未籌組委員會的單項運動靈魂人物，鼓勵他們出面成立委員會加入體育會，如健力委員會找老當益壯的李水泉號召，槌球則請帶日本老人來台灣表演的真好味飯店老闆的姊姊出面，手球找新興國中體育老師郭仰三籌組。

市體育會經費有限，成立委員會的經費，體育會只能象徵性的補助，其他多數資源，陳聰敏則請企業界老闆資助及熱心人士贊助。當時景氣很好，企業界老闆在陳聰敏出面要求後，都很樂意贊助。沒幾年，高雄市就新增了十幾個單項運動委員會。

陳聰敏體育會總幹事一做就是十一年，理事長許金煜卸任之後，他請出曾任國大代表的林瓊瑤先生來領導體育會。林瓊瑤是高雄市第三信用合作社理事主席，本身也愛運動，很慷慨的資助發展體育運動，他創辦的三信高商本身也有實力強勁的女子壘球隊，經常在國內比賽中奪魁，培養出許多壘球國手。當年國內女壘最佳投手張簡金鈴，就是出身三信高商女子壘球隊。

一九七九年一月，林瓊瑤先生因病辭世，陳聰敏接任高雄市體育會理事長，爲寬籌發展體育的經費，向市長許水德爭取由市府編列數千萬元預算，設置「文化體育基金」，以基金的孳息做爲推展文化體育活動之用。這是陳聰敏自一九六八年出任體育會總幹事至八三年卸任理事長，爲體育會奉獻心力的十五年期間，自己最滿意的具體成績。

他的努力，也有回報：高雄市當年參加國內的各項運動競賽，不論是綜合性的省運、區運或單項運動競技，包括從一九四六年第一屆到七三年第二十八屆的台灣省運動會，自七四年第一屆到九八年第二十五屆的台灣區運動會，都有不錯的成績。其中多次獲得省運及區運最高榮譽的「競賽總錦標」，第一屆及第二屆區運，高雄市連續兩年拿下競賽總錦標。一九七五年第二屆區運，高雄市選手總共獲得金牌四十二面，銀牌三十五面，銅牌二十七面，成績輝煌。第二年，二十四個參加區運的單位，所獲得的獎牌數，也是高雄市最多。有人因此認爲，陳聰敏的努力，帶出高雄市體育運動的黃金時代。

卅歲就當選議員，陳聰敏從政的起步算早，相對的條件也很好，但是，他在政治上的發展，卻有較多的波折。或許，這和他喜愛運動，已經很習慣「運動精神」及「公平競賽」的規則，以爲政壇的遊戲規則也是一樣要憑實力、不取巧，沒想到他因此在政治之路的發展，一再遭遇波折。

第七屆議員當了五年二個月後改選，陳聰敏尋求第八屆連任，但以二百多票之差最高票落選，四年後再參選，當選第九屆議員才重返議壇，接著連任直轄市議會第一屆及第二屆議員。第三屆因爲不滿國民黨高額提名，賭氣在選委會登記截止前的十分鐘，向選委會撤回登記，不選了。

陳聰敏直轄市議會第一屆及第二屆都擔任國民黨市議會黨團書記（那時還未有書記長的名義），是市議會中僅次於議長、副議長的第三號人物。第三屆議員選舉前，因副議長朱有福決定轉換跑道離開議會，他被規畫內定爲副議長人選。

黨團書記的工作不算輕鬆，市議會的「黨鞭」並無權威，一向要「以服務代替領導」，平常要幫議員解決疑難雜症，照顧同志固然不在話下，在野議員有所要求，也不能不辦。平常廣結善緣，開會需要溝通協調時，講話才有人聽，也才能化解杯葛，讓議事順暢。

而議員「個人的疑難雜症」會找上黨團書記，再棘手難辦，他也要設法解決。甚至有人「手頭不便」，也找黨團書記解囊週轉。陳聰敏經濟能力還不錯，即使明知「週轉」出去之後，多數有去無回，但在「囊袋子底」還有的時候，他很少讓對方失望。這方面耗費，著眼於「化解杯葛」的比例不低，甚至有人提出「按月定額」的要求，陳聰敏只要做得到，都設法處理，以求圓滿。

陳聰敏的黨團書記做得讓大家滿意，才能連任八年，創下市議會空前絕後的記錄，而他在這個職務上對黨有所貢獻，應該可以肯定。因此，黨如果真的有意栽培他接任副議長，選舉提名時就應該也要替他設想才對。但當年三民選區要選十席議員，剛成立的在野黨最少有兩席以上的實力，無黨籍黨友最少一席，國民黨最多只有七席的空間，沒想到平常和他稱兄道弟的黨部主委，不理會陳聰敏減少提名人數的要求，堅持提名九個人參選。

陳聰敏認爲黨部主委完全不替他考慮，有被好朋友背叛的感覺，讓他「一

陳聰敏離開政治圈，找回生活的品質

點氣實在透不過來」，決定臨時抽身，寧願退選，也不接受黨部的安排。候選人登記下午五時截止，他在四點五十分向選委會撤回登記，退出這次選舉，也離開政壇。

回顧過往，他感念當年陳議長對他的信任與照顧。由於議長的信任，他當黨團書記時，可以完全壓抑自己剛烈的脾氣，任勞任怨，甚至不惜個人財物，力求和諧以利議會議事順暢。陳議長在向議會請假近一個月出國考察時，特別指定由他代理議長職務，當時刻製給他的代理議長職章，是他從政生涯最有意義的紀念物。

十七年從政生涯，他看盡政海浮沈百態，政治人物有人全身而退，有人傷痕累累；陳聰敏對自己最後因爲超高額提名的問題，難忍遭到「背叛」的感受，剛烈的本性抬頭，做出結束自己政治生命的決定，而與副議長失之交臂，認爲只能說是個人造化，「命裡有時終須有，命中無時莫強求」。

陳聰敏至今還留有一疊當年當黨團書記時「解囊」換來的票據，總額約數是「一份傢伙（家產）」。退離政壇之後，他有沒有想過要算清楚呢？陳聰敏豁達的說：「我還過得去，無需要和他們過不去。」

另類的政治人物陳瓊讚

國民黨中央黨部前組織工作會主任陳瓊讚，年屆半百才躋身政壇，擔任第二屆不分區國大代表、第三、四屆不分區立法委員，再出任組工會主任。本身從來沒有公職人員參選經驗，當組工會主任帶頭打選戰，收復了首善之都台北市，卻沒有守住高雄市。他出道晚，仕途順，在國民黨籍政治人物中，很另類。

陳瓊讚出生於台東，台灣大學法律系畢業，一九六五年司法官高考及格，司法官訓練所第八期結業，先後在台北、高雄地方法院擔任檢察官五年，就轉爲執業律師。**他出身法界，卻在慈善事業打響知名度**，也奠下在政界竄起的基礎。

一九六九年間，陳瓊讚在高雄地方法院擔任檢察官，與同學、好友發起組成「百元慈善會」，每人每月出一百元，集腋成裘濟助貧困。七三年轉任律師後，業務發展得相當順利，獲高雄市地方望族聘爲法律顧問，他兼顧的社會公益事業也越做越大。

百元慈善會的成員，除了法界人士，新聞界、教育界、醫界、商界都有人共襄盛舉，他們在濟貧救困之際發現，繁忙的工商社會小家庭多，萬一家人生病住院，沒有人可以照顧，獨居老人也有這個問題，他們都請不起特別看護。慈善會成員認爲，如果能組一個團體，號召社會人士或學生，利用公餘或課餘時間當義工，協助照顧病人，應該可以幫助很多人。

這個構想一提出，大家都認爲很有意義，先在七七年暑假試驗證實可行，十二月即籌組燭光協會。會員出錢，義工出力，除了協助乏人照顧的住院病患，幫他們餵食、餵藥、擦澡、按摩，也陪同獨居老人看診。大家像蠟燭一樣，默默的燃燒自己、照亮別人。

當時陳瓊讚已經擔任屏東基督教伯大尼兒童之家董事長，燭光協會首任會長由骨科醫院院長梁精修出任，後來才由陳瓊讚接手。伯大尼兒童之家收容的都是有多重障礙的兒童，維持費用龐

陳瓊讚 1994 年底陪陳議長開記者會，說明有人在議員選舉投票日前夕用刊惡意廣告的「奧步」攻擊陳田錨。 （董清男攝）

大，擔子不輕，陳瓊讚董事長當了二十多年，也挑了二十多年的重擔。

一九八三年，陳瓊讚接任燭光協會理事長後，協會服務層面再擴大加深，當時南台灣尿毒症病人很多，患者除了有公保、勞保者之外，都要自費洗腎，每週二至三次。而洗腎收費昂貴，每次要四、五千元，因此，患者即使原本薄有資產，最後也會耗盡家財，一貧如洗；窮困的人則只能坐困愁城，等著死神降臨，實在是人間慘事。

爲了幫助尿毒症病人，燭光協會先在一九八四年成立仁愛洗腎中心，集資數十萬元購買一台洗腎機捐給基督教信義醫院，醫院則以優惠價格減輕患者負擔，貧困患者並由協會補助部分費用。燭光協會成立十週年時，陳瓊讚邀請孫越、陶大偉、賴佩霞等影歌星來高雄，主持燭光晚會義賣募款，購買了十七台洗腎機，在多家醫院成立洗腎中心，讓腎臟功能喪失的病人可以廉價或免費洗腎保命，不致家破人亡。

在伯大尼及燭光之外，陳瓊讚也擔任高雄生命線協會理事長、高雄基督教青年會理事長。這些奉獻，讓陳瓊讚在慈善事業打響知名度，九〇年當選全國好人好事代表。

一九九一年第二屆國代選舉，國民黨經人推荐，延攬在慈善事業卓有成績的陳瓊讚進入政壇，擔任國民黨的不分區國大代表。接著又提名他出任第三屆及第四屆不分區立法委員。九七年底，國民黨中央黨部人事改組，新任秘書長章孝嚴希望找一個能跳脫傳統黨工思維的人，來當組織工作會主任，在國代及立委任內都有突出表現的陳瓊讚，因而中選。

第二屆國代任內修憲，當時國內要求總統由人民直選的呼聲越來越大，國民黨的「委任直選」政策，備受批評。陳瓊讚認爲黨的政策有問題，特別請教高雄市議會議長陳田錨，以了解地方對直選總統的看法。陳田錨告訴他，老百姓都希望直選總統，黨提出委任直選的政策行不通，陳瓊讚因此和蔡定邦、王文正等南部地區的國大代表，發起組成「國大聯誼社」，呼應民意，推動總統直選。

這個國民大會最大的次級團體，也由陳瓊讚負責擬訂總統直選的修憲版本，國民黨修憲策劃小組後來接受直接民選，國民大會通過的修憲案，就是陳瓊讚的版本。當時國代爲了海外僑民如何行使總統選舉權的問題有激烈爭議，陳瓊讚建議增加「返國」行使選舉權的規定，才化解爭議。

擔任第三、四屆立委期間，陳瓊讚是最熱門的黨團副書記長人選，因爲他既有法律專業，開會時又很認真出席，有他來當副書記長「顧盾」，書記長就很可以放心。

一九九七年十一月，國民黨中央黨部秘書長換成章孝嚴，他打電話找陳瓊讚去談話，要請陳瓊讚出任中央組織工作會主任。陳瓊讚知道組工會是黨中央各工作組任務最吃重的單位，選舉時要領軍作戰，自己全無選舉經驗，未接觸過黨務運作，不敢應命。但是章孝嚴表示，他就是希望找一個沒有舊包袱的人，以新思維來規劃工作，他認爲陳瓊讚在國代、立委的工作表現，是組工會需要的領導人。

離開中央黨部，陳瓊讚打電話到高雄市議會找陳議長，當時議會正在開會，議長要他十分鐘後再打。等會議告一段落，陳議長宣布休息，回議長室再和陳瓊讚通電話詳談。他聽陳瓊讚說明和章孝嚴會面的過程之後，鼓勵陳瓊讚接受這個挑戰，陳瓊讚因此接下國民黨中央組工會主任的職務。

曾有記者質疑陳瓊讚出任組工會能不能適任的問題，陳瓊讚說，他雖然沒有選舉經驗，以前當律師要打贏官司，以後組工會主任要打贏選戰，性質不同，但是「一理通，萬理徹」，他會全力以赴，無私的做好資源分配，提拔人才，有信心做好工作。

陳瓊讚是虔誠的基督徒，他常提醒自己：「基督徒是要幫人洗腳的。」上任後，爲提振黨務工作人員士氣，破天荒的帶黨工人員出國辦選務訓練，四、五百名縣市鄉鎮的黨工幹部，分兩梯次包機到新加坡講習。一九九八年底直轄市長及立法委員選舉，國民黨贏回台北市長，當選了一百二十三席立委，打了大勝仗，但陳瓊讚的家鄉高雄市長卻選輸了，讓他至今引以爲憾。

組工會主任要負起輔選重任，陳瓊讚把握的主要原則，一是人才要能出頭，一是資源分配要公平無私。當年桃園縣長朱立倫爭取提名時，在地方黨部並未得到支持，一直到黨中央的九人小組討論時，陳瓊讚認爲這個紐約大學博士、台灣大學副教授非常優秀，全力支持提名朱立倫競選縣長。朱立倫也沒有讓大家失望，當選桃園縣長之後，施政也備受好評。

在踏上政壇之前，陳瓊讚就因受聘擔任法律顧問而與高雄的政治人物有所接觸，市議會前議長陳田錨的政治風格給他的影響最大，他認爲陳田錨主持議會期間，得到所有議員的信賴，主要是陳議長沒有私心，從政數十年從來沒有利用職務圖謀個人利益。進入政壇之後，陳瓊讚也以「師法錨公」自我期許。

陳瓊讚只當了兩年組工會主任，至今還有地方黨工對他念念不忘，記得陳瓊讚帶他們出國、帶他們打贏選戰。

散家財做名聲的張益郎

高雄市議會唯一的工黨籍議員張益郎，擔任五屆議員，五次參選，每次的情況都不一樣。一九九四年底他想急流勇退，還必須「出國避選」，才如願退出政壇。他外型粗獷、心思細膩，口才好、反應快、台語溜，質詢叫座，官員喜歡聽他質詢，卻也最擔心被他質詢。他的「輩分」很高，有些議員叫他「舅公」。他還有一項很少人知道的祖傳獨門功夫，會「反芻」。

三十歲踏進政壇的張益郎，雖然連任五屆議員，但政治路走得並不算平坦，在政海浮沈二十一年中，克服了不少波折，五十一歲時主動引退，結束「散家財、做名聲」的議員生涯。

張益郎在一九七三年投入省轄市第八屆市議員選舉，當時他是無黨籍的自由之身，第一戰就以六千二百零二票在鼓山、旗津選區當選，在這場十七人爭六席的選戰中，獨佔鰲頭。七七年競選第九屆連任時，他已經是國民黨員，但國民黨這一次在這個選區採開放競選，不提名，張益郎繼續要自力更生，所幸這次當選率比上次高，二十二人爭十席的結果，張益郎得票數增為七千七百八十四票，高票當選連任。

院轄市第一屆議員選舉，國民黨在這個選區只提男女各一的兩名新人，男性新人是外省籍，其他黨員要參選的則要自謀生路，張益郎還是沒有得到所屬政黨的奧援，他很不服氣，在政見會上說：「台灣人很尊敬外省人，台灣人所奉祀的神明全部是外省人，但是，黨部這次卻只提名一個外省人，本省籍的全部不提」，質疑「黨部有需要把本省、外省分得那麼清楚嗎？」這場選戰候選人是九男三女，其中黨員多達九人，競爭激烈，張益郎力爭上游，得到一萬零七百二十二票，重登最高票當選的寶座。

浮沈政海不如優遊林泉，張益郎曾是工黨唯一的直轄市議員

四年後，入黨已將近十年，連任了三屆議員的張益郎，競選院轄市第二屆議員總算得到國民黨提名。沒想到，黨提名並沒有讓張益郎佔到便宜，反而吃到苦頭，因爲他的競選對手都宣傳說：「張益郎上一屆沒有提名就最高票當選，這次被提名了，如虎添翼，更不得了。」樹大招風的結果，張益郎得票數雖然比四年前增加了一百五十六票，順利當選連任，但排名卻落居第五，扣掉一席婦女保障名額，五位男性當選人，張益郎是吊車尾當選的。

在第二屆市議員任內，台灣地區解除戒嚴，開放黨禁，民主進步黨、工黨等許多新的政黨成立了。有一次張益郎從台北搭飛機要回高雄，剛好與工黨主席立法委員王義雄坐一起，兩人談政治論時事，王義雄談起他從黨外時代就關心政治的歷程，也談到後來退出民進黨的緣由和自組工黨的理念。兩人談得相當投緣，王義雄就邀請張益郎加入工黨，一起「爲基層發聲」。張益郎回想自己加入國民黨以來的種種遭遇，以及黨員「步步都要聽黨的」，甚至「有黨意而無民意」的情況，有違自己競選議員初衷。他欣賞王義雄的理念，就決定離開國民黨，「帶槍投靠」王義雄博士的工黨去了。

張益郎加入工黨後，一九八九年第三屆市議員選舉，就由工黨推荐參選，以一萬零五百九十票順利當選連任，成爲高雄市議會唯一的工黨籍議員，也是工黨唯一的院轄市議員。由於工黨沒有對外募款，黨的經費都由黨工幹部捐獻，張益郎擔任工黨中央黨部副秘書長及高雄市黨部幹事長，出錢出力，爲黨挑的擔子也不輕。一九九一年五月一日，工黨舉辦喚醒勞工意識的勞動節大遊行，相當轟動。隔年的立法委員選舉，工黨提名的許曉丹在高雄捲起「阿丹旋風」，讓連任多屆的吳德美選得險象環生。「兩個女人的戰爭」成爲那一次選戰舉國矚目的焦點。

第三屆議員任期延長一年，九四年底第四屆市議員選舉，已任五屆議員的張益郎，對浮沈政海已經意興闌珊，而且，他的大本營南鼓山也有人積極準備要接棒，地方服務後繼有人，他決定見好就收。但是，就怕「做戲的要煞，看戲的不煞」，熱情的支持者不肯放他干休，張益郎只好在選委會登記截止前一天搭上飛機飛往美國，交待服務處總幹事公布他的「讓賢聲明」，就此光榮引退，告別政壇。

張益郎很會交朋友，帶太太到美國旅遊，和新結交的牛仔朋友合照。

張益郎口才犀利，對台灣民俗諺語的掌握運用之靈活，在議員中首屈一指。有一次市政總質詢，他因爲漁船被印度扣留，專程前往交涉，把總質詢時間調到最後一天。他前一天晚上才趕回來，根本沒有時間準備總質詢的資料，質詢當天早上進入議事廳時，才到處問人有什麼可以質詢的問題，一個朋友告訴他，「公車處長都叫工友幫他擦皮鞋，擦得不夠亮還罵人」。只這兩句話，張益郎就質詢出次日許多報紙的地方版頭條新聞。

張益郎從高雄市公車連年巨額虧損談起，以自身經營貨運的經驗與心得，和少將轉任的公車處長探討企業經營的理念與領導風格，認爲公車營運難免虧損，不能全部責怪處長，但是，如果是處長個人作風而造成內部人心不安，處長就要檢討了。他說，處長是將軍轉任，知道「帶人要帶心」的領導原則，也應該知道公車處是市政府的單位，不是「一個口令一個動作」的部隊。機關的工友和軍中部隊長的傳令兵、勤務兵不同，要他送公文、掃地、泡茶，做不好糾正他沒話講，但工友「擦皮鞋是門外漢」，每次擦得滿頭大汗，不夠亮就換來處長一頓臭罵，「你罵他，他口服心不服。而且，受委屈的是工友一個，但是，抱不平的是全體員工，這樣領導，你有危機！」

張益郎國台語夾雜，講得活靈活現，公車處長一臉尷尬，在場官員、議員則忍不住笑容滿面，旁聽席更是笑聲不斷。第二天，「公車處長要工友擦皮鞋」的新聞，上了許多報紙地方版的頭條。張益郎反應快，口才犀利，措辭鮮活，經常使用庶民耳熟能詳的民俗諺語、順口溜、歇後語，句句押韻還前後對仗，真正是「好聽又不會跳針」，只有被質詢的官員一個人難以消受。不過，張益郎也多會為被質詢的官員留一點餘地，為對方準備一個可以下來的台階，因此，官員即使被他質詢，當場很難過，對他也還是相當尊重。

在議事廳，官員很害怕被張益郎質詢，在餐廳，則怕和張益郎喝酒，因為張益郎酒量好、酒膽大、設計別人喝酒的技術一流。聚餐聯誼，端酒互敬是一般的禮數，張益郎禮數週到，只要有人向他敬酒，一定奉陪，也一定回敬，而且「好坑鬥相報」，一定替對方找酒喝：「同桌好幾個議員，你是不是都要敬一下呢？」來敬酒的人當然只好照辦以免失禮。「隨意？你敬我乾杯，敬他隨意，多謝你給我面子。不過，平平是議員，你是看他較小牌？」議員都敬過了，禮數還不夠：「其他客人你不敬一下？喔！你在朝為官，他在野為民，官不敬民是嗎？」結果，本來只打算敬張益郎一杯的人，都打了通關。

張益郎這樣惹人喝酒，自己也少不了要多喝幾杯，但是，他未曾在席間過量致醉。「我用偷吃步」，他說，醫生朋友告訴他，在酒精還沒有經胃腸吸收前，把酒吐掉就不會醉。他因此常會藉機會離席處理，回來「又是一尾活龍」。

一般人要把自己胃裡的酒吐出來，通常要用手指刺激喉嚨才行，但有時只造成乾嘔，胃內酒液說不出來就不出來。這方面，張益郎有「天賦異稟」，連手指都不用，想吐就吐。「我這是祖傳的獨門功夫」，張益郎說，吐酒只是小事一樁，他還會「反芻」：胃裡尚未消化的塊狀食物，不知不覺的自動回到嘴裡，嚼一嚼再吞回去。他從小就會這樣，並不知道別人不會，後來是朋友看他嘴巴常常在動，好像在吃東西，但是又沒有看到他拿東西吃，好奇的問他，張益郎才知道自己有天生的「特異功能」。

結婚以後，「我太太開始還問我，這樣不是很不衛生？」他說，嘔吐物味道都很難聞，但是，自動從他胃裡回到口中的食物，「完全沒有那種怪怪的味道」。反正本來就在自己的肚子裡，再吞回去應該沒有衛生問題才對。

張益郎這項獨門功夫真的是「祖傳」的，據他所知，他祖父就會，他父親也會，他兒子也有相同的遺傳，真正是祖先傳下來的獨門功夫。

張益郎有此特異功能，喝起酒來有恃無恐，幾次在高雄市與姊妹市交往的餐會上，以特殊的敬酒乾杯方式，把原本客套拘謹的氣氛帶得熱絡起來，使賓主盡歡，也讓姊妹市的貴客，感受到高雄人的熱情，加深他們對高雄市的良好印象，對高雄市推展「城市外交」，有相當大的幫助。當然，他們對張益郎也是「懷念特別多」。

院轄市議會第一屆任內，張益郎隨同市長許水德、議長陳田錨率領的訪問團，到高雄市的姊妹市南非德班市做親善訪問。在德班市的歡迎晚宴中，張益郎看到賓主之間的互動，比較像搞外交，很客套，但嫌生疏。他想，姊妹市間應該可以熱絡一點，知道酒可以是熱情的催化劑，但許市長、陳議長礙於身份不便發揮，其他團員酒量有限，也不敢造次，他是民意代表，比較沒有顧忌，酒量也還過得去，就主動出擊。

當晚是用高腳杯喝葡萄酒，他估計自己的酒量不會有問題，就開始打通關。要逐一敬酒乾杯前，想到如果不出奇招很難收效，就決定用堪稱「酒國獨步」的「譚式乾杯」。果然，第一杯酒敬畢，所有的人都眼睛發亮向他行注目禮，一輪通關下來，會場熱度升高，氣氛已經全面改觀，接著觥籌交錯，大家放開心懷交流，拘謹氣氛一舉掃盡。

所謂「譚式乾杯」是當時任市府副秘書長、後來擔任市議會秘書長譚木盛的乾杯方式，他喝酒乾杯時的動作是：高舉酒杯，仰頭一口而盡之後，將杯口朝下的酒杯順勢舉在頭頂上方，如果酒沒有喝乾，餘瀝都會淋在自己的頭上，因此，敢這樣做就是表示絕對百分之百乾杯，絕對不會「杯底養金魚」，豪氣十足。譚公這一招幾乎和「阿港伯」林洋港的「表面張力」齊名，整個動作一氣呵成，更有可看性。第一次見識到的「老外」，嘖嘖稱奇之餘，內心藩籬盡去，賓主盡歡而散。

第二天，德班市安排參觀當地勝景及市政建設，官員一大早到飯店接待訪問團搭車，第一個先找的人是張益郎，而不是團長。

另一次是馬拉威共和國姊妹市來高雄市訪問，議長陳田錨在高雄國賓飯店設宴爲貴客接風，市議員張益郎也算主人之一，他也是用這一招打開來訪貴賓的心防。馬拉威姊妹市幾年後又到高雄市訪問，拜會市議會時，一下車就比著「譚式乾杯」的手勢，要找這樣喝酒的張議員。那時已是第四屆議會，張益郎已經離開議會了。德班市也一樣，高雄市議會多年後又組團前往交流訪問，和張益郎喝過酒的官員，接待訪客時第一個要找的就是「張議員呢？」

不過，張益郎年輕時，也曾爲酒所誤管嫌事而惹禍上身，那是他當上第八屆議員一年多時發生的事。一九七四年五月二十七日晚間，他和同屆當選的議員黃高州到雪莉舞廳跳舞，不巧看到一個相識的人和別人發生糾紛，警察前來處理，他出面替雙方排解時，「聲音有較大，動作也不小」，反而和警察起衝突。結果，他「公親變事主」，吃上妨礙公務的官司，第八屆議員也只做了一年半。第九屆議員選舉時，他以「正氣參天，爲民受屈，天理昭昭，還我公道」爲競選宣傳主軸，高票當選，重返議壇。這次遭遇後，張益郎的火爆脾氣，改了不少。

市議會每年都會辦理議員自強活動，邀請議員携眷同遊。市議員賈先德還是「黃金單身漢」，陪同雙親參加。心思細膩的張益郎看到這兩位老人家比較保守持重又不諳閩南語，沒有其他團員和他們講話，被冷落了，特地去陪他們說笑。但是，他們彼此並不相熟，講什麼話題、怎樣開頭才談得起來，還能有「笑果」，都要先想好。

他知道賈先德的父母很關心兒子的終身大事，多次催促，希望年屆而立的賈先德早日結婚生子，因此，一開口就先向老人家道賀：

「伯父、伯母，恭喜啦，你那個孫子白白胖胖的，好可愛喔！」

老人家一臉問號，轉頭盯了兒子一眼，說：「那有？我怎麼不知道？」

「有啊，前幾天我們一起吃飯，你兒子還帶著太太、兒子出來，大家都說長得好像，好可愛呢！」

老人家馬上把議員兒子叫來問，賈先德一邊用台語向張益郎說：「叫你莫害我，你還害我。」趕快向媽媽解釋：「張議員喜歡開玩笑，他故意要修理我啦。」

旅途中，張益郎就怕兩位老人家被冷落，不時招呼著他們說說笑笑，讓老人家有一次愉快的旅遊。第二年，議會自強活動安排到國外旅遊，賈先德的父親問說：「張議員去不去？」賈先德說：「好像沒有呢。」他父親聽說沒有張益郎同行，沒有意思，決定放棄參加，賈先德只有奉母同遊。回國後，賈老先生聽太太說還是張益郎最熱心的招呼她，有點懊惱兒子提供的消息不確實，讓他錯失一趟快樂的行程，賈先德又吃了老爸一頓排頭。

張益郎當選省轄市第八屆議員時，和同爲新科議員的呂天良、黃高州、董進財、吳正成情同手足，號稱「五虎將」，第九屆只有張益郎連任，呂天良因故未參選，由外甥女吳素鳳接棒當選第九屆議員。才二十五歲的吳素鳳進議會後，本來也叫張益郎「舅舅」，但是有人起鬨說，依台灣習俗，女人稱呼長輩時要比照兒女，吳素鳳的小孩要叫呂天良

「舅公」，吳素鳳也應該比照叫張益郎「舅公」才對，吳素鳳因此都叫張益郎舅公，四年之後，院轄市議會第一屆的新科女議員也有人跟進，叫張益郎舅公，張益郎在議會的「長輩」地位，就此確立。

連續當了五屆議員，青壯年時期的二十來年黃金歲月奉獻給選民，張益郎整體評估的結果，認爲自己有得有失：服務工作盡心盡力、排難解紛情理兼顧、爲民喉舌上達下情，認真扮演民意代表做爲民間與政府橋樑的角色，未曾虧心，也「不靠議員謀家財」而贏得尊重，是值得告慰的收穫。但家傳事業在這段期間消耗殆盡，卻不無遺憾。

張益郎的家傳事業，在他初任議員時有八艘漁船、三十二輛貨運卡車。但是，「漁業討海，賺的是天公錢，沒有說做議員就可交陪上海龍王，讓你每趟出海就滿載而歸」。他當上議員，並不能保証所經營的漁業公司賺錢，反而有更多的事要分心處理，加上所屬嘉宏水產公司的新漁船被印度扣留沒收，他沒有依照業界慣例，宣告這家一船公司倒閉，賴掉相關債務，而是變賣自己其他公司名下的漁船，把債務處理清楚，寧可自己承擔重大的損失，也不要讓人講閒話。至於傳統貨運卡車，則在新式貨櫃及冷凍貨車興起後，依市場機制退出競爭。儘管事業消散，但張益郎也得到「得保家聲」的報償。

從政二十多年，張益郎家財散盡，依舊堅持「準時、守信、金錢清楚」的原則。他很重視子女的教育，兒女五人全部赴美留學，分別拿到博士或碩士學位，各有專業，這是他最成功的投資，也是最欣慰的事。

政海浮沈多年，張益郎看到許多前輩、同輩甚至後輩的政治人物，離開政治圈的時候，不是傷痕累累就是元氣盡失，有人甚至家庭破碎、妻離子散；當然，也有人是「打斷手骨顛倒勇」，跌倒了再爬起來，但畢竟只是少數。他體認到「政治之路，好尾難求」，因此，決定在適當的時機，主動退休，雖然生活由絢爛歸於平淡，但「人生還是彩色的」。他認爲自己能在飽嚐政治的滋味之後，全身而退，還能有「留好名聲，出好子孫」的結局，比上不足比下有餘，也該知足了。

南太平洋最有影響力的台灣人蔡定邦

搶救被扣漁船

一九七四年三月中，三百噸的高雄籍拖網漁船光進三號與光進五號，從高雄港出發到印度洋新開發的漁場，選定印度馬德拉斯外海下網作業，船員正在埋首工作之際，忽然有飛機臨空盤旋，還有軍艦快艇飆圍過來，命令漁船起網停止作業，並將兩艘漁船押回馬德拉斯港。漁船遭遇這個突發狀況，馬上發出電訊，將情況報回所屬的高雄光陽漁業公司，從此就斷了音訊。

光陽公司董事長柯清雄與總經理召集重要幹部緊急會商後，馬上指派卅二歲的經理蔡定邦，全權負責出國交涉：「一定要把船和人都救回來！」

「我雖然曾經出國，但從來沒有處理過漁船被外國扣留的問題，不知道要如何著手。船是公司的資產，船長船員就像家人一樣，被外國扣留，一定要救回來才行。」但是，要如何著手進行呢？

中興大學植物病理學系畢業後即踏進漁業界的蔡定邦，第一個想到的是向政府求助。政府本來就要保護人民的，因此，他和外交部連絡，請求派人出面與印度方面交涉，但外交部說印度與中共親善，我國和印度沒有邦交，外交部沒有任何人員派駐在印度，只告訴蔡定邦，他可先到泰國去申辦印度的簽證，其他就愛莫能助了。

官方幫不上忙，蔡定邦思索改向民間尋求援助的各種管道，想到總部設在台北的「世界反共聯盟」，主席是兼任亞盟中國分會理事長的谷正綱，而擔任世盟副主席的亞盟印度總會創始人「拉瑪」就是印度人，娶歌星于璇爲妻，是台灣女婿，應該會幫忙；再多方打聽，得知國民黨中央評議委員葉幹中是印度華僑，在印

推動與海洋國家漁業合作，蔡定邦成績亮麗，和太平洋島群國家漁業合作的成果，讓蔡定邦被稱是南太平洋最有影響力的台灣人

度加爾各答經營餐廳。他透過關係，輾轉和拉瑪及葉幹中取得連繫，心裡才比較落實，帶著「船不放，人不回」的意志，忐忑的踏上征途。

趕到新德里與拉瑪會面，也和加爾各答的葉幹中取得連繫後，在拉瑪、葉幹中協助下，蔡定邦到馬德拉斯和船長、船員見面之後才知道，原來馬德拉斯附近有印度的飛彈基地，漁船在二十浬外海作業停留，被印度軍方懷疑是間諜船，才出動飛機、軍艦包圍漁船，押回馬德拉斯扣留調查。調查期間，禁止漁船對外通訊連絡長達半個月。在檢察官起訴，移送法院了，才讓漁船對外連絡，蔡定邦也才能上船探視，和船員一起吃飯。

法院查明光進三號及五號確實是漁船，不是間諜船，判決漁船和船員無罪釋放，大家才鬆了一口氣，沒想到檢察官不肯罷休，表示要上訴。由於漁船被扣已經近兩個月，檢察官如果再上訴，二審勝敗難卜，即使最後還是無罪釋放，但不知又要耗費多少時日，漁船無法作業的損失，將難以估計。爲速求脫身，蔡定邦拜託拉瑪設法。拉瑪找到一位具有在野黨黨魁身分的勞工部長，請他協助說服檢察官不要上訴。

拉瑪爲了說動勞工部長幫忙，除了強調法院初審已經判決無罪之外，並開出由船東捐一萬元美金給當地醫院充實設備的條件，還特別聲明「不用收據」，這位勞工部長第二天就打電話給檢察官，要他立即釋放漁船。

但是，一萬美元不是小數目，蔡定邦帶去的錢，經過長達兩個月交涉期間的消耗，剩下的已經不夠了。當時外匯管制嚴格，等國內匯去，不曉得還要多久，蔡定邦和船長、船員商量，大家把個人身上的勞力士錶、金飾等值錢的物品，先拿去典當變賣，湊足一萬美元，總算把問題解決，重獲自由。

總計漁船被扣期間的消耗及交涉過程，已經用掉一萬美元，連同「不要收據」的一萬美元捐款，蔡定邦第一次交涉搶救被扣漁船，用了二萬美元，圓滿達成任務。

討海人血淚斑斑

一九七〇年前後，海洋資源備受各國重視，幾乎所有瀕海國家都先後劃設「二百浬經濟海域」，禁止他國漁船進入。台灣遠洋漁業發達，漁船作業範圍遍及各大洋，遠洋漁船出海到傳統的漁場捕魚，幾乎動輒得咎，經常遭到其他國家扣捕。漁船被扣，至少都要花錢消災，付出巨額贖款後，人船均安的，仍可繼續討海謀生；罰款後扣船放人的，人員平安，但公司破產。更不幸的船被沒收，船員被打入當地大牢；最慘的甚至船毀人亡，討海人血淚斑斑。

蔡定邦的馬德拉斯交涉初體驗頗有收穫，以後又多次分別到斯里蘭卡、越南、印尼、澳洲等國交涉。除了在斯里蘭卡打了三個月的官司，爭取到無罪釋放之外，其他案件都以支付出相當數額金錢的代價，才救回漁船和船員。

斯里蘭卡是大英國協會員國，漁船被扣留在首府可倫坡。蔡定邦出發時，決心和去馬德拉斯一樣：「船不放，人不回」，但有過一次經驗，比較沒有那麼驚惶。出發前，他想起多年前曾經接待過的朋友羅迪克，就住在可倫坡，馬上設法和羅迪克連絡。

多年前，蔡定邦到農委會拜訪漁業組長闕壯狄，正在交談之際，當時擔任國貿局副組長的蕭萬長，帶著斯里蘭卡籍的朋友羅迪克去找闕壯狄。羅迪克是可倫坡一家大餐廳老闆，在蕭萬長擔任駐馬來西亞經濟專員時，和蕭萬長結識。

羅迪克有意要投資漁業，那一次來台灣洽談業務，到國貿局拜訪已經升任副組長的蕭萬長，談起投資漁業的問題，蕭萬長帶他去農委會向闕壯狄請教，剛好蔡定邦在場，闕壯狄介紹雙方認識，羅迪克希望實地考察了解，蔡定邦就邀他到高雄，也熱情的接待這位初識的朋友。

事隔多年，光陽公司的光昭三號及五號拖網漁船被扣在可倫坡，蔡定邦馬上想到可以找羅迪克協助。他在新加坡辦簽證、轉機時，代理商派和蔡定邦同齡的兒子當嚮導，陪蔡定邦到斯里蘭卡，一起找羅迪克商量。

羅迪克聽說蔡定邦的船被海軍扣留，馬上表示他使得上力，因爲，海軍司令不是別人，正是他的表兄。但私情歸私情，該打官司的公事程序，還是得照樣進行。代理商之子陪伴了一個半月才回新加坡。

羅迪克幫忙找律師，指點蔡定邦要準備舉證的相關資料。由於漁船是在航行中被海軍攔截，沒有在捕撈作業，船長說漁獲不是在斯里蘭卡海域撈捕的。爲了證明這一點，蔡定邦還特地請當時的水產試驗所所長廖一久博士協助，寄了許多有關印度洋一帶海域的書籍、資料，包括潮流流向、變化、各種漁蝦生長區域，連同船長航海日誌的記錄，一來証明船上的漁獲物，並非只產在斯里蘭卡海域，其他海域也可以捕撈得到，再與航海日誌記載的航程對照，做爲漁船沒有在斯里蘭卡海域捕魚的證明。

蔡定邦也設法連絡已經擔任國貿局副局長的蕭萬長，請他寫信給斯里蘭卡海軍司令等人。三個月後，法院裁判雙方和解，船上漁獲交給當地政府，漁船、船員無罪開釋。

在打官司的三個月期間，適逢「不結盟國家會議」在可倫坡召開，由於中共是不結盟國家會議的要角，蔡定邦是「中華民國」籍，被斯里蘭卡當局視爲「不受歡迎人物」，要他限期出境，等爲期一週的會議結束後再重新入境。蔡定邦在可倫坡已經一個多月，有點想家了，任務還沒完成也不能離開，現在被要求限期離境，剛好借這個機會先回台灣一趟。

一九八二年中秋節前夕，競爭激烈的高雄區漁會第二屆理監事正在改選，理監事已經選出，蔡定邦當選理事，正積極部署競選理事長，沒想到此時傳回光陽公司所屬流刺網漁船光陽十一號被印尼海軍扣留的消息。聽說公司漁船被扣，蔡定邦顧不得理事長選舉正在熱戰，馬上束裝上路，中秋節當天就搭飛機趕往印尼，搭救被扣留在印尼馬魯古省會安汶市的漁船。

馬魯古省在印尼東部，省會安汶市距離印尼首都雅加達有二千六百公里遠，蔡定邦對當地很陌生，但他有一個認識很久的華僑朋友葉賢光住在雅加達，出發前，他就先跟葉賢光連絡上，但高雄有一個商界人士主動向蔡定邦表示在印尼有很好的關係，表明願意先替蔡定邦打點。沒想到這個人不可靠，蔡定邦到雅加達不但沒有人接機，護照還被海關扣下。蔡定邦到了飯店，趕快打電話向葉賢光求助，葉賢光了解狀況後，馬上帶著護照被扣的蔡定邦搭機飛往安汶市，一起去拜訪承辦案件的檢察官和扣船的海軍司令，幾經波折，最後敲定十萬美元解決。

第二天，葉賢光陪蔡定邦回雅加達籌款，護照被扣在雅加達的蔡定邦，被安汶機場海關攔了下來，葉賢光奔走協調，很快把問題解決。回到雅加達，蔡定邦拍發電報回公司，連絡臺灣省漁業局，並且在葉賢光協助下，找雅加達的中華商會幫忙。過了兩三天，十萬美元結匯到位，葉賢光陪著蔡定邦把美金換成印尼貨幣，分裝在兩個〇〇七手提箱，一人提一箱再到安汶市交錢救船。

當選理事長盡心守護漁民

事情辦好要回台灣之前，蔡定邦接到公司通報說，漁會理事長競選對手陣營有人放話，說有辦法讓蔡定邦「回不了台灣，選不成理事長」。由於漁會理事長競爭異常激烈，蔡定邦研判這個警訊不能輕忽，葉賢光知道後，二話不說，馬上去買一張國泰航空的機票給蔡定邦，不讓他搭原定班機，而且透過關係，提前把蔡定邦送進警衛森嚴的候機室內。這樣安排，讓蔡定邦安全回到台灣，也順利當選高雄區漁會第二屆理事長，四年後並連任第三屆理事長。

幾次國外交涉被扣漁船的經驗，讓蔡定邦感受深刻，出任高雄區漁會理事長之後，對漁船被外國扣留的問題，特別用心。尤其是船員在擔驚受怕之餘，因爲扣船單位的苛待，生活既不便又痛苦，他依照「船東救船，漁會救人」的原則，儘可能協助船東交涉之外，經常透過他個人在各國建立的人脈，設法照顧被扣船員的生活。

「我當理事長任內，高雄漁船被印尼扣留的最多，扣留時間一久，船上存糧吃完了，船東又接濟不上，有船員寫信回家要求寄錢，太太到漁會求助，拿了一萬元要我代轉給她先生，我還是打電話給葉賢光，請他先墊出來，賬記我的，我再和他算，葉賢光都是二話不說的幫忙。」

許多船員官司打完可以回家了，卻沒有錢買機票，蔡定邦都先撥款發給船員救急。他說，漁會設有「漁業發展基金」，由漁船依漁獲值按比率提撥，地方漁會收集後要彙交省漁會，作爲服務漁民之用。他認爲漁民船員既有急需，就先從基金撥款給漁民救急，然後從要上繳的漁業發展基金中列賬扣除，併同餘款報繳。

漁會理事長任內，他數度代表漁會爲我國漁船被外國扣留而出國交涉談判。他說，到未開發國家或地區交涉談判，「架式要先擺出來」，因此，他會住進當地最好的飯店，該有的排場、該盡的禮數，都要講究：「他們就吃這一套，如果一到就被看輕，反而會更加刁難。」代表漁會出國交涉，依規定可以申報差旅費，蔡定邦說：「八年理事長任內，漁會絕對沒有蔡定邦簽的差旅費賬單。」他簽的賬，都是「自行吸收。」

有一次，鮪釣漁船被越南九龍省軍方扣留，蔡定邦住進西貢最大的飯店，租了高級轎車，再請一名司機、一個翻譯陪同，清晨四、五點出發，車子開了四小時才到九龍。和軍區談判結果，以六萬美元解決。但漁船上新穎的儀器設備被軍方拆去，不肯歸還。他知道所請的翻譯、司機都是軍方的耳目，因此，他故意在這兩人面前說，如果軍方不把儀器還給漁船，他寧願不再談判，把官司打到底，讓軍方知道他堅持的態度，最後九龍省軍方把儀器設備全部還給漁船。

由於扣船軍方指定六萬美元要用現鈔，蔡定邦還特地到新加坡換了現金再帶回越南：「你絕對想不到，付錢時，軍方連驗鈔機（不是點鈔機）都是自備的。」不過，軍方倒是應他的要求，開出「滯港費用」的收據，讓被扣漁船可據以向保險公司申請兵險理賠。這艘漁船離開越南之前，還採購了好吃的柚子和白米，回來變賣，以減少損失。

蔡定邦說：「漁船被外國扣押，交涉時只能設法討價還價，少輸爲贏。」後來有流刺網船、超低溫鮪魚船在澳洲西部海域被扣，澳洲法院同意只要先交保證金，船可以先放，官司再照程序進行，但是，保證金要澳幣一百萬元。這是蔡定邦交涉的扣船事件中，支付最高額費用的一次。

古話說：「行船走馬三分險」，漁民在大海討生活，風險更高。多數漁民都是爲了養家活口，才不得不涉險討海，萬一發生意外，家人生活即陷入困境。政府在民國六十九年開辦漁民平安保險，多少給漁民一點保障。但是，漁民平安保險當時並沒有強制加保，有些船東捨不得花錢，不會主動替漁民加保，而多數漁民生活本來就不好過，也是能省則省，因此，參加保險的比率不高。蔡定邦就任理事長之後，大力推動漁民平安保險，高雄市的漁民因此全部參加保險。

一九八三年九月上旬，艾倫颱風侵襲東沙島海域，氣象預報風力爲九至十一級，最大風力十二級，慣經風浪的漁船因此沒有特別注意，不料艾倫颱風九月八日的風力高達十七級，數十艘在東沙海域作業的漁船，受災慘重，十餘艘翻覆、沈沒，漁民六十餘人遇難。高雄市籍漁民由於全部參加漁民平安保險，都獲得六十萬元的保險理賠，家屬生活得到照顧。台灣省籍漁民卻比較不幸，多數沒有參加漁民平安保險。

這件海難慘劇引起中央重視，行政院召開專案會議，蔡定邦隨同市政府漁業處長胡志直到行政院，說明高雄區漁會照顧漁民的做法，包括罹難漁民全部獲得漁民平安保險理賠、高雄市爲漁民辦音樂會募款等等。當時的行政院長孫運璿對高雄市漁民全部有平安保險，受難者家屬得到保障，台灣省漁民卻只有極少數人參加漁民平安保險，還當場質疑：「高雄市漁民全部有保險，台灣省怎麼做不到？」

蔡定邦說，高雄市漁民能夠全部參加漁民平安保險，主要是市長許水德、議長陳田錨，都大力支持由市政府編列預算補助漁民保費，而且積極執行。漁民個人負擔減輕，自然樂意投保，給家人多一點的保障。

前鎭漁港是遠東地區最大的漁港，漁業處擴建北岸、西岸碼頭時，原設計爲一個卸魚碼頭，祇能泊靠卸魚專用，一個是加油碼頭，只能供漁船加油加水，不能泊靠卸魚。蔡定邦認爲加油設施採固定式設計，碼頭功能受限，太不經濟了，建議將加油、加水的設備採用隱藏式、活動式的設計，不用時管線可以收在碼頭平面以下，漁業處從善如流，依蔡定邦的建議變更設計，加油碼頭功能因此增加，也可供漁船裝卸作業使用，漁民稱便。

在漁會理事長任內，蔡定邦也爭取到在漁船海外重要作業基地開普敦、新加坡、薩摩亞、路易士等地增設漁業專員，加強對海外作業漁民的服務與照顧。他曾隨同當時的市長許水德、議長陳田錨訪問南非德班市，並到開普敦港慰問高雄市漁民、協助建立船員之家，他們帶去的許多慰問品，連武俠小說都考慮到了。

漁會利益糾葛多，蔡定邦除了堅持個人簽賬單自己支付、不報公賬之外，還「堅壁清野」杜絕收禮，交代辦公室及家人，任何人送禮都不能收。有一年中秋節，國民黨高雄市黨部主委吳挽瀾派人送了兩瓶金門高粱酒給蔡定邦，家人拒收，主委爲此打電話怪蔡定邦：「我送的你怎麼也不收？金門朋友帶來的，我喝不來，借花獻佛，你應酬多用得著，跟家裡講一下嘛。」蔡定邦答應後，沒有打電話回家，主委派的人

蔡定邦（右二）在漁會理事長任內，曾隨許市長、陳議長到南非

又白跑了一趟。蔡定邦再接到主委電話，只好連聲賠禮，自己去拜訪吳主委「結案」。

推動漁業合作增加漁民收益

鑑於遠洋漁船在無邊無際的大海作業，經常有誤入他國經濟海域而遭扣捕的危險，蔡定邦卸任理事長後，更積極投入與外國的漁業談判。多次參加我國與澳洲、印尼、塞內加爾、蘇聯等國的漁業談判，使台灣拖網漁船得以入會方式，合法進入澳洲二百海浬作業，也向印尼爭取到以付費方式在印尼海域捕魚，其他國家也各有合作方式，增加漁民收益。

最近十幾年來，蔡定邦推動漁業合作的重點放在南太平洋島群國家，包括與我國有邦交的馬紹爾、索羅門、吉里巴斯、諾魯，及沒有邦交的巴布亞紐幾內亞、密克羅尼西亞等，每年支付的入漁費高達一千三百萬美元，加上作業的圍網漁船在當地的補給消費年約五百萬美元，對這些島國的發展，有相當大的幫助。我國漁船每年在當地海域捕獲的鰹魚、鮪魚共約二十萬噸，年產值超過美金一億元。他和另一家漁業公司合資，在巴布亞紐幾內亞還投資興建一家水產加工廠，生產鮪魚罐頭，雇用工人有二千人之多。

由於蔡定邦推動漁業合作對當地發展有重大的貢獻，巴布亞紐幾內亞第三度復出的現任總理麥克·索馬利，在二○○三年特任蔡定邦爲巴布亞紐幾內亞駐台名譽總領事，領事館就設在他擔任漁會理事長時興建的漁業大樓內。目前，即使是外交部官員要前往巴布亞紐幾內亞，都要由蔡定邦發給簽證。他在南太平洋的影響力，台灣無人能及。

蔡定邦推動的漁業合作，對我國拓展外交及維繫邦交，都有很大的幫助。幾年前，馬紹爾群島改選後，新政府因故準備要和台灣斷交，外交部次長吳子丹率團往訪設法挽回，蔡定邦接到外交部的通知，特別調派數艘在當地海域作業的圍網漁船，到馬紹爾首都馬珠洛港，一方面讓船員提前去休假消費，同時也藉此提醒該國政府，和台灣漁業合作的收益，是該國經濟上的重要支柱。外交部並借蔡定邦擔任董事長的豐國水產公司豐國八一六號、八一七號及另一艘友船，在船上舉辦宴會，邀請該國政要與重要人士聯誼，馬紹爾新政府的斷交之議，因此作罷，繼續與台灣維持正式邦交。

調動船隊協助外交

爲協助政府辦外交，蔡定邦不止一次調動船隊。蕭萬長任行政院長時訪問索羅門等南太平洋三友邦時，蔡定邦就曾調派船隊前往泊港，爲蕭萬長壯聲勢。前總統李登輝訪問新加坡時，由於雙方並無正式邦交，當地禁止懸掛我國國旗，蔡定邦安排李登輝慰問在新加坡基地的漁民，登上掛有中華民國國旗的我國漁船，讓李登輝在海外也能「踏在國土上，接受漁民的歡呼」。

二〇〇五年五月，總統陳水扁率領龐大的記者團出訪馬紹爾、吉里巴斯及吐瓦魯等三個友邦，大張旗鼓拚外交，沒想到當地通訊設備落後，電視畫面無法即時傳回台灣播出，陳水扁「南泰專案——海洋夥伴，陽光之旅」有如「錦衣夜行」，受到歡迎的風光景象，無法馬上讓台灣的人看到，成爲此行最大憾事。如果外交部還有「專業外交官」了解過去的做法，通知蔡定邦支援遠洋漁船船隊壯聲勢，遠洋漁船上有先進的通訊設備，絕對可以將陳水扁的風光景象傳回來，在台灣的電視上立即播出，陳水扁此行就不會留下遺憾了。

在漁會理事長卸任後，蔡定邦由國民黨提名出任第二屆及第三屆不分區國大代表，隨同國大議長錢復訪問非洲布吉納法索、塞內加爾等國，爲鞏固邦誼，也爲了壯大訪問團的聲勢，他個人以訪問團的名義捐贈一萬美元，給布吉納法索興建學校；同時與塞內加爾談判達成協議，讓兩國的漁業合作計畫繼續推展。他對漁業可說是念茲在茲，無時或忘。

蔡定邦是高雄旗后在地人，祖父經營水產買賣，第二代擴大經營投資漁船。蔡定邦早在學生時代，就以家有漁船的資源，開始蒐集海洋生物標本，他準備了一些玻璃瓶罐和福馬林藥水，每當家裡的漁船要出海，他就交給船長，請船長在抓到比較特殊的魚、蝦、蟹等海洋生物時，放進玻璃瓶罐中，用福馬林浸泡帶回來，他再帶到學校，交給老師製成標本、翻查海洋生物圖鑑寫說明。高雄中學許多海洋生物標本，就是蔡定邦當年提供的。

大學時代的寒暑假，他也曾押車運魚到台北的市場販售，大學畢業服完兵役就投入漁業界至今，除了擔任豐國、豐偉、豐寶水產及光航漁業公司董事長、光陽漁業公司董事之外，也是台灣區鮪魚公會常務理事兼圍網營運委員會主任委員，世界圍網漁業組織協會副理事長，高雄市外籍遠洋漁船協會理事長等職。

涉足政治私淑錨公

蔡定邦對漁業情有獨鍾，對政治則保持「要關心，不參與」的態度，因此，他未曾競選過任何民選公職。但他在主掌經營漁業及領導高雄區漁會的八年理事長任內，熱心參與推動全國漁事工作，對漁業發展及漁民權益，貢獻良多。卸任後繼續推動國際漁業合作，增加漁民收益，國民黨因此安排他出任第二、三屆不分區國大代表。第三屆國代任滿，參與「終結國民大會」的歷史性任務之後，蔡定邦即離開政治圈。

兩任國代的歷程，對蔡定邦來說，只是在他人生的路途上「順勢拐個彎，見識一下」。見識過政治之後，他對政治的態度依舊，對政治人物則有較深刻的觀察。在事業上，蔡定邦積極進取，在政治上，他是陳田錨的「私淑弟子」。他說，陳田錨擔任高雄市議長二十多年，恪遵「以德爲人」的父訓，從未利用職權圖謀個人利益，待人處世以和爲貴，家族財雄勢大，個人位高權重，卻溫煦可親，品德、操守、爲人都讓人欽佩，最後離開政壇時，身影優雅，令人激賞。

蔡定邦說，和陳議長同赴南非訪問德班市及開普敦時，才知道陳議長個人生活很規律嚴謹，守時守信，飲食節制。他發現陳議長不喜歡刺多的魚，對愛吃的生魚片，也是採取「中庸之道」，選擇油脂適中的部位，稍加煎烤就好。再愛吃的，也都適可而止。蔡定邦說，陳議長在政治上的進退，也是秉持中庸之道，從不強取強求，退場之後，曲終猶有意味深長的餘韻繚繞，「陳議長給我很多的領悟和啓發。」

他說，大家都知道陳議長事業成功，但陳議長在家庭教育上的成果，卻更讓人欽服。陳議長不論在高雄或台北，都有「父子早餐會」，兒子陪他共進早餐，陳議長兩個兒子都各有事業，但是，即使前一個晚上應酬晚歸，次日清晨都會準時陪老爸早餐。傍晚時分，陳議長都會在住所附近的公園散步運動，長公子陳建東總是陪在旁邊。

蔡定邦說，在現代繁忙的社會，能有兒子陪同共進早餐、陪同黃昏散步，「有幾個人做得到啊？」這一點，陳議長最讓朋友欣羡。

南太平洋最有影響力的台灣人

蔡定邦大力推動與太平洋島國漁業合作，對當地經濟發展的助益，對台灣漁業的貢獻，以及協助政府拓展外交的成績，在國際及漁業界都引人注目。二〇〇四年五月一日出版的英文太平洋雜誌，以「漁業與外交」爲主題，專訪蔡定邦，請這位「南太平洋最有影響力的台灣人」談他對漁業與外交及兩岸在南太平洋地區互動的看法，做爲該期的封面故事。

蔡定邦目前專務本業，繼續爲台灣的漁業與外交貢獻心力。

賣魚丸做議員的曾長發

連任七屆高雄市議員的曾長發，作夢也沒想到，自己十幾歲開始挑蔥賣菜、收歹銅舊錫（破銅爛鐵），竟然有一天會當上市議員，而且未曾間斷的連任七屆，最後還差一點就可創下市議會連任屆數的新紀錄。

一九四三年春，曾長發在高雄縣茄萣鄉茄安村出生，八歲時隨父母搬到高雄市，在前金區三青二巷租了一間四坪大的鐵皮屋棲身，父親到碼頭當搬運工人，母親持家照顧妹妹，他到三民國小入學。

一九五〇年代，愛河尚未開始整治，二號運河、三鳳宮附近都是魚塭，下大雨就積水阻路無法上學，曾長發因此轉到前金國小。畢業後考上市立二中（前金國中

父子議員曾長發和曾俊傑

前身）及省立高雄商職初中部。由於家境貧窮，父母要他選讀職校，好學得一技之長有利就業。開學前給他四十多塊錢，要他到雄商註冊。

窮人家的孩子比較懂事，曾長發了解雙親要他升學的苦心，但看到父母養家辛苦，也急著想賺錢幫助家計。他拿到錢並沒有去學校註冊，而是當成做生意的本錢，到設在鹽埕區港都戲院旁的果菜批發市場，買了扁擔竹籃和秤，再買了一些水果、青菜，挑著沿街叫賣。上午把批來的果菜賣完，下午就挑著竹籃去收購「歹銅舊錫」，送到古物商去換錢。為了不讓父母查覺，他每天趕在放學時間回家，謀生工具則找地方寄放，不敢帶回家去。

一個禮拜之後東窗事發，忙碌的父母終於發現曾長發沒有上學，以為兒子不學好，把辛苦籌來的學費拿去花掉了，馬上「家法伺候」，追究學費的下落。曾長發挨了一頓打，老實說出自己的想法和去賣水果青菜、收購破銅爛鐵的經過，從口袋把錢掏出錢來「呈堂驗證」，算一算竟然已有一百五十多塊錢。父母這才發現錯怪了他，不再反對他做生意，但是堅持一定要他繼續學業，最少要初中畢業才行。

由於已經誤了雄商註冊入學的時間，曾長發就到附近新設的私立建功中學夜間部註冊，開始半工半讀的生涯，白天認真做生意賺錢，晚上當學生。

曾長發在建功中學的成績不錯，數學最強，都考八、九十分，其他科目也都中上，只有英文從來沒有及格。建功中學設有清寒學生獎學金，金額與學費相當，規定每一科都要及格才能申請。曾長發家境貧窮，很需要這筆獎學金，他鼓起勇氣向老師說明自己的情況，要求老師給他英文及格，讓他可以申請獎學金。

老師查看他的成績，發現英文如果給他六十分，他將是全班第一名，如此對原來第一名的同學不公平，於是和曾長發說好，英文可以給他及格，但不能給他第一名，其他科的成績要相對調整，維持他原來第二名的名次。老師通情達理的給他幫助，曾長發順利完成初中三年的學業。

得到雙親「追認」後，曾長發做生意比以前更用心，挑著擔子繼續當流動攤販和收購破銅爛鐵。累積經驗之後，他改成只賣比較好賺的水果，早上到菜市場外路邊營業，下午則到處沿街兜售。市立二中是距離最近的中學，學校週邊只有鐵絲網，沒有圍牆，下課時間會有許多學生向他買一個兩毛錢的番石榴或番茄，二中隔街的棒球場常有比賽，有生意做。他愛看棒球，二中和棒球場就成爲他最常去的地方。球場看門的人都認識他，不用買票就讓他到看台做生意。但是，他看球也不忘生意，下課時間快到了，就趕到學校的鐵絲網外，等學生下課來買水果。

這段時間，曾長發還自己想出「自助式良心攤」銷售法，當球賽戰況激烈，放學後的學生也來看球的時候，他就在籃子掛上「番茄三個五角」、「香瓜一個五角」之類的牌子，把籃子放在看台走道邊，讓顧客自己拿水果自己付錢。當時民風淳厚，很少人會佔他便宜。學生有時向他賒賬，事後都會找他結清，沒有人賴賬。

肩挑負販的辛苦了二年左右，曾長發買了一輛二手腳踏車來代步，機動力增加，直接到產地批貨，降低進貨成本，競爭力因此大幅提昇。他曾到屏東縣九如鄉向農民買香瓜，自己載回高雄在路邊直銷。由於進貨成本低，他賣得比別家便宜，兩三百斤的香瓜，一個下午全部賣光。他最常賣香瓜的地點，就是現在高雄市議會東側的自強路邊，同學的父親開腳踏車店，讓他在店前路邊賣香瓜。

初中畢業未再升學，曾長發專心做生意。他發現賣魚比賣水果好賺，就改行賣魚，到哈瑪星的漁會市場選購魚貨，載到苓雅寮大溝頂菜市場外的路口，架起腳踏車就做生意。由於他生意很好，市場內攤商叫管區警察來取締。每次被警察抓到，最少罰五塊錢，最多罰十五塊錢。他生意好，繳了罰金還有賺頭，就照賣不誤。攤商再向派出所反映，警察看他不怕罰，就改成沒收他的秤，讓他無法做生意。

曾長發也有對策，他買了許多把秤，每次出門最少帶兩把，一把被警察拿走了，他取出第二把秤繼續做生意。幾次以後，警察據報，一天不止來取締一次。有一天，一位很胖的警察一大早就到場要沒收他的第二把秤，曾長發情急之下抓住秤不放，兩人拉扯了一陣子之後，「瘦擱薄板」的曾長發敵不過警察大力一拽而鬆手，警察沒想到他突然鬆手，重心不穩摔進水溝。圍觀的人看警察摔跤的狼狽樣子，都忍不住大笑，只有曾長發笑不出來。警察很生氣，把曾長發帶回派出所，留置到當天晚上才放他回家，這一天的生意全部泡湯了。

得罪了「土地公」之後，曾長發不敢再去苓雅寮大溝頂，換到成功路近三多路一家戲院旁邊賣魚，但幾天下來生意很差，他再轉移陣地到前鎮西甲市場，在岔路口一家棺材店旁的空地賣魚。沒想到他生意好轉，大溝頂市場的舊事又重新上演，市場內生意受影響的攤商，也報請管區派出所派人取締。西甲派出所警察比較好，每次都只罰五塊錢，沒有沒收他的秤，他因此沒有再換地方，做到入伍。

一九六六年，曾長發二十三歲退伍重回老本行，因爲已經成年，可以申請當魚市場承銷商，直接參加拍賣進貨做中盤生意，買到的海鮮魚貨，除了留下自己要賣的之外，其餘批給零售商就有百分之五的利潤。來回之間，他比當兵前賺到的利潤最少增加一成。

有點積蓄之後，曾長發除了買機車取代腳踏車，也開始物色市場內賣魚的攤位，但是，前站市區的攤位很貴，一個魚攤要幾十萬元，等於一棟樓房的價錢，他買不起。當時後火車站一帶已經完成市地重劃，居民少、交通不便，地價便宜。他找到三民區喜峰街的十全市場，花五萬元買了一個魚攤營業，也看上市場邊一塊建地，向一信平等分社借了十萬元，把地買下並找人來蓋房子。房子蓋好，他再借錢買機器，安裝在住家的後段，開始自製魚丸等加工食品在市場批發兼零售。魚丸、炸魚、炸蝦、甜不辣等加工食品利潤更高，但一心想賺錢的曾長發，晚上還在住家對面的市場邊擺攤賣「過魚湯」，努力工作，認真賺錢。

製作魚丸調製魚漿需要技術，曾長發自己不懂，開始都請師父負責調製，但當他問起時，師父都秘技自珍，他只好偷學，每天點算製作魚漿所需添加的麵粉、鹽、味精的數量，詳細記錄比對，經過一段時間用心觀察，確定各種原料的最佳比例，學會自製魚丸，連「師父工」都自己賺，也不會再遭刁難受氣。

曾長發的偏名叫「卡子」，他是這個市場最早自製魚丸出售的人，因此，大家都叫他「賣魚丸的卡子」。

曾長發腦筋靈活，交遊廣闊，換帖結拜兄弟很多。一九七三年，他爲換帖兄弟張榮顯競選議員（原名張海清）助選成功，七七年在朋友鼓勵下自己投入選舉，當選第九屆市議員，接著連任直轄市第一至六屆議員。「卡子賣魚丸，賣得做議員」的故事，就是這樣來的。

第一次競選議員，曾長發就嚐到「選舉賺錢」的滋味，攤販同業看到「賣魚丸的卡子」要選議員，紛紛解囊相助，朋友也捐款共襄盛舉。他總共募到一百零六萬元的選舉經費，選後結算，扣除總支出八十六萬元，還有二十萬元的節餘。

一九七七年十一月十九日第九屆市議員選票開出，曾長發當選了，十全市場的攤販有人比他還高興，連續三天降價優待顧客以示慶祝：市場內的豬肉攤全部半價優待；唯一賣豆芽菜的攤子，免費贈送豆芽菜三天，每人一斤豆芽，還加一小把韮菜；賣糯米大腸及香腸的王金盤，免費招待老主顧三天，香腸一人兩條免費，「大腸包香腸」則以一組爲限。他們都以平日的銷售量爲準，平常進多少貨，優待期間一樣進多少貨，賣完或送完爲止。

在參選之前兩個月，他收起魚湯攤子，賣魚的攤位及家庭工廠交給太太掌管，繼續經營了一年多後收攤。

當選後的第一件選民服務，他記憶猶新。他到市政府替選民申請營業執照，承辦官員接過他遞出的名片，看他貌不驚人，跟他說：「你是曾公子喔，我跟你爸爸曾議員很熟！」陪他去的朋友告訴官員：「伊係曾議員本人啦。」那個尷尬的場景，他一直忘不了，也初次體驗了官場特殊文化。

曾長發有一個連好友都不知道的身世秘密，他是「養子」，「阿爸」其實是他的「阿舅」，生母則是「阿姑」。曾長發有一姊一妹，生母受環境所迫，將他和妹妹給沒有生育的舅舅領養，姊姊則由別人領養。他很早就知道自己的身世，但是，大人雖沒有隱瞞這個問題，卻都避而不談，他也一直放在心裡不說不問。

當選議員之後，他曾經有過想要見生身之父的衝動，但因聽長輩說生父是台南的有錢人家，他擔心自己如果去相認，恐怕對方誤會他要去爭分家產，這個顧慮，讓他沒有採取行動。不過，想知道生父「到底長得什麼樣子」的念頭，有時還是難免浮現起來，他都理智的抑制下來，聽隨命運的安排。生母「阿姑」則一直有往來，他買地建屋向一信平等分社借錢時，保人就是他的生母。生母至今健在，常來看他；養父母都已謝世，生父是否還在就不得而知了。

曾長發當選議員時，同一選區還有顏火山、張榮顯兩個結拜兄弟同榜當選。顏火山在改制第一屆連任失利，第二屆重回議會，第三屆連任並出任副議長，任滿後淡出政壇。張榮顯一九八〇年當選立委，連任失利後當選第二屆議員，第三屆連任，和顏火山爭副議長落敗，第四屆議員落榜後改選國代當選，第五屆又重返議會當議員，第六屆議員連任失利而告別政壇。

曾長發連任七屆議員，從一九七七年十二月卅日就任第九屆議員，至二〇〇四年一月八日第六屆議員職務解除離開市議會，連續擔任市議員長達二十六年又九天。市議會歷屆議員中，任期未曾中斷連任屆數最多的是陳萬達的七屆，曾長發如果在第六屆的風波中保住議員資格，就有連任八屆而創新紀錄的機會。

第六屆議員任內，議會召開第六屆第一次大會預備會議時，由於議長、副議長先後被拘押而向市議會「請假」，最資深的議員曾長發先被推派擔任主席主持會議，接著由全體議員推舉為代理議長，二〇〇三年三月二十六日起代理議長，至六月十二日議長朱安雄獲得交保為止。這也是高雄市議會「代理議長時間最久」的記錄。

二十多年的議員生涯，曾長發為選民爭取的地方建設很多，其中爭取到打通中山路與博愛路的地下道、遷移十全路高壓電塔，讓後驛地區交通便捷，快速繁榮發展，是曾長發自己最滿意的兩項成績。

高雄市區被縱貫鐵路切成兩半，後驛地區與市區雖然近在咫尺，卻被鐵路阻隔，前後站間卻只有中華路地下道及民族路高架橋兩條通道。市中心最寬的中山路與博愛路正對著火車站，卻無法相通。許水德主政時，規劃興建地下道以打通這條大動脈。

中博地下道為避開高雄火車站而設計成雙曲線，工程費十二億元，將採明挖法施工，工期二年。曾長發認為採用明挖法將嚴重影響工地附近居民日常生活及經濟活動，如果改採潛盾法施工，工期還可縮短，但工程費要增加二億元。市長許水德原本考慮財務負擔加重，不敢答應。曾長發說，市長如果擔心經費，十四億元工程費他來負責，條件是完工讓他收取後驛地區兩年的增值稅。許水德被他說服，改採潛盾法施工，結果中博地下道在一年十個月完工通車。後驛地區交通改善，地價提高，開發加速，之後兩年內，市府單是後驛地區課徵到的土地增值稅，就有四十億元之譜。

十全路的高壓電塔遷移也在許水德任內規畫辦理，將輸電纜線改成地下化，工程費一億四千萬元，市政府財源不足，曾長發找台電協商，說服台電與市府各分擔半數。高壓電塔遷走之後，十全路的路幅同時拓寬，地價由每坪二十萬元漲到四十萬元。曾長發在後來參加里民大會時，向里民說明他爭取經過及成果，要求十全路沿線有土地的選民：「以後選舉，沒有留一票給我，生孩子會沒屁眼。」他敢這樣大聲討人情，是因為他讓他們財富倍增。

高雄市議會從參議會到直轄市第七屆，數十年間只曾舉辦過一次低收入戶愛心晚會，也只有一次派專案小組出國調查。這兩次空前絕後的創舉，剛好都由曾長發負責，他是愛心晚會的執行秘書，率領專案小組出國調查的召集人。

一九八六年二月二十二日，高雄市議會在中正文化中心舉辦「低收入戶愛心晚會」，邀請全市一至三類低收入戶二千五百四十四戶參加，準備了點心招待，還發給每人一千元壓歲錢。這場要和蘇南成別苗頭而辦的愛心晚會，議員出錢出力，總共募集了數百萬元，連「上班小姐」也慷慨解囊共襄盛舉。提出這個點子的曾長發被指派擔任執行秘書，負責籌辦整個活動。他把晚會辦得很溫馨，還洽請高雄客運及市公車，免費讓低收入戶憑愛心晚會劵搭乘。最後還有一百多萬元的節餘，捐給社福團體。

一九九六年，傳出前市長蘇南成任內核定的高雄捷運總顧問，遴選過程疑雲重重，議會組成專案小組調查，由於總顧問是美商帝力凱撒公司，總公司設在美國華盛頓，與市府簽約的子公司則設在加勒比海英屬開曼群島，議會專案小組決定赴實地查訪，經議長同意。當年端午節，召集人曾長發帶領專案小組出國調查，成員包括湯金全（現任行政院公平交易委員會主委）、羅志明、蕭裕正（現任高雄市政府環保局長）、陳道實、藍星木等人。

議會專案小組出國調查，也是破天荒的創舉。這次調查發現諸多疑點，市政府後來與對方解約，並對捷運規劃展開總體檢。捷運工程動工後尚稱順利，這一次專案調查有相當正面的影響。

二〇〇二年底，高雄市爆發第六屆

曾長發（右）訪南非與祖魯族少女合照，同行的是前市議員陳宣旭（左）和高雄銀行總經理陳文章

議長選舉賄選案，四十三位議員只有十人沒有被捲入這次風暴。涉案議員有人全身而退，有人獲緩起訴或緩刑而保住議員職務，有人雖然免掉牢獄之災，但議員職務被解除；還有人入獄服刑。

同樣的行爲卻有不同的司法處遇，曾長發被解除職務後很想不開，明知政治路難行，卻賭氣要兒子曾俊傑接替參選，代他接受選民的裁判。曾俊傑通過選民的考驗，當選第七屆議員，讓曾長發心理稍微平衡了一點。他升格當「議員的老爸」的同時，也「降級」當兒子的助理兼服務處主任，以兩代更好的服務，回饋選民的支持。

克紹箕裘的林孟丹

曾經擔任兩屆市議員及一屆國大代表的林孟丹，兩度當選高雄市第三信用合作社理事主席，至今擔任理事主席已經十五年。時間之久，僅次於其父林瓊瑤。而他的祖父林迦，也是早年創辦三信前身興業組合的關鍵人物。祖孫三代在三信的關鍵時刻都扮演關鍵性的角色，淵源之深，頗富傳奇。

「高雄市第三信用合作社」的名稱，始自一九四七年。台灣光復後，政府辦理合作社登記，由於大家都喜歡「第一」，政府因此要求日治時期名爲「組合」的幾家合作社，於四六年十一月到

曾任市議員及國大代表的林孟丹，出任高雄市三信合作社理事主席。

市政府抽籤。三信社由林瓊瑤先生代表抽到「三號」，四七年元月二十日取得政府核發的合作社登記證，就以「高雄市第三信用合作社」為名。

三信的歷史要再往前追溯三十年，最早是創設於一九一七年八月七日的「中洲庄漁業者信用販賣購買生產組合」，一九一九年元月改名為「有限責任中洲漁業者信用販賣組合」，由旗津地區漁民集資成立。第一次世界大戰後，總督府嚴禁漁業團體經營營利事業，資金虧損殆盡，面臨解體。

有「打狗拓荒者」之稱的林迦，不忍見到這個台灣人經營的庶民金融團體夭折，出面號召改組，邀集財力雄厚的地方仕紳共同挽救，一九二六年四月底改組為「有限責任興業信用組合」，規定新任理監事每人承擔鉅額定期存款，穩定興業信用組合的資金，奠定穩固的基礎，也建立起信譽。

興業信用組合業務蒸蒸日上之後，擔任理事的林迦又倡議興建事務大樓，理監事停領酬勞金，籌集興建基金。位於大仁路的新建三層大樓，在一九三五年底完工，佔地二百坪，購地費三千圓，建築費三萬元。當時高雄市人口不到十萬人，新大樓是僅次於高雄州廳的堂皇建築。

一九三六年，林迦的長子林瓊瑤從日本早稻田大學畢業回台，進入興業組合當了十一個月的「書記」，第二年初接替林迦出任常務理事。三八年二月，組合長黃慶雲病逝，林瓊瑤即代理組合長。當時興業組合會員約一千五百人，存放款均有近百萬圓的規模。

蘆溝橋事變發生後，日本統治者的手伸向興業組合，規定要留一席理事由市長指派，林瓊瑤代理組合長才七個月，即請辭常務理事。一九三八年底理監事改選後，組合長即由市長指派的日本人擔任，至日本戰敗投降，台灣光復，林瓊瑤才再由代理組合長李炳森聘爲經理。一九四六年八月，光復後第一次改選，林瓊瑤擔任理事，九月舉行組合長選舉，林瓊瑤以六比三擊敗楊金虎當選組合長。四七年初，興業組合改名爲高雄市第三信用合作社，林瓊瑤當選理事主席兼經理。從此領導三信發展達卅二年之久，至一九七九年初病逝爲止。

林瓊瑤主持期間，三信合作社的業績曾高居全省第一名，最大的特色是理監事改選沒有競爭，也沒有賄選。在台灣區理事競爭激烈的合作社，堪稱異數。林瓊瑤本身清正，經營成效優異，讓大家心服口服，因此，每次理監事改選在他協調溝通後，都是同額選舉，沒有競爭，不必賄選，三信也因此得以穩定發展。

三信社在一九五〇年代即開辦代售發票、代收電話費、稅款等業務，擴大服務社員。同時隨著社會脈動，創辦儲蓄存款，帶動儲蓄的風氣：先後推出學童定額定期存款、學童育英儲蓄存款、觀光旅遊儲蓄存款、電視儲蓄存款。六六年成立消費放款單位，提供電冰箱貸款、機車貸款、房屋分期貸款等等。同時採取企業化經營方式，改變三信體質，積極提供中小企業營運基金，促進社會繁榮。七〇年代開始金融作業自動化。

在一九五〇年代，三信盈餘較以前成長十倍，一九七〇年底存款九億一千萬元，放款五億八千萬元；七八年底，存款成長至五十五億元，放款四十億元，存放比超過七成，創下光復卅三年以來的新高峰。

林瓊瑤本著「取之於社會、用之於社會」的理念，一九五七年開辦「三信平民醫院」，發放「施療券」給貧民免費就醫。在被政府認爲牴觸合作法令而下令停辦之前的四年十個月期間，總共診療了四萬三千九百多人次。五八年創辦三信商業職業學校，爲發展中的高雄培養了許多商業人才；一九七八年間，與另四家合作社共捐款二千萬元，在六號公園興建老人活動中心。

林瓊瑤領導三信施醫、興學、敬老，高雄市選出的第四屆省議員郭國基，因此曾在省議會提案：「高雄三信合作社業績卓著，理事主席林瓊瑤熱心公益，口碑載道，請政府應予以褒揚」。一九七二年，林瓊瑤因「建教合作成績卓著」當選十大傑出企業家；同年底高票當選國大代表。一九七九年元月二日，林瓊瑤病逝於理事主席及國大代表任內。

林瓊瑤主持三信期間，並未安排子女進入三信合作社任職。林孟丹在高中畢業後申請提前入伍服兵役，退伍後赴日本留學，取得日本近畿大學商學研究院碩士學位，林瓊瑤過世之後回高雄定居，擔任林迦建設公司總裁、威德木業董事長、三芳化工監察人、台精化工常董，還是未進入三信。一直到當選議員之後，三信內亂，應合作社內場派及尊長的要求，才介入三信。

一九八一年底，高雄直轄市第一屆議員選舉，林孟丹由國民黨提名當選，八五年當選連任第二屆議員。三信理監事一九八三年改選，林孟丹才出任三信合作社理事，八六年連任後競選理事主席，經過激烈競爭當選，連任至一九九五年。間隔六年之後，二〇〇一年八月在沒有競爭的情況下，再度當選理事主席至今。

林孟丹的「政治細胞」不算發達，不會作秀打知名度，不會搭「熱門話題的便車」來提高自己的曝光率。他也不會罵官員，因爲他認爲「罵人並不高尚」；沒有口若懸河的本事，但議事論理清楚，提出的問題多很務實。例如用肥皂粉清洗餐具嚴重影響國民健康、阿兵哥養豬不務正業、柴山要塞管制不合時宜等等，他都在議會質詢，後來並獲得逐步改善。

旅居日本十多年，林孟丹回台灣後最感到不可思議的是：所有的餐飲業者，不論是大飯店還是路邊攤，都用肥皂粉清洗餐具。由於肥皂粉中所含的螢光劑、芒硝經研究證實是致癌物質，先進國家如日本等國都已經禁用肥皂粉洗餐具，台灣癌症罹患率偏高，人人談癌色變，衛生當局竟然對此視若無睹。他要求衛生局除了應下令高雄市業者禁用肥皂粉清洗餐具之外，更要向衛生署反映，確保國民健康。

一九七四年前後，國軍部隊多被要求種菜養豬，林孟丹當兵時並未碰上，他是到壽山公園運動，經常聞到隨風飄來的臭味，才知道是山上駐軍養豬造成的。知道是軍方的規定之後，他在市議會抨擊軍方要阿兵哥養豬簡直不務正業，軍人要保家衛國，應該磨練戰技備戰，怎能要阿兵哥養豬？他要市政府兵役處向軍方反映。結果，壽山上養豬的軍方單位把豬舍打掃乾淨，消毒除臭之後要請林孟丹去參觀，林孟丹拒絕。他的重點不是臭味，而是不該要戰士養豬。阿兵哥養豬的任務，後來終於結束了。

高雄市壽山原本整個都列爲高雄要塞管制，陳武璋市長任內直接向老蔣總統爭取，才開放靠近市區的一小部分設置公園，讓市民可以登山遊憩活動，其他包括數百年前即有居民的柴山，都還嚴格管制，除了戶口只准遷出不准遷入之外，管制哨還嚴格檢查機車，禁止居民帶水泥回家，即使住屋壞了要用一點水泥修補也不行。

林孟丹聽說竟然有這種不合理的管制，在議會質詢時爲柴山居民抱不平，主張即使限制新建房屋，但居民住的房屋，不能不讓他們整修。否則，萬一屋子垮下來造成死傷，責任誰負？除了要求保障居民基本權益之外，他也主張應縮小要塞管制範圍。

一九八九及二〇〇〇年，國防部兩度縮減壽山要塞管制範圍，目前等高線二百五十公尺以下的部分已經解除管制，如今每逢假日，到壽山登山活動的市民都有數萬人。

柴山居民的問題存在已久，但在戒嚴時期，地方議會議員很少人敢質詢軍方的事，林孟丹爲柴山居民不平，批評軍方要阿兵哥養豬的措施，質詢後都有議員認爲他「干犯禁忌」，未免大膽過頭。林孟丹說，「只有我阿舅在我質詢後誇獎說，我這問題提得很好。」

林孟丹所說的「阿舅」，就是議長陳田錨。陳田錨的生母李開娥是屏東萬丹望族李南的次女，是林孟丹外公李開胡的妹妹；林孟丹的母親李鳳美則是李開胡的次女，林孟丹因此都叫陳田錨「阿舅」。

林孟丹很佩服這個阿舅，尤其是陳田錨致力維護市議會尊嚴的做法，讓他感受深刻。第一屆議員任內，林孟丹質詢警察局長，局長答詢時，一隻手插在褲袋內。陳田錨在主席台上看見了，認爲局長態度不夠莊重，當場訓斥局長「手不要插在口袋裡」。林孟丹說，陳議長爲維護議會尊嚴，不只要求官員尊重議會，對議員也一樣，草莽性格的市議員蘇玉柱有一次質詢時，把上衣脫掉，陳田錨也是當場制止，斥責他在議會脫衣質詢「成何體統」。

第二屆議員在一九八九年底任期屆滿，林孟丹因爲公開說過不再連任，爲了表示自己「講話算話」，雖然國民黨及支持者一再勸進，議長陳田錨也希望他競選連任，他卻在候選人登記時，一個人跑到花蓮躲起來，讓大家找不到，等登記截止才現身。民代生涯中斷了兩年之後，他才在九一年底競選第二屆國大代表，四年任滿，他即退離政壇，專心經營事業。

林瓊瑤身故之後，三信內部即發生權力爭逐，內場派希望林家支持，林孟丹兄弟都無意介入，但長輩主張不宜缺席，已經是市議員的林孟丹，因此在八六年當選理事，選上理事主席，連任至九五年後，退下來當理事。

林孟丹當理事主席的九年期間，推出營業單位盈餘責任制，全面更新三信自動化系統，完成全社連線，九二年起增置自動櫃員機。他也持續支持公益活動，九四年發動全體社員每人捐出五元，認購法國雕塑大師布爾代勒的「大戰士」雕像，由高雄市立美術館珍藏；九二年則捐鋼琴給高雄市的國小，連同八二年捐的，三信總共捐出一百五十架鋼琴。

一九九五年至二〇〇一年間，三信在兩屆六年內，理事主席換了四個，不穩定的情況可見一斑。二〇〇一年八月，五十六歲的林孟丹再度當選理事主席，這次選舉沒有人和他競爭，但正好碰上台灣數十年來最惡劣的經濟情勢，三信也處於另一個關鍵時刻，林孟丹承續了其父、祖在關鍵時刻擔綱的角色，祖孫三代與三信的淵源之深，有如傳奇。

六十歲拿碩士的吳林淑敏

六十歲拿到碩士學位的吳林淑敏

離開學校卅年，兒女都已留美學成歸國，當了七年市議員的吳林淑敏，五十歲重當老學生讀大學，六十歲獲得碩士學位。在此之前，她賣過電器、當過代書，人生上半場的成就，靠的是「不服輸」的堅強個性。遇到波折時，也是靠這不服輸的精神安然渡過。

「三年六班」的吳林淑敏，鼎金國小、市立六中（鼎金國中前身）畢業後，考上省立高雄工業職業學校電子科，二十歲結婚，嫁的是住在她家後面的「雄工學長」吳春雄。這段姻緣，有如電視劇的愛情故事。

女主角是個有著一雙大眼睛的清秀活潑的姑娘，男主角是外型俊秀的白面書生，家境清寒卻勤勉上進。由於兩家相距不遠，當時鼎金地區人口不多，已經就讀高雄工職電工科的男主角，注意到鄰家有個讀初中的可愛妹妹，心儀不已。等到女主角高職畢業，男主角也半工半讀的完成台北工專冷凍機械科的學業，服完兵役後回母校高雄工職任教。

正如電視劇本所寫，青梅竹馬的戀情，大人都會有意見。不巧的是女主角任職於電信局的爸爸生病了，盲腸炎延誤就醫轉成腹膜炎後到醫院開刀，可能是醫師經驗不足，翻遍腹腔找不到已經腐爛脫落的盲腸，只好徵得家屬同意，消毒清洗後縫合觀察，但是病人手術後依舊高燒不退，只好第二次緊急開刀，動員了六位醫師，總算把問題找出來解決了。

女主角之父開刀要輸血，醫院缺血要到市區買血，家中雖有男主人的機車卻沒有人會騎，當時男主角正好放暑假在家，義不容辭的前往協助，騎著機車奔走買血、買藥，幫助女主角一家人渡過難關。

事過之後，女主角家人對鄰居這個年輕人有比較深刻的認識，終於不再反對他們交往，最後同意男主角請人來提親。一九六七年十月，還未滿二十足歲的吳林淑敏就成了新嫁娘，和吳春雄成就一段美滿姻緣。

從未做過家事的吳林淑敏過門之後，家務事讓細嫩的雙手變成「富貴手」，母親心疼女兒，幫女兒請了佣人，但被婆家辭退了。當時教師待遇不高，實在請不起佣人，小倆口不敢違逆，只能設法改善家庭經濟。

由於兩人高職讀的是電工、電子科，對電器用品並不陌生，也有修理電器的技術，就決定籌措資金開店賣電器。吳春雄到八德二路藍寶石歌廳正對面找到一個店面，月租四千元，付了一千元訂金，「鼎山電業行」就很快掛牌開張。吳林淑敏負責店面的生意，顧客送來故障的家電用品，則由吳春雄下課後負責修復。除了向公司批購成品，兩人還買了零件，自己組裝收音機來賣。有些客人的家電要汰舊換新，舊的折價給店家，他們重新整理修好出售，二手貨比較便宜，也很受顧客歡迎。

夫妻同心努力經營，生意蒸蒸日上，八德店獲利穩定之後，又開了兩家分店，在前鎮區的籬仔內店「德山電業行」由小姑主持，老家附近的鼎金店「華山電業行」，則由小嬸經營。吳林淑敏經銷各種廠牌家電用品，中興牌及國際牌的電視、冰箱的銷售業績，還曾經衝到全省經銷商的第二及第三名。

鼎山電業行的營業時間很長，早上開門之後，一直做到對面的藍寶石歌廳散場才休息。藍寶石的駐場藝人很多，蔣光超、梁二、凌峰、倪賓、高凌風、余天等人，都有高知名度，表演也很受歡迎。由於地緣接近，他們也是鼎山電業行的好顧客，其中尤以諧星梁二給吳林淑敏的印象最深刻。

吳林淑敏說，常駐藍寶石表演的藝人多住在歌廳附近，住處要用的電視、冰箱，都就近向鼎山電業行購買，請工人搬過去，連運費都省了。梁二會常與電器行交易，主要是受到「手氣」的影響，手氣背，需要週轉時，就到店裡來，把冰箱或彩色電視機賣還給電器行，請吳林淑敏派人去搬。手氣順了，又到店裡來，把冰箱或電視買回去。萬一那個冰箱或電視已經被人買走，他就再買一個新的。梁二很爽快，買回原來的冰箱或電視，都會主動加價，他告訴吳林淑敏說，他們靠嘴巴賺錢比較輕鬆，給店家賺一點辛苦錢是應該的，從來不會斤斤計較。其他人就比較少用這種方式週轉。

一九七三年，高雄省轄市第八屆議員選舉，國民黨提名在高雄工職擔任電器科主任的吳春雄競選，當選後再連任第九屆議員。一九八三年，又提名吳春雄競選立法委員，三年任滿後，吳春雄未再競選連任，棄政從商。

吳春雄當選議員之後不久，電器行房東爲了節稅，要收回店面不再出租，吳春雄主張順勢結束營業，但吳林淑敏生意做得順手，認爲就此放棄可惜。兩人到中正二路購屋，但不再經營門市，改做類似大盤或中盤經銷的「武市」生意。但是武市生意資金需求較大，做起來也比以前累，沒多久就收了。

一九六〇至七〇年代，高雄市發展得很快，六七年底人口才六十五萬二千人，七三年二月已經增加到九十一萬多人，住屋需求量龐大，建築業非常興旺，與建築業關係密切的土地登記業務量劇增。而地政法令既多又雜，相關程序瑣碎，一般人很難搞得清楚，因此，買了房子要辦登記，不是花錢請代書，就是請民意代表跑腿代辦。吳春雄因此常受託爲選民服務，吳林淑敏有空就跟著他到政府機關洽辦選民委託的事。

有一天，吳林淑敏陪吳春雄到新興地政事務所，遇到吳林淑敏的初中同學李淑梅，她在地政所任職，獲知吳林淑敏不再賣電器而轉投資建築業，就建議吳林淑敏，既然選民服務以地政業務最多，她又已投資建築業，不如改行學做代書。吳林淑敏認為有道理，但代書要怎麼做，她一無所知。同學因此介紹她到一位有名的林姓代書處補習，學當代書。

吳林淑敏拜師學藝學得很辛苦，但是不服輸的個性讓她苦讀相關法令，總算學成出師。第一個接到的案子，是吳春雄小學同學周龍雄的委託，他曾經找過多位代書，但對方看到他的案子，都不肯接辦。吳林淑敏當代書還是初生之犢，有人委託她辦，就很高興的接下來。沒想到，「未曾剮過頭，第一次就遇到鬍鬚」，單單這件委託案，折騰了半年才辦妥。

原來其他老代書不肯接的這個案件，複雜的程度超乎想像，表面上只是繼承登記，但土地及建物都是多人分別共有，既要逐一辦理分割登記，部分還要調整地籍、互相贈與，有的門牌還要重新整編。接到的是一案，最後辦成九個案件，才把問題徹底解決。

吳林淑敏花半年把委託案辦好，業主很高興的給她一萬元的大紅包。這一萬元賺得辛苦，但經過這個案件的磨練，她就把代書該會的事、可能碰到的難題，全部經歷過了。而所投資的黃姓建商在高雄縣後庄的合建案，總共有一百二十戶預售屋，全部的代書業務，就很放心的交給她承辦，讓她一進代書業的大門就有亮麗的業績，忙得要聘請助手，當起小老闆來。

後庄的地政業務屬大寮地政事務所轄區，吳林淑敏騎著四十九西西的機車來回奔波，有些申請書和文件帶來帶去很不方便，剛好她一個住鳳山的同學先生也是代書，就把塡寫好的申請書寄放在他家，請他次日去地政所的時候一起送件。當天晚上，吳林淑敏才想到漏蓋了一個印章，由於時間不早，路程不近，她請吳春雄開車載她去鳳山補蓋章。但吳春雄不肯載她去，認爲第二天再補蓋就行，何必半夜跑去麻煩人家？

兩人意見相左，吳林淑敏賭氣自己騎車出門，到鳳山把章補蓋好了，沒想到要回家時，機車卻無法發動。由於那種機車也可當腳踏車使用，只是踩起來沒有腳踏車輕快。機車發不動，她只好費力的踩著騎回高雄，越騎越有氣，認爲就是自己不會開車才要求人受氣，發誓回去後非學會開車考取駕駛執照不可。就因爲不服輸的個性，她沒多久就把汽車駕照考到手。

吳林淑敏不服輸的堅強個性，也救了她自己一命。

一九八八年正月初七，清晨五點天還沒亮，早起的吳林淑敏要去三民公園運動，穿越民族路時被一輛疾駛而來的雙載機車撞倒，當場昏死過去。她醒來後發現自己頭破血流，附近雖然有人遠遠的看著她，可能以爲她已斷氣而不敢靠近，而肇事者已經不見蹤影。她自己忍著痛爬起來，用手壓著流血的後腦，舉步維艱的跛行數百公尺到大姑家按電鈴求救，才告訴大姑「我出車禍了」就昏倒在門外。

大姑家是陸發醫院，先為她急救縫合傷口，由於她有腦震盪，再將她轉送到另一家外科醫院醫治。她的頭縫了十二針，住院治療了五十天才康復出院，但至今還有不時會暈眩頭痛的後遺症。

她清醒後，家人問她被撞的經過，她才想起昏迷中依稀聽到有人提起附近另一家醫院，推測肇事者也受傷送醫，請小嬸到那家醫院探聽，查出肇事者的姓名及職業，發現對方是職業軍人，但還昏迷不醒，被載的人只受輕傷，已經離開醫院。

吳春雄透過認識的軍方將領，查出肇事者向服務單位謊報案情，說是「兩車對撞，對方逃逸」。家人都很生氣，認為對方撞倒吳林淑敏之後，只將自己人送醫，卻把她丟在現場不管，如非吳林淑敏堅強自救，後果不堪設想。肇事者竟然還誣指她「肇事逃逸」，堅持求償及追究責任。軍方查明事實經過之後，也要處分肇事者及其直屬長官。

鬼門關前走了一趟的吳林淑敏，聽說撞她的軍人甫遭家庭變故，是個父兼母職的單親爸爸，當天放假趕著回家看孩子才出事的。她個性強心腸軟，決定原諒對方，醫藥費十幾萬元不向對方求償之外，還好人做到底，配合對方說辭，讓肇事者及其長官免受懲處。

吳林淑敏被撞成重傷，家人憂心之際，也曾求神問卜。吳春雄擔心吳林淑敏的復原情況，經人介紹向一位相師求教。號稱「小孔明」相師說，吳林淑敏有積功德，這次血光之災沒有大礙，渡過這個劫數，將來還會當上民意代表。一九八九年底，吳林淑敏由國民黨提名參選，當選第三屆市議員，接著連任第四、五、六屆，從一九八九年十二月二十五日就任第三屆市議員，至二〇〇四年一月八日離開市議員職務，吳林淑敏的民意代表當了十四年。

第三屆議員選戰正熱時，吳林淑敏得了盲腸炎，但因白血球指數不高，醫生不敢確定，而且同選區有四位女性參選，戰況激烈，吳林淑敏不敢休息，只服藥消炎止痛，幾天後痛得受不了，盲腸炎已變成腹膜炎，不得不住院開刀。

次日公辦政見會上，對手向選民說吳林淑敏罹患癌症，投給她沒有用。吳林淑敏聽到助選員通報，顧不得傷口疼痛及可能迸裂的危險，堅持趕到政見會上台亮相，還用力猛拍胸脯，表示自己絕對不是癌症患者。選舉結果，她擊敗對手當選。事隔十多年，她還記得當時一心只是不服輸，「死不了，跟她拚」。不過，她還記得當時猛拍胸脯震動引起劇痛的滋味。

擔任議員期間，吳林淑敏特別重視婦女兒童的問題，除了在她的議員工作室成立各類婦女成長營，鼓勵夫妻一起參加之外，還邀集四位女性議員，跨黨派組成「鐵百合聯盟」以強力推動婦幼工作。鐵百合結束後，她自己再成立耕馨婦幼協會、女人私房空間公益教室。她平常謙恭溫和，質詢問政則表現出強悍的一面。

在爲民喉舌的同時，高職畢業不久就結婚的吳林淑敏也把握機會繼續進修，五十歲考上高雄應用科技大學進修部二技，修業三年取得學士學位。二○○三年五月，她再考取國立高雄師範大學成人教育研究所爲在職人員進修而設的「組織領導與發展碩士班」，二○○六年，六十歲的吳林淑敏拿到碩士學位。

高雄師大成教所組發班有「卓越行政領導」的課程，吳林淑敏研究報告中，以高雄市議會前議長陳田錨爲對象，用「卓越行政領導檢核表」的項目，逐一檢核陳田錨的領

吳林淑敏辦搓湯圓比賽，請錨公伉儷（右）、議長黃啟川、考試院長許水德及吳鴻顯共襄盛舉。（董清男攝）

導、溝通、展示管理長才、問題解決能力、培養人際關係的表現。她在報告中對陳田錨的信用、人才培養、有效的會議領導、良好的溝通技巧、適度的帶一點影響力、有效處理混沌不明的情況、處理變動的情況能展現彈性、找出其他解決問題的方法、決策能力、避開非絕對必要的規定、保護部屬、分享榮譽等項目，都給了最高的評價。她這份報告也得到高分。

就讀研究所期間，吳林淑敏領悟自己不一定要在議壇才能助人，像陳田錨以其卓越領導的特質，離開政界之後，在其所主持的企業體，對社會的貢獻，更直接也更大。因此，因故提前結束民意代表的生涯，吳林淑敏並沒有放棄進修，在六十歲那一年獲得碩士學位。

提早離開議員職務，吳林淑敏歸諸「定數」，她認爲，或許是她選舉時欠下龐大的人情債，已經還清了，爲選民服務的工作才能提前告一段落，不必再終日爲選民奔忙，可以專心經營自己的事業，「塞翁失馬，焉知非福」。走過一甲子的吳林淑敏，已經可以淡然的笑看人生了。

錨公的四個「小」朋友

「議長尊鑑：欣聞手術成功，老二猶存，特電申賀」。

在台北榮總病房接到這通電報，陳田錨忍不住大笑，剛剛動過攝護腺肥大刮除手術的傷口一陣劇痛，他捧著肚子，止住笑聲，但是，臉上還是漾著笑意。

光看電報文字，陳田錨就知道，一定是那些「小」朋友的傑作。

陳田錨交遊廣闊，朋友分佈各行各業各階層之外，還有各種不同年齡層的朋友，除了年紀相若的朋友，他有年長於他的「老」朋友，和年齡差一大截的「小」朋友。最特別的是還有同一家人的兩代或三代，因爲先後分別與他共事往來而變成朋友的。

擬出這封電報讓他笑痛肚子的陳宣旭、黃啓川、黃昭順、陳滿英，是他在第一屆議長時的議員同事，年齡雖然都比他小了二十歲以上，算起來要小他一輩，但彼此投緣而建立起深厚的情誼。

陳議長的這四位「小」朋友，各有特質，陳宣旭是「點子王」，黃啓川有「議會鐵算盤」之稱，黃昭順在左楠地區扮演「媽祖婆」的角色，陳滿英有最強韌的鬥志。

陳宣旭外和內剛

陳宣旭器宇軒昂，與陳議長年齡差距最小，世居楠梓，一九八一年底會投入第一屆市議員選舉，主要是因他叔叔陳柏蒼在第九屆議員任內殉職，國民黨找他出來接棒。他用苦行僧的方式競選，楠梓坑庄頭，每一家最少拜訪過三趟，結果以一萬一千八百十八票的全市第二高票當選，那一屆最高票是陳田錨的一萬二千八百卅七票。陳宣旭一鳴驚人，四年任內表現可圈可點，地方人士殷切期望他繼續爲地方奉獻，黨部也列爲重點培養對象，可惜爲了家庭因素及個人考量，第二屆卻未競選連任，以後也未再參選。

結束四年的議員生涯後，他專任欣高瓦斯公司主任秘書，第三屆議會才回議會擔任主任秘書（其後改稱副秘書長）。在陳議長決定第四屆任滿即退離政壇時，陳宣旭提前請辭，讓議長有充裕的時間做必要的公務安排。

陳宣旭（右）外和內剛，是「點子王」

和陳宣旭接觸過的人，都知道他風趣幽默，正點子、歪點子都很多，樂於和他親近交往。但他的特質及堅持，則要從他在國民黨十三及十四全會時的表現，才得窺知一二。

十三全會一九八八年召開時，當選黨員代表的陳宣旭在會中開炮，痛批當時的監察委員選舉風氣敗壞，被民間批評是「政黨做莊」，強烈主張大力改革，如果不能變更監委選舉方式，就要嚴查賄選。會議過程經過華視全程轉播，引起重視，第二屆監委九二年底選舉，監委產生方式即改由總統提名、國民大會同意，不再由省市議員選舉。

一九九三年的十四全會引發的風波效應更大，他看到部分要競選中央委員的同志，把歪風帶進黨內選舉，既憤怒又憂心。在會場遇到時任法務部長的馬英九，提出他憂心的問題，把所收到的「細軟」出示為證。馬英九隨後在中央委員會中聲色俱厲痛陳弊端，主張嚴辦。這件事後來黨內雖未嚴究，有些人仍對陳宣旭不諒解，陳議長也受到壓力，但他並未責怪陳宣旭。

法務部長馬英九在稍後舉行的公職人員選舉時，下令嚴查賄選，各地司法機關查辦了很多賄選案，就是效應之一。馬英九嚴辦賄選後，卻遭黨內壓力而在九六年辭官回大學教書，但他聲望大增，一九九八年被國民黨找出來選台北市長，應該也是肇因於當年查賄。

早在大學時代，陳宣旭就參加過保釣運動、台灣被迫退出聯合國向日本、美國大使館的示威抗議；一九七一年十二月八日聯合報二版刊出台大、政大、師大學生社團負責人二十三人聯名提出「我們的呼籲」全文，呼籲全民覺醒，要求政府全面改革，包括改革萬年國會在內。陳宣旭、馬英九、王杏慶（南方朔）、施顏祥、洪三雄、孟玄、鄭安國、李慶華都在名單內。這是台灣最早集體提出要求改革國會的呼籲，七二年起，國代、立委增補選，名額即逐次增加。

黃啓川是鐵算盤

黃啓川的從政之路，有一點傳奇性，連選連任了六屆市議員，都以無黨籍身份參選，但最後竟然以失聯黨員回復黨籍的方式，由國民黨提名當選議長。這種情況，在台灣的政治人物中，只此一家，別無分號。

黃啓川在一九七七年當選省轄市第九屆議員，當年十二月三十日宣誓就職後，至二〇〇二年十二月二十四日直轄市第五屆議長任滿離開政壇，連續擔任市議員達四分之一世紀。暫別政壇時才五十二歲。

二十七歲選上議員的黃啓川，伯父黃正忠是高雄市客籍人士從政的先驅。黃正忠在一九五三年當選第二屆議員，連任第四及第五屆時，與陳田錨同事。當年還是黨外人士的陳田錨及王玉雲，第五屆議長、副議長選舉時連手挑戰國民黨提名的搭檔，「黨員」黃正忠力挺陳王，擔任陳王搭檔的競選總幹事，但在投票選議長前，被黨部帶到美濃「軟禁」了幾天，這一屆任滿他即未競選連任，是否受此事件影響，就不得而知了。時隔十三年，與國民黨淵源深厚的黃家再推出黃啓川競選市議員，卻一直以無黨籍身分連選連任了六次。

黃啓川擔任議員期間，對財政問題有相當深入的了解，審查市政府預算有獨到的見解。第二屆任內擔任財政委員會召集人審查預算時，認爲市府增值稅收入編列九十億元，是存心灌水，當時景氣很差，房地產低迷，根本不可能收到這麼多，黃啓川因此下重手，一口氣就刪減三十億元，留六十億元讓市府努力，但那一年增值稅實徵數不到預算五成，黃啓川因此被封爲「鐵算盤」。

個性溫和率直的黃啓川，刪減浮濫編列的預算會下重手，但爲爭取高雄市的財源，他也曾有匹馬單槍到中央部會靜坐抗議的壯舉。他認爲中油公司生產工廠設在高雄，原油從高雄港進口、煉油廠排放的汙染在高雄，一年數百億元的營業稅卻全部在台北市繳納，沒有半毛錢留在高雄市，「雞蛋生給台北、雞屎留在高雄」，太不公道，要求中油應到高雄繳稅。他年年爭取，年年落空，九〇年當選第三屆議員後，就一個人到經濟部、財政部、中油公司門口拿著海報靜坐抗議。連續幾年下來，中央終於在九五年度起，要中油部分單位在高雄市繳稅，第一年就繳了卅億元，以後年年比照辦理。黃啓川發脾氣，有效。

省轄市第五屆時，黃正忠挺「黨外人士」陳田錨選議長，直轄市第五屆議會，陳田錨力挺失聯黨員黃啓川回復黨籍後，由國民黨提名當選議長，接下陳田錨的議長棒子。兩案相隔卅七年，不知是何種緣法？

其實，早在第四屆時，陳田錨就曾想拉黃啓川選副議長，但當時黃啓川之妻侯彩鳳剛當上國民黨中常委，認爲以「不分區立委及中常委」的配偶卻和黨中央唱反調，有所不宜而反對。

黃啓川二〇〇二年底議長任滿即退離議會，由堂姪黃柏霖接棒競選議員，黃柏霖是黃正忠之孫，第六屆補選以二萬八千多票當選，第七屆順利蟬聯，得票數突破三萬一千八百票，創下市議員當選的高票新記錄。議長卸任時，黃啓川爭取市長提名沒有成功，目前專心經營事業並幫助太座侯彩鳳競選上區域立委。

黃昭順像媽祖婆

從當選直轄市第一屆議員至今，當了三屆市議員、五屆立法委員的黃昭順，在她起家的左楠地區一直扮演著「媽祖婆」的角色。她也展現超強的「政海續航力」，連續擔任民意代表二十六年，是高雄市從政女性之冠。

黃昭順畢業於高雄醫學院藥學系，從政之前是藥劑師，尊長對她從政的期許是：「政治不能當做職業，要當做事業」，希望她既然選擇這條路，就要全力以赴。當了民意代表，她不敢偷懶，以服務建立「誠實的老牌子，敢拚的新形象」的口碑，認真服務而被選民稱爲「左楠地區的媽祖婆」。

從一九八一年當選第一屆市議員，黃昭順連任了三屆議員，九二年底更上層樓當選立法委員，也是連續當選三屆，接著擔任不分區立委兩屆；此外，她也曾三度當選國民黨中常委。三屆議員、五屆立委、三任中常委，她都是選區女性排名第一當選的。在立委名額減半之後，她又投入區域立委選戰，順利當選。

三屆十一年市議員加上五屆立委十五年，黃昭順連續當了二十六年的民意代表，在高雄

黃昭順政海續航力超強

市女性政治人物排行榜上高居榜首，超越前立委張瑞妍。張瑞妍是高雄在地女性從政先驅，她當過十七年議員及八年立委。黃昭順在她退離政壇後才出道，政海歷練至今二十六年，繼續當選立委連任，續航力依然強勁。

黃昭順當年曾經爲了替選民討公道，氣得把市長蘇南成趕出議事廳。一九八九年九月十二日強烈颱風莎拉過境豪雨成災，左營新庄仔及洲仔地區嚴重積水，她連絡市府官員打開蓮池潭閘門洩洪，緊急電請警察局派出大批消防車抽水，解救泡在水中的居民。但是，她卻一直連絡不到市長蘇南成。當天黃昭順淋得像落湯雞還在連絡指揮救災的狼狽相，讓選民記憶深刻。她的「媽祖婆」封號，從此開始。

幾天後市議會召開臨時會，要市長到議會報告颱風災情，黃昭順對蘇南成身爲高雄市防救天然災害總指揮官，在颱風來襲時卻未留在高雄和市民共渡難關，飛機停飛，還叫隨扈開車送他去台北，炮火全開猛烈抨擊，氣得要把蘇南成趕出議事廳，許多議員聲援黃昭順。議長陳田錨看到議員群情激憤，蘇南成理屈辭窮，就要蘇南成「出去一下」。國民黨籍的直轄市長被同黨議員趕出議事廳，這是破天荒的第一次。

一九九二年底當選第二屆立法委員之後，黃昭順至今連任六屆，也是連任屆數最多的高雄市籍女性立委。她曾數度當選國民黨中常委，擔任過中央婦女工作會主任，但是儘管服務層面更廣，她一直沒有與地方脫節，選區民眾的需求，仍是她最在意的問題。

二〇〇六年第四屆高雄市長選舉，她曾爭取國民黨提名沒有成功，在提名失敗的情緒平復之後，她依舊全力投入輔選市長的工作。

市議員及立法委員任內，黃昭順努力爲地方爭取建設，台灣高鐵終站設在左營，就是她的傑作之一，當時很多人主張高鐵終站應與台鐵高雄站共構最理想，黃昭順爲選區爭取，議長陳田錨爲化解僵局，建議以「臨時終點站」爲名，才平息爭議。

陳滿英鬥志強韌

當過記者採訪省政新聞的陳滿英，在四個人中年紀最小，他觀察力敏銳、邏輯思考嚴謹、意志力強韌，還古道熱腸，樂於助人。

陳滿英畢業於台大政治系，二十四歲第一次參選，既無政黨奧援，沒有豐厚身家，知名度也不足，初試啼聲雖然沒有當選，卻讓選民留下深刻的印象。爲擴大視野深入社會各階層，他進入中國時報當記者，採訪省政新聞，後來調回高雄跑新聞，同時準備競

陳滿英邏輯思考嚴謹、意志力強

選第一屆市議員。一九八一年底，二十八歲的陳滿英以選區第二高票成爲市議會最年輕的議員。

擔任議員期間，陳滿英論事理路清晰，著重環境保護的公共議題，和陳宣旭、黃啓川、黃昭順等人被歸屬於少壯派、形象牌。但因理想與現實落差太大，他和陳宣旭第二屆都未再競選連任。

陳滿英在學生時代就投身社會服務工作，高雄青年會（ＹＭＣＡ）成立播暉工作團，他是第一任團長；在台大時擔任代聯會社會服務部總幹事。大學生最愛的寒暑假，他多是帶著工作團隊及自行募集的資源，上山下鄉去服務。從服務別人當中得到樂趣，也學習成長。

卸下議員職務之後，他和朋友創設土地開發公司，忙了十年，想再出國讀書充電，把公司結束掉到澳洲去了一年，再回高雄以一般生身份考進中山大學財管所碩士學分班，苦讀三年結業，就被留下來當在職碩士班講師。他還在念研究所時，即獲蔣經國國際學術交流基金會聘爲財務顧問，負責基金會的財務經營管理，五年間，經營管理成果豐碩，扣除基金會所有開支及完稅之後，爲基金會增加五千萬元的基金。

從政治轉行到土地開發，再轉到財務金融，其間還曾全權負責籌設一家新銀行，這些跨領域的挑戰，陳滿英都以強韌的鬥志，逐一克服。辦理土地開發期間，他可以從平面的等高線圖，看出現場的立體地形地貌；爲了籌辦新銀行，曾經有一個多禮拜以辦公室爲家，完成繁雜艱鉅的籌備工作。押運所有資料送件到財政部那天剛好是中秋夜，沿途到處有人施放鞭炮、焰火，好像在爲車隊送行，祝賀他強韌鬥志的成果。

幾年前，陳滿英的健康出了問題，腰部椎間盤突出壓到神經，痛得不得了，開刀治療雖然比較快，但有復發的後遺症，陳滿英決定不開刀，寧可忍受疼痛接受物理治療，不論坐輪椅、撐枴杖，他都勇敢的照常生活，照常爲基金會操盤，每週到六龜野溪溫泉泡湯一次，積極復健。

靠著強韌的鬥志，陳滿英撐過最痛苦的兩年日子，目前已經復原大半。他的下一個目標是康復後重新登頂玉山，再一次爬上台灣最高峰的山頂，做爲他鬥志強韌、勇敢生活的見證。

第四部　貼身觀察

我所認識的陳田錨議長
——港都龍頭，寶島世家

蔡景軾

前　言

筆者在高雄市議會擔任主任秘書三十三年，與陳田錨議長相識，開始自一九五八年二月二十一日他就任省轄市第四屆議員，迄今已有五十年、半世紀的時光。他擔任議員及擔任副議長，尤其是議長時的近距離相處，再有兩次相偕訪問美國，關係至爲密切。因此有很多機會認識他及了解他的做人及想法。他的很多長處，不單使筆者學習很多，蒙他的照顧，使筆者受惠尤多。茲撰寫出十項與陳議長有關的事，做爲慶祝陳議長八秩大壽的獻禮。

任期最長的議員

在高雄市議會六十一年的歷史上，總數三百六十五位議員中，以陳田錨先生擔任議員職務的時間最長，前後總計三十二年二個月又八天，擁有「高雄市議會最資深議員」的榮銜。

高雄市議會的歷史，可以分成參議會、省轄市議會、直轄市臨時市議會及直轄市議會等幾個階段。陳田錨先生在省轄市議會時期曾任第四屆及第五屆議員、第六屆副議長、第七屆議長，連續四屆；時間從一九五八年二月二十一日起至一九七三年四月卅日止，前後長達十五年二個月又八天。高雄市改制直轄市之後，又出來

一九九八年六月七日，陳議長率團訪問姊妹市波特蘭，在高雄市的花車前留影，右起蔡景軾、譚木盛、議長夫人、陳議長，左側三人是副市長黃俊英夫婦及在美留學的女兒。（蔡景軾提供）

擔任第一屆至第四屆議長，時間是自一九八一年十二月二十五日至一九九八年十二月二十四日止，前後長達十七年整，合計共有三十二年二個月又八天。

陳田錨先生保持的這項記錄，到現在爲止尚未被人打破。議員任期第二久的是陳萬達議員的二十九年七個月又二十四天，陳議長比陳議員多出二年六個半月，如果陳萬達議員將來再出馬的話，就有可能改寫陳議長的記錄。

陳議長這項記錄，在高雄市是領先的，全國各縣市議會中，是否有人出其右，因筆者手中無此項資料，無法做比較，但相信可能性不多。

陳議長爲了有這項長期爲地方議會服務記錄，曾獲內政部表揚。

龍頭中的龍頭——破例連任議長

高雄市議會省轄市時期，連參議會在內共有十屆，最奇特的現象是議長從來沒有人連任過，即使陳議長本人擔任第七屆議長的職務，也是只做了一屆，沒有連任就退離政界。「議長不連任」，成爲省轄高雄市議會時期的特殊傳統。雖然也曾有人想要連任，總是無人實現。

一九七九年高雄市改制爲直轄市，議會奉令改爲「臨時市議會」，第九屆市議員均由內政部聘爲臨時議會議員，至一九八一年十二月二十五日成立直轄市的第一屆議會，陳田錨先生受到上自中央的徵調，下至地方各界人士極力推促而復出競選，當選議員後眾望所歸榮膺了第一屆議長。第一屆任滿後，他打破過去不可思議的慣例，連任第二屆議長，再接著連任第三屆及第四屆議長，創下連任四屆議長的先例。本來各界希望他繼續連任下去，但他以年事已高為由，堅持退出。

陳田錨先生擔任高雄市議會議長總共有五屆之多，時間長達二十二年二個月又八天，留下輝煌的記錄。議長通常被稱做市議會的「龍頭」，所以有人稱他「龍頭中的龍頭」。而陳議長生肖屬龍，更是巧合。

事親至孝　鄰里稱頌

陳議長事親至孝，與他近距離接觸的人都非常清楚。他對他的令尊陳啓清先生的尊

陳田錨與主任秘書蔡景軾（右二及右一）一九六八年六月二十日應美國太平洋陸軍總部之邀往訪，在夏威夷與總司令合影。（蔡景軾提供）

敬，除了言行上的表現極其明顯，對父親所交代的任何事也極其重視，一點都不敢懈怠。他以前在河東路居住時，也將最好的房間留給父親回到高雄時使用。

一九六八年六月二十日，筆者有機會與陳議長應美國太平洋陸軍總部邀請，參加友好訪問團前往夏威夷州訪問。公式行程完畢後，筆者陪陳議長以私人身分轉往美國本土西雅圖，探訪他的二弟陳田慶先生。他二弟當然要盡地主之誼，帶我們到名勝古蹟去參觀遊覽。但在我們出國前，他的令尊曾囑咐他，要爲他買一個新型的皮帶。陳議長爲了要完成父命，顧不得弟弟安排的觀光旅遊行程，而先跑遍三家百貨公司，買到父親吩咐他買的新型皮帶，同時還幫繼母買了一件很好看的衣服，才放心的由弟弟帶著去遊覽。

筆者有此親身體驗，深刻認識陳議長對父親的敬愛，謹遵父命，要完成父囑讓他高興的這種孝心，讓筆者深爲感動而難忘。

備受尊重的長兄

陳議長是家中的長子，雖然他的生母不幸在他襁褓時即因病離世，弟弟妹妹都是繼母所生，但是陳議長和這些異腹弟妹的相處卻非常融洽，全無隔閡，弟妹對大哥都非常尊重，處理事情也都會尊重他的意見。每當筆者看到他們兄弟姊妹相處時，濃厚的手足之情自然流露，都很感動。

筆者認爲，這種現象完全是陳議長這個大哥的做人處事，從小就讓弟妹們心服口服，才能表現出完全出於自然的親近和諧，實在令人欽佩。

輝煌功績　後人懷念

高雄市議會自參議會成立以來，一直沒有自己的「家」，每次大會都要借用市政府（今之歷史博物館）大禮堂開會。省轄第四屆議會任內，才開始籌建市議會的辦公大樓。辦公大樓在一九六六年十月二十六日第六屆議會時峻工啓用，議會才擁有完整的會議場所。

陳田錨先生在第六屆任副議長，與議長王玉雲先生共同完成大樓興建的工作，一九六八年二月，陳田錨先生即出任第七屆議長，積極補充內部設備，使議會辦公大樓更加完整充實。

直轄市議會成立，陳議長復出領導市議會，第二屆任內籌劃新建高風大樓，一九八八年落成，使市議會每個委員會都有專用的會議室，市議員也有個人的專屬研究室；從此，高雄市議會可與台灣省及台北市議會並駕齊驅。隨後成立議會圖書室，備置相關書籍文獻資料，讓議員需要時可以參考，對提昇市議會的議事效率及品質，都有很大的幫助。

在改善硬體建設的同時，陳議長也積極推展議事管理資訊化，在九二年完成，議事業務採用光碟影像處理作業，是各地的民意機關首創；九四年成立議會會史館。又在議會辦公大樓增建五樓，並建置會徽，使議會大樓更爲美觀。工作環境改善，連議會員工都受惠。這些措施，使後人都常懷念他。

兩個巧合令人稱奇

陳議長在議壇生涯中有兩件巧遇，別人一輩子可能碰不到一次，他一個人就碰到兩次，令人稱奇。

這兩件巧遇，一是任期延長的記錄，一是議長夫人兩度出任一向由市長夫人擔任的婦聯分會主任委員。

高雄市議會史上雖然有幾次延長議員任期的記錄，但延長一年以上的，總共只有兩次：第一次是省轄市第七屆，議員四年任期原本到一九七二年二月二十日止，爲了配合縣市長及省議員選舉，而將市議員延長了一年兩個月又八天；第二次是直轄市第三屆，爲了配合直轄市長開放民選，市議員任期延長足足一年。巧合的是這兩次的延長任期，市議會議長都是陳田錨先生。他的任期，也因此增加了二年二個月又八天。

陳議長夫人兩度出任高雄市婦聯分會主委，也是一次在省轄市時期，一次在直轄市時期。

婦聯會是國民黨的外圍團體，主要任務是協助政府做勞軍及照顧軍眷的事，成員多爲政府機關主管的夫人。中央政府播遷台灣之後，各縣市都有婦聯分會，主任委員則由國民黨籍的縣市長夫人擔任。

陳議長擔任省轄市第七屆議長不久，高雄市長就由民社黨籍的楊金虎先生當選，因此，高雄市婦聯分會主委的職務，中央即請國民黨籍的陳議長夫人陳黃淑惠女士出任。這完全是一件意外的事情，沒想到十七年後的民國七十四年，陳議長擔任直轄市議會第一屆議長時，中央派蘇南成先生來高雄當市長，當時蘇市長未婚，陳議長夫人第二度被請出來擔任高雄市婦聯分會主委，一直做到九〇年六月才交給後任市長吳敦義先生的夫人。

像上述這種意外地由天上掉下來的禮物，普通人碰上一次或一種就會高興得不得了，但陳議長伉儷竟然兩種都碰上了，還都遇到兩次，巧遇實在令人稱奇。

姻緣天註定

有一天，陳議長的令尊陳啓清先生，接到好友黨國元老谷正綱先生打來的電話，說他兒子谷家恒希望娶一位寶島姑娘爲妻，拜託陳先生爲他介紹，找一位好的對象。陳老先生就將這項任務交給大公子陳議長夫婦。

陳議長接到父親交待馬上策劃，物色了高雄市的多位名媛淑女，並安排在華王飯店分批見面，第一天上下午約好預定時間，約了多位佳麗相親，使飯店接待人員誤認爲是在選電影明星。當晚，谷家恆博士帶著禮物到陳議長公館道謝，並順便要送給陳議長的三位子女每人一份。陳議長的唯一掌上明珠當時尚在文藻語專就讀，聽到父親呼喚，蹦蹦跳跳從樓上下來接受了禮物之後，又上樓去做畢業考及出國留學考試的準備。

谷家恒博士回旅館後打電話來說，明天是否可以不必再約第二天才要會面的各位小姐？陳議長答以已經安排好了，不便取消預定行程，而第二天繼續進行預定的相親後，谷博士就回去了。

第三天，陳議長接到父親從台北打來的電話，才知道谷博士中意的是自己的女兒，嚇了一跳，認爲極其不妥，一定會被他人誤會。而且，陳小姐一心想去美國留學，怎麼談婚事？後來谷博士對前往美國留學的陳小姐發動積極攻勢，經過相當長的時間才得到美人青睞，終於成了陳議長的女婿。

有句話說得好：「姻緣天註定」。

有一次，筆者與已故謝有用議員談到此事，謝議員說，陳議長當年情況也很類似，陳議長的父親拜託曾任參議員的王清佐律師的夫人，請她費心幫陳田錨介紹適合的對象。王清佐先生是日本中央大學畢業的律師，有一位住在台南的中央大學同學黃百祿先生也在當律師，王清佐夫人和黃百祿夫人則都是州立台南第二高等女中的同學，即轉請黃百祿夫人協助安排相親。陳田錨先生奉父命到台南相親，拜會黃百祿先生及夫人，結果相中的卻是未排在介紹名單內的黃百祿先生的掌上明珠黃淑惠小姐，這也是「姻緣天註定」，黃淑惠小姐成了陳田錨夫人。黃百祿先生曾任台南市議長、台南中小企銀董事長。

尚待實現的一個夢

多年以來，筆者對陳議長及其家庭，一直有一個夢想，那是希望出現第三代的議員。陳議長的令尊陳啓清先生是高雄市的參議員，因此，在陳家算是有兩代的市議員。在高雄市議會中，到今天為止，已經有多對兩代的議員，三代議員的則有三組，一組是王天恩、王文玉父子檔加上王文玉女婿羅志明的「父、子、孫婿」的組合；一組盧文英、陳清玉岳婿及陳清玉之女陳玫娟的組合；另一組是黃正忠、黃啓川及黃柏霖的「伯、姪、孫」。還沒有祖孫直系三代的組合。筆者因此曾建議陳議長促其公子競選市議員，假如成功的話，就成為三代同堂的議員家庭了。

再者，與上述夢想有連帶關係的另一個夢想是：假如陳議長的公子當選了議員之後，再擔任議長的話，可使陳議長夫人成為「議長之女、議長之妻、議長之母」的榮耀身份。

這個夢想，筆者期待在未來有一天能實現。

緣份深　蒙惠多　畢生難忘

筆者與陳田錨議長及其家屬有深厚的緣份，先說父子兩代的部分：

陳議長的令尊陳啓清先生是市議會前身參議會的參議員，陳議長是議會成立之後的第四屆至第七屆，擔任過議員、副議長、議長等職務。因筆者擔任過參議會及市議會主任秘書的關係，有幸與他們父子相處，因此結了不解之緣。

再說，陳啓清先生與筆者堂兄是日本明治大學的同學，陳議長的繼母黃金川女士，是筆者堂姊日本高等女校的同學。陳議長夫人黃淑惠女士的令尊黃百祿先生，是筆者日本中央大學的大先輩，她的令堂是筆者內人台南二女的大先輩，因此之故，使筆者有非常親切的感覺。

其次，陳議長任內，筆者有兩次機會陪同訪問美國，有相當時日近距離相處，備受照顧，加上議員任內各種互動均極融洽密切，尤其陳議長於本市改制後再回來擔任四屆議長期間，雖然筆者是在市政府屆齡退休，他令有關人員每次議會年終聚餐時，均以特別來賓身分，與議會退休人員同一待遇邀請筆者參加，盛情隆誼使筆者感動莫名。

四年前，陳議長知道筆者心臟有問題必須開刀手術時，自動介紹並安排曾經爲他開刀的心臟科名醫台大醫院林芳郁院長爲筆者做了繞道手術，使筆者安全地渡過了生死大關，令筆者及家屬感激不已，其恩情畢生難忘。

聲譽崇隆　高市之光

陳議長在高雄市議會史上是最資深議員，破記錄的連任五屆議長。此項成就，得到全體市民稱讚，一提到他，市民總是舉起大拇指表示肯定。

陳議長曾任總統府資政多年，現又是中國國民黨中央評議委員會主席團主席，在金融界，他是大眾銀行董事長，在文教界，他是高雄醫學大學資深董事。

他是台灣五大家族中，南部陳家現有族員中的代表性人物，在高雄市俗稱的三大家族，也是碩果僅存的一族，又是代表性人物。

總統選舉時，他都會被邀請擔任高雄市競選總部的主任委員。

陳議長有這些成就及地位，可以說是高雄之光。

陳議長吉人天相，我們祝福他長樂永康，繼續造福桑梓，為國家社會做出更多貢獻。

陳議長訪美歸國，夫人帶著兒女迎接，在高雄火車站由蔡景軾為他們留下這個全家福的鏡頭。（蔡景軾提供）

我只見他醉過一次

孫土池口述　李文雄記錄

在國內政壇，不論中央或是地方，像陳田錨議長一樣，在任時與卸任後都保持有崇高聲望的政治人物，非常罕見。我認爲主要原因是：陳議長處事公正嚴明、是非分明，從來沒有利用權勢、地位假公濟私或圖利自己，才能得到如此的尊敬。

陳議長出身豪富家庭，待人接物卻從來沒有富家子的姿態，很平民化、庶民化，很容易接近。對人謙虛、溫和，做人處事成功，很少人能像他這樣子。這是最令我欽佩的所在。

陳議長競選多次，連選連任，高雄政壇無人能出其右，主要原因是他很照顧別人，對基層幹部也好，朋友也好，能關照就關照，也因此，大家樂意親近，樂意相挺。議長卸任後，除非他有事留在台北，只要回到高雄，每個禮拜日上午，都有很多政壇朋友、基層人士、議會員工、商場朋友，到他家泡茶聊天。退離政壇，陳議長的人脈依舊。

陳議長念舊、惜情，過年過節，經常請過去基層的幹部聚餐聯誼，並沒有因爲不再參選，就不與基層朋友往來，這不是普通人做得到的。有人交朋友是要利用到的時候才和人交往，陳議長完全不是這樣，他已經離開政壇，家人也退出政壇，他還是照舊和老朋友、基層幹部交往。他念舊、惜情，也有能力去做，但最主要的是「有心」，秉持一貫的原則在做。

因爲他經常和老朋友接觸，對地方情況都能充分了解與掌握，不會脫節。也因此，不論在朝在野，不論是全國性的大選舉也好，地方的小區域選舉也好，參選的人都希望請他擔任競選總部負責人。大家的看法都是：只要陳議長登高一呼，選民就會另眼相看。

我最欽佩陳議長重諾言，說到做到。以我本身和陳議長交往過程爲例，我們兩人朋友交了幾十年，但並不是一開始就像今天一樣，最早我們是競選對手，再來是議會同事，後來才變成無話不談的好朋友，關鍵都在陳議長很重視諾言，說到了就一定做到。

我一九五〇年底就參選第一屆市議員，第二屆連任，第三屆沒選，五八年再參選第四屆議員時，和第一次參選的陳田錨先生在同一個選區，成爲競選的對手。兩人都當選，進入議會做同事。第五、第六屆繼續同事。真正變成朋友是第六屆後期的事。

由於同一選區競選，大家是對手，有競爭，選舉過程兩個人雖然沒有直接對衝，不過，互相批評就很難避免。因此，就有助選人員說我專門在罵他。第四、第五、第六屆三次選舉競爭，在議會同事時，互相尊重、互相欣賞，彼此熟悉，但是並沒有特別密切的交往。

第六屆議長是王玉雲，陳田錨當副議長。市議會當時有「議長不連任」的傳統，陳田錨要選第七屆議長。在第六屆任期將滿，第七屆議員已經選出的時候，有一天，陳田錨餐後約同事再「二次會」續攤聯誼，他告訴我，他想選議長，問我議長選舉能否支持他、幫他忙？我說：「支持沒問題，但過去的不愉快，要一筆勾消，不能再計較。」

老實說，我當時多多少少有些顧慮，因爲過去同一選區選舉競爭了四屆，大家爲了爭取選票，在政見會或競選過程中，難免會互相批評。例如我爲了爭取選票，就曾經向選民說，我住的是普通民宅，柴門、玻璃窗，市民需要我服務，門窗一拍一敲都會砰砰響，厝內聽得清清楚楚；不像有人住的是深宅大院，四週圍是又厚又高的混凝土磚牆，拍起來不會出聲音，強調我比較容易找、好拜託。結果，就有「運動員」（助選人員）跟他說，我專門在攻擊他。諸如此類，大家傷來傷去，難免在心理上有些許隔閡。我問他，這些隔閡能不能打破、過去不愉快的事能不能一筆勾消？我也很希望化解心結，莫再計較，大家志同道合，共同爲地方做事。他聽我這樣講，很爽快的答應：「絕對沒問題。」我說，那我絕對支持、幫忙到底。

我們坦誠溝通把事情說開了，大家都很歡喜，聚餐的氣氛特別好，酒喝起來也盡興，陳議長自制力一流，喝酒一向很有分寸，很多老朋友都沒有看他醉過，那一天心情歡喜，陳議長竟然喝醉了。我和他相交數十年，大餐小聚的次數，多得無法計算，但是，總共也只有見過他這一次在公開場合酒醉，他酒醉也沒有失態，只是醉態可掬，這種自制力與涵養，實在值得欽佩。他講話算數，我們也從此變成知交好友。這是我和他交往數十年中，最難忘的一件事，也是最懷念的一件事。

第七屆議會比以前複雜，有新科議員組成「十二兄弟」，這是市議會第一次出現次級團體。他們對許多事都事先商量，採取同一步調，形成一股勢力。和議長若即若離，和副議長走得比較近。開會時，很堅持他們的主張，很難協調。我看這樣下去不是辦法，找其他議員參詳，要設法平衡一下。有十八位議員認同我的看法，被稱爲「十八同盟」，做陳議長的後盾，在議會內外，都力挺陳議長，讓陳議長比較好做事。

陳議長主持議事很公正超然，無私心，他們那邊有人後來因爲理念不合退出，改來和我們交朋友。陳議長腹腸寬闊、肚量大，很多人後來也變成陳議長的好朋友了。「有容乃大」，也是陳議長能成功的人格特質之一。

我與陳議長交往，先是同一選區的競爭對手，再來是議會同事。互相深入認識後，化解同區選舉造成的誤會，更進一步交往。從「歹面相看」到盡釋前嫌變成好友的過程，實在不簡單。他第七屆議長卸任後，暫時離開議會，我接第八屆議長，任期屆滿後也離開政壇。改制後，陳議長復出，主持院轄市議會連續四屆，這是一個難能可貴的紀錄。兩人都離開議會以後，更成爲知心摯友。

我一生交友無數，和陳議長建立的是很難得的交情，他是我敬重的朋友，可以說是「亦友亦師」，也是我心目中的「益師益友」，我受益良多，這一段交情，是我最珍貴的友情。他的爲人處事，使我一生難忘。

仁者胸懷　長者風範

——記錨公二三事

王清連

俄國大文豪托爾斯泰曾說：「在四面八方結網，以協助跌倒的人。」這話是用以稱譽一個仁慈而有大愛的人；而錨公給我的印象即是如此，他隨時隨地結愛的網，協助跌倒的人，而且是不分認識與不認識的人。

曾經在高雄市議會與錨公共事，更曾在事業上追隨過錨公，也因而對於他的仁者胸懷與長者之風，有著另一層面且是甚爲深刻的體認。

我是一九六八年至七三年在市議會與錨公共事，那時錨公是議長，我則是初涉議壇的新人。或許是那段爲民喉舌的日子，我的爲人和操守承蒙不棄，因而在結束議員生涯後，錨公創辦和光航運公司，即找我一起參與，他擔任公司董事長，我則受聘爲總經理。

一九七〇年代初期，台灣航運尚未發展，張榮發的長榮海運也僅在草創階段，我們的和光航運，主要是經營往返花蓮至香港與東南亞的水泥與木材的散裝船，雖僅有一艘六千噸的貨輪，但航班相當固定，營收也極穩定。

一九七五年，越戰爆發後的某一天，我們的和光輪載運水泥半成品從花蓮出發欲往香港。當船隻航行至巴士海峽途中，在茫茫的大海上突然出現一條擠滿了人的小船，船長與船員都覺得意外，對方一看到和光輪，卻是興奮地高聲歡呼，猶似找到救星，並立即向和光輪划近。我們的船長一算，這小艇上足足坐了二十八個人，其中除了四個老人之外，其他全是婦孺。由於小船負載人數過多，在大海中載浮載沈，只要一個不小心，隨時都有覆船的危險，凡有惻隱之心的人都會爲他們的安全擔心。

兩船一接近，小船上的人就迫不及待地紛紛爬上和光輪，他們表明是從越南逃出的難民，全體並跪於船長面前，哀求搭載他們到台灣來。

和光輪船長基於人道救援原則，立即拍發電報向公司及警備總部報告，而警備單位在接獲報告後二話不說，立即指示不得搭救以免滋生事端。船長無奈，只好供給難民一些物品，然後指引他們航行的方向，最後並告訴他們，只要看到燈塔，那就是台灣。二十八位難民在謝過船長後，就依船長指引方向慢慢划向台灣，而和光輪則繼續既定航程，並留在香港待命。

由於軍方已先接獲情報，因此，當這艘越南難民小船航抵西子灣外海時，我海軍砲艇已在海邊等候，兩艘砲艇如同兩隻蟹螯，一左一右包夾著難民船，「押」至岸邊泊靠等待發落。警總高雄港聯檢處同時通知錨公與我，一起前去會商善後問題並探視難民。

聯檢處長要求我們將難民再帶回海上，但錨公當場拒絕。他告訴這位少將處長說：「我們只學做生意，不學殺人，如果將這些難民帶回海上，不但是叫他們去送死，也等於是我們殺了他們，無論是基於人道救援或是基於國際慣例，我們都不能將難民送回海上。」

錨公同時提醒聯檢處長說：「當年政府自大陸撤退，多少外省同胞爭先恐後要搭船逃來台灣，結果因爲慌亂中推擠而致葬身海底，難道處長忘了這個慘痛的經歷嗎？」錨公義正辭嚴的一番話，令處長無言以對。

由於錨公態度堅決，聯檢處長無奈，只好再向警備總司令部請示，但警總仍然執意「難民怎麼來，就怎麼走」。錨公不肯向警總壓力屈服，表示如果警總執意把難民趕回海上，他將向國際提出宣告，讓全世界都知道，提倡自由民主的中華民國，居然不能向越南難民伸出援手。

錨公這殺手鐧果然有效，警總爲免事端擴大，態度軟化，乃改動之以情的方式委婉表示，不論是主觀或客觀條件，政府都不可能設置難民營收容這二十八名越南難民，否則此例一開，將沒完沒了。所以希望錨公能爲國家設想，體諒政府的難處。

經過我們和警總多次協商，最後達成共識，決定由和光輪將這些難民送往距離台灣最近的他國島嶼。當時警備總司令鄭爲元並且承諾，如果未能順利完成任務，和光輪可以將難民再帶回台灣。

有了結論後，我立即通知在香港待命的和光輪船長，上岸至香港市區購買海圖，我與他隔海研究台灣鄰近海域島嶼分布情形，發現與花蓮距離最近的是日本的伊那國島。我即告知錨公與警總，並在獲得同意後，展開將難民送往該地的準備工作與「登陸計畫」。

為了順利達成任務，我蒐集了伊那國島的相關資料，知道那是一個小小的漁村，島上總共只有兩名警察，這個島的基本條件有利我們執行計畫，於是在報告錨公後，我就要求和光輪從香港返回花蓮，準備執行任務。

猶記得那天清早，天才露出曙光，我就趕到花蓮碼頭，登上和光輪監督執行作業。由於當日風浪甚大，船隻搖晃不定，將難民的小船吊上和光輪的作業也因而增添不少困難，不但吊船的纜繩一度斷裂，小船在搖晃中還撞上和光輪船身，所幸老天保佑，船沒有撞壞。

我扶著船舷邊探身觀看船長指揮船員工作。隨著船隻左右擺盪，身體雖然有點疲累，內心卻有一種特殊的情緒，腦子裡思索著「登陸計畫」細節，對達成這趟任務雖有相當的信心，但還是難免有些擔心。裝載工作進行了八個小時才完成，我和船長計算登陸的地點與時間後，下達開航指令，和光輪就這樣乘風破浪航向太平洋。

我們的登陸計畫是要配合陽光掩護才行，由於事前有精密的計算，和光輪在我們預定的時間來到伊那國島海域西側，趁著夕陽西下，島上逆光觀察不容易發現的情況下，從和光輪的西側放下難民的小船，難民也逐一安全下到小船上，在和光輪的掩護下，難民船繞過和光輪邊，划向伊那國島。目送難民小船安全離去後，和光輪也快速返航。

登陸計畫照事先沙盤推演的步驟，順利執行，情況可說是完全在掌握之中，但難民是否平安上了岸？我們卻一無所知，也因此，我心上的大石始終懸著。直至當天深夜十二時許，電視新聞播出外電報導二十八名越南難民逃到伊那國島的消息，事情才總算告一個段落，有了圓滿的結局。我也立刻向錨公報告這個好消息。

事情至此，我以爲已告圓滿落幕，因爲要將難民轉送到伊那國島去之前，我們曾將計畫告知難民，同時要求他們配合：上岸後絕對不能說是誰送他們去的，以免引發國際糾紛。由於難民中有許多是美越混血兒，他們最想去的是美國，到日本登岸，要轉往美國也更方便。因此，難民對我們的計畫、要求及苦衷，都表示了解，也承諾願意配合，不會提起在台灣海域的這一段遭遇。他們安全獲救，事情已是兩全其美了。沒想到日本警方在蒐查越南難民時，找到一個有台灣製造標記的罐頭，認爲此事與台灣必然有關，命令日本交流協會調查、交涉。幸好錨公曾經留學日本，與日本政商界關係極好，錨公出面後，事情也不了了之。

搶救難民的事折騰了將近一個月，和光輪船公司從延誤船期、推辭載貨、耗費油料工資、提供難民救濟物資、乃至雇工爲難民整修用以逃亡的破船等等，總計損失近百萬元。以當時的物價來說，百萬元可不是小數目。然而非但錨公不以爲意，錨公的尊翁啓清老先生也告訴我們：「能救二十八條人命，損失一百萬元，是非常值得的。」

啓清老先生及錨公的慈悲爲懷，爲了救人不畏權勢壓力的風骨，讓我感念異常，同時也爲自己能夠追隨這樣的老闆慶幸。

這段塵封往事，迄今已超過三十年，但每次想起，依舊歷歷在目。

越南難民事件之後，和光輪有一次從泰國載貨前往關島，在泊船後報關，美國海岸巡防隊登船查驗後，認爲實際載貨量與報關數字不符，涉嫌超載，不由分說就開出一張美金二萬元的罰單，折合台幣也是近百萬元。船長接到罰單大呼冤枉，事關重大，馬上向公司報告。船長說，美國巡防隊所謂的超載，其實是因爲在海上裝貨時，船隻隨著湧浪晃動，依水呎估算重量不夠準確而造成誤差。錨公了解事實經過，相信船長的說法，於是向美國提出申訴。

有道是：「得道多助」。事有湊巧，就在和光航運申訴期間，美國海岸巡防隊的上校隊長應邀來台灣訪問，錨公透過關係與這位老美隊長見面。他向隊長說明事實真相，並向這位隊長說：「我們的船長是海軍上校退伍的，他與您不但軍階一樣，並且同樣是以國家、榮譽、責任爲重，他怎麼可能故意去做非法的事？何況，超載對船長沒有任何好處，沒有理由為了圖利貨主卻讓自己的榮譽受損。」錨公這番話說動了對方，返美之後就撤銷了這張罰單。

這件事顯示錨公對部屬的信任，同時表現了他對軍人的敬重。如果不是他這番維護軍人尊嚴的談話，又何能打動美國海岸巡防隊長的心？

另外，我要回顧一件與政治有關的往事，那是一九七八年底，政府舉辦增額立法委員選舉，錨公在國民黨徵召下競選高、高、屏地區的名額。那次選舉，政府顯然有意栽培錨公成為新一代的國會領袖，所以才會以徵召方式敦請錨公出馬參選。

當年因為啓清老先生與錨公的錯愛，要我出任錨公競選總部副總幹事，負責張羅競選相關事務，選舉期間每天在總部忙進忙出。就在要投票前沒幾天，我陪啓清翁與啓川翁兩位老先生，在左營一帶拜票，地方上有名望的仕紳幾乎全部都到齊，兩位老先生懇請大家全力支持錨公，讓陳家有個中央民意代表來為高雄人爭取權益。兩老的懇託獲得極熱烈的回響。

事實上，就如兩位老先生所言，陳家在高雄的為人處事，大家都極清楚，根本就不必多加說明，所以可以肯定的是，選舉的結果，錨公必然可以獲得高票當選。然而就在我們回到競選總部時，工作人員卻說中央黨部來電告知，下午的競選活動暫停。由於投票在即，這個突如其來的消息令大家非常錯愕。為求慎重起見，我立刻打電話向中央黨部查證，經告知確有其事，我就在總部黑板寫上：「奉指示，下午所有的競選活動暫停」，並簽下我的姓名以示負責。不過由於原因不明，不免滿腹狐疑，後來才知道原來美國決定與中共建交，政府乃宣布與美國斷交，而爲了因應國家變局，政府臨時決定中止競選活動。

那是錨公第一次參加中央級民意代表選舉，也是最後一次，可惜的是臨時叫停，以致錨公未能進入立法院；如果那次選舉如期投票，以錨公的條件必然是立法院正副院長的熱門人選，而國會的生態必然也會出現新的情勢與風貌。這次選舉中途叫停，不但改變了錨公從政的方向，也改寫了台灣國會的歷史。

王清連：一九三七年九月二十二日生，高雄市人，美國林肯紀念大學畢業，曾任高雄省轄市第七屆議員、國大代表、立法委員。

唯一敢來道賀的中常委

——我所認識的錨公

周平德

我在一九七〇年就開始關心咱台灣的政黨政治，因而跟與國民黨對抗的黨外大老「信介仙」黃信介及「老康」康寧祥有了接觸，同時也跟高雄在地的「郭大砲」郭國基伯與「金虎伯」楊金虎等民主前輩請益學習，並在一九七五年親自投入增額立委選舉，接著七七年高雄市末代省議員一戰，雖然暗頭高票應當選（電台報五萬多票），天亮卻變成四萬八、九千多票些微之差落選，但在南台灣高高屏已闖出一點名氣。

這兩次參選，使我由一個無名的中藥商，變成了政

周平德登記競選第二屆國代，陳議長為他加油

（董清男攝）

治人物，因而不僅關心台灣前途的大代誌，同時也注意地方的發展，爲此與地方各階層人士皆有了互動和認識。曾經擔任過四屆高雄省轄市議會議員、第七屆擔任議長的錨公，是高雄大望族陳家的代表性人物，當時我雖然尚未和他交往，對他卻已有深刻的印象。

一、錨公是在蔣家時代就有蕃薯味的台灣人

想當年，台灣還在蔣家威權統治、白色恐怖統治時期，我們一群蕃薯仔卻「青暝嘸驚槍」，前仆後繼地向權威挑戰，要求當局解除戒嚴、解散萬年國會、實施民主政治。當時黨外人士這個訴求，被蔣家威權統治者視爲大逆不道，黨外人士好比老鼠過街，人人喊打。當時靠國民黨升官發財的台籍政壇人物，沒有公開批罵黨外人士的，爲數不多，錨公是其中之一，值得尊敬。

二、民進黨高雄市黨部成立他敢來道賀

我們民進黨於一九八六年九月二十八日建黨，八七年五月高雄市成立地方黨部，我出任首任主委，特別到市議會去拜會陳議長，邀請議長光臨指教。議長很客氣的接待，並慨允市黨部成立時前來祝賀。我把消息告訴執評委及常來黨部走動的熱情創黨同志，大家異口同聲要熱情歡迎與接待錨公。

市黨部成立當天，錨公果然沒有爽約，他是所有來賓中最受「亭仔腳幫」親切歡迎的一位。有些熱情的同志要把議長抬起來，我擔心錨公是紳仕人，不習慣，也擔心萬一跌倒不好，示意適可而止。有些同志喊著要議長捐錢，他只笑笑點頭，並沒有捐錢，但竟有人打小報告給國民黨秘書長李煥，說陳議長不止親自到民進黨高雄市黨部成立大會祝賀，還捐了錢給民進黨。據說，李煥還會當面問陳議長說：「去祝賀就好了，還捐錢幹什麼？」

三、錨公主持議會　公正、仗義、圓融，少有議員為難他

錨公從壯年踏入政壇，擔任高雄市議員三十多年，其中有二十二年多擔任市議會議長，可說是「做到自己不願意做」了，他一九九八年五月公開宣布退出政壇。但是，當時的執政黨還是不肯放他休息，用三請四請的拜託他再做一屆，以擺平地方派系的紛爭。錨公以「做太久，年紀又大了」為由，堅持要自政壇退休，可是李總統還一再地邀約他懇談，期望他「是否再辛苦一屆？」由此可見錨公在高雄政壇舉足輕重的地位和份量。最後他還不得不在議員選舉登記前，把自己的戶籍遷離高雄市，讓自己失去在高雄市參選的資格，才如願退休。

錨公主持議會，一般風評是：公正、仗義，也以圓融著稱。他在議長任內，不止很

少有議員在會中與他公開爲難，甚至私底下也沒有聽到議員說陳議長主持議會不公正，或議長曾經圖謀私人利益之類的話。

市政建設的任何擬議與預算的編列，都要送請代表市民監督政府的議會審查，這是民主政治不可或缺的程序。至於提案之前，基於禮貌與尊重，通常也要先與議長、議會有個溝通默契。議會雖然是合議制，每位議員都可以提出各自的意見和主張，但是，無可否認的還是以議長的影響力最大。事實上，有些議會的議長也曾利用審議預算或議案的機會，營私圖利。但是，陳議長在這方面，從來沒有讓人講過閒話。

台灣有一句俗語說：「鴨蛋卡密也有縫」，古早人講：「若要人不知，除非己莫爲」。任何一個議員，若有利用職權鑽營私人利益，或是經常「尋坑尋縫」找「好坑的」，絕對逃不過其他議員的法眼。議員如此，何況是堂堂主持議會的大家長，若有利用職權假公濟私，那會沒人講閒話？「紙是包不住火的」，陳議長是一位做議員超過卅年、做議長主持議會二十多年的人，竟然可以「予人挖無坑縫」，陳議長實在真正「清氣性」，他的清譽受到肯定，是「實至名歸」。

四、陳家的家教與倫理，是當今社會的楷模，值得謳樂

陳家在高高屏是個家喻戶曉的大家族，可說家族大，產業也大，人際關係與族親的

親戚牽連頗廣，在南台灣之大無人能比，因而，陳家自日據時代到國府來台，均受執政當局的尊重與禮遇，於是無論官派或民選，陳家都很受重視，有臨時參議員、議長、市長等黨政要職，代代都不負眾望，可說爲地方建設與發展過程，貢獻良多，同時出錢出力，捐地奉獻等等，有益高雄市，不勝枚舉。

陳家到了錨公這一代，不只把守祖業有成，還以祖先留下的產業做基礎，隨著時代發展及社會演變發揚光大，經營投資各種企業，務實的經營，都各有成就，從來沒有聽說陳家投資過什麼不良企業，而讓人反感的代誌發生。

尤其，家族的各房，給市民的印象是：陳家的成員言行很規矩，爲人善良、禮貌和藹，是個很遵守家教、禮教與倫理的模範家族，不同一般暴發戶，值得謳樂。

在我認識的「田」字輩，勿論親兄弟或堂兄弟，在待人處事給人的觀感是：老實誠懇、和藹可親、溫文有禮、談吐斯文。特別是那麼龐大的家族與家產，卻沒有看到家族成員因財產與土地之分配或分割而出了糾紛的新聞。君不見，全台灣有數不完的大家族，爲了爭財產而紛爭不已，甚至父母還活著，親兄弟就爲了爭祖產、爭父母財產而對簿公堂，同胞兄弟姊妹反目成仇的，時有所聞。俗語說：「家醜不外揚」，兄弟鬩牆是多麼難堪與歹看。我與朋友閒聊時，大家都同感：陳家的家族是當今台灣社會的模範。

五、錨公望族出身，沒有權貴的傲慢，為人隨和客氣，定時會客，不分階級，以禮相待，佳賓滿座

錨公出身望族，留學東瀛，且生長在一個貴族型大家庭，又得寵於執政當局，古人道：「家富小兒驕」，如果說錨公的待人接物有了高姿態的傲慢，讓人覺得不易親近，也不過像古人說的「正常態度」，可是，錨公卻相反，他沒有權貴的驕慢性格，爲人隨和客氣，平易近人。主持市議會處理公共事務不偏不倚，不願意見到政局紛亂，凡事秉持「以和爲貴」的原則，所以朝野都尊敬他。

錨公在議長退休多年之後，仍然閒不得，他除了要忙自己的事業外，政黨輪替前，他是執政黨的中常委，政黨輪替後，陳總統聘爲資政迄今，可見新舊政府對錨公的禮遇與尊重。

錨公從政多年，爲國家與地方做了不少代誌，也曾經幫助過許多人，他又念舊、惜情，也因此，大家都樂意和他親近。即使退休以後，朝野的政要不論是已經退休或是現任要職，上自總統級人物，下至地方村里人士，甚至各階層的大老闆與小商戶，還包括競選時的支持者與樁腳，都仍然和錨公保持聯繫，所以經常有人到錨公府上向他請安問好，錨公也因此定有「會客時間」，只要他人在高雄，每個禮拜天上午，都在家中接待訪

客。老朋友想要看他，找他講話，都在這個時間到來。

鐺公的會客時間經常佳賓滿座，各界人士不分階級，一起上門，除了個人的私事要與鐺公私聊之外，大夥人自由開講，無所不談。筆者偶而也去看鐺公，在大家面前說些趣聞，以助談興，我若久久沒有去湊熱鬧，會有常客問我說：「怎麼這麼久沒看你到鐺公公館去？」

在這種場合，我會避免談到政治性有爭議的話題，以免場面尷尬，對主人也失禮。倘若在座貴賓有人問起政治話題，我也多以輕鬆風趣的口吻，點到就好，以不傷氣氛爲原則。

鐺公夫人是台南市望族世家出身，一看便知家教不凡，夫人慈祥的笑容、溫純禮貌的招呼，和藹可親的接待，給客人感到很受歡迎的溫馨。

公館裡雖有傭人倒茶奉糖菓，在客人多時或傭人忙不過來時，夫人也會親自添茶、親切招呼客人用糖果，在場的一些年輕後輩見到夫人親自招呼，感到不好意思，就自動起身幫忙倒茶。公館的貴賓，可說老、中、青三代都有，這是鐺公不忘老朋友又提攜後輩，做人成功的所在。

有這麼多佳賓貴客找他開講，對鐺公來講是：「宰相不出門，能知天下事」，讓他多聽廣聞，既能隨時掌握住社會的脈動及各方面的消息，也和大家一起回味過去的溫馨，心懷暢快，也有益健康。

在美麗島高雄事件發生之前，我與錨公沒有什麼私交。民進黨成立之後，台灣的政黨政治逐漸形成，一些戒嚴時期的禁忌打破了，在我的觀念，只要有蕃薯仔味，而且認同台灣的人，不論什麼黨，或來自那一省，都可做好朋友，何況，錨公是道道地地的高雄在地望族，又是值得尊敬的長者，只要錨公不棄嫌，豈有不想跟錨公做好朋友的道理呢！

民進黨各縣市地方黨部成立，國民黨的中常委敢到場祝賀的，也只有錨公一人，錨公的民主素養、膽識，令人不得不佩服。

周平德：一九三九年二月二十六日生，屏東縣人，普考兵役行政人員及格，曾任高雄市中藥公會理事長、中國針灸及中藥醫藥學會顧問、第二屆國大代表、總統府國策顧問。以務實苦幹而有「台灣水牛」之稱。

我最欽佩他的「友孝」

高雄市議會前秘書長吳鴻顯認爲陳田錨最讓他欽服的是「友孝」的德行，這是他擔任陳議長幕僚長十年中最深刻的親身體驗。

吳鴻顯是台南縣將軍鄉人，一九四〇年生，政治大學政治系畢業，留學日本明治大學取得法學碩士學位。一九六九年學成歸國，在明治大學校友餐會中，認識了民國十五年畢業的校友會長陳啓清先生，應邀擔任校友會總幹事，後來才認識校友會長的大公子、高雄省轄市第七屆議長陳田錨。

擔任校友會總幹事期間，會長對他這個小學

1996 年吳鴻顯出任監察院秘書長，陳議長以交趾燒為賀禮

弟特別照顧，經常帶著他約請當時的司法行政部（法務部前身）部長王任遠及洪壽南等朋友共進午餐。王任遠也是明治校友，對吳鴻顯也很欣賞。王任遠後來要選用機要秘書，預定的人選有陳涵、黃正雄及吳鴻顯三人，最後王任遠決定要明治的小學弟來幫忙，吳鴻顯就跟著當年「最有影響力的部長」，擔任專門委員兼辦部長機要業務七年半。

一九七八年左右，王任遠調國民黨中央組工會主任，吳鴻顯也到黨部任職，後來外放台灣省政府工礦委員會當專任副主委，一九七九年七月一日高雄市改制，吳鴻顯離開待了七個月的工礦委員會，成爲高雄市議會秘書長。八一年底，陳田錨出任第一屆議會議長，兩人常相左右的時間長達十年。

吳鴻顯到司法行政部、中央黨部、省政府任職時，仍繼續在明大校友會幫忙，追隨啓清先生也有十年之久。那時候，只要陳田錨到台北，都會去向父親請安，中午也和他們一起用餐。吳鴻顯當時只是覺得，陳家的家教很好，子弟很有教養，即使當了議長，待人依然謙恭有禮，尊長有所教示，都很認真的聽，要他辦的事，都馬上去辦。聽他們父子對話，覺得他們父子很親，感情比一般人還好。

到高雄市議會和陳議長共事之後，他發現陳議長只要是與父親有關的事，都不假手他人，啓清先生要回高雄，陳議長再忙，都自己到機場去迎接，事先也會連絡父親的老友，請他們陪同用餐，希望讓父親快樂。

他說，陳議長對父親交代的事從來不曾違逆，即使他父親不在了也一樣。郝柏村當行政院長時，曾經要陳議長接任高雄市長，陳田錨拜託邱創煥婉謝郝院長好意，主要原因是他父親在世的時候曾經交代他「不要做官」。吳鴻顯說，很多人想當市長都爭不到，陳議長有機會當市長卻推掉了。他說，陳議長每次談到弟弟妹妹，都「嘴笑目笑」，開心得很，他們不同母，卻比許多同胞兄弟還親。長期相處，他發現陳議長孝順父母、友愛兄弟，都是發自內心的真誠表現。

在追隨陳議長的十年間，吳鴻顯經歷了高雄市府會關係最好和最壞的兩極情況，**他發現無論府會關係處於和諧或互相對立，陳田錨領導市議會，既不放任議會凌駕行政機關，也不容議會尊嚴受到踐踏。一直讓市議會維持民意機關應有的監督能力，沒有走樣。**許多議員在陳議長退出政壇之後，看到失衡的府會關係，才知道當年陳議長領導議會的境界，並不容易達到。

在議會秘書長任內，吳鴻顯有過一次大難不死的經歷。

一九八一年三月九日，還在中央警官學校及台灣師大兼課的吳鴻顯，從高雄搭乘自強號列車趕回台北上課。車過台中之後，坐在五車九號的吳鴻顯覺得列車幌動得特別厲害，噪音很大，讓他書都快看不下去了。最後覺得實在難以忍受，就向列車長要求幫他換位置。

列車長查看了座位表後告訴他，第三節及第七節車廂都還有空位，吳鴻顯過去都習慣往前坐，那一天卻是往回走到後兩節的車廂，找到列車長說的位置，感覺得噪音果然小很多，坐定後繼續埋頭看書。

隔了沒有多久，這班自強號列車開到新竹頭前溪橋頭，一輛卡車擅自闖越平交道，列車煞車不及，猛力撞上卡車，造成台灣鐵路史上最嚴重的車禍。

重大的撞擊力使卡車全毀，火車上乘客東倒西歪，前面五節車廂出軌，翻覆掉落到頭前溪底，造成卅人死亡，一百多人受傷的慘劇。吳鴻顯只受到驚嚇，沒有受傷，知道他先前坐的第五節車廂也翻落橋下，死傷慘重時，嚇出一身冷汗，慶幸自己早一步換座位離開第五車而死裡逃生。

一九九一年八月十九日，吳鴻顯交卸市議會秘書長職務，調中央黨部組工會副主任，一年多後回高雄市黨部主委，三年半後調爲監察院秘書長，九九年初轉任考試院秘書長，服務兩年後在考試院退休。

我國中央政府組織有五院，擔任過監察及考試兩院秘書長的，吳鴻顯是有史以來第一人。他服務過的司法行政部、省政府、高雄市議會都隸屬於行政院系統，但在司法行政部任職時，由於院檢尚未分立，各級地方法院由司法行政部節制，因此，吳鴻顯與司法體系也有淵源。只有和立法院「沒有發生關係」。公務員像他一樣有「跨院際游走」經歷的人，屈指可數。

吳鴻顯職務歷練豐富，仕途一帆風順，公務員退休後也沒有閒著，先是擔任東帝士集團設在廈門的翔鷺化纖公司董事長，目前更身兼三職，擔任東雲紡織、金典酒店及康寧基金會董事長，福緣深厚，令人稱奇。

調和鼎鼐 名仕風範

——令人懷念的典型

湯金全

當今政壇流行寫回憶錄，實則最有資格寫回憶錄的是曾任總統府資政的前高雄市議會議長陳田錨先生。長達三十二年二個月又八天的八屆議員任期，無人能出其右；二十二年的議長生涯，除了風光之外，更留下令人懷念的典型。金全有幸在改制後第四屆議員任內和陳議長共事，貼身觀察陳議長臻於爐火純青的議事技巧，深感獲益良多，也覺得應該將所見所聞載之於冊，供廟堂之士效法。

談起高雄地方自治，就不能不提號稱高雄第一家的陳家。陳議長的祖父陳中和先生，在日據時代已經是經營糖業及貿易有成的殷商。他的伯父陳啓川日本慶應大學畢業後，於一九六〇年受國民黨徵召，當選高雄市第四、五屆市長，開啓陳家在高雄政壇的事業。議長的父親陳啓清先生則畢業於日本明治大學法科，並接任第一銀行第二任董事長，曾出任高雄市參議會議員、省府委員等，並曾擔任全國及省商聯會理事長，曾經營或投資的事業繁多。不論在光復前後，陳家都是台灣近代政治史上耀眼的家族。如此顯赫的家世，對照陳議長問政時的謙沖平和，實令人油然生敬佩之意。

身爲長子的陳議長，日本近畿大學商經學部畢業後，一九五八年就以無黨籍身分進入省轄市時代的第四屆市議會，一九六四年當選第六屆副議長後才加入國民黨，自此蟬連議員未曾失利。他的議長生涯則是從一九六八年接任第七屆議會議長起始。八〇年底，高雄市升格直轄市首屆市議員選舉，他受國民黨徵召再度出馬並當選議長，且打破高雄市改制前九屆議長、副議長無人連任的紀錄，一連任就是四屆，從全國最年輕的議長做到全國最年長的議長。

金全對於陳議長的品格早已十分景仰，所以選上第四屆議員後，對於這位議會大家長別有一份親切感。當時的陳議長主持議事，只要遇到法律問題，就會立刻和律師出身的我商議，並且完全接受我提供的法律見解，讓我見識到他對法治的高度尊重。

陳議長雖然很早就躋身國民黨中常委，但他當議長卻頗有國外國會議長之風範，除了嫻熟議事、排難解紛的能力，主持議事也相當中立。例如第四屆議員任內，爆發高雄捷運總顧問「帝力凱撒國際公司」弊案，議長除同意議會成立專案調查小組，也讓專案小組出國遠赴開曼群島及美國查訪，才查出開曼群島的「帝力凱撒國際公司」只是一家空殼公司。並且在小組向議會大會報告調查結果並提出八項建議後，史無前例的通過將當時的市長吳敦義、前市長蘇南成等六人移送司法單位調查，同時建請監察院調查總顧問遴選案，絲毫不護短。

陳議長出身望族，舉手投足間自有豪氣，但他的處世哲學卻是「不強出頭」，從無疾言厲色、得理不饒人的驕氣。作爲議會家長，他更是力求圓融，只要陳議長出面緩頰，同僚間的意氣少有不能化解的。當時議會朝野陣營雖時有攻防，執政的國民黨也屢屢祭出動員，但陳議長非不得已不訴諸表決，也充分保障反對黨的發言空間，維持議會和諧的用心可見一斑。

也因爲陳議長掌議會龍頭深受朝野敬重，所以一九九八年他宣佈急流勇退，爲他的從政生涯劃下完美句點時，大大出乎眾人意料之外，甚至必須遷走戶籍以明志，才讓支持者死了心。錨公雖告別政壇，然而二十二年議長謙恭、公正的形象，早已深深烙印人心，市民對他懷念特別多。

金全從政也有十數年，放眼當今政壇，如錨公人緣好、形象佳，在朝野陣營間皆擁有極高的聲譽與評價者，實屬鳳毛麟角。錨公任內爭取設立高雄大學、興建捷運、改善自來水水質，均已一一實現，錨公在廟堂上的言行更令人興起崇敬之心。回憶錨公二、三事，不僅是見證一頁地方自治史與高雄發展史，他持盈保泰的政壇傳奇，對於當前的政治人物，相信也別有一番啓發。他是我心目中永遠敬佩的議長。

湯金全：一九四六年十二月十五日生，台南縣人，台灣大學法律研究所碩士，曾任檢察官、法官、律師、高雄市第四屆議員、第四屆立法委員、法務部政務次長、高雄市副市長，現任行政院公平交易委員會主任委員。

心中永遠尊敬的議長

徐隆盛

高雄市議會在台灣民主進化的過程一向扮演重要的角色，其地位與高雄市政府有如一車之二輪，一者扮演施政的推手，一者善盡監督市政的角色，爲追求高雄市的進步與繁榮共同努力。高雄市議會堅持強力監督的立場，做市政建設的後盾，反映民意，同時扮演政府與民間的橋樑，在傳承過程中，尤以前議長陳田錨先生的積極監督、圓融協調最爲人所樂道。

在他初任議長時期，國內民主政治正值萌芽階段，高雄政壇生態更是丕變，議會領導者不但必須受各黨派的信任，更肩負穩定地方政局的大任，在這種政治環境下，陳老議長以他大格局的政治素養，以德爲人的包容態度，廣納各方建言的胸懷，受到政壇先進及後輩的推崇。

錨公先擔任省轄市議會議長，並於改制後連任四屆直轄市議會議長。他是與中央政府關係最密切的地方民意機關首長，自先總統蔣經國先生時代起，一直擔任國民黨指定中常委，是國民黨了解地方民意重要的諮詢對象，與政治決策的重要核心人物；他也曾經是谷正綱先生領導的「世界反共民主聯盟」委員之一，共同推動世界民主國家對抗共產主義的擴散，並受聘爲國統會委員，反映地方對國家未來方向的意見。

因爲他與中央政府關係緊密，因此長久以來，只要高雄地方建設需要老議長幫忙，向中央爭取補助，他都義不容辭親自前往溝通，觀諸國內議會政治，能一路領導議會如此之久，並且促進中央與地方合作無間，造福地方鄉梓，其成就迄今仍無人能夠超越。

錨公擔任議長期間，高雄市政最突飛猛進，民生建設最多，更是府會溝通最沒有障礙的時期。他清明、無私，從不偏袒任何黨派，博得議會同仁及市府官員的敬重，加上他盼望市政建設能多照顧弱勢的市民，所以在議長任內通過眾多民生法案，除了將公共事務的重心放在民眾福祉外，他也樂於從事慈善工作，其中包括成立「仁愛基金會」提供獎學金幫助窮困學生、援助突然發生變故的家庭。更值得一提的是，每年議會都會因晉用足額的身心障礙人員，而獲中央頒發獎金，陳議長都指示將獎金再捐給高雄市的殘障團體。不論一般市民、基層勞工、弱勢團體等，對他的貢獻都心存感恩，他更贏得各黨派一致的推崇。

對於公共議題、市政建設的參與，陳老議長秉持中立、清白、尊重，家族事業從不介入與高雄市政府相關的公共工程，因此得以超然的立場主持協商。不同黨派議員或市府官員，在協商過程都可充分發表意見，尤其是在野黨的議員，在議事的辯論上，他都給予充分表達意見的空間，並安撫黨內不同的聲音。由於他主持議事維持中立超然的態度，不偏不倚，並不時提醒議員同仁理性問政，一方面他又必須維護議會的尊嚴及議員權益，希望議會以堅定的立場來監督市府行政，所以不希望市府官員面對議員的質詢以迴避、敷衍的心態應付，應該以誠懇的態度來答覆質詢。記得有一次，一位局處首長就因為對議員的質詢態度不佳，擔任主席的老議長，在議員尊嚴及權益受到嚴重的挑戰下，忿然將這位官員趕出議事廳，以維護議會的尊嚴，因為議長的堅持，議會才得以站穩立場。老議長致力於府會的良性互動，很多市政重大建設方案，就是這麼折衝、協調，然後尋求最後共識，圓滿、和諧地解決爭議。

雖然老議長從來不插手與高雄市政府相關的公共工程，但只要是對高雄市的建設有遠見的規劃，他都會大力支持。例如中區焚化爐的興建，同時存在著解決環境問題但又製造空氣污染的矛盾，當時環保意識高漲，地方極力反對，居民人心惶惶，但老議長有感於解決垃圾問題迫在眉睫，須仰賴現代化的科技設備以因應日益增加的垃圾量，因此老議長說服持反對意見的地方議員，並要求市政府提出空氣污染防治對策，同時承諾對地方居民回饋補償，終於使中區焚化爐得以如期完工，這就是他一貫有守有為的情操，顯見只要是對高雄市民有長遠利益的公共工程，他都願意主動幫忙、提供意見裨益民生。

秉持中庸之道是陳老議長的政治哲學，也是他的人生哲學，堅持自己立場的同時，也顧及不同黨派的立場，並常常不惜放棄自己的堅持以求不損他人權益。以他富裕世家出身的背景，卻能謙虛低調，虛懷若谷，自然更能博得大家的敬重。

他恪守父親「以德為人」的訓示，對於議員同仁有些不理性的言行舉動，都以大肚寬容的器量來面對，經過長時間以包容、體諒的心情與議員相處，使他政治之路敵人越來越少，朋友越來越多；再者，他以德為人的處世之道運用在主持議事上，展現出高超的技巧，在重視多數黨意見的同時也尊重少數黨的作法，從不忽視任何個別意見的表達，因此，儘管議會政治生態複雜，仍能以超然、中立的角色調和鼎鼐，化解一波波的議事爭議。

陳老議長自幼接受日式教育，處事態度積極認真，然而為人風雅，頗具紳士風度。對於議員同仁的情誼，他不分黨派，有時為了保持與在野黨議員的互動，會主動邀請他們參與重要場合，很多議員都因為他們提出的看法受到老議長認同，而加深了與老議長的情誼。他時常鼓勵議員趁議會休會期間出國考察來增廣見聞，並且希望議員同仁能像海綿般吸收新知，所以他時常率團前往先進國家的城市考察，自己藉機拋下一切繁務，靜心思考，另一方面與議員們共同考察這些進步城市的建設，學習別人的長處做為自己監督市政的參考，細數很多高雄市重大公共工程，都因議員出國時參考別的城市的建設而有更精進的建議。

老議長當初更爲了捷運工程的規劃及爭議特別成立專案小組，推派議員同仁前往美國與開曼群島實地考察，深入了解捷運規劃的運作過程，才有今天捷運的開工，爲接替者奠下雄厚的基礎。所謂他山之石可以攻錯，包括焚化爐的興建、愛河的整治、交通網路之開闢，以及公園綠地設施等工程，都有不少因議員吸取國外建設經驗，融合高雄地方特色後集思廣益的精闢建議。

此外，出國考察也可與議員及議員眷屬增進情感，在國外，大家展現真性情，老議長也表現得非常豪爽自在，不但珍惜這一群合作夥伴的情誼，更利用議員眷屬同行的機會，與他們建立良好的互動，一面感謝、慰勞他們的協助，一面更拉近了彼此間的距離。

在衆多先進國家的城市中，他最喜歡去法國巴黎，我曾經有七次與老議長共遊法國巴黎的經驗，每次到了巴黎，他總喜歡坐在香榭大道上的露天咖啡座喝咖啡、品嘗法式點心，看著熙來攘往的街景，然後開始他最愛的活動——SHOPPING。每當停留在巴黎這座耀眼的國際舞台上，老議長總是充滿活力，看著巴黎先進的街道，思考那些是值得我們學習的地方。跟著他出門，一定不會空手而回。他總是很有把握地掌握舞台，知道下一齣戲該怎麼樣上演。

在多次與老議長出國的經驗中，最令我印象深刻的是有一回議會組團前往美國阿拉斯加考察，由於另有要公，他必須晚幾天出發，擔任秘書的我，一路上陪著他多次轉機，因語言障礙、人生地不熟，在機場辦理登機及出關手續時困難重重，老議長看我忙得團團轉，心有不忍還幫我辦理登機手續，甚至到飯店後與櫃檯接洽住房手續；像這種議長爲秘書服務的例子，讓做部屬的我汗顏，但他就是這樣一個沒有官僚氣息的長官，減少了我許多工作壓力，並感受他對我的體恤。

我自民國六十八年高雄市改制院轄市到議會服務，有幸一直跟隨在陳老議長身邊長達十七年，這麼多年來我就近感受，老議長與人相處最大的特色就是仁慈，寧願自己吃虧也不願傷害他人分毫，對議會員工從無慍色，充分授權，信任專業，很多決策皆由幕僚首長做決定，然後向他報告，遇有重大政策才召集幕僚共商，聽取專業報告再做決策，對於員工福利設身處地貼心關懷，今天議會的員工都對老議長的慈愛風範相當感念。

跟隨老議長的這段時間，因老議長對部屬的事事信任，從不疾言厲色，反而提昇了我自我要求及反省的能力，他視專業人才爲珍貴行政資產，人事升遷拔擢從不論身家背景，只要肯努力、有才幹、任勞任怨，都有升遷的機會；以我爲例，之前與老議長並無任何淵源，但在他的鼓勵與栽培下，一路從基層組員、專員、主任、專門委員、副秘書長到如今擔任議會秘書長，每回想起老議長的拔擢之恩，便不敢懈怠，不論自己份內的工作或長官交辦事項，都盡力做到完美，就是爲了不讓培育我的老議長失望。

一九九八年錨公卸下議長重任，從此淡出政壇，但多年來聲望不墜，朝野領導人南下高雄，總要拜訪老議長，聽一聽他對政局看法，或者喝杯茶、敘敘舊。除了政壇權力遞嬗，他至今念茲在茲的仍是一群跟隨過的老同事、老部屬，他不時跟我提起過去與他並肩合作的老友，總是清楚記得在選舉時有哪些基層朋友鼎力抬轎，在協商重大法案時有哪些議員大力相助，十分懷念這一群朋友。爲了維持這樣難得的情誼，大夥兒每逢週末都會主動到老議長的住處泡茶聊天，每到相聚時刻，家中總是門庭若市，大家無所不談，談過去的趣事、政局更迭，也談未來的發展，這是老議長最感溫馨的時刻，他感謝每一位老朋友，而這些老朋友也從沒有離開過他。

回憶議會同仁歡送老議長光榮退休當日，有地方父老自行動員、有民間社團感念昔日協助前來相送、有議會員工的依依不捨，當他步出議會大門，沿途鑼鼓開道，兩側人潮洶湧，歡送掌聲久久不能停歇，各大報紙媒體專題報導連載多日，在在都爲老議長在民主政治的貢獻下了肯定的註腳。

這一路走過，就如同他卸職時所說「美好的仗我已打過」，爲自己的政治路途畫下完美的句點，有幸隨同他打過一場場漂亮精采的戰役，勝負不是我最關切的重點，因爲每一次高潮起伏我都認真參與，不曾錯過！這樣美好的人生經歷，更將留待日後回味咀嚼。

徐隆盛：一九四九年一月十日生，桃園縣人，義守大學EMBA碩士，現任高雄市議會秘書長。

體諒與週到

陳雲龍

我從十幾歲就知道有「陳田錨」這個人，他是我爸爸的好朋友。當時他已經是議員，而我還是個中學生。一九八一年第一屆市議會成立，錨公擔任議長，我還在經商，但已有較多接觸的機會；真正追隨錨公是在九四年底，他連任議長，我當選第四屆議員。直到這幾年才算真正體認錨公的氣度大、見識廣、公私分明，也深切感受到錨公對人的體諒和週到。

剛擔任第四屆市議員時，我想市民會把票投給我，選我當他們的代言人，就是要我把他們的心聲講出來，讓政府知道應興應革的問題所在。因此我認真發言，也都搶先第一個簽到。但是，每次開會時，總覺得無法暢所欲言，因爲錨公都會要求國民黨籍議員「少說一點」，把時間讓給在野黨議員，讓在野黨議員多「透一些氣」。在野黨議員多抒發不滿、多渲洩怨氣，大家就比較好溝通、協調，議事運作也會比較順暢。

當時市政府是國民黨執政，市議會也是國民黨佔絕大多數，表決絕對贏，但錨公思考得比較週密，認爲議事和諧最要緊，沒有必要劍拔弩張或仗勢欺人，事情可以說清楚，市政建設問題可以達成共識最重要，因此要求國民黨自己人少講話。記得有一次會議，民進黨議員有人一個議題發言七、八次，我們要發言二次以上就很困難。舉手歸舉手，主席不叫你發言，你也沒辦法。

錨公主持議事，很重視是非對錯，即使是黨的政策，有問題的絕不盲目護航，但對市民有利、對大局有益的政策，該硬的時候也很硬。不過，他也都會體諒對方，爲對方的立場著想。別人是理直氣壯，錨公是理直氣和；別人是得理不饒人，錨公則會讓對方有台階好下。

這種情形讓我想起小時候，我只要跟鄰居小朋友吵架，被爸爸知道，我爸爸就打我給鄰居看，錯也打，不是我錯也打，我總是很不服氣。錨公給我的感覺也是「打自己的孩子給別人看」。不過，以前民風淳樸，小孩子吵架，「打自己小孩給別人看」是重視子女教養的家庭都會遵守的傳統，一方面是教小孩，同時也是敦親睦鄰。孩子有教養、家庭重視家庭教育，才不會讓人看輕。現在社會風氣就不一樣了。

錨公氣度大，寧願自己受委屈，也不願多計較，他也用同一個標準要求國民黨籍的議員，出發點是顧全大局。不過，非支持不可的政策性市政建設議題，儘管在討論過程可以讓步，最後結果該堅持的，他還是堅持到底。

鍇公主持議會，很重視維護議會的立場及議員的尊嚴。屬於市議會職責的，不會讓步，是行政機關的權力，也不侵犯。官員在市議會答詢，言詞或態度表現對議員不夠尊重的話，鍇公就會「跳出來」支持議員，維護議會及議員的尊嚴，即使對方是市長，鍇公也一樣堅持。不過，當議員過度爲難官員，或看得出來借題發揮苛責官員時，鍇公也會制止議員，或替官員緩頰、解圍。

議會每年都有自強活動或出國考察，大多數的議員都喜歡跟鍇公同一團。鍇公聲望高，人面廣，不論到那裡，都有比較高規格的接待，議員感覺比較受重視。而且，跟鍇公出國，吃的也比較好。不過，餐費如果超出預算，都是鍇公刷卡，用自己的錢付賬。他不會用公家的錢做自己的面子，不要因此讓人講閒話，也免得讓部屬報銷時爲難。事實上，國內政壇上和鍇公同樣有經濟能力及支配公款權力的人又豈在少數，但像鍇公這樣寧願花自己的錢的「長」字輩人物，卻很少見。

和陳議長出國，「透早遇到鍇公的人很幸福」，碰巧和鍇公共進早餐，當然是鍇公請客；鍇公正在進餐或喝咖啡，同桌沒有位置，我們都端到鍇公隔壁桌，當然，賬也是鍇公一起結的。鍇公暗中照顧你，還顧你面子，不讓別人知道，真讓人窩心。鍇公這樣貼心疼惜議員如子弟，我敢說，很多議員不分黨派都曾經身受，只是大家都不說破，感念在心。

鐳公不只照顧議員，連同行的家屬都一樣，在國內的自強活動，晚上他都請議員眷屬唱卡拉ＯＫ、吃消夜。鐳公這樣親切的對待議員家屬，家屬除了歡喜、感謝，更會覺得：「我的兒子（或媳婦、女兒、爸爸、媽媽）當議員，很受到議長的重視」，他們心裡更會覺得很溫馨。而議員本人更是面子十足，不能不打從心底裡服氣起來：「老大就是老大，鐳公就是鐳公」。

議員家中有事，鐳公只要知道了，一定親自到場。幾年前家祖母往生，我沒有發訃聞，鐳公當天同一時間在三民區爲黃啓川的親長喪禮擔任點主官，他知道我公祭向來不缺席，黃啓川的兒子還是我的義子，當天卻沒看到我，就問黃啓川：「雲龍怎麼沒來？」黃啓川跟他說我祖母同一時間出殯，喪禮在殯儀館景德廳舉行，沒有發訃聞，沒有排公祭。鐳公二話不說，馬上請同時在場公祭的市議會秘書長譚木盛先趕到殯儀館，要我們等他到場公祭後才能結束。我們家祭完成後原本沒有安排公祭，譚公坐鎮景德廳，家祭後就等著，等了二十五分鐘，鐳公不只自己來，還邀請八位議員同來公祭。鐳公爲人設想如此週到，你怎能不感動。

任何場合，鐳公要離開時，都會記得問別人：「有車沒？要不要坐我的車？」這種小事他都會注意、關心，真是能體諒人。我看他對人的關心、體諒，已經是「習慣成自然」了。

從政期間，我經歷過四位議長，覺得只有在錨公擔任議長時，議會、議員最有尊嚴，府會真的是權能分明，從來不覺得議會比市府矮一截。其他議長主持時的感受就不太一樣了，甚至有時覺得，議會好像變成「議事局」了。我深深的覺得，錨公不止是一位疼惜你的長輩，更是一位非常值得尊敬的人格者。

陳雲龍：一九五一年六月二十一日生，高雄市人，高醫藥學系畢業，美國金山大學公共行政碩士、國立中山大學公共事務研究所碩士、中山大學市政建設研究所學分班第一名畢業、國立中山大學政治研究所甄試第一名在學中。曾任高雄市第四、五、六屆議員。

我政治路的起點站站長
——專訪郭玟成

陳金聲

「少年仔，真有一套，創紀錄，不簡單喔！」

一九九四年十二月三日傍晚，高雄市第四屆議員選票開出，郭玟成以二萬四千零七十六票當選連任，一舉將高雄市議員的當選最高票紀錄，向上突破二萬票的大關，刷新第三屆議員選舉時陳田錨議長創下一萬九千六百二十二票當選的高票紀錄。競選總部鞭炮聲震耳欲聾、鑼鼓喧天之際，

郭玟成在市議會問政犀利　（董清男攝）

郭玟成接到議長陳田錨先生的祝賀電話，陳議長劈頭就是這樣說的。

郭玟成正要回謝，陳議長在電話的另一端接著說：「要記得，以後在議會的表現要更加精彩喔！」並且和郭玟成「私下約定」，將來輪到郭玟成的市政總質詢，他都要親自「主持兼監督」。

經過陳議長這四年的「主持兼監督」，郭玟成在九八年底第五屆市議員選舉，當選連任的票數再向上推升至二萬六千一百九十四票的新高峰，幾乎已經快夠當選立法委員了。果然，二〇〇一年底立法委員選舉，郭玟成一舉當選第五屆立委，順利轉換跑道，由地方議會更上層樓進入國會殿堂，二〇〇四年連任第六屆立法委員。郭玟成已在他所追求的政治志業上，開拓出新的領域。

一九五五年在嘉義縣義竹鄉過路村出生的郭玟成，就讀台南二中時就對政治發生興趣，尤其崇拜敢向威權挑戰的政治人物，就在這段期間，也萌生「以追求民主政治爲志業」的人生目標。

高中畢業未再升學的郭玟成，退伍後不久即揮別家鄉，離開「莊稼草地」的過路村，滿懷著對政治的憧憬，來到高雄追求民主政治的志業。當時，除了知道「政治是群眾事業」之外，對高雄市的一切，則「抬頭望去，舉目皆茫」。

落定行腳後，他體悟「腳踩著高雄的土地，不能不知高雄的人、事、物」，於是開始留意對高雄市的人、事、物的接觸與拓展。在擺路邊攤維持基本的生計之外，想要認識、了解的當然不外乎高雄市政壇過去、現在的人物與事物。

於是，郭玟成白天有空就到高雄市的民主殿堂——高雄市議會的旁聽席「報到」，旁聽齊聚一堂的高雄市政壇精英論政，晚間則追著「民主廣場」演講會的場子趕場擺攤，一來賣「禁書」維持生計，二來聆聽民主前輩的演講，豐富自己的民主素養及學習政治性演講的技巧。

當時，對抗統治威權的「黨外運動」已蓬勃發展，成立「民主廣場」宣揚民主理念，以在野的觀察角度，提供與「官方說法」完全不同的政治訊息，對資訊來源有限的基層民眾，有很大的吸引力，所到之處，幾乎場場爆滿。追隨民主廣場巡迴各地的攤販很多，既有生意可做，還有非官方說法的政治故事可聽。攤販除了賣各種吃食用品，與民主廣場相呼應的各種出版品，包括被當局查禁的書刊、雜誌及政治異議人士的演講錄影帶，無不熱賣。

郭玟成也是民主廣場的熱情支持者之一，在追隨民主廣場做生意中維持了生活，也在接觸民主前輩中學習、成長。遇到選舉，他就到處爲人助選，八一年陳武勳選第一屆市議員、八三年王義雄選立法委員、八六年黃昭輝競選國大代表，他都擔任助選員，還曾遠征新竹，擔任新竹市議員選舉黨外聯合陣線助選員。在助選、助講的過程中磨練自己，從最早上場負責暖場的助講員開始，到成為助講主力，現在已經是「壓軸」的大炮了。

旁聽的日子，前後歷經數年之久，是時高雄市議會的大家長，正是人人皆以「錨公」尊稱之的陳田錨先生。在這之前，郭玟成雖曾聽聞「錨公」之名，對其背景也略知一二，但初步見識「錨公」之民主素養，就是緣起於這段旁聽席上旁聽的歲月。當時郭玟成雖滿心志切「有朝一日一定要進入高雄市議壇」，但比他年長近卅歲的議長陳田錨先生，在他心目中卻是遙不可及、高不可攀的前輩高人，他作夢都沒想到，日後會有機會與陳議長在高雄市議會共事相處了將近十年之久。

郭玟成首次參選是一九八五年底，由「黨外後援會」推荐參選高雄第二屆市議員，結果是「沒有意外的落選」了，四年後由民進黨提名捲土重來，以九千八百九十五票當選第三屆市議員，他「到高雄市追求民主政治志業」的夢想總算初步實現。

這一屆議員任期原本是四年，為了配合院轄市長開放民選延長一年，當了五年議員後，郭玟成以二萬四千多票的創紀錄高票連任第四屆議員，贏得「二萬四」的綽號，第五屆再連任，得票數再增為二萬六千多票，已經接近立法委員的當選票數了。這屆議員當了三年多，到二〇〇一年第五屆立法委員選舉，郭玟成換跑道，更上層樓當選第五屆立法委員，〇四年順利連任第六屆至今。

進入市議會之後，郭玟成發現，高雄市議會有一個和各地議會完全不同的奇特現象：為什麼各縣市議會議長寶座大家搶破頭，高雄市議會卻只有人搶著要做副議長，沒有人去和陳田錨爭議長？這個現象是國內政壇的「異數」，只存在高雄市議會，他知道「其中必有緣故」，但到底是什麼緣故，就不清楚了。

這個疑問存在心裡多年，一直到他和陳田錨議長共事了幾年之後才發現，事情的背景因素雖然一言難盡，答案其實很簡單：「因為議長是陳田錨，不是別人」，而且「陳田錨就是陳田錨，他的政治聲望，放眼高雄政壇，無人能及」。

九年共事，最讓郭玟成引以為傲的，就是陳議長領導下的市議會，未曾被批評為「跛腳議會」，而且其所領導的高雄市議會，在對市府的監督過程中「強勢但不失理性」。

擔任高雄市長八年之久的吳敦義，在轉任立委後曾經有感而發的說：「謝長廷的高雄市長太好做了，一因民進黨變成執政黨，二因市議會議長不是陳田錨。」郭玟成認為，聰明才智如吳敦義者之所以會發出這樣的感慨，足見陳議長主持議會之分寸拿捏功夫，何其之深。

吳敦義曾任台北市議員、南投縣長，是當時國民黨少壯派的精英，口才、識見、學養、行政經驗皆屬不可多得之才，當時的執政黨又是國民黨，依理而言，當時的高雄市府會必然一家親，但是，碰上受日本教育的陳田錨，堅持民主政治府會應該權能區分、監督與制衡的真諦。郭玫成就曾多次聽到陳議長對著剛完成市政總質詢、對市長一輪猛攻的在野黨議員說：「問得很精彩，該監督就監督，該制衡就制衡。」郭玫成認爲，和後任市長在議會的處境對照，吳敦義「感慨有理」，但如果和前一任的市長蘇南成相比，吳敦義就沒有什麼好講的了。

蘇南成曾任府城台南市議員、市長，口才與行政經歷俱屬一流，與吳敦義不相上下，但是，蘇南成在高雄市擔任市長五年多的任內，也「躬逢其盛」，碰上陳田錨擔任議長，一千多個主持高雄市政的日子有如水深火熱，樣樣不好過。

郭玫成認爲，問題的關鍵，在陳田錨很重視議會的尊嚴，市議會如果沒有受到應有的尊重，他一定堅守議會立場，帶頭捍衛市議會的尊嚴。蘇南成的前任市長許水德就是很好的對照。

他說，高雄市改制爲院轄市後歷任的官派市長中，以許水德最拙於言詞，但他擔任高雄市長三年多後就高升台北市長。許水德主持高雄市政期間，陳田錨帶領的市議會，卻讓許水德「倍感親切」，市政推動政通人和。

郭玫成還記得，陳議長曾在一次私下閒談的過程中，對吳敦義、蘇南成、許水德等三位市長的施政風格簡單做個比較，他的說法是許水德古意老實，有心做事卻拙於言詞，議會當然要支持；蘇南成講話大聲，胸部亂拍，行事游走法律邊緣，議會當然要嚴加監督；吳敦義口才一流，也夠認真，但是太過於明哲保身，有時流於「坐議立論」，議會當然也要謹慎督促。

郭玟成綜合觀察發現，陳議長領導議會的風格，就是「府會互相制衡、互相尊重」，市長所領導的市府如果能尊重議會的監督，議長所領導的市議會當然也會相對支持市政的運作，否則，必然嚐到議會嚴加監督、甚至杯葛的苦果。更明確的說，陳議長領導的議會，絕對不曾被外界譏諷為「軟腳蝦議會」或「弱勢議會」、「跛腳議會」。這應是陳議長領航高雄市議會歲月中最大的堅持。

郭玟成回憶，陳田錨主持院轄市議會四屆十七年期間，國民黨是執政黨，一黨獨大，陳議長又是國民黨的大老，論聲望與地位，確有一言九鼎之勢，無人能偃其鋒芒。如果他以「護航市政」取代「監督市政」，大可「議事槌一敲，全部定案」，誰也拿他無可奈何。但是，在先前當議會的「旁聽生」及後來九年與陳議長共事的期間所見，陳議長從來沒有這樣子做過，反而常見他點名叫在野黨議員發言，讓他們充分論述，再經大會共同討論，做出朝野議員都可以接受的結論，才敲下議事槌定案。

郭玟成說，當時在野黨籍議員是絕對少數，如果陳議長不是胸襟過人、民主素養深厚的長者，在野議員很難有發揮的空間。大家常說，議會是民主殿堂，民主就是「少數服從多數，多數尊重少數」，但是，很多人都只是口頭講講而已，陳議長卻是這個民主原則的實踐者。

在討論重大市政議案過程中，只居少數的在野黨議員難免有抗爭、杯葛的動作，退席抗議甚至掀桌、辱罵的激烈演出，陳議長也都平常心以待，展現最大的容忍與耐心，透過一再的溝通、再三的協商，給在野黨議員「不滿意但可接受」的尊重，這種兼容並蓄的長者風範，在他擔任議長之前及之後的議會中，都不多見。

就郭玟成的觀察，他認為陳田錨很樂於拔擢新人，更願意提供新人揮灑的舞台與空間，但他堅持「少年家問政，一定要言之有物、言之成理，議事廳是民主殿堂，不容無理亂舞」。

郭玟成發現，陳議長「童心未泯」，很喜歡看熱鬧，每每輪到問政較犀利、砲火較猛烈的在野黨議員對上口才一流的蘇南成、吳敦義進行市政總質詢的場次，他幾乎都親自坐上主席台全程觀看雙方激烈的攻防，結束之後，還下評語：「果然有備而來，精彩絕倫」、「演出凸槌，不如預期」等等，他自己則認為「站高山看馬相踼」是主持會議最過癮的一部分。不過，陳議長也不是純粹坐著看好戲，他也會出聲幫腔，有時為議員助勢，有時則是「踩煞車」，幫市府官員緩頰，避免場面失控。

擺攤賣過禁書及錄影帶的郭玟成還發現，在有線電視前身的「第四台」興起之前，高雄市議會每次市政總質詢，議員與市長言詞攻防較精彩戰役的錄影帶，竟然是民主演講場中熱賣的主流影帶之一。當時熱賣的問政錄影帶，主角都是立法院內的明星級戰將在國會殿堂演出，省縣市級的地方民意代表問政錄影帶既少且乏人問津，只有「高雄市議會出品」是搶手貨，還熱賣到外縣市。

他認為，這固然是當事的市議員認真問政、論政的具體表現，但深入思考，如果不是主持議事的陳議長作風開明，讓在野議員可以盡情發揮，而是藉著擔任主席之便，動輒插嘴切斷雙方攻防，錄影帶能呈現如此精彩的內容嗎？高雄市議會議員市政總質詢的錄影帶能成為「民主錄影帶」市場熱賣影帶的主流嗎？

政壇有種說法，指高雄市是「政治精英的埋葬窟」，郭玟成認為事實並不盡然如此，如從陳議長領軍的市議會的民主運作歷程來看，高雄市何嘗不是一座民主政治已臻成熟的城市？

二〇〇五年底，居國親在野黨領袖地位的連戰，被台北市長馬英九取而代之以來，政壇掀起一股馬英九式的「不沾鍋旋風」，立法院長王金平甚至還買了一本「人生要沾鍋」的書來探究所謂的「沾鍋哲學」。郭玟成觀察發現，陳議長縱橫政壇數十載，他的「不沾鍋哲學」，比馬英九更練達與道地。

郭玟成說，在民進黨還是在野黨的年代，國民黨的要角，幾乎沒有一個不被民進黨人士公開批罵的，但仔細回想起來，好像並沒有人罵過陳田錨。在野人士沒有罵陳田錨，最大的關鍵就是陳議長的人格與操守，從來沒有被人懷疑。投身高雄市政壇的近廿年間，郭玟成經常聽到街談巷議說「如果某某人當議長，高雄市的地皮會被刮走三分高」之類的話，但是，這類的話，從未沾上陳議長的鍋子。

他說，以前有一種感冒藥的廣告詞「斯斯有兩種」，政壇的「不沾鍋」也有兩種，只是陳議長長期居身地方政壇，行事低調，不愛造勢宣傳而已。

郭玟成記得，陳議長在高雄市改制前離開高雄市議壇後，曾於一九六八年「奉命出征」代表國民黨參選南部地區的增額立委，但最後那場選舉因中美斷交而停辦。他認爲，那次參選立委，以陳田錨當時的條件與聲望，當選必然不成問題，而且，進入立法院也絕不會只是「陽春型」的國會議員，老一輩的政壇前輩都聽說過，陳田錨當時是國民黨內定的副院長人選，如果那次選舉順利舉行，陳田錨個人的政治發展絕對另有一番的局面，只是造化弄人，陳議長因此與國會議員職務失之交臂，個人從政的路途也出現一個「缺角」。

他說，高雄市政壇人士至今對陳議長這段未竟的際遇，依舊津津樂道，但讓他覺得納悶的是：和陳議長共事的九年之中，從來未曾聽陳議長主動提起這件事，別人爲他與立法院失之交臂惋惜，陳議長個人卻很坦然，完全不在意。

郭玟成「爆料」說，童心未泯的陳議長，有時也很會裝糊塗，他曾對郭玟成透露一段政壇秘辛：八七年五月，民進黨高雄市黨部成立當天，陳議長應邀到場觀禮，消息傳到國民黨中央，陳田錨就被當時的國民黨秘書長李煥「點名召見」，問他爲何不顧政治立場去參加民進黨的「慶典」？陳議長知道多言無益、愈描愈黑，於是當著李煥面前裝糊塗，表示「年紀大了，記不了太多，幕僚人員行前未告知，去到現場還未搞清楚狀況就已經被拉上台，既然去了，而且已被拉上台，只好講一些場面話」。

在郭玟成的記憶裡，陳議長的辦公室，除議員同仁外，少有所謂的達官顯要「逗留」其間，倒是常見一些草根性很濃的民間友人與議長閒話家常；也見過昔日議會同仁，離開政壇後「發展」不如意、甚至爲生計所困者，來探望陳議長，陳議長素來樂善好施，總是「精神」與「實質」的慰藉兼顧，絕不偏廢。

懷抱著追求「民主政治志業之夢」從嘉義鄉下到高雄，以高雄市議會爲實現夢想的起點站，再轉換跑道進入國會殿堂。經歷高雄政壇文化洗滌薰陶的過程，所接觸的眾多政治人物中，「起點站站長」議長陳田錨給他的領略最多，感受最爲深刻。

幫陳田錨打分數

高雄市前議員吳林淑敏，在第五屆市議員任內，到高雄師範大學成人教育研究所「組織領導與發展碩士班」進修，這是她在「卓越行政領導」課程中，以陳田錨為研究對象所撰寫的研究報告。

卓越行政領導檢核表　國立高雄師範大學成人教育研究所研究生吳林淑敏

壹、領　導

一、施加壓力以求達到目標　：4

二、為部屬勾勒一幅美麗遠景　：4

三、統合各部門之目標　：5

四、工作有效分配　：4

五、即時監督：4
六、人才培養：5
七、信用：5
八、培養團隊精神：4
九、鼓勵部屬創新：4
十、有效的會議領導：5
十一、緩和衝突：4
十二、其他

陳田錨，一九二八年四月十六日出生於高雄市，娶黃淑惠爲妻，育有二子一女。他自日本近畿大學商經學部畢業后，曾先後擔任高雄市第三信用合作社監事主席、私立三信高級商業職業學校董事長、台灣水泥公司鼓山製品廠長、第一商業銀行常務董事、光和建設開發公司總經理及董事長、欣高瓦斯公司董事長、大眾銀行董事長等職。

一九五八年，陳田錨當選第四屆議員進入政壇發展，后又於一九六一年、一九六四年、一九六八年分別當選第五、六、七屆市議員，其中出任第六屆副議長及第七屆議長。一九七四年四月底任期屆滿后，陳田錨一度棄政從商，又回家經營企業。

一九七九年，高雄市升格「院轄市」后，陳田錨在國民黨高層的力邀下重返政壇，當選市議員，進而當選市議會議長，直到一九九八年自動放棄參選，創下台灣縣市議會議長時間最久的歷史，顯示了其在高雄市政壇的重要地位。

一九八八年七月，國民黨召開十三屆一中全會，陳田錨當選為中央常務委員，這是高雄人第一次進入國民黨最高決策階層——中央常務委員會。此後，直到一九九六年國民黨十四屆四中全會，他繼續當選為國民黨中常委，是唯一由黨主席李登輝欽定的地方議會代表，即內定名額，而不必通過中央委員會選舉產生，他也是唯一來自高雄市的中常委，可見陳田錨在政壇具有重要地位。

民進黨政府上台，仍延聘陳田錨為新政府的總統府資政一職，遇各項選舉，陳家仍在高雄地區掌握決定性影響，目前，陳家可以說完全退出政壇。不過，陳氏家族與各黨派關係頗佳，家族經濟實力雄厚，政商關係廣泛，在高雄市仍具有相當大的影響力。

陳田錨縱橫政商多年，憑藉著對人的真誠態度及領導氣勢，他極重信用並對部屬照顧不遺餘力，雖然家族勢力龐大，他卻總是謙遜客氣，這一點可從朋友拜訪他，拜託他事情，不論交往多久的朋友，離去時他總是親自送客至門口，讓訪客倍受尊重，而對他感念不忘可見一端；在政壇多年，難免會有意見不同或利益不同的情況發生，亦從未聽說他有任何政敵，他為人圓融，對事不對人之風格，讓人對其產生尊重，連市議會民進黨議員對政事有所紛爭或蓄意杯葛時，他都能逐一傾聽其立場，共同找出解決之道，讓議事歸於順暢，並通過許多法案。

雖然他入主高雄市議會時，仍然是國民黨執政的時候，然而對同黨政策若有缺失，他仍然強硬不妥協，並不因爲他所屬政黨的關係而昧於良心，他一心想爲民眾謀求更多更大的福利，基於此項信念，他主事時，無論在朝在野雙方，均能誠心合作，若有衝突也必能有所折衝，不致於延宕議事，所有議程均能依其工作屬性，有效分配，順利通過。

對部屬之關心照顧常是擴及部屬家人的，爲部屬勾勒出美麗願景並積極鼓勵部屬創新，他的做法讓部屬無後顧之憂，可以全力衝刺創造出更好成果，如果部屬有良好表現，他的獎勵也是立即且豐厚的，激勵部屬士氣，除實質的獎賞外，更會多加讚美，讓部屬更加爲其付出。

擇善固執是他另一項特點，無論法案、爲人或與人交往，常見他對於正確的事一再堅持，毫不退縮，他堅持只要對民眾有益或有利於工作推展，常是堅定立場，絲毫不爲外界壓力所動，所以決定的事項，能夠貫徹完成，對人才的培養極爲重視，他的子弟兵遍佈各階層，對他亦忠心耿耿，從不有怨言惡語；他對工作的流程、管制、監督瞭如指掌，適時指導扶正各項階段工作，讓部屬可從工作中成長。

貳、溝通

一、良好的口頭溝通技巧：5
二、具有聆聽的技巧：4
三、適當的文字技巧：4
四、適度的帶一點影響力：5
五、其他

陳田錨先生溝通技巧是有目共睹的，在高雄市議會任議長十餘年間，多次受到在野黨的各項考驗，無論是議事程序或實質議事，他均能發揮溝通長才，他能有條不紊的按照既有規劃，逐一溝通完成使命，並且使雙方均能在和諧愉悅的氣氛下完成溝通工作，這是他多年生活經驗及過人的天份所賦予的才能，他憑藉多年來的人脈，德高望重的聲望，圓熟的處事態度，公正的理事方法，他的溝通讓彼此不再衝突，而能增進工作的效果，實在是我所僅見的溝通高手。

他適度的聆聽，良好的口才，對問題深入的瞭解，常對他的溝通產生加分的效果，加上他有足夠的影響力，可以議決事情之後，劍及履及的立刻指示完成，使得經由他口中承諾的事，均能有一言九鼎的功用，使他溝通更具權威性。

參、展示管理長才

一、訂定一套適當的架構藍圖　：4
二、工作目標控制　：4
三、注重井然有序的表現　：4
四、要求有效地管理個人時間　：4
五、其他

陳田錨先生重視目標的控制，他做事有規劃，依循規劃來從事，注重井然有序的表現，每次遇議事杯葛，他總是清楚問題的核心所在，將杯葛之原因或背後動機條理清晰，然後規劃排除障礙，注重秩序的表現，要求有效管理每人的時間，爲了民眾的福祉，他心目中自有一套美好的藍圖，然後逐一實現，他的表現也反應在他的營利事業之中，無論是欣高瓦斯公司或是大眾銀行還是大眾證券公司，表現都是亮眼的，他的管理確實有其獨到之處。

肆、問題解決能力

一、展示該如何去做的能力……5
二、判斷時講求實際……4
三、有效處理混沌不明的情況……5
四、處理變動的情況能展現出彈性……5
五、能掌握事情的輕重緩急……4
六、找出其他解決問題的方法並加以評估……5
七、展示決策能力……5
八、承認錯誤……4
九、避開非絕對必要的規定……5
十、其他

陳田錨先生的問題解決能力除了建立在他的領導及溝通能力之外，他對所有的任務交付均會積極的完成，當時他爲執政黨的市議會議長，對許多法案負有通過之責任，他的考量依據不單純是執政黨的利益而已，而是顧及多數民衆的福祉，立場堅定，判斷各項法案他也會掌握實際的狀況，有效處理各種突然而來的衝突，爲了防止突然的變化，他的協調中充滿了彈性，有許多折衝的空間，他交替運用協商及表決的手法，讓每次的問題均能獲致解決，議事過程因而順暢有效率。

陳田錨先生將事情的輕重緩急分得極爲清楚，對事情能夠有條不紊，不會因爲事情多而混亂，對立即要辦的事一定立刻去辦，而且會立即追蹤監督事件的發展，甚至對工作展現過人的決斷力，決定之前經過審慎評估，廣納各方意見，經過他思考後決斷之事項，鮮少有出錯的狀況，若有錯失，也能有彈性改正，不會將錯就錯，更不會死不認錯，這讓部屬有安全感，讓部屬能專心去工作。

整體而言，陳田錨先生非常具有決斷力，而且展現個人魅力，他身段非常軟，該堅持就堅持，該協商就協商，運用各種技巧展現過人的解決問題的能力，對事情能多方收集意見，聽取各方不同的想法及講法，決定一可行之解決方案之道，然後全力去完成，有效解決許多議會中原本認爲不能處理的問題，他主事期間，是高雄市議會效率最佳的時期。

伍、培養人際關係

一、大開人際關係的網絡：5

二、與上司維持適當的關係　　：5
三、與同僚之間培養團隊精神　：4
四、分享榮譽　　　　　　　　：4
五、保護部屬　　　　　　　　：5
六、匯集各項資源　　　　　　：5
七、維繫對外人脈關係　　　　：5
八、其他

陳田錨先生的人際關係似乎無庸贅述，除了陳氏家族本身所具有的人脈關係 之外，他對能幫忙的人事物，均能竭力予以協助，所以也培養了許多佩服他的人，所衍生出來的人際脈絡，堪稱高雄地區首屈一指的，無怪乎歷來選舉，無論在朝在野都必定會來拜訪陳田錨尋求其支持，因其一言九鼎的個性，如有他的支持，彷彿就好像吃了一顆定心丸，對於他所支持的人，他總是不遺餘力協助他們。

雖然他有許多子弟兵，陳田錨先生從不將別人的功勞據爲己有，像在議會中，許多法案的推動，只要他一聲令下，所有子弟兵沒有二話全力支持，只是他從不強硬的指揮，他客氣的溝通，將遠景說明給同僚清楚，然後，如果有好的成績，又會將榮譽歸功於同僚，像他這樣的處事態度及風格，在現今的政壇上，可能是絕無僅有的。

他將所有利害關係及所有可能預見的問題，明白的剖析給部屬及同僚清楚，讓同僚及部屬去思考有無解決之道，並且可以避免許多因錯誤決定所可能造成之損害，雖然有時當然不能盡如人意，但他仍會竭力去保護部屬，以免部屬有所傷害，這是他宅心仁厚的一面。

維繫對外人際關係方面，除了相交的朋友，他可以竭力照顧之外，對於朋友的朋友，他也能以禮相待，不得不失，將自己的人脈維繫下去，與對立的朋友相處，他也不致得罪他們，仍然會維持適當的關係，減少自己的阻力，甚至於可以化阻力爲助力。

吳林淑敏：一九四七年十二月十三日生，高雄市人，高雄高工、國立高雄應用科大、國立高雄師範大學成人教育研究所碩士，曾任高雄市第三、四、五、六屆議員。

吉光片羽

阿媽善解化心結

陳田錨是長孫，很得到祖母的寵愛，和祖母很親近，經常和祖母談事情，尤其是遇到不愉快或感到困擾的事，他都會向祖母吐露，只要和祖母談過之後，心情就能轉趨開朗。

他說：「我阿媽心地非常善良，從來不說別人不好，即使有人明明做了壞事、做錯事，她從來都不會講那個人是『歹人』。她不是說那個人不懂、不了解，就是說那個人可能只是粗心大意，『失覺察』（沒有注意），應該不是故意的」。

陳田錨在成長的過程中，遇到不如意的事，祖母都會聽他傾訴。即使當了議員、副議長，碰到無理的人或事，都會在向祖母請安時，講給祖母聽。祖母在聽過他的抱怨後，就會跟他說，對方可能只是不知道、不了解，或者不小心、沒注意，才會做出那些事或講不該講的話，應該不是故意或者心存惡意。她會勸陳田錨不要生氣，也不要和對方計較，要放寬心懷原諒對方。

在陳田錨的記憶裡，祖母從來沒有責怪過別人，每次都把事情往好的方面解釋。祖母的「善解」，每次都能撫平他的情緒、化開他的心結，原來的不平、憤怒，在和祖母談過之後，很快就消失了。

他說，祖母常說：「阿公沒有你們好命，要操煩很多事，久未下雨，就擔心甘蔗缺水長不好或枯萎掉；一直下大雨了，就煩惱水份太多，甘蔗的糖份會減少。」勸他要「知足、惜福，行善助人」。

阿哥帶我躲過掃射

手足情深

大眾證券董事長陳田稻，是陳田錨排行老五的弟弟。小時候，兩兄弟被分配住在同一個房間，陳田稻自小就和大他九歲的「阿哥」生活在一起，陳田錨帶著他玩，沐浴後為他梳裝打扮，帶他看電影、看牙醫，還曾經帶著他躲過飛機掃射，避過一劫。長大以後，即使已經各自成家立業，兩人還是常相聚首。手足情深的童年往事，是老兄弟倆溫馨的回憶。

扮希特勒

「我還沒入學，就知道『希特勒』。」陳田稻說：「小時候，阿哥（陳田錨）很喜歡逗我。每天傍晚，我洗完澡，他就幫我梳好頭髮，戴上船型帽，要我立正站好，向上斜舉右手，然後他就很開心的笑著說：『你是希特勒』」。

他說，阿哥在把他裝扮成希特勒來玩耍之前，就曾經學過做出希特勒的敬禮動作，自己對著房間牆上的大鏡子練習。要他扮希特勒的時候，也是把他拉到鏡子前面，看著鏡子做，兩人一起玩得很開心。

「我問他希特勒是誰？你怎麼知道希特勒這個動作？」他告訴我是從報紙上看來的，說希特勒是德國的領袖，很會打仗。希特勒最特別的是敬禮方式，不像其他人舉手敬禮時，手臂要彎起來指向自己的頭，而只是把右手向前方舉起來，很神氣。

當時是第二次世界大戰期間，日本和德國、義大利組成軸心國，和許多國家打仗，那時德軍在希特勒領導下，幾乎所向無敵，是軸心國的英雄、青年人的偶像，日本的報紙就經常有希特勒的新聞和照片。「少年」陳田錨把年幼的弟弟陳田稻裝扮成希特勒來玩，也因此讓陳田稻還沒有入學，就知道有希特勒。

躲過掃射

二次世界大戰末期，投入戰場的美軍逐漸取得優勢，日軍節節敗退，台灣陷入戰火。美軍反攻日本之前，先轟炸台灣，尤其日軍作爲南進基地的高雄港，被炸得最慘。陳田稻說，他家就在高雄港邊，打開二樓窗戶，高雄港到外海就一覽無遺。每次空襲警報響起後，阿哥陳田錨就拿著雙筒望遠鏡，在二樓陽台海面天際搜尋來襲的美國「敵機」，他都跟著站在旁邊瞭望。陳田錨一面搜尋，一面「實況轉播」，把看到的情景，詳細描述，講給沒有望遠鏡可以看的弟弟聽。

有一次空襲警報響起後，兩兄弟又在陽台「偵測敵情」，陳田稻聽到陳田錨說：「看到了、看到了，有一架敵機飛過來，哎呀，開始掃射囉……」，陳田稻還沒看到敵機的影子，身體已經離地，被陳田錨挾著飛奔。「我阿哥右手抓著望遠鏡，左手一抄把我挾起來就往樓下跑，鑽進廁所躲起來。」他們才下樓梯，就聽到一陣子彈打到家裡來的乒乒乒乒連聲爆響，接著是飛機低空掠過的音爆。「我們家被子彈打得亂七八糟，好在阿哥反應快，我們死裡逃生，都沒有受傷。」

單車驚魂

陳田稻說，他小時候愛吃糖，有蛀牙，經常要看牙醫。媽媽帶他看牙醫時，都去鹽埕埔給郭國基的太太治療，日本籍的郭太太是牙醫師，也是他母親的好朋友。母親忙的時候，帶他看醫生就是大哥陳田錨的任務了。陳田錨帶他看時，走另一條路，看另一位在大公路的牙醫師。

陳田稻說，跟母親出門坐三輪車，由五福路直走「苓雅寮橋」過愛河，到鹽埕埔郭國基太太開設的「久代齒科醫院」。哥哥帶的時候，是用腳踏車載他，不走苓雅寮橋過河，在橋頭就右轉「高雄州廳」（今地方法院）前的河東路。兄弟倆共乘一輛腳踏車，陳田稻斜坐在龍頭和騎座之間的橫槓上。

「阿哥騎腳踏車載我，每次我都怕得要命，他都不走路中間，一定要騎到愛河邊邊的水泥護岸上。」陳田稻說：「州廳前的大馬路很寬，鋪得很平，但阿哥從橋頭斜坡溜下來，就騎上河邊水泥護岸的堤頂，護岸的水泥只有一尺寬，長約八百公尺，和河面垂直，我斜坐在虎骨上，兩手抓著龍頭，腳就懸在愛河上，一不小心就可能落水，當時我還不會游泳，緊張得兩手緊抓著龍頭，很怕掉下去，阿哥還叫我不要抓得那麼緊，抓太緊他不好騎。」他說，回程時走的雖然還是同一條路，哥哥也還是在緊靠愛河的堤岸頂飛馳，但因爲他面向馬路，比較不會害怕。

陳田稻最近和陳田錨談起兒時的這一段，中學生時代敢騎車載人在護岸頂上飛馳的陳田錨說，看護岸那麼窄，「現在連用走的都不敢走了」。

小霸王看電影

「光復後，我父親擔任高雄市的商會會長時，有一張戲院聯合送給商會會長的電影卡，只要帶著這張卡，高雄市每一家戲院都可以用。」陳田稻說，拿著電影卡到戲院可以免費看電影，但規定只限一個人可以進去。「阿哥要看電影都帶我去，有時守門的人看我們只是兩個小孩子，不計較，揮揮手就讓我們進去，但是也有守門的人不通融，只肯讓一個人進去，我阿哥就跟他說好說歹，硬是推著我一起擠進戲院看電影。」散場後，「我阿哥愛吃，跟著他有口福，看完電影，就請我吃布丁或冰淇淋。」

陳田稻說，他們兄弟倆最常光顧的，是塩埕區最有名的冰店，開在靠近七賢路口的大公路上，「阿哥還記得店名叫『森山冰果室』。」

頂司管下司　召集弟妹講故事

「小時候，阿哥在家裡的權威，僅次於雙親，他管起人來很兇。不過，有好東西都會和大家分享，很會照顧人。」

陳田稻說，家裡的規矩是「頂司管下司」，兄弟姊妹八個人，只有叫大哥陳田錨「阿哥」，叫大姊「阿姊」，其他人都是直接叫名字的。「阿哥要什麼東西，自己從來不去拿，都叫別人去。被叫到的人，再叫年紀更小的去，誰最小，誰去拿。」他在六兄弟中排行老五，還有兩個姊姊，只管一個小他三歲的弟弟田民，「我和田民最常被叫來叫去」。

陳田稻說，陳田錨很有大哥的威嚴，放學或外出回家之後，都會把弟妹召集起來，把他那一天看到、聽到有比較特別或好玩的事，講給大家聽，和弟妹分享。

外交歹　人緣好

他說，兄弟姊妹中，他和大哥田錨是大人眼中「外交最差」的兩個，因為他們兩人比較內向，有客人來的時候，都不太會和客人招呼。「沒想到我大哥竟然會從政，變成公眾人物，而且議員一做就是三十幾年。小時候大人說他『外交歹』，但現在大家都說他『好作伙』，兄弟姊妹裡就數他最有人緣。」

「我阿哥年紀越大脾氣越好」，陳田稻說，他發現陳田錨的好人緣，和他在家裡是老大有關，「當大哥的照顧弟弟妹妹，養成照顧別人的習慣，出社會了也一樣。他和議員同事在一起，不會擺議長的架子，而是大哥哥的架式，把他們當成弟弟妹妹照顧，別人自然就把他當自己的兄長看待。」

「你有沒有發現，我阿哥在客人要離開時，不論客人的身分、年齡，他都起身相送，而且最少都送到門口。」陳田稻說，他大哥陳田錨待人都很客氣守禮，而且惜情念舊，退出政壇不再參選了，和以前幫他助選的老朋友都還保持連絡，並沒有因為不選了，就和老朋友疏遠。只要他人在高雄，禮拜天早上就有很多當年幫他助選的老朋友，到陳田錨家看他，大家天南地北的「開講」，人緣好得很。雖然他住在台北的時間很多，但是經常在週末趕回高雄，和老朋友見見面，「每次他說要回高雄，我們兄弟都笑他要回去『義診』，和老朋友作伙治『相思』。」

眞慈悲與假慈悲

民國八十三年十二月十七日，剛當選第四屆新科議員的朱文慶、劉少春、龔瑞泰，連袂到高雄市議會，向即將連任第四屆議長的陳田錨請益。陳田錨在議長室接待三位新同事，閒話家常。

朱文慶的父親朱有福和陳田錨是老同事，也是老搭檔。早在民國五十七年陳田錨擔任省轄市第七屆議長時，朱有福剛當選市議員，兩人同事。朱有福隨後連任兩屆省議員，民國七十年高雄院轄市議會成立，朱有福回高雄市選上議員，就與陳田錨搭檔，出任兩屆副議長，第三屆沒有競選連任，換跑道當選第二屆國大代表。

朱文慶在朱有福離開議會四年後，當選第四屆議員。他在正修工專教體育，劉少春、龔瑞泰則是正修的校友，三人原本相識，同時當選議員，也因此相約，在就職前先到市議會拜會將連任議長的陳田錨。

這一屆議長選舉，國民黨提名陳田錨選議長，朱安雄選副議長。但在議員選舉之前及選戰進行中，志在議長的朱安雄，曾經試圖逼退陳田錨，因此，國民黨雖提名兩人搭檔，但兩人心結很深，陳田錨對黨的安排很有意見。

陳田錨與三位新科議員話家常時，向朱文慶問候起朱有福，談到朱有福篤信佛法的事，順口講了一個「真慈悲與假慈悲」的故事。

陳田錨說，他有一個虔誠信佛的朋友，請高僧到公司向員工演講後，也提出心中的困惑，請高僧開示。

這個虔誠信佛的公司老闆說，佛家以慈悲為懷，他公司裡有兩三個員工，工作做不好，有時還會搗蛋，很不像話。他曾經想把他們開革，但是想到如果把員工開除掉，好像違反師父「慈悲」的教示，因此一直只用勸說，沒有採取行動。但是，老闆的勸說沒有收效，員工還是依然故我，讓他很苦惱，不知道該怎麼辦才好？

那位高僧告訴陳議長的朋友說：「你這是假慈悲，不是真慈悲。讓幾個不稱職的員工影響到整個公司的營運，使公司絕大多數好員工受到影響，對好員工不公平也不慈悲。該開除就開除，對個人及公司整體都比較好，除掉害群之馬，公司可以正常經營，這兩三個員工換個工作環境，對他們也有好處，這才是真慈悲。姑息壞人怎麼是慈悲？」

三位新科議員聽了陳議長講的故事，互相交換了一下眼神，似乎也有所領悟。

買髮油的故事

陳田錨先生頭頂的頭髮很「早熟」，年紀輕輕，頭頂就有「地中海」出現，但他一向很重視自己的儀容，頭髮雖少，卻一定要整理得清爽整齊，也很重視使用髮油「護髮」。每次有機會出國到日本，他都會到百貨公司資生堂的專櫃選購髮油。只要他去買髮油，資生堂專櫃就充滿笑聲。

每一次他向資生堂小姐說要買髮油，專櫃小姐瞄了他的頭一眼，臉就忽然脹得通紅，拚命憋住氣，表情怪異，一付想笑又不敢笑的樣子。他了解專櫃小姐表情怪異的原因，自己先笑起來，向專櫃小姐說：「上面沒有了，下面還有，我要擦下面的啦！」他怕專櫃小姐誤會他「語帶雙關」，還特別用手比著頭，表示他講的是頭，不是別的，讓小姐看清楚，他頭頂以外週圍長得還算茂盛的頭髮。

經他這麼一笑、一說、一比，專櫃小姐剛才憋氣強忍住的笑，一下子就爆了出來，有人還笑得彎腰抱著肚子或抱著肚子蹲下，整個專櫃充滿笑聲，但都很快的自我節制，用更親切的態度，回報這位豁達大度、會自我消遣、有幽默感的貴客。

日本百貨公司店員訓練嚴格，取笑客人是非常失禮的事，要受處分的。買髮油遇到這種狀況，陳田錨司空見慣了，不以爲意。但使用髮油卻免不了有些困擾：「一罐用很久，怎麼都用不完呢？」

陳田錨很早就面對自己「頂上無毛」的事實，一九六八年競選立法委員時，他在公辦政見會中，就一再消遣自己的禿頭，說「禿頭是註冊商標」，「掛目鏡，頭禿禿，尙好認」；「看起來老，實際不老」；「像土豆一樣香，像檳榔一樣可口，愈嚼越有味。」

「頂上無毛」是許多男人心中的痛，但是，陳田錨不只坦然面對，會自我消遣，還特別加以「凸顯」爲特色，從這裡也可以看出他的灑脫、豁達。

過年

陳田錨喜歡過年時家人圍爐的溫馨，但即使是過年，陳家「禁賭」的家規，也沒有假期。他也不放鞭炮，認爲那是「壞習慣」。

幾乎走遍世界各地，陳田錨說，過年還是「中國式的最有意思」。雖然他生長在富裕之家，也參加過國宴，但年夜飯只是比平常多幾道菜，還是覺得特別豐盛。分散各地的家人都趕回老家過年，圍爐團聚的溫馨氣氛，心情的感受總是和平時不一樣。

陳田錨很懷念他父親在世時的過年，褓褓失恃的陳田錨和父親感情特別好，父子倆無話不談，年夜飯一家人小酌長談「彼款氣氛，實在好得不知要怎樣講」。記憶中，他的年夜飯都與家人共享。

壓歲錢是大多數人甜美的領受，已當祖父多年的陳田錨，晚輩會孝敬給他紅包，他還是覺得「老爸給的，感覺最好」。廿八歲娶妻成家後，老爸給壓歲錢就成了記憶，「某娶了，我的壓歲錢就沒啦，不給後生，給媳婦的更大包」。不過，「若有憾焉」的陳議長，現在也照著「老爸的規矩」做。

即使過年仍維持早睡習慣的陳田錨，年夜飯後沒賭過錢。陳家「禁賭」的家規，也不因過年而放假。

過年熱鬧放鞭炮是一般人的習俗，陳田錨自小就沒放過鞭炮，他認爲放鞭炮「一陣硝煙，連串爆響，滿地碎屑，一蓬煙塵」，過程和結果，他都不欣賞。而且還會嚇得小孩子哇哇大哭，老人家心跳加速，沒有意思。

冤枉啊，醫師！

第一屆任期將滿之前，陳議長向中央表達不再參選，以維護高雄市議會「議長不連任」慣例，見組工會主任宋時選陳述時，宋公表明不放人，陳田錨稱病，表示攝護腺出狀況，健康有問題，不能再選了。宋時選說，攝護腺是小問題，他也動過手術，榮總泌尿科張主任最行。當場請秘書打電話，連絡上張主任，就由陳田錨和張主任約診。

張主任診斷後，表示病情還不算嚴重到非開刀不可的地步，但要開刀治療也好，陳田錨問手術的「痛苦情況」，張醫師表示手術打麻藥，不會痛，陳議長「既來之，則開之」，即安排手術。

開刀當天，要換服裝時，陳田錨見病房內有四位女性護士，說：「我要脫了，妳們還不出去？」希望她們離開，好讓他換衣服。四位護士說：「我們是護士呢！」不走就是不走，還開始準備工具，要做手術前的處理。陳田錨貴為議長，但此時身分卻是患者，也只好當場寬衣解帶，躺上手術台，由護士清理手術部位的毛髮，再由醫師動刀，做刮除治療。

手術時有打麻藥確實不痛，但麻藥退後卻劇痛難耐，住院後數日出院返家療養。由於傷口尚未完全癒合，排尿時，尿液刺激傷口很痛，不排尿也漲痛難耐，更慘的是排尿並不順暢。他打長途電話給張主任，醫師研判是術後有血塊阻塞尿道，要陳田錨多喝水，不要怕痛，積足尿量，再一鼓作氣用力排出血塊，「通則不痛」。陳田錨只好照醫師指示，多喝水，等到忍無可忍時再鼓起勇氣，用力大尿，果然射出阻道血塊，大大的痛快痛快。

陳議長動手術的消息傳回市議會，議員多很關切，知道手術順利，想打電話，當時還沒有手機電話，用一般電話打，又怕議長術後行動不便，議長要起床接聽，徒增痛苦，「子弟兵」陳宣旭、陳滿英、黃昭順等多人決定拍發電報表達關切之意。電文由陳宣旭擬就，全文是：「議長尊鑑：欣聞手術成功，老二猶存，特電申賀」。接到這通電報，陳議長忍不住大笑，牽動傷口，又多痛了一次，而且，比起床接電話還要痛。

陳田錨說，當時如果不是不想再參選裝病，其實也可以不必開刀的。但是後來還是不得不選，這一刀挨得就有點冤枉了。